本书是国家社科基金重大项目
“东亚汉籍版本学史”（22&ZD331）的
阶段性成果

中国出版史研究

LU XUN JI JIAO GU JI KAO

鲁迅辑校古籍考

石祥 著

图书在版编目(CIP)数据

鲁迅辑校古籍考/石祥著. —北京:中华书局,2024.5
ISBN 978-7-101-16586-9

Ⅰ.鲁… Ⅱ.石… Ⅲ.古籍-研究-中国 Ⅳ.G256

中国国家版本馆 CIP 数据核字(2024)第 060888 号

书　　名　鲁迅辑校古籍考
著　　者　石　祥
责任编辑　张玉亮　胡雪儿
责任印制　管　斌
出版发行　中华书局
　　　　　(北京市丰台区太平桥西里 38 号　100073)
　　　　　http://www.zhbc.com.cn
　　　　　E-mail:zhbc@zhbc.com.cn
印　　刷　三河市中晟雅豪印务有限公司
版　　次　2024 年 5 月第 1 版
　　　　　2024 年 5 月第 1 次印刷
规　　格　开本/787×1092 毫米　1/32
　　　　　印张 13⅞　插页 30　字数 280 千字
国际书号　ISBN 978-7-101-16586-9
定　　价　88.00 元

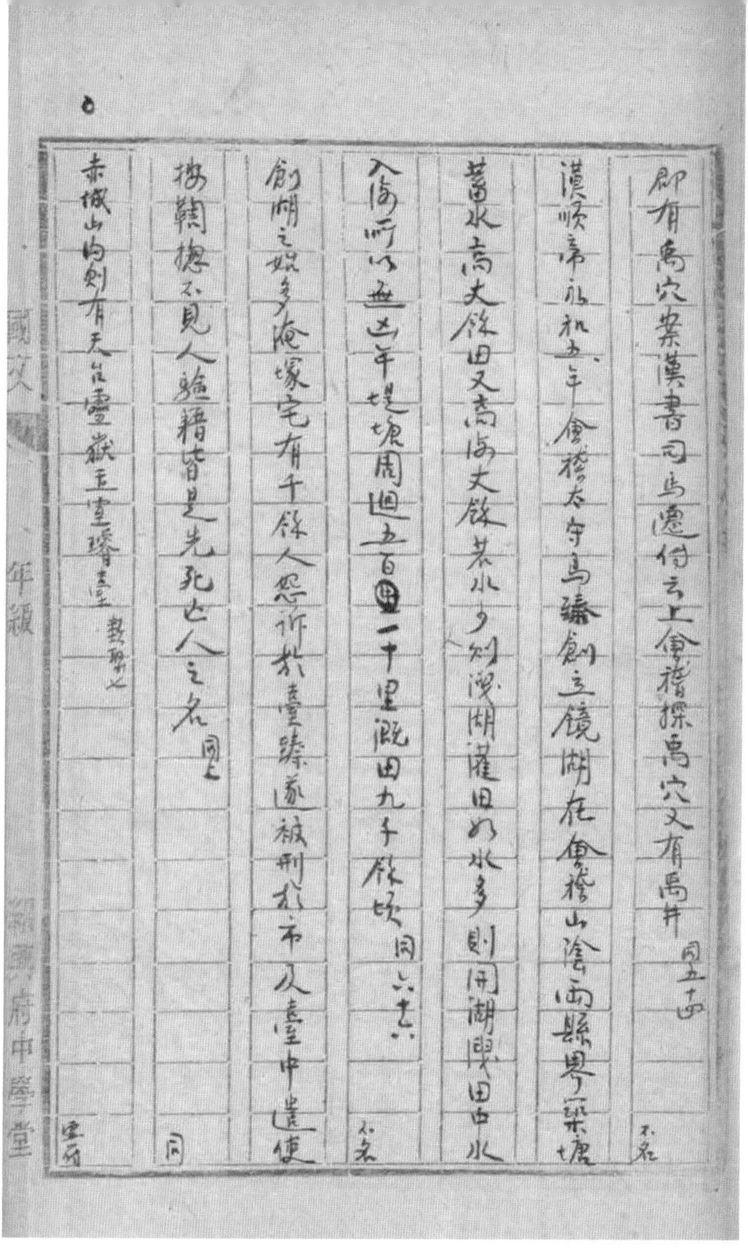

图 1-1 《故书杂集》手稿 A。注意佚文末尾标署出处，作“同五十四”、“同上”、“《类聚》七”不一。（手稿书影编号的前一数字指对应章节，以下同。）

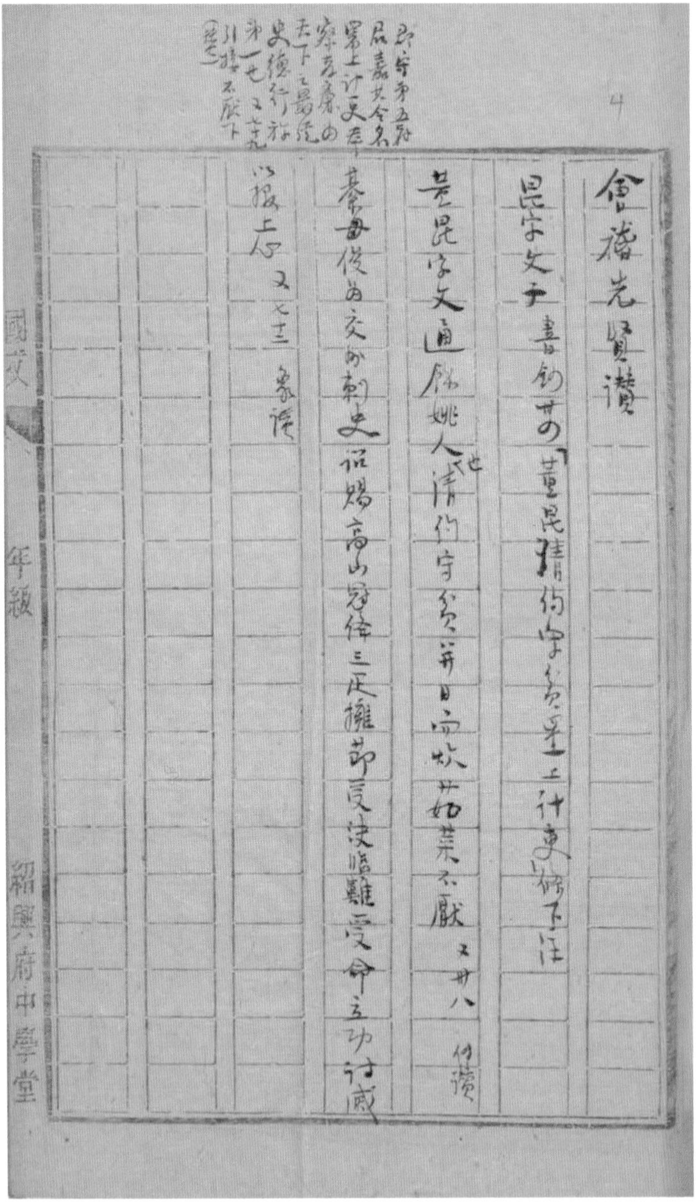

会稽先贤赞

董昆字文通，馀姚人也，清约守贫，并日而炊，茹菜不厌　又卅八

綦毋俊为交州刺史，诏赐高山冠佩三正，拥节，更使临难受命，立功讨贼以报上恩　又七十三

图 1-2 《故书杂集》手稿 A 之《会稽先贤赞》。首条内容完全被次条涵盖，天头处所写《书钞》卷七九所引，又较次条更详。

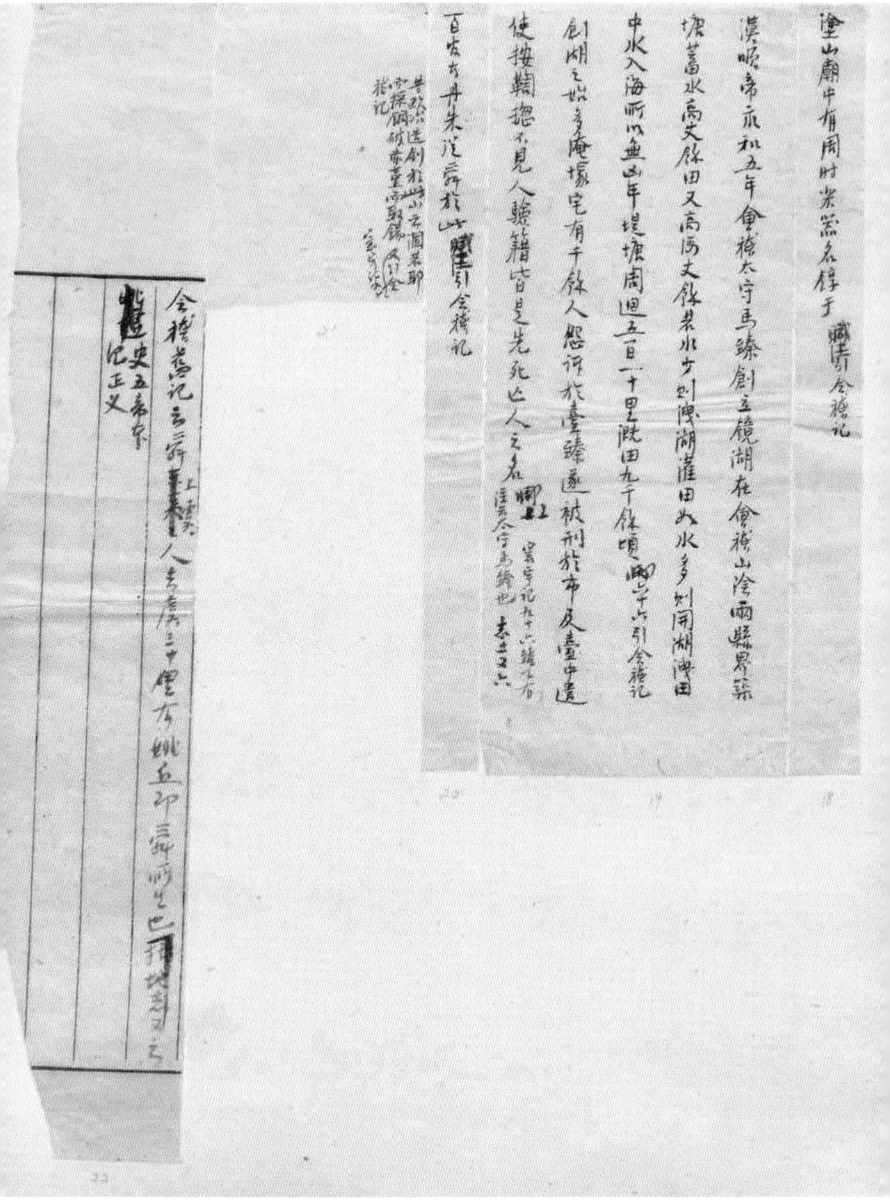

图 1-3 《故书杂集》手稿 B。鲁迅先从《御览》录出佚文，再以《寰宇记》《嘉泰会稽志》等书增补，墨色有明显差异，显然有一定时间间隔。

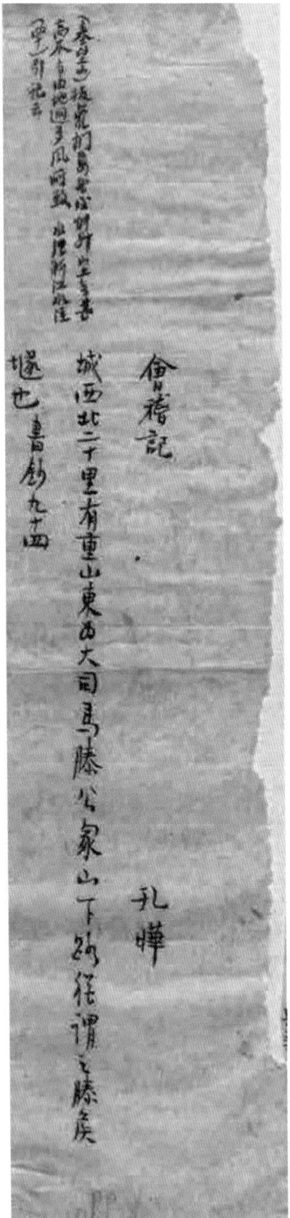

图 1-4 《故书杂集》手稿 B 起首

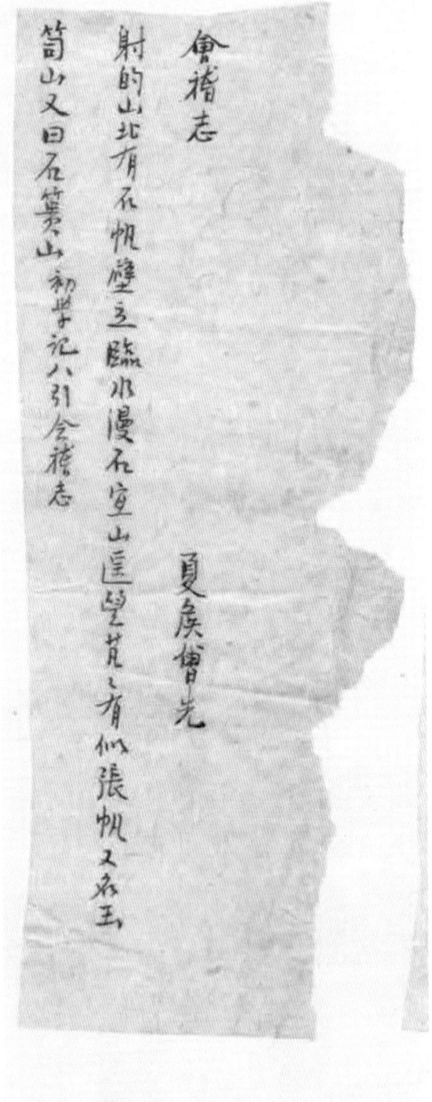

图 1-5 《故书杂集》手稿 C 起首

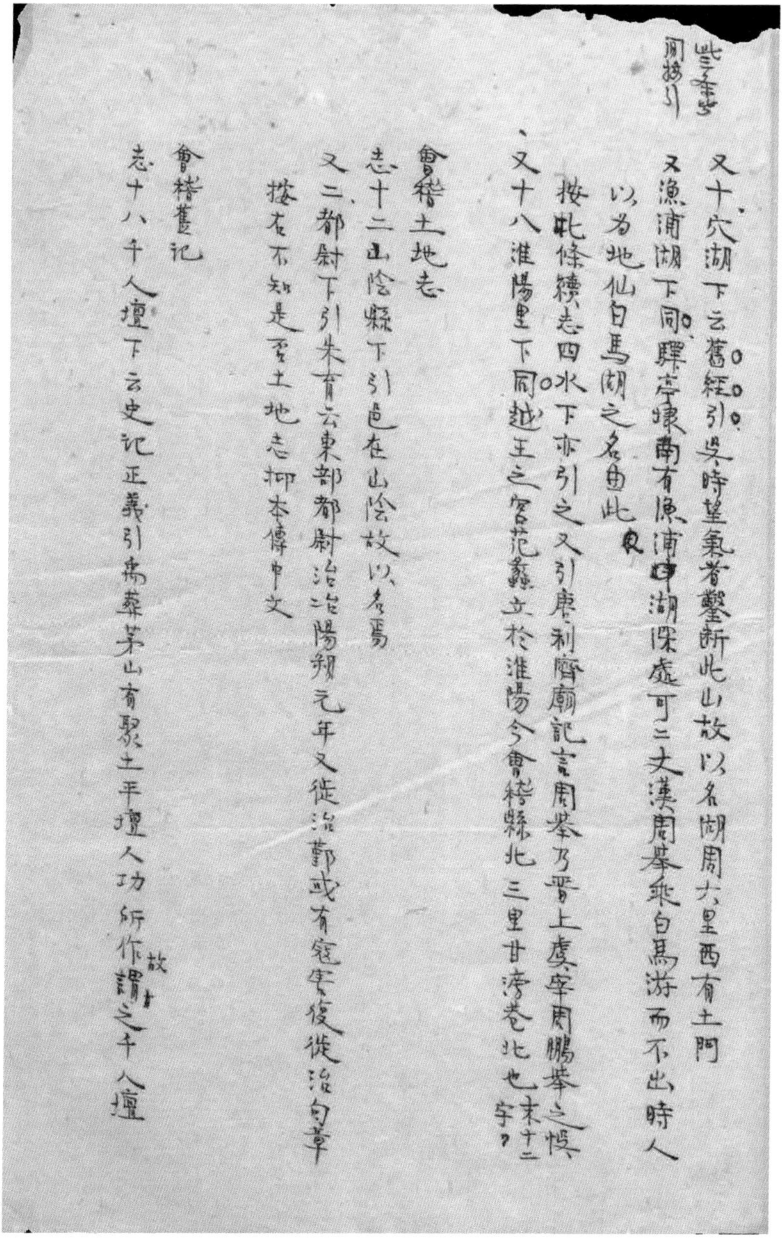

又十、穴湖下云舊。經。引。吳時望氣者鑿斷此山故以名湖周六里西有土門
又漁浦湖下同。驛亭埭南有漁浦中湖深處可二丈漢周基乘白馬游而不出時人
以為地仙白馬湖之名由此
按此條續志四水下亦引之又引唐利濟廟記言周基乃晉上虞宰周鵬舉之悞
又十八淮陽里下同。越王之宮范蠡立於淮陽今會稽縣北三里廿漈巷北也末十二字?
會稽土地志
志十二山陰縣下引邑在山陰故以名焉
又二都尉下引朱育云東部都尉治治陽朔元年又徙治鄞或有寇害復徙治句章
按右不知是否土地志抑本傳中文
會稽舊記
志十八千人壇下云史記正義引禹葬茅山有聚土平壇人功所作故謂之千人壇

图 1-6 《故书杂集》手稿 D

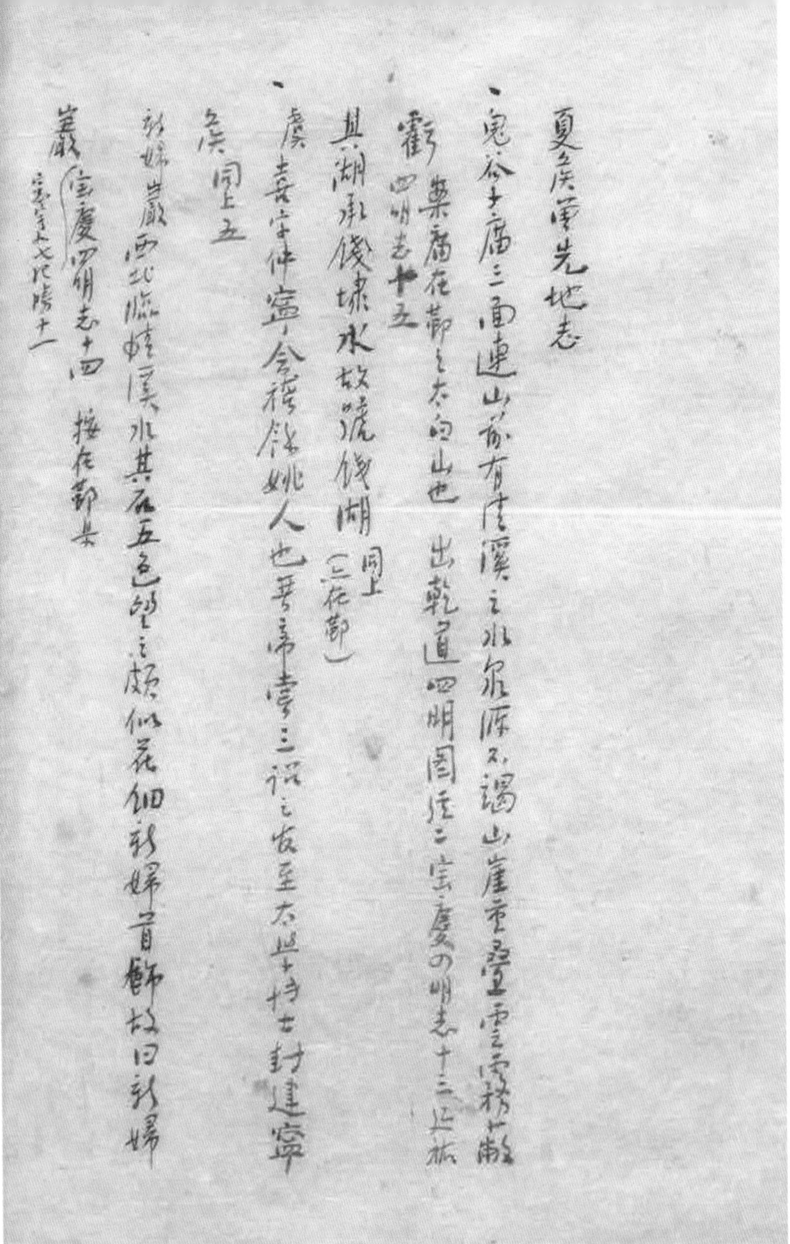
夏侯曾先地志

鬼谷子廟三面連山前有清溪溪水泉源不竭山崖帝臺雲霧蔽

鄮 四明志十五

棠廟在鄮之太白山也 出乾道四明圖經二 寶慶四明志十三 近梳

其湖東錢埭水故號錢湖 同上（亦在鄮）

虞喜字仲寧會稽餘姚人也晉帝嘗三詔之皆至太學博士封建寧

侯 同上五

新婦巖 西北臨蛙溪水其巖五色望之頗似花鈿新婦首飾故曰新婦巖

寶慶四明志十四 按在鄮縣

嘉泰會稽志十一

图 1-7 《故书杂集》手稿 E

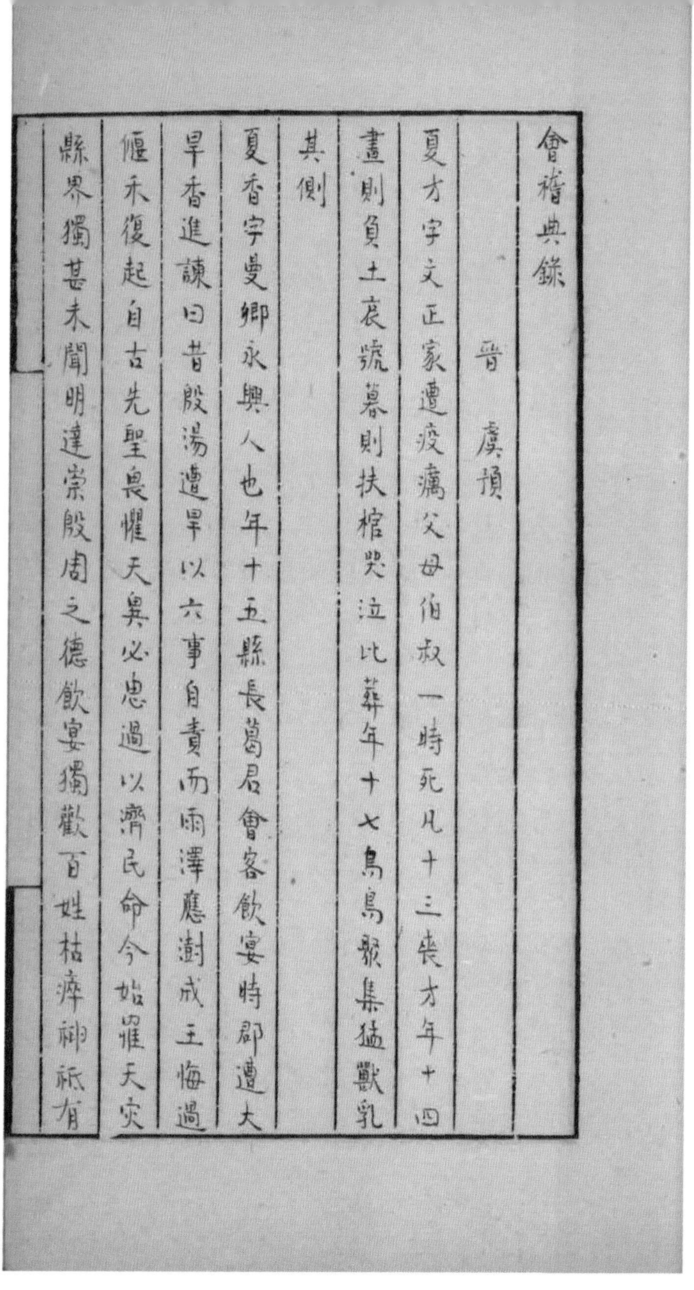

會稽典錄

晉　虞預

夏方字文正家遭疫癘父母伯叔一時死凡十三喪方年十四晝則負土夜號暮則扶棺哭泣比葬年十七烏鳥猥集猛獸乳其側

夏香字曼卿永興人也年十五縣長葛君會客飲宴時郡遭大旱香進諫曰昔殷湯遭旱以六事自責而雨澤應澍成王悔過偃禾復起自古先聖畏懼天異必思過以濟民命今始罹天灾縣界獨甚未聞明達崇殷周之德飲宴獨歡百姓枯瘁神祇有

图 1-8 《故书杂集》手稿 F 之《会稽典录》

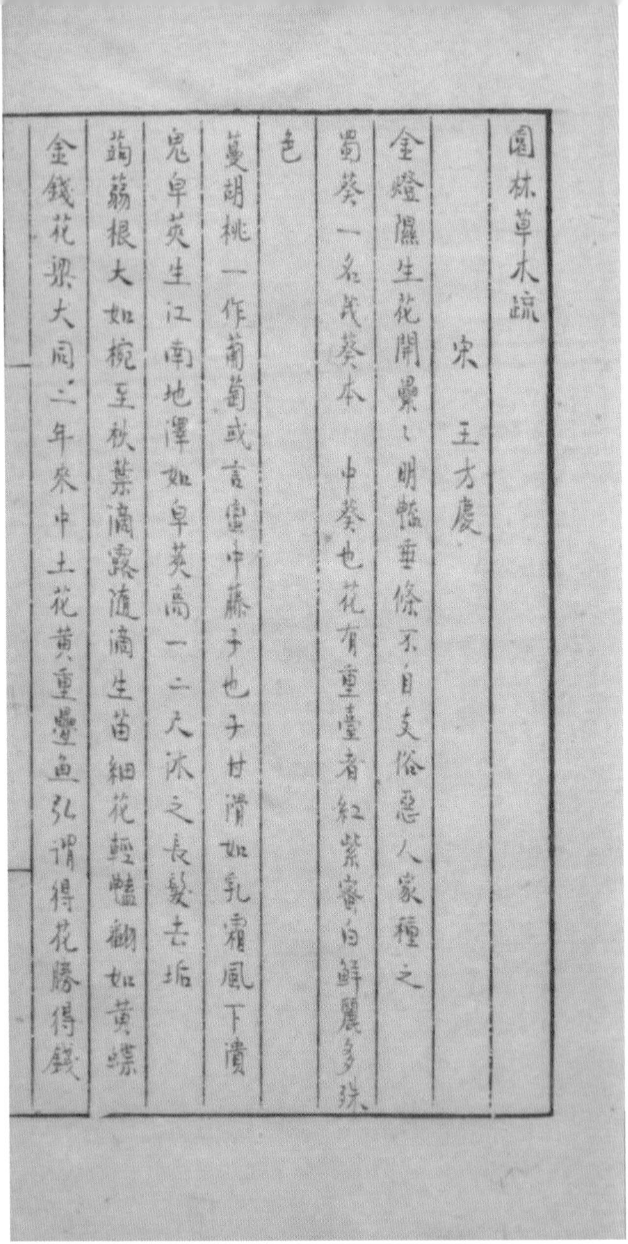

園林草木疏

宋 王方慶

金燈叢生花開纍纍明豔垂條不自支俗惡人家種之

蜀葵一名戎葵本 中葵也花有重臺者紅紫黃白鮮麗多殊色

蔓胡桃一作蒲萄或言蠻中藤子也子甘潤如乳霜風下潰

鬼皁莢生江南地澤如皁莢高一二尺沐之長髮去垢

蒟蒻根大如椀至秋葉滴露隨滴生苗細花輕豔翻如黃蝶

金錢花梁大同二年來中土花黃重疊魚弘謂得花勝得錢

图 1-9 《说郛录要》，封面题“辛亥三月抄成”（1911 年 3 月 30 日~4 月 28 日）

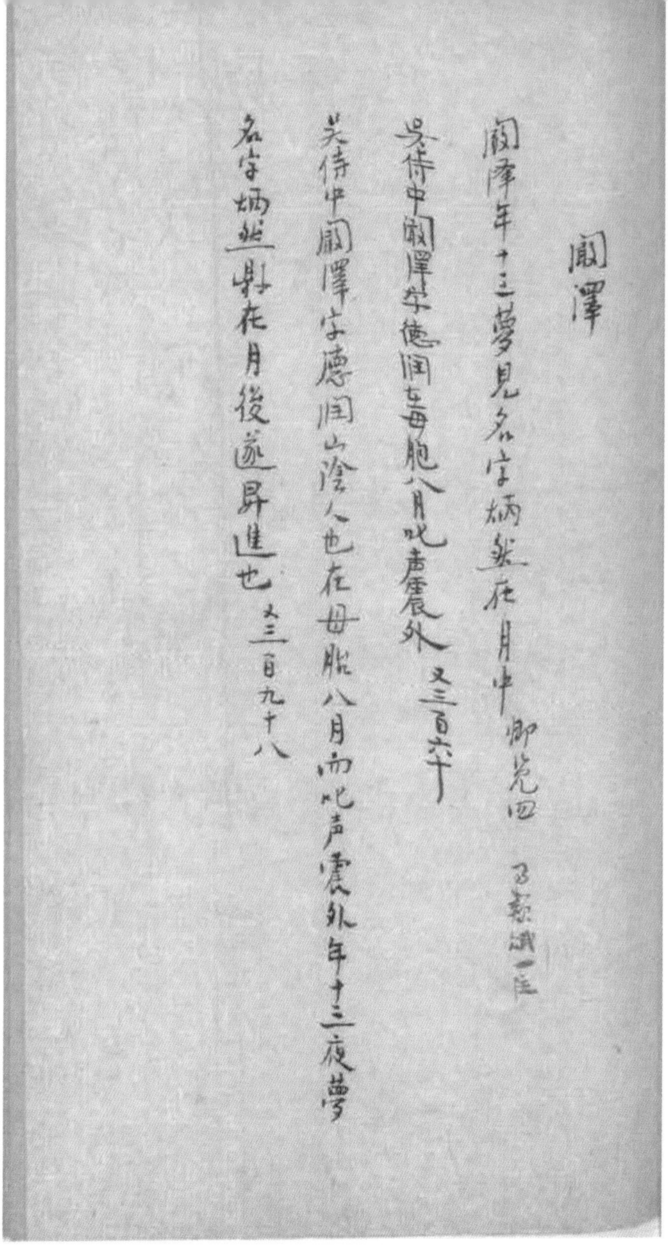
闞澤
闞澤年十三夢見名字炳然在月中　御覽四　又類聚一
吳侍中闞澤在母胞八月叱聲震外　又三百六十
吳侍中闞澤字德潤山陰人也在母胎八月而叱聲震外年十三夜夢
名字炳然縣在月後遂昇進也　又三百九十八

图 1-10 《故书杂集》手稿 G 之《会稽先贤传》，第二则（第三行）佚文是周作人所写，其余是鲁迅笔迹。

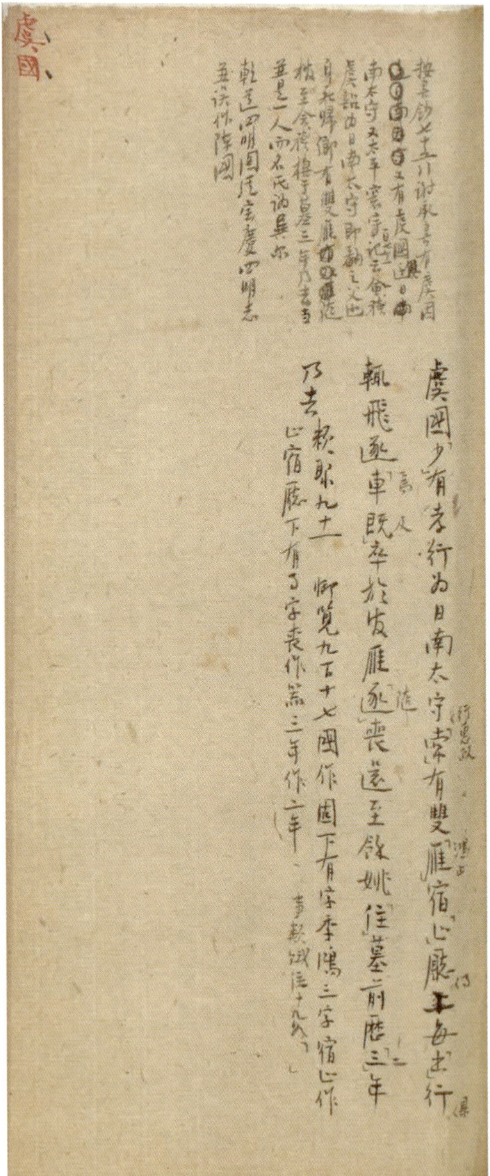

图 1-11 《故书杂集》手稿 G 之《会稽典录》虞国条，书口有周作人所题传主名，天头添入《乾道四明图经》《宝庆四明志》所引同一条佚文的面貌。

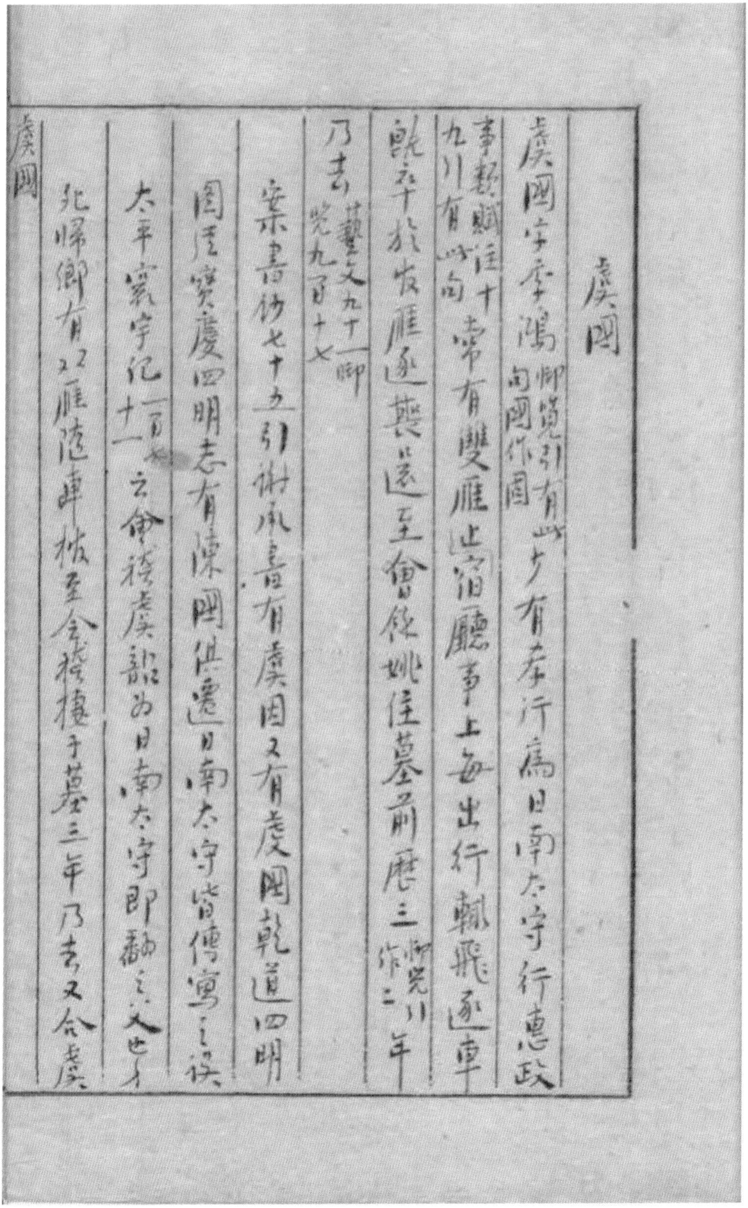
虞國

虞國字季鴻（御覽引有此句，國作國）少有孝行，爲日南太守，行惠政（事類賦注十九引有此句），常有雙雁止宿廳事上，每出行，輒飛逐車。歿卒於官，雁逐喪還至會稽餘姚，住墓前，歷三（御覽作二）年乃去（藝文九十一、御覽九百十七）。

案書鈔七十九引謝承書有虞國，又有虞國；乾道四明圖經、寶慶四明志有陳國，供遷日南太守，皆傳寫之誤。太平寰宇記一百十一云會稽虞歆為日南太守，即翻之父也，北歸鄉，有雙雁隨車枚至会稽，棲于墓三年乃去，又会虞

虞國

图 1-12 《故书杂集》手稿 H 之《会稽典录》虞国条，佚文后案语据《书钞》《乾道四明图经》《宝庆四明志》所做考证，明显承袭自手稿 G，可与图 1-11 对看。

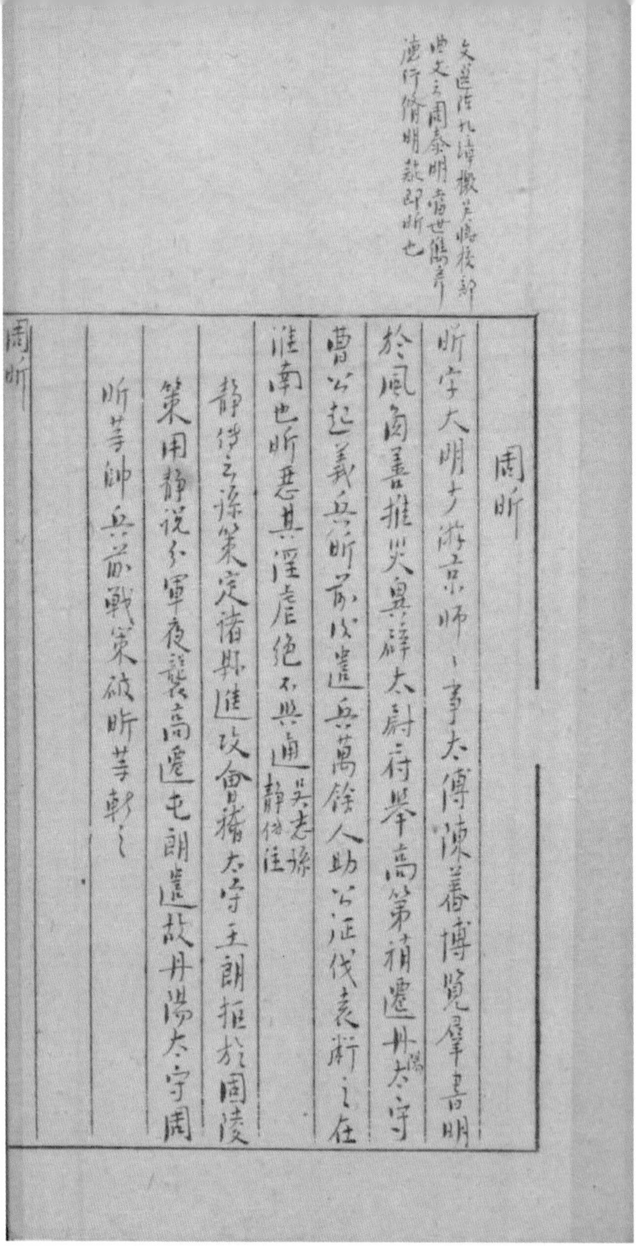
文選陳孔璋檄吳將校部
曲文云周泰明當世儁彥
德行脩明泰明即昕也
周昕
昕字大明少游京師事太傅陳蕃博覽羣書明
於風角善推災異辟太尉府舉高第稍遷丹陽太守
曹公起義兵昕前後遣兵萬餘人助公征伐袁術之在
淮南也昕惡其淫虐絕不與通吳志孫靜傳注
靜傳云孫策定諸縣進攻會稽太守王朗拒於固陵
策用靜說分軍夜襲高遷屯朗遣故丹陽太守周
昕等帥兵前戰策破昕等斬之
周昕

图 1-13 《故书杂集》手稿 H 之《会稽典录》周昕条，佚文后节抄《三国志·吴志·孙静传》，作为“笺释性材料”，手稿 G 无此。

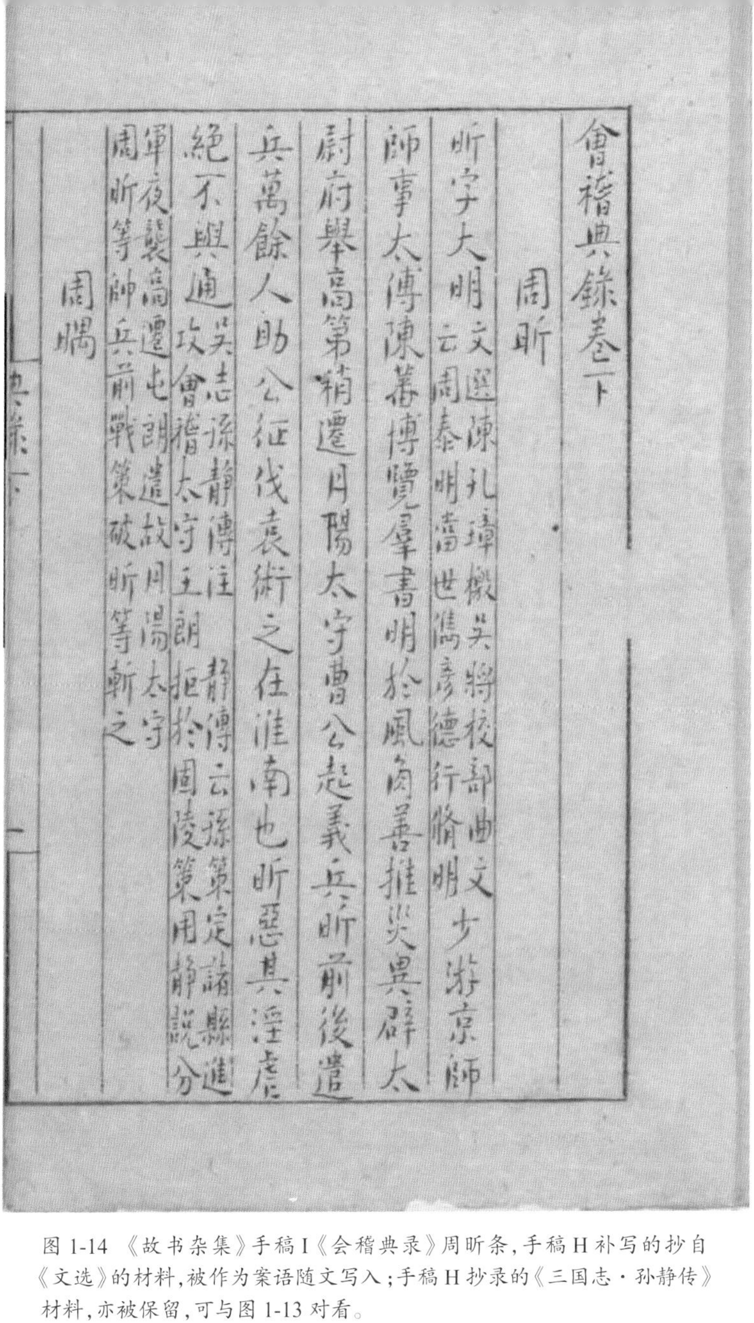
會稽典錄卷下

周昕

昕字大明文選陳孔璋檄吳將校部曲文云周泰明當世儁彥德行脩明步游京師師事太傅陳蕃博覽羣書明於風角善推災異辟太尉府舉高第稍遷丹陽太守曹公起義兵昕前後遣兵萬餘人助公征伐袁術之在淮南也昕惡其淫虐絕不與通吳志孫靜傳注靜傳云孫策定諸縣進攻會稽太守王朗朗拒於固陵策用靜說分軍夜襲高遷屯朗遣故丹陽太守周昕等帥兵前戰策破昕等斬之

周喁

图 1-14 《故书杂集》手稿 I《会稽典录》周昕条，手稿 H 补写的抄自《文选》的材料，被作为案语随文写入；手稿 H 抄录的《三国志·孙静传》材料，亦被保留，可与图 1-13 对看。

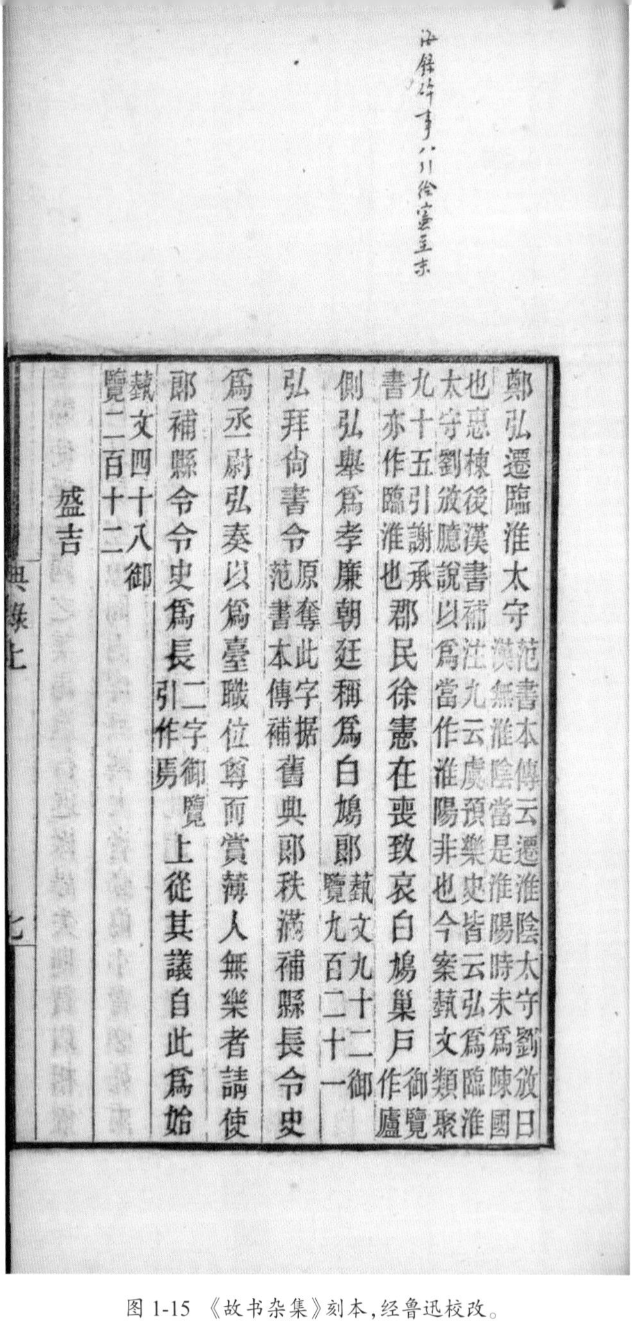

鄭弘遷臨淮太守范書本傳云遷淮陰太守劉攽曰漢無淮陰當是淮陽時未爲陳國也惠棟後漢書補注九云虞預樂史皆云弘爲臨淮太守劉攽聽說以爲當作淮陽非也今案蓺文類聚九十五引謝承書亦作臨淮也郡民徐憲在喪致哀白鳩巢戶御覽作廬側弘舉爲孝廉朝廷稱爲白鳩郎蓺文九十二御覽九百二十一

弘拜尚書令原奪此字據范書本傳補舊典郎秩滿補縣長令史爲丞尉弘奏以爲臺職位尊而賞薄人無樂者請使郎補縣令令史爲長二字御覽引作爲上從其議自此爲始蓺文四十八御覽二百十二

盛吉

典錄上　七

图 1-15 《故书杂集》刻本，经鲁迅校改。

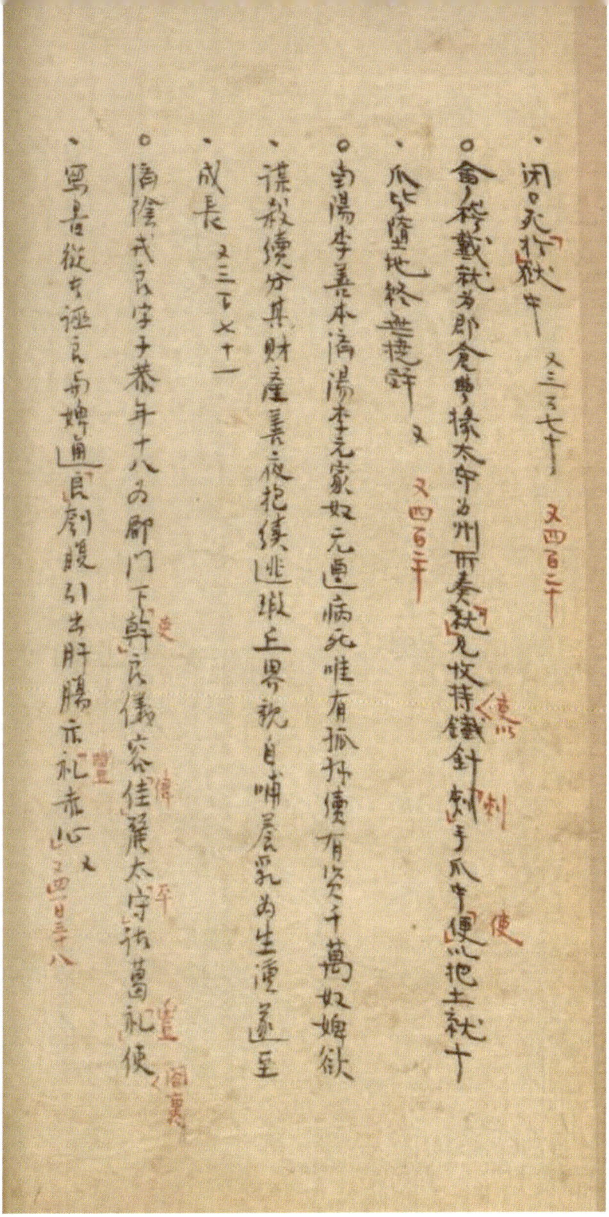

图 2-1　谢承书手稿 A。此叶前三行是周作人笔迹，其下为鲁迅笔迹。各条佚文加圈及顿号，意指汪本已辑录此条。第二条“戴就”辑自《御览》卷三七〇，朱笔校字（周作人笔迹）是据“第二出处”《御览》卷四二〇校出。

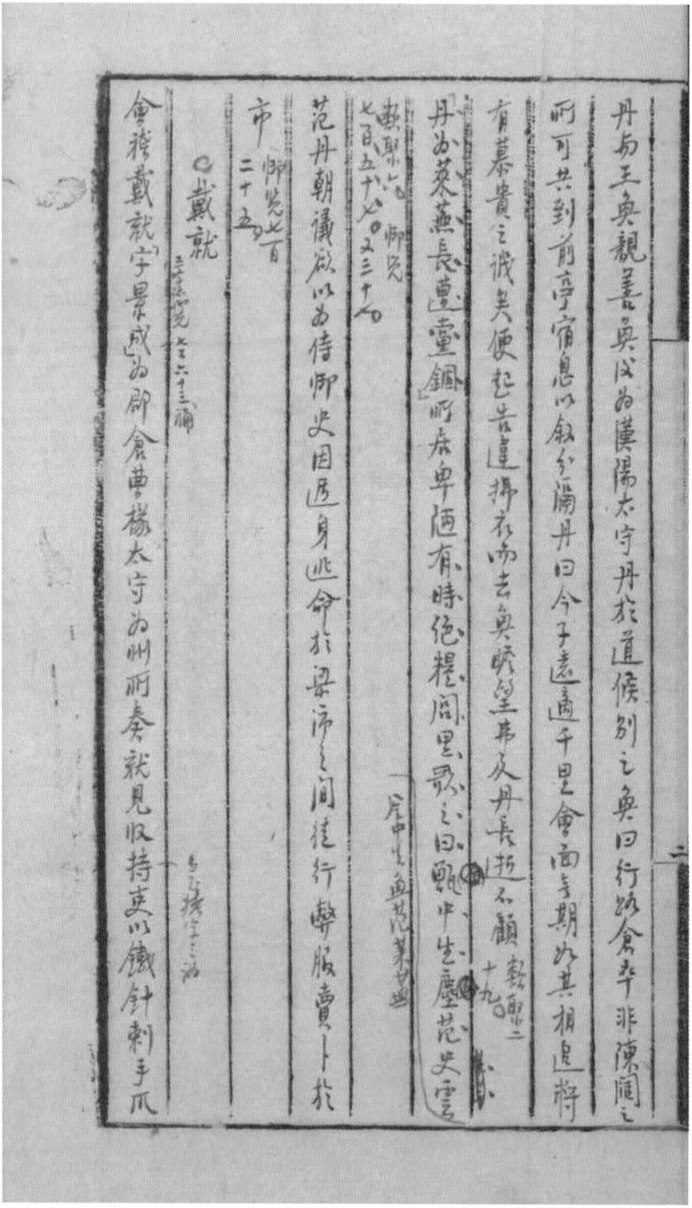

图 2-2　谢承书手稿 B，戴就条标题加圈，表示此条见于手稿 A，可与图 2-1 对看。卷中多有点画及校字，以标识不同出处所引的同一佚文的差异。

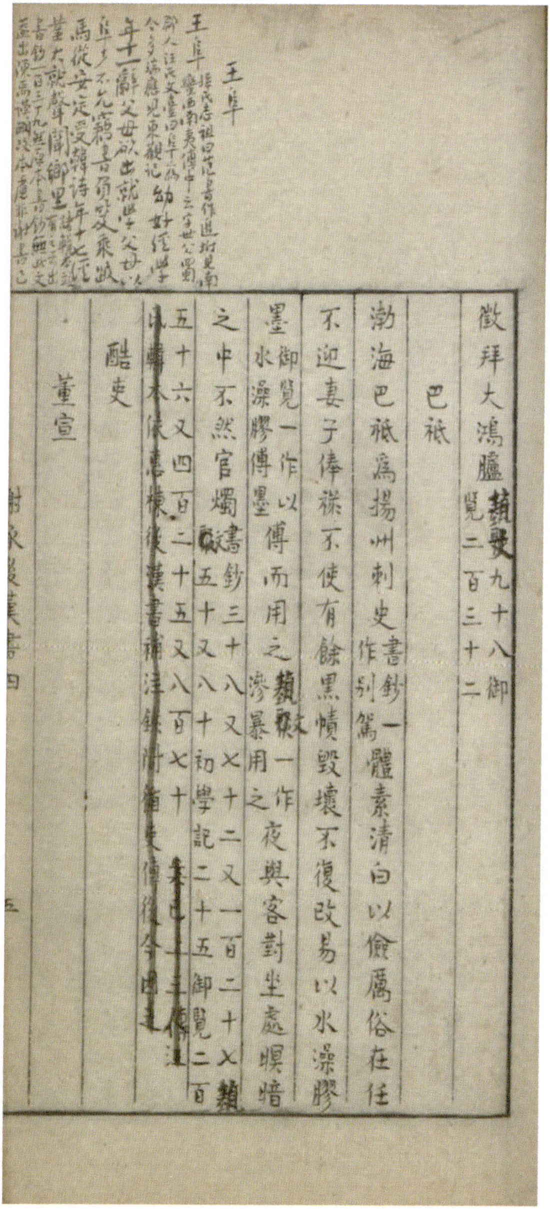

图 2-3　谢承书手稿 C 卷四，巴祗条与董宣条间补入王阜条，巴祗条案语也有删改。

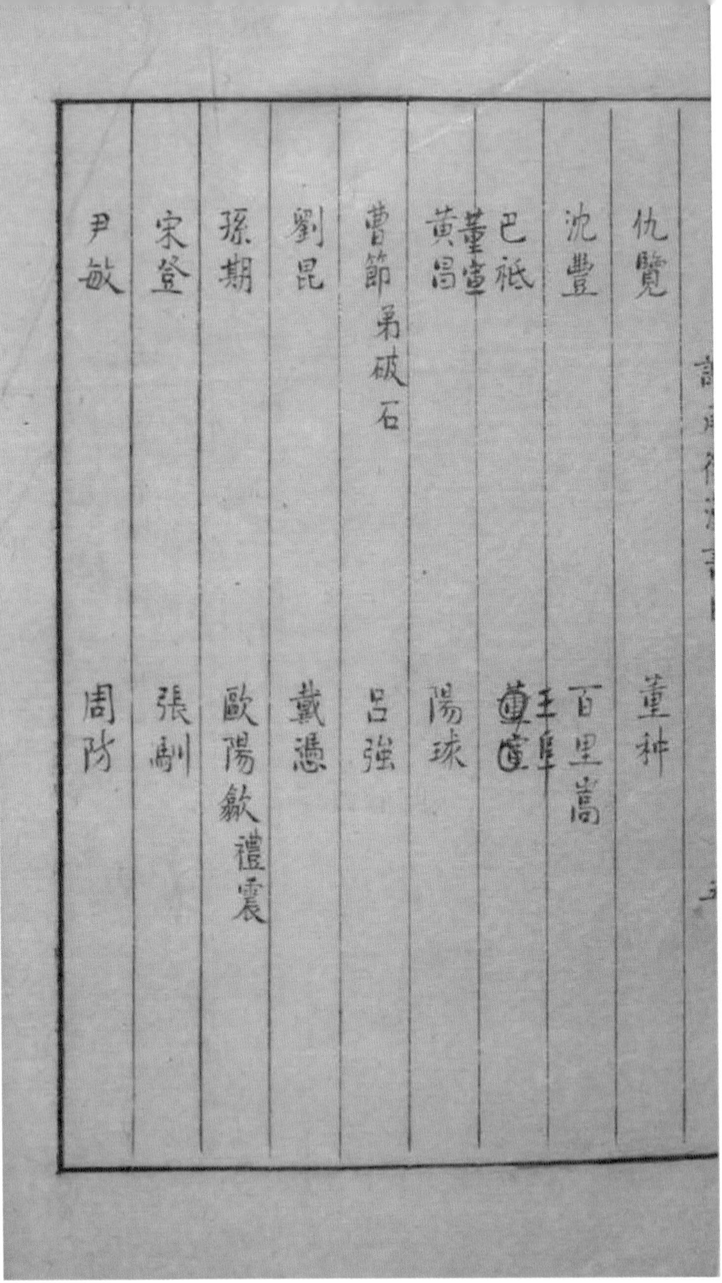
仇覽　董种
沈豐　百里嵩
巴祗　王阜
董宣　董宣
黄昌　陽球
曹節弟破石　呂強
劉昆　戴憑
孫期　歐陽歙禮震
宋登　張馴
尹敏　周防

图 2-4　谢承书手稿 C 目录，就王阜条的补入，做了相应调整。

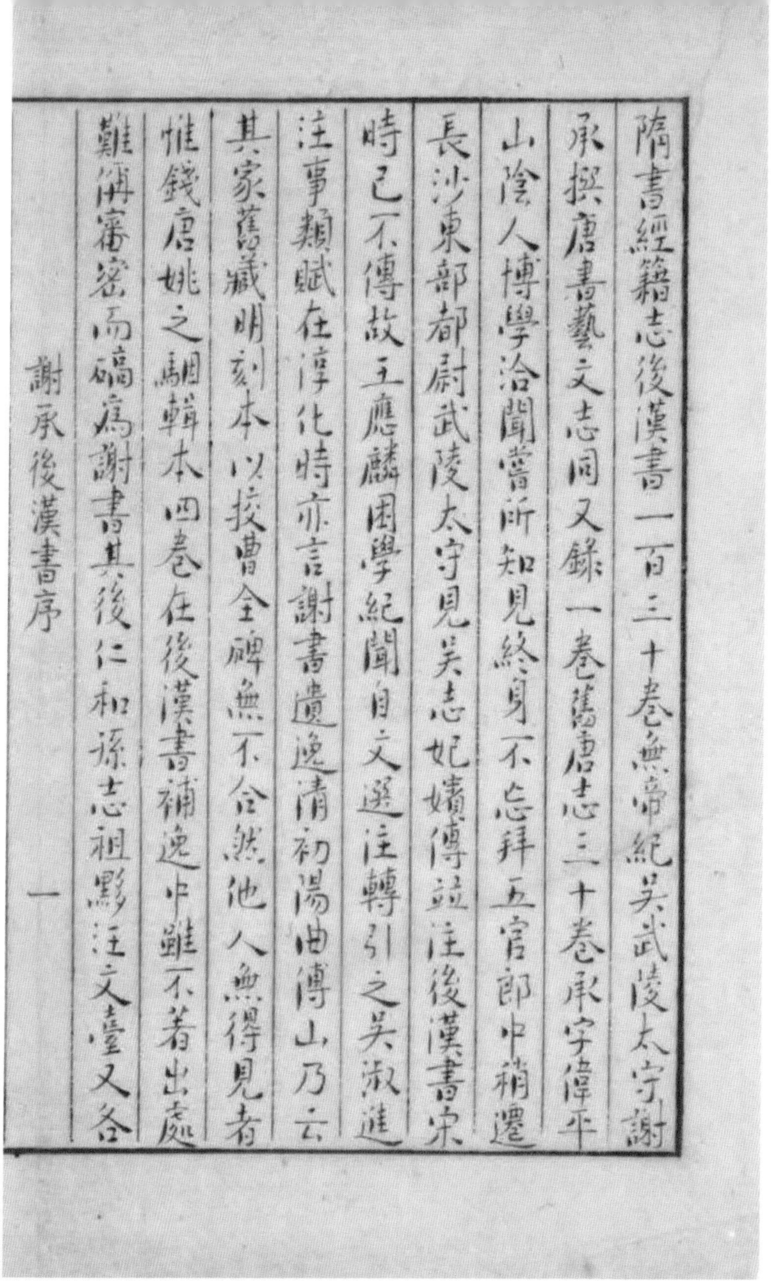

隋書經籍志後漢書一百三十卷無帝紀吳武陵太守謝承撰唐書藝文志同又錄一卷舊唐志三十卷承字偉平山陰人博學洽聞嘗所知見終身不忘拜五官郎中稍遷長沙東部都尉武陵太守見吳志妃嬪傳並注後漢書宋時已不傳故王應麟困學紀聞自文選注轉引之吳淑進注事類賦在淳化時亦言謝書遺逸清初陽曲傅山乃云其家舊藏明刻本以校曹全碑無不合然他人無得見者惟錢唐姚之駰輯本四卷在後漢書補逸中雖不著出處難備審密而碻爲謝書其後仁和孫志祖黟汪文臺又各

謝承後漢書序　一

图 2-5　谢承书手稿 D《谢承后汉书序》

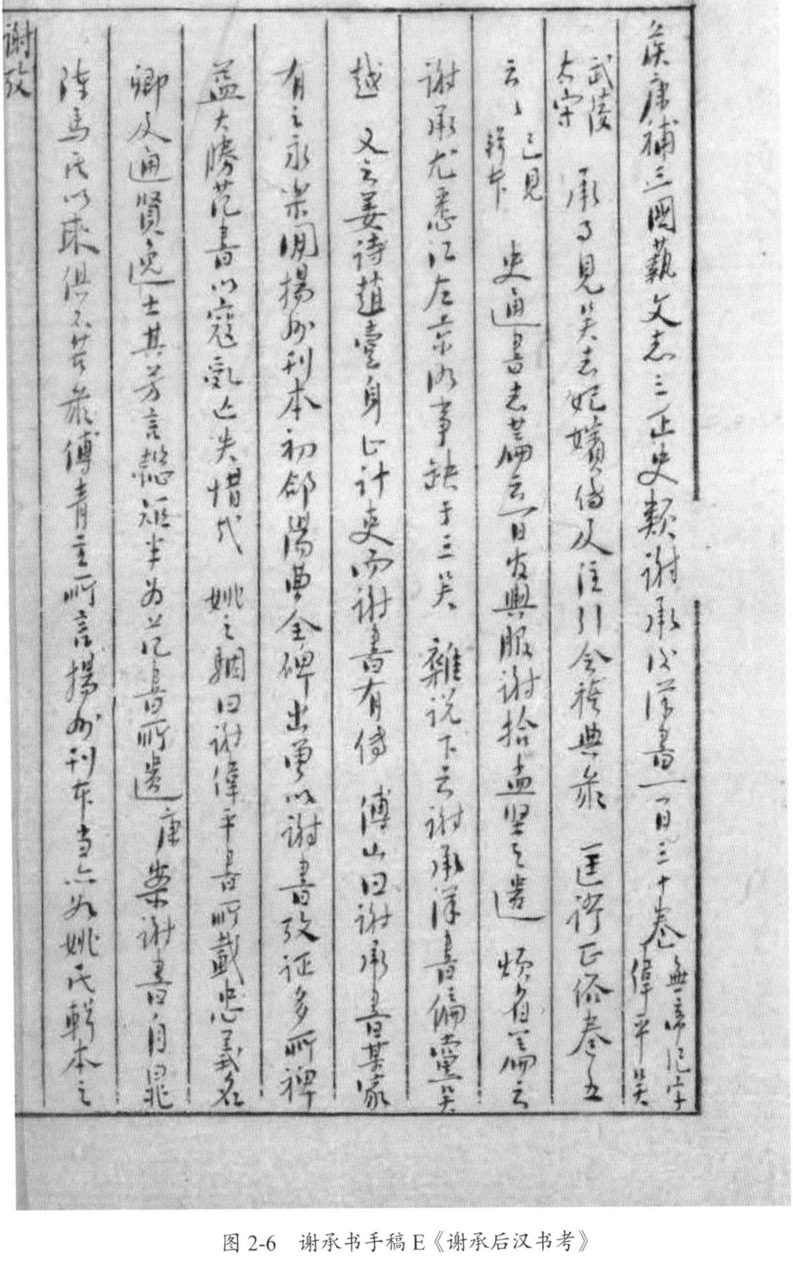

图 2-6　谢承书手稿 E《谢承后汉书考》

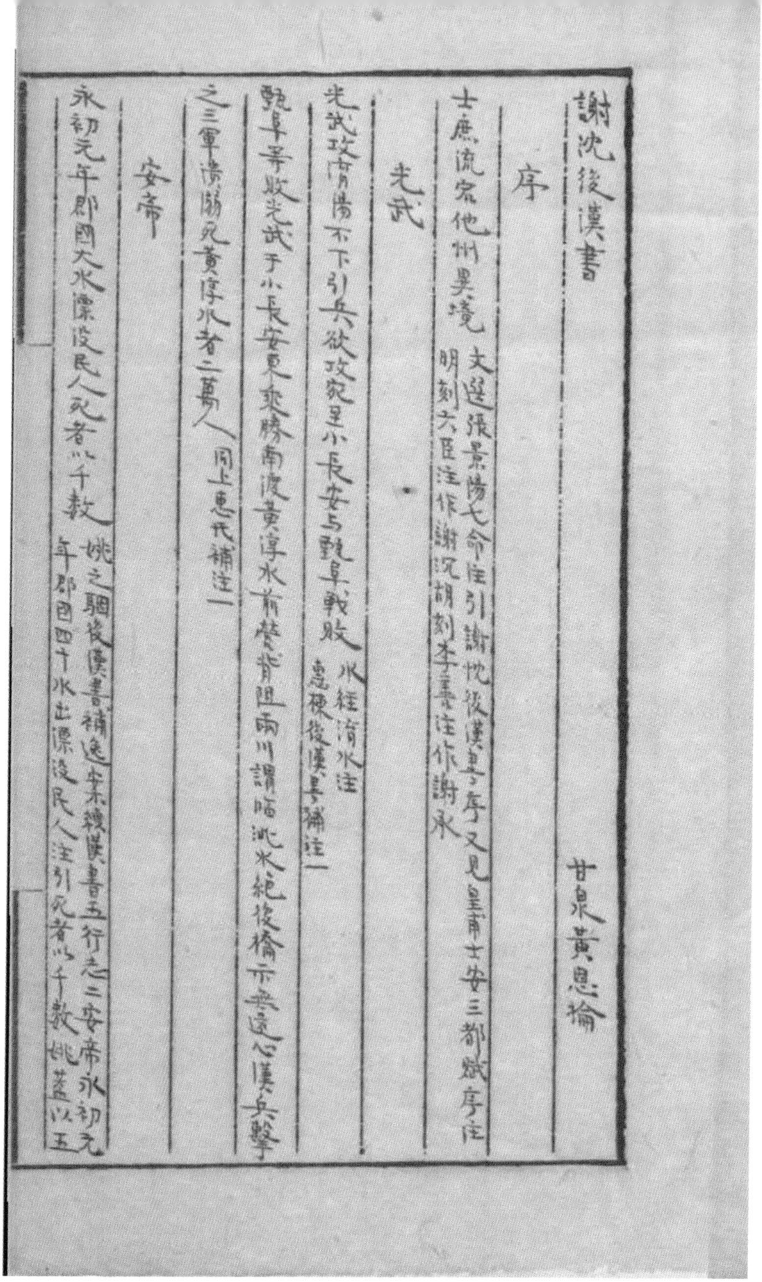

謝沈後漢書　　甘泉黃奭輯

序

士庶流宕他州異境　文選張景陽七命注引謝沈後漢書序又見皇甫士安三都賦序注明刻六臣注作謝沉胡刻李善注作謝承

光武

光武攻淯陽不下引兵欲攻宛至小長安與甄阜戰敗　水經淯水注惠棟後漢書補注一

甄阜等敗光武于小長安更乘勝南渡黃淳水前營背阻兩川謂臨沘水絕後橋示無還心漢兵擊之三軍潰溺死黃淳水者二萬人　同上惠氏補注一

安帝

永初元年郡國大水漂沒民人死者以千數　姚之駰後漢書補逸續漢書五行志三安帝永初元年郡國四十水出漂沒民人注引死者以千數姚蓋以五

图 3-1　谢沈书手稿 A

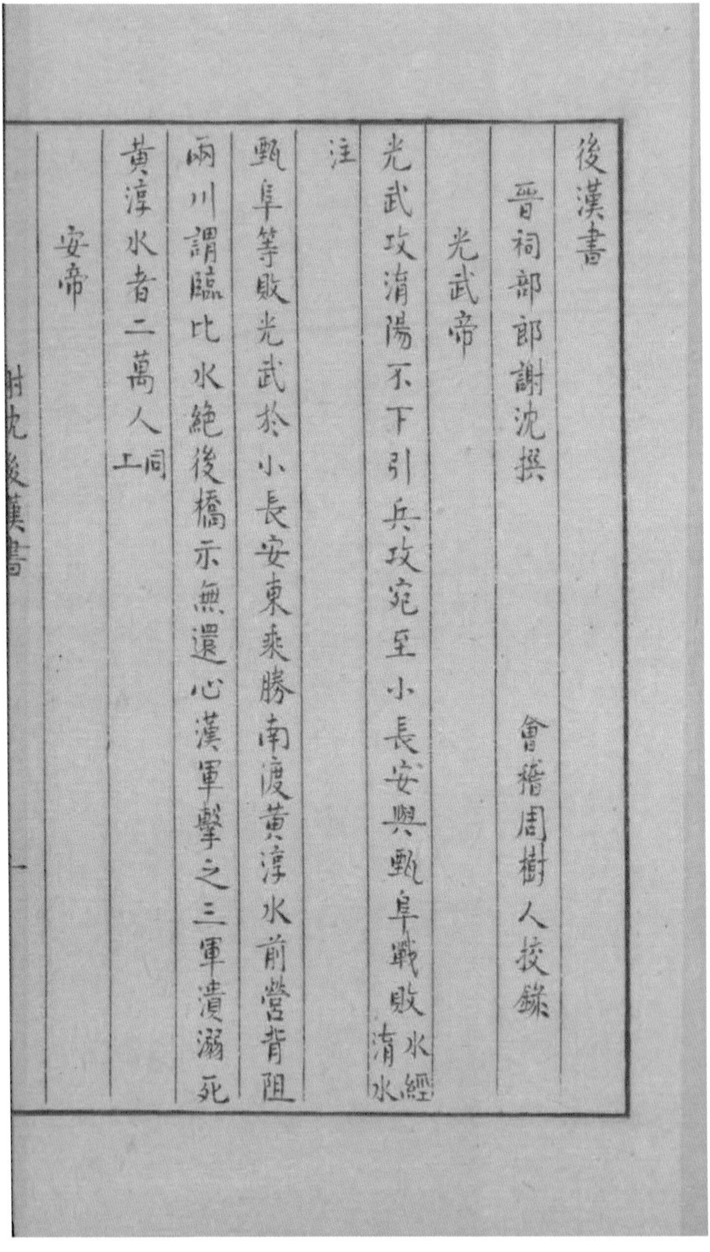
後漢書

晉祠部郎謝沈撰　　會稽周樹人挍錄

光武帝

光武攻淯陽不下引兵攻宛至小長安與甄阜戰敗水經淯水注

甄阜等敗光武於小長安東乘勝南渡黃淳水前營背阻兩川謂臨比水絕後橋示無還心漢軍擊之三軍潰溺死黃淳水者二萬人同上

安帝

謝沈後漢書　一

图 3-2　谢沈书手稿 B

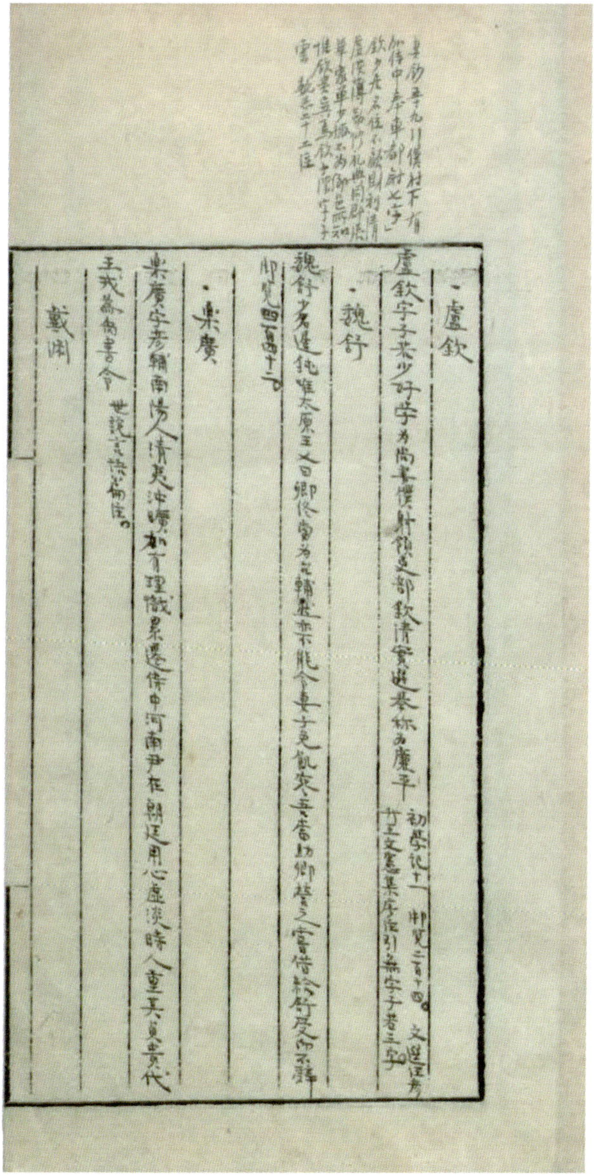
盧欽
盧欽字子若少好学为尚書僕射領吏部欽清貧廷巷称为廉平
魏舒
樂廣
樂廣字彦輔南陽人清夷沖曠加有理識累遷侍中河南尹在朝廷用心虚淡時人重其貴代
王戎為尚書令
戴淵

图 4-1　虞预书手稿 A。卢钦条天头处鲁迅标记《书钞》卷五九所引的文本面貌，又从《三国志》裴注补辑黄本失收的一则佚文。各佚文末尾所标辑录出处加圈，表示已据原书核验。

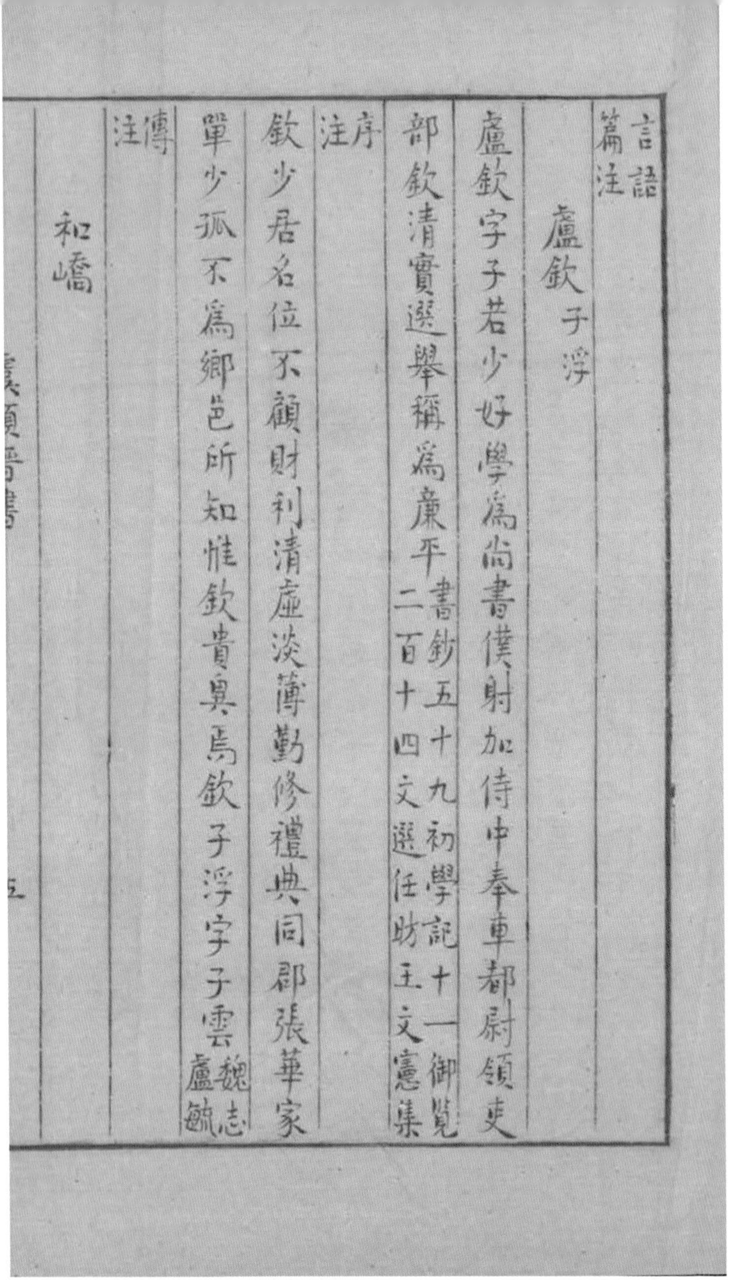
言語篇注
盧欽 子浮
盧欽字子若少好學爲尚書僕射加侍中奉車都尉領吏部欽清實選舉稱爲廉平 書鈔五十九初學記十一御覽二百十四文選任昉王文憲集
序注
欽少居名位不顧財利清虛淡薄動修禮典同郡張華家
傳注
單少孤不爲鄉邑所知惟欽貴異焉欽子浮字子雲 魏志盧毓
和嶠
虞預晉書 五

图 4-2　虞预书手稿 B。卢钦条已按手稿 A 的标记改订，可与图 4-1 对看。

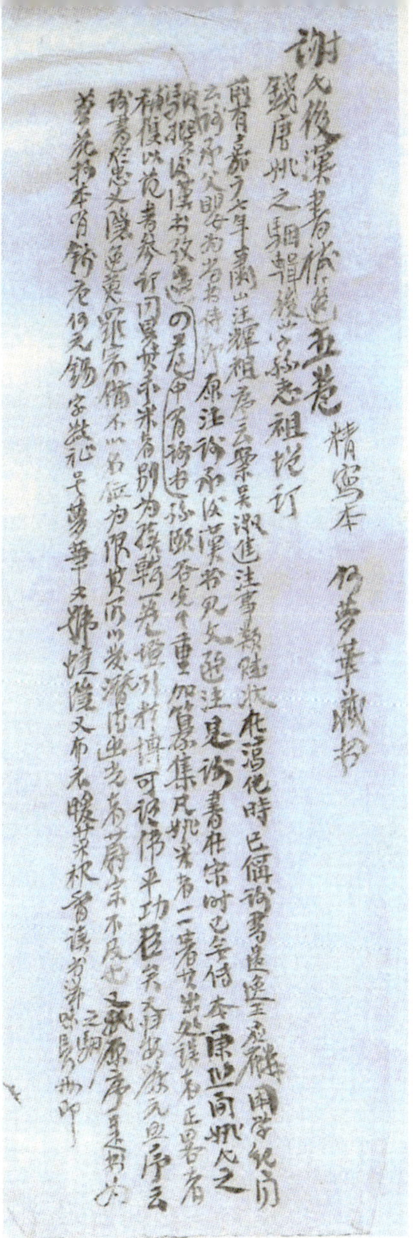

图附 -1　针对《谢氏后汉书补逸》何元锡藏本所作的《丁志》初稿，后被人移至丁氏传抄本（南图 112363）。

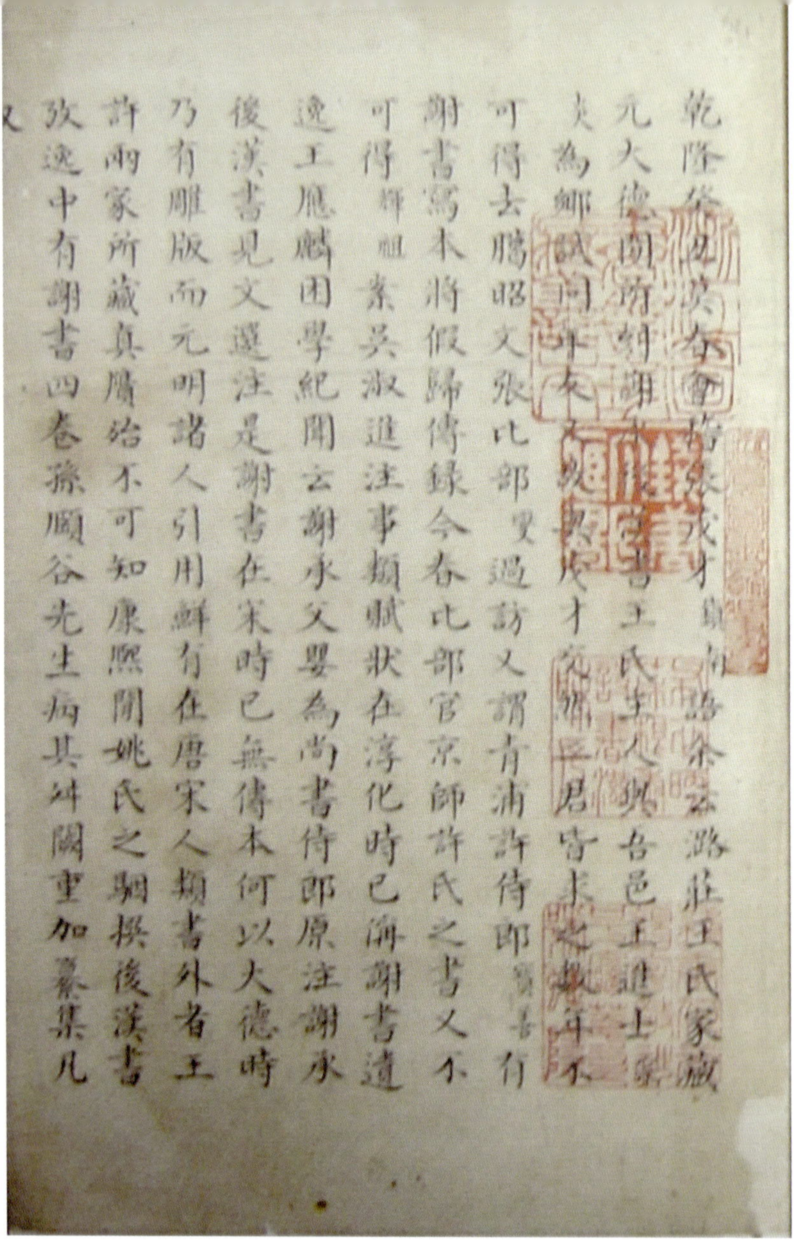
可得去臈昭文張比部燮過訪又謂青浦許侍郎寶善有
謝書寫本將假歸傳録今春比部官京師許氏之書又不
可得輝祖案吳淑進注事類賦狀在淳化時已稱謝書遺
逸王應麟困學紀聞云謝承又要為尚書侍郎原注謝承
後漢書見文選注是謝書在宋時已無傳本何以大德時
乃有雕版而元明諸人引用鮮有在唐宋人類書外者王
許兩家所藏真贋殆不可知康熙間姚氏之駰撰後漢書
攷逸中有謝書四卷孫頤谷先生病其疏闕重加纂集凡

图附 -2　何元锡旧藏清抄本《谢氏后汉书补逸》，现藏浙江图书馆。《丁志》提及的何元锡的两方藏印，及八千卷楼的“钱塘丁氏藏书”俱见本叶。

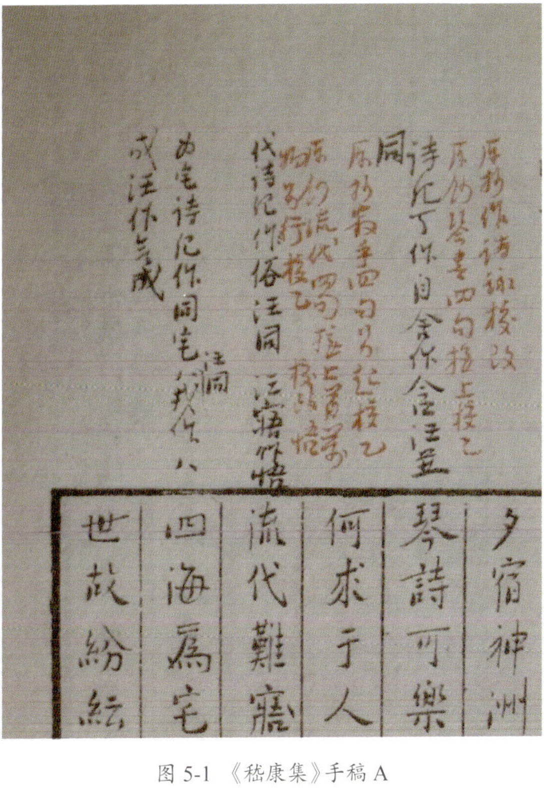

图 5-1 《嵇康集》手稿 A

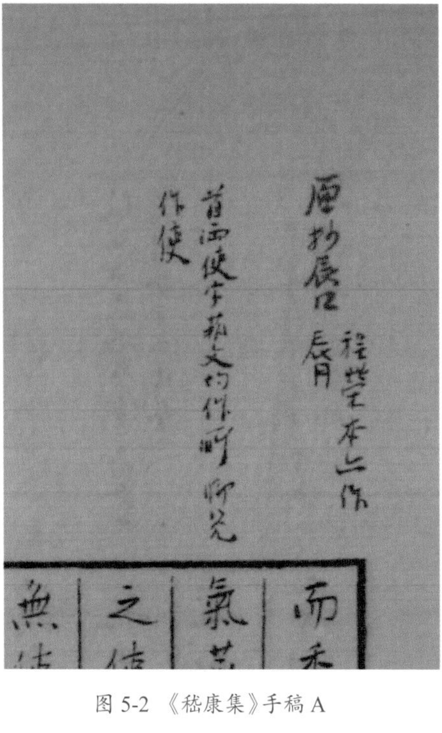

图 5-2 《嵇康集》手稿 A

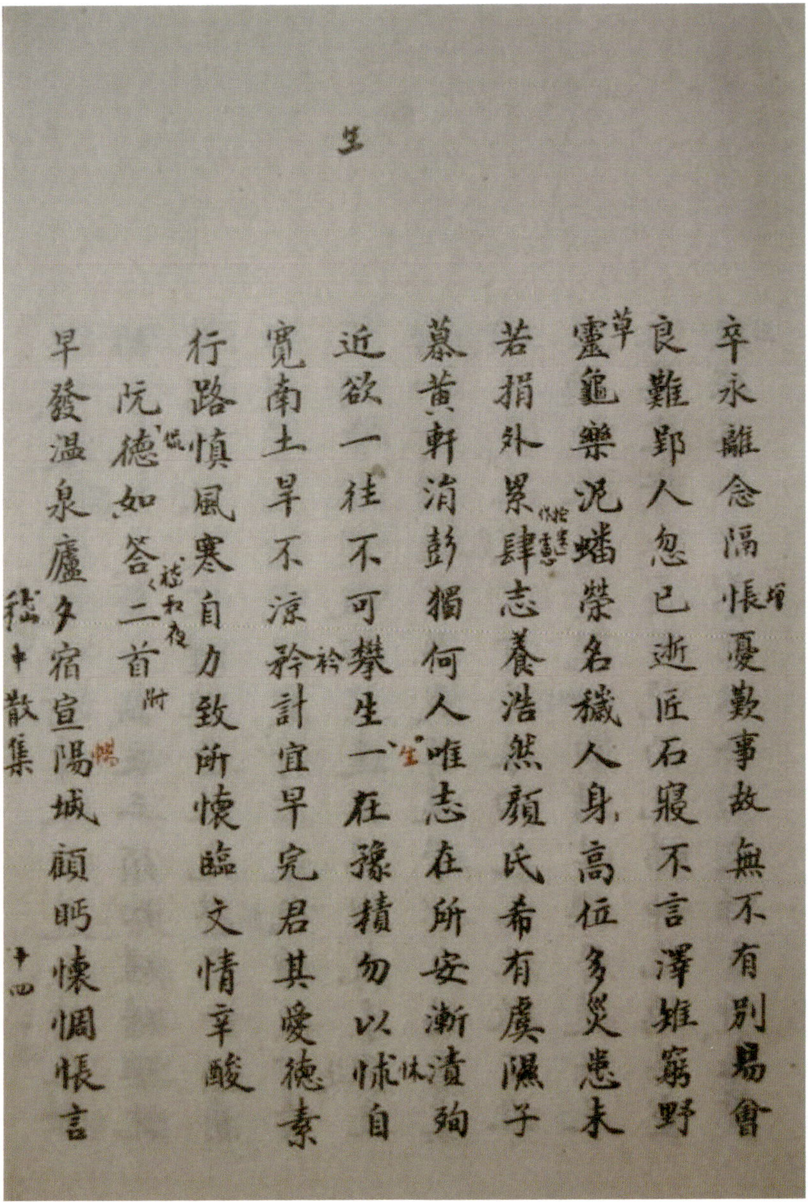
生
辛永離念隔悵憂歎事故無不有別易會
良難郢人忽已逝匠石寢不言澤雉窮野
靈龜樂泥蟠榮名穢人身高位多災患未
若捐外累肆志養浩然顏氏希有虞隰子
慕黄軒消彭獨何人唯志在所安漸漬殉
近欲一往不可攀生一在豫積勿以怵自
寬南土旱不涼矜計宜早完君其愛德素
阮德如答二首 附
行路慎風寒自力致所懷臨文情辛酸
早發溫泉廬夕宿宣陽城顧眄悽惆悵言
嵇中散集
十四

图 5-3 《嵇康集》手稿 B 中标注诸本异文的不同形式

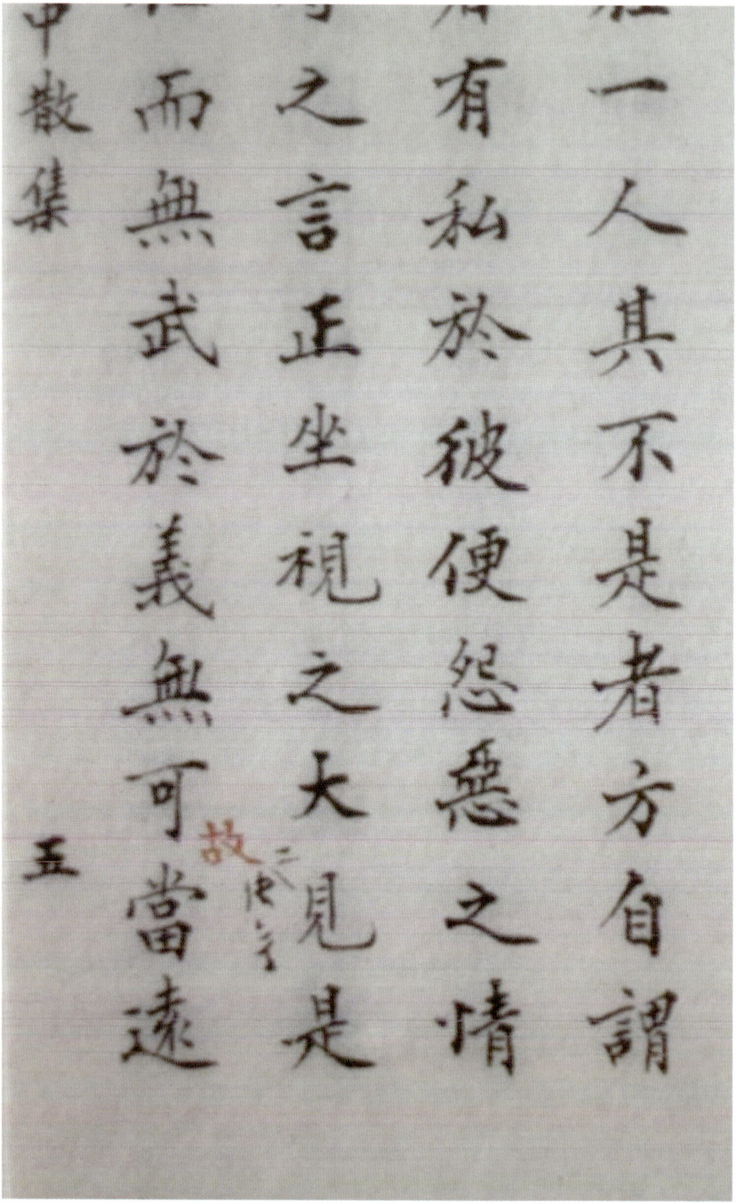

图 5-4 《嵇康集》手稿 B

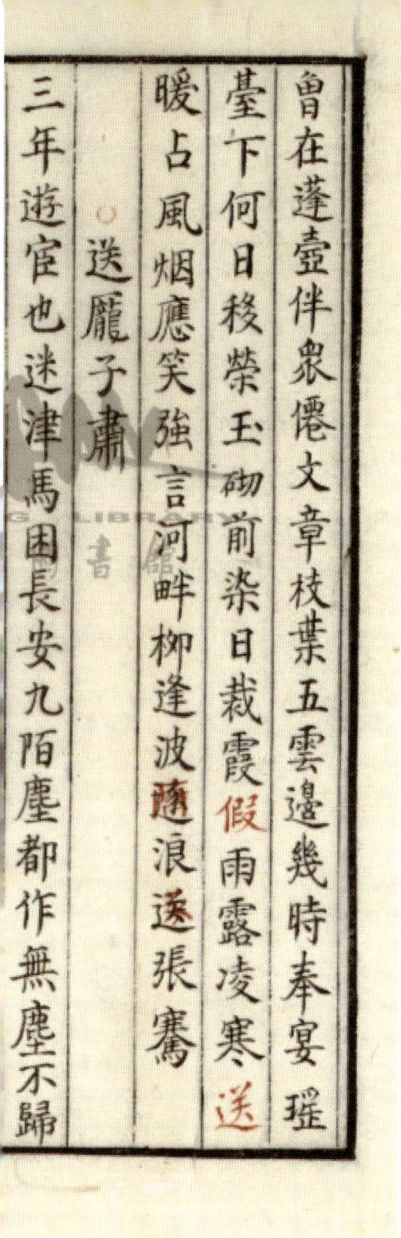

曾在蓬壺伴衆僊文章枝葉五雲邊幾時奉宴瑶
臺下何日移榮玉砌前染日裁霞假雨露凌寒送
暖占風烟應笑強言河畔柳逢波隨浪送張騫
送龐子肅
三年遊宦也迷津馬困長安九陌塵都作無塵不歸

图 9-1　南京图书馆藏《沈下贤文集》影抄小草斋本，朱笔校字是其独有。

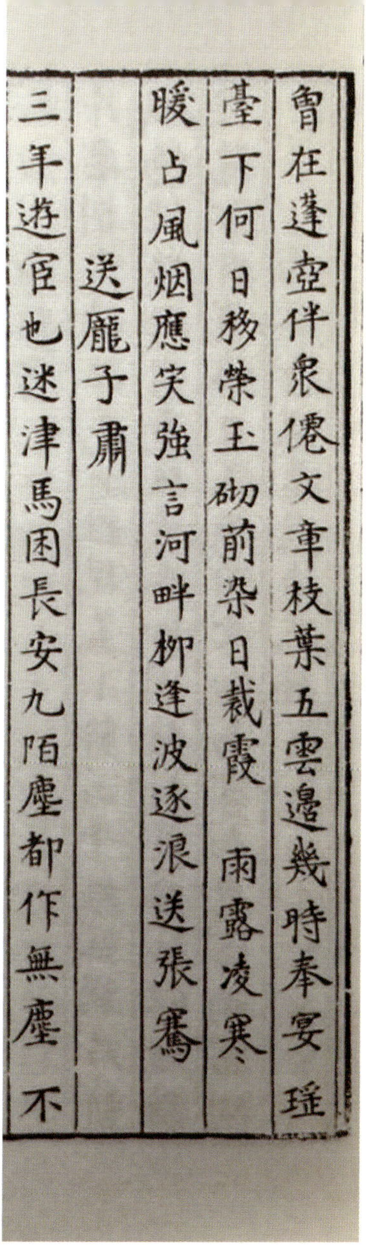

曾在蓬壺伴衆僊文章枝葉五雲邊幾時奉宴瑶
臺下何日移榮玉砌前染日裁霞　雨露凌寒
暖占風烟應笑強言河畔柳逢波逐浪送張騫
送龐子肅
三年遊宦也迷津馬困長安九陌塵都作無塵　不

图 9-2　复旦大学图书馆藏《沈下贤文集》小草斋抄本

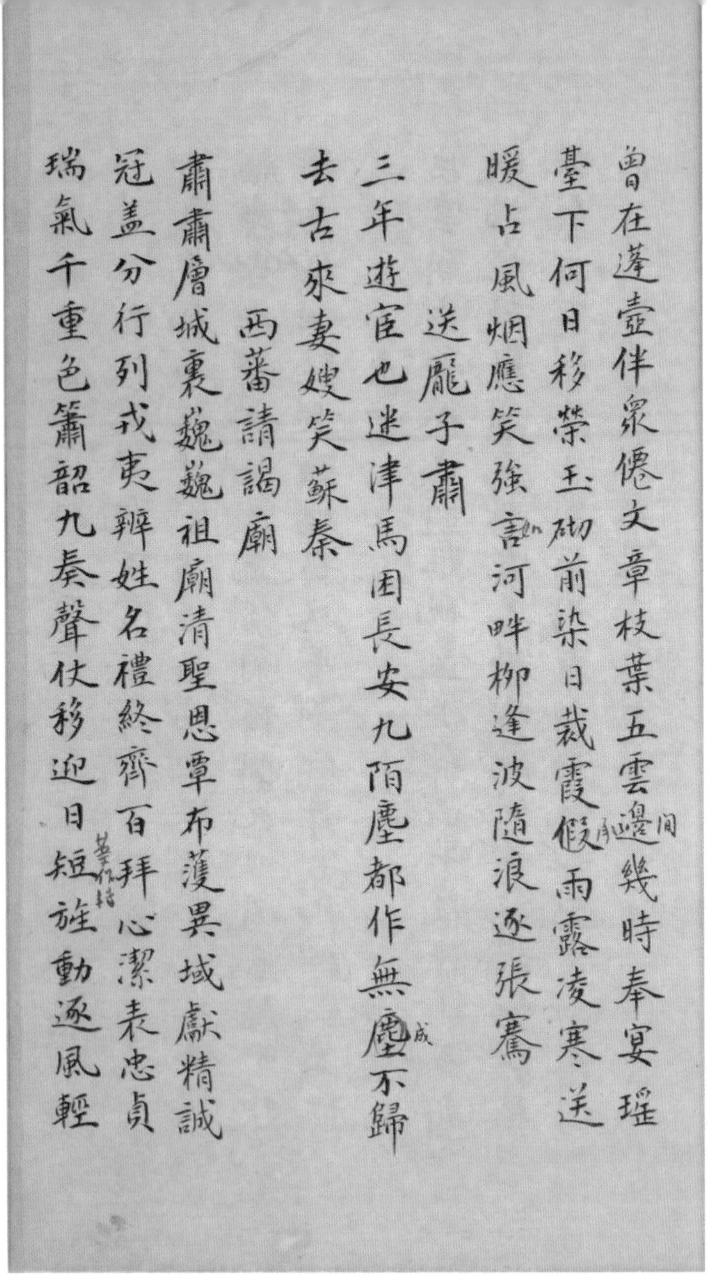
曾在蓬壺伴衆僊文章枝葉五雲邊幾時奉宴瑶
臺下何日移榮玉砌前染日裁霞偎雨露凌寒送
暖占風烟應笑強言河畔柳逢波隨浪逐張騫
送龐子肅
三年遊宦也迷津馬困長安九陌塵都作無塵不歸
去古來妻嫂笑蘇秦
西蕃請謁廟
肅肅層城裏巍巍祖廟清聖恩覃布護異域獻精誠
冠蓋分行列戎夷辨姓名禮終齊百拜心潔表忠貞
瑞氣千重色簫韶九奏聲仗移迎日短旌動逐風輕

图 9-3 《沈下贤文集》手稿 A。鲁迅依影抄本校字面貌抄录，可与图 9-1、图 9-2 对看。

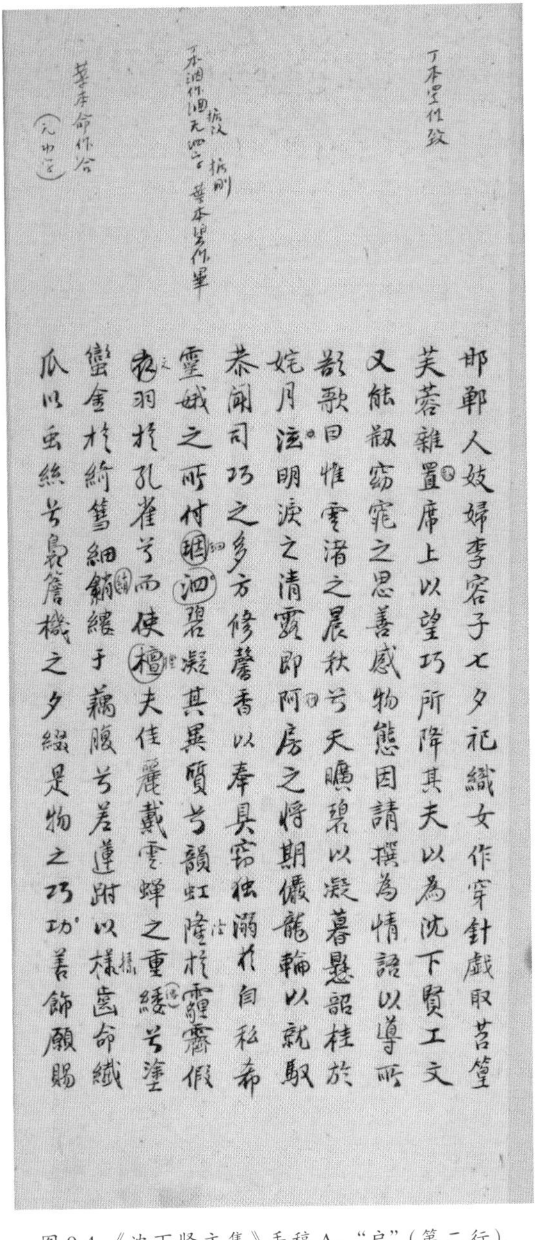

图 9-4 《沈下贤文集》手稿 A。“启”（第二行）、“琱洄”（第七行）、“夜”、“檀”（第八行）等字加圈。

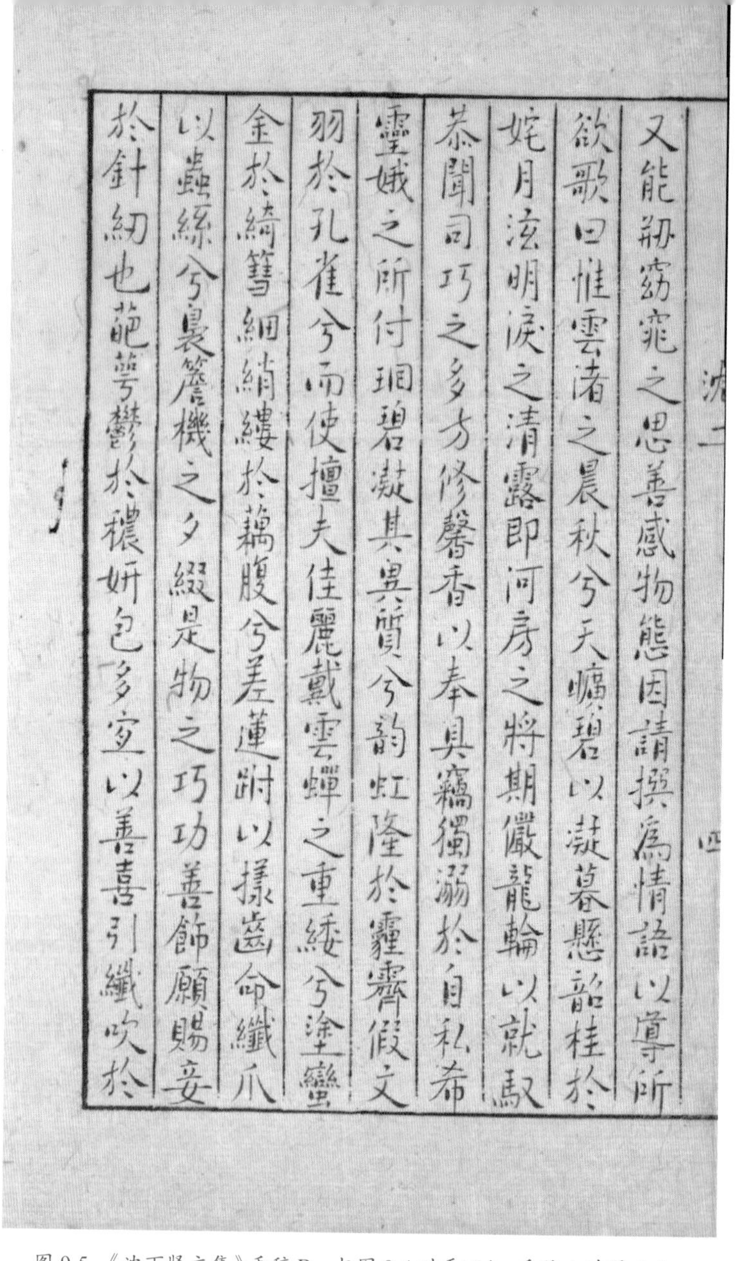
又能紉窈窕之思善感物態因請撰爲情語以導所
欲歌曰惟雲渚之晨秋兮天嬪碧以凝暮懸韶桂於
姹月滋明淚之清露即河房之將期儼龍輪以就驗
恭聞司巧之多方修馨香以奉具竊獨溺於自私希
靈娥之所付琱碧凝其異質兮韵虹隆於霾霽假文
羽於孔雀兮而使擅夫佳麗戴雲蟬之重綏兮塗鸞
金於綺籌細綃縷於藕腹兮差蓮跗以搡齒命纖爪
以蟲絲兮裊簷機之夕綴是物之巧功善飾願賜妾
於針紉也葩萼鬱於襛妍色多宜以善喜引纖吹於

图 9-5 《沈下贤文集》手稿 B。与图 9-4 对看可知，手稿 A 有异文处，手稿 B 皆不取加圈之字。

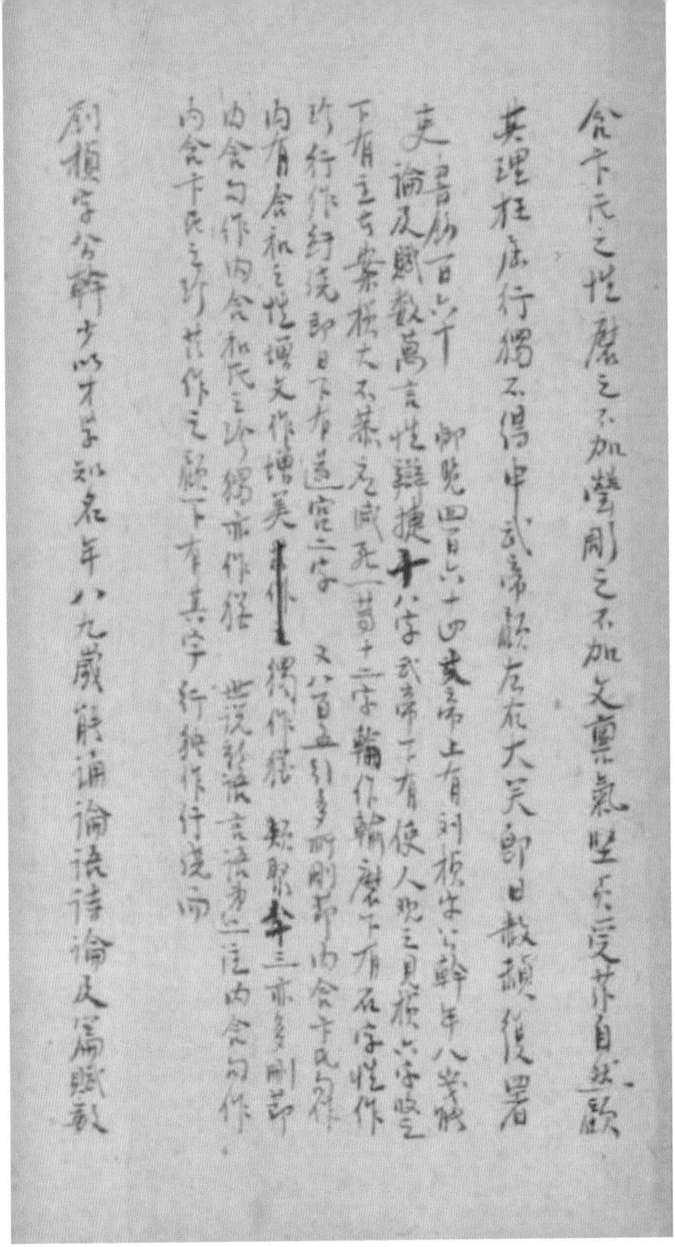

图 11-1 《文士传》手稿 B。刘桢条第 4 则与第 5 则，第 4 则案语明显是一气写成，顺承连接，没有后续插补的情况。

图 11-2 《文士传》手稿 C

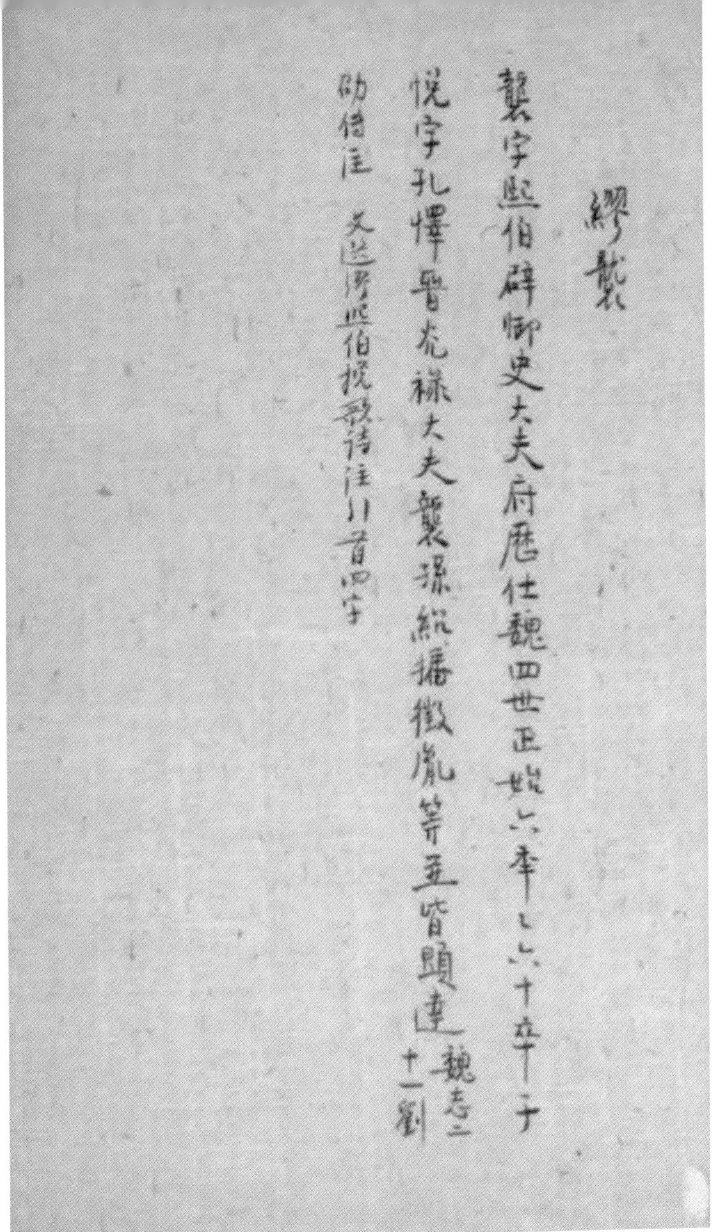

图 12-1 《众家文章记录》手稿 A 挚虞《文章志》缪袭条，体现了手稿 B 从《文选》注辑出的内容，不过案语“《文选》缪熙伯《挽歌诗》注引首四字”明显是后添加的。

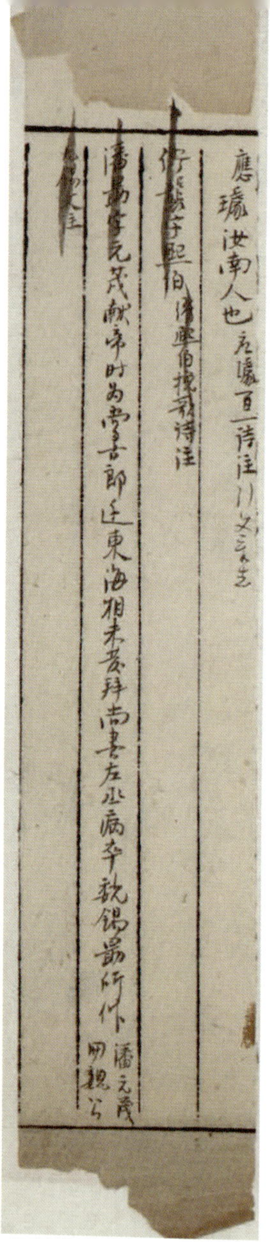

图 12-2 《众家文章记录》手稿 B。此枚断片上有 3 则佚文。

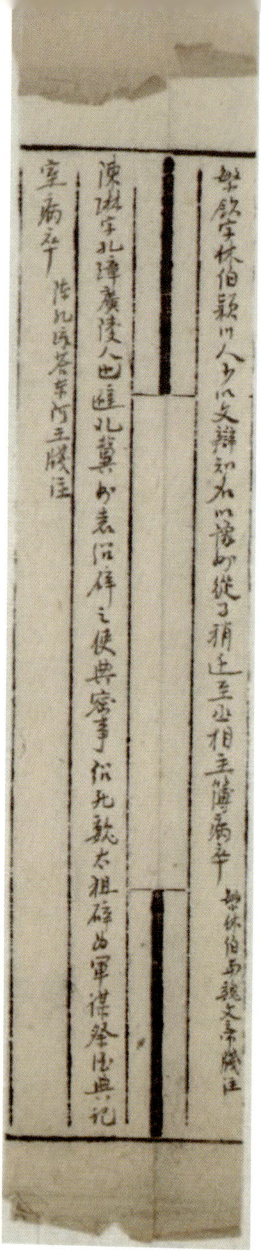

图 12-3 《众家文章记录》手稿 B 繁钦条

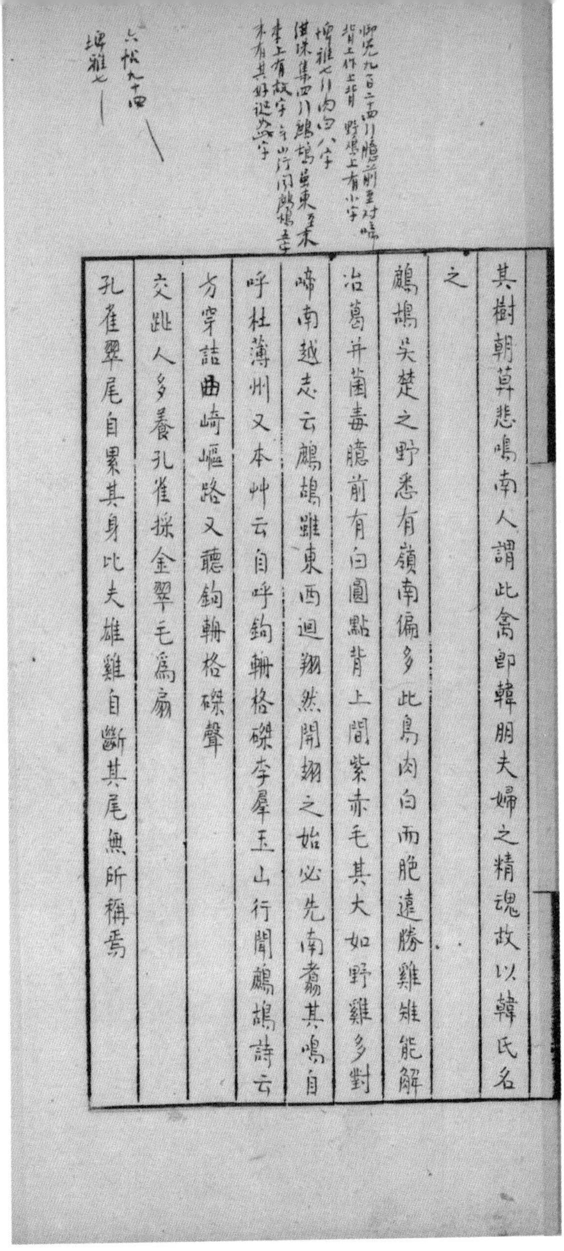

六帖九十四
埤雅七

其樹朝莫悲鳴南人謂此禽即韓朋夫婦之精魂故以韓氏名
之
鷓鴣吳楚之野悉有嶺南偏多此鳥肉白而脆遠勝雞雉能解
冶葛并菌毒臆前有白圓點背上間紫赤毛其大如野雞多對
啼南越志云鷓鴣雖東西迴翔然開翅之始必先南翥其鳴自
呼杜薄州又本艸云自呼鉤輈格磔李羣玉山行聞鷓鴣詩云
方穿詰曲崎嶇路又聽鉤輈格磔聲
交趾人多養孔雀採金翠毛爲扇
孔雀翠尾自累其身比夫雄雞自斷其尾無所稱焉

图 13-1 《岭表录异》手稿 A。注意天头处据《御览》的校语与据《埤雅》的校语的书写位置关系。

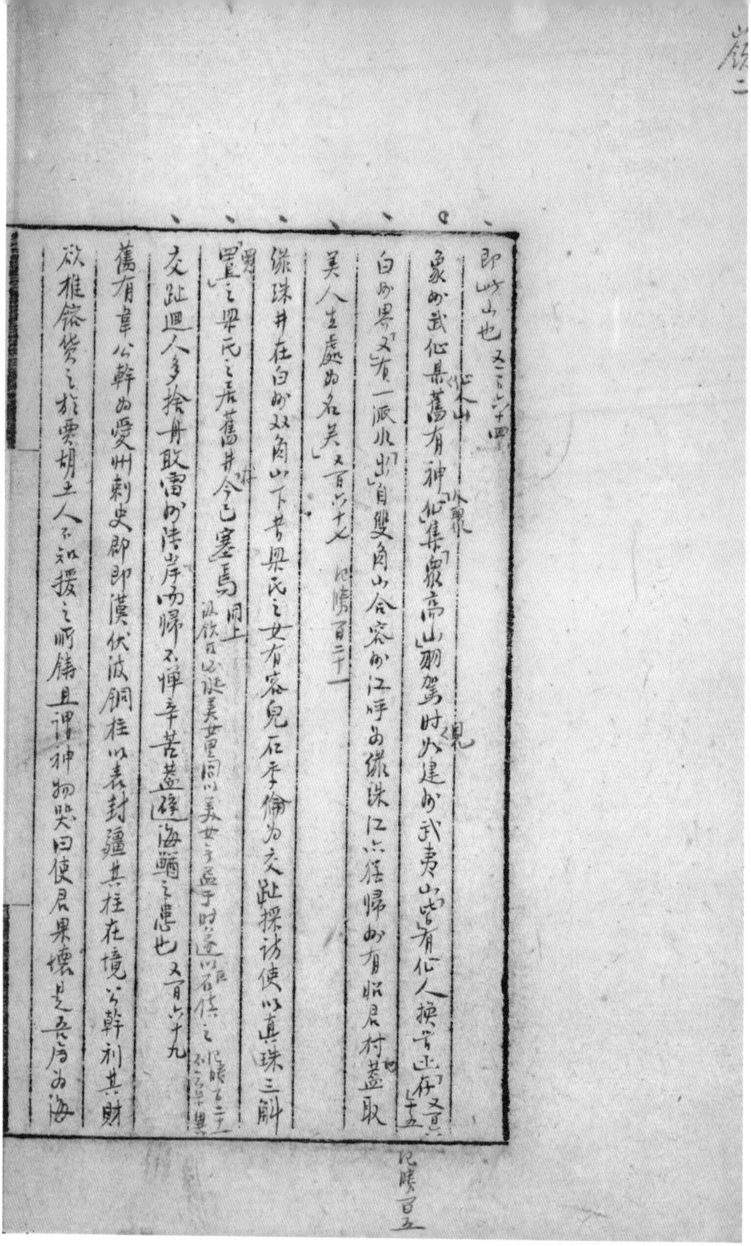

图 13-2 《岭表录异》手稿 B。行间校字是以佚文"第二出处"校"第一出处"的结果。如此叶第二条，行间校字是表示《舆地纪胜》卷一〇五的引文面貌。

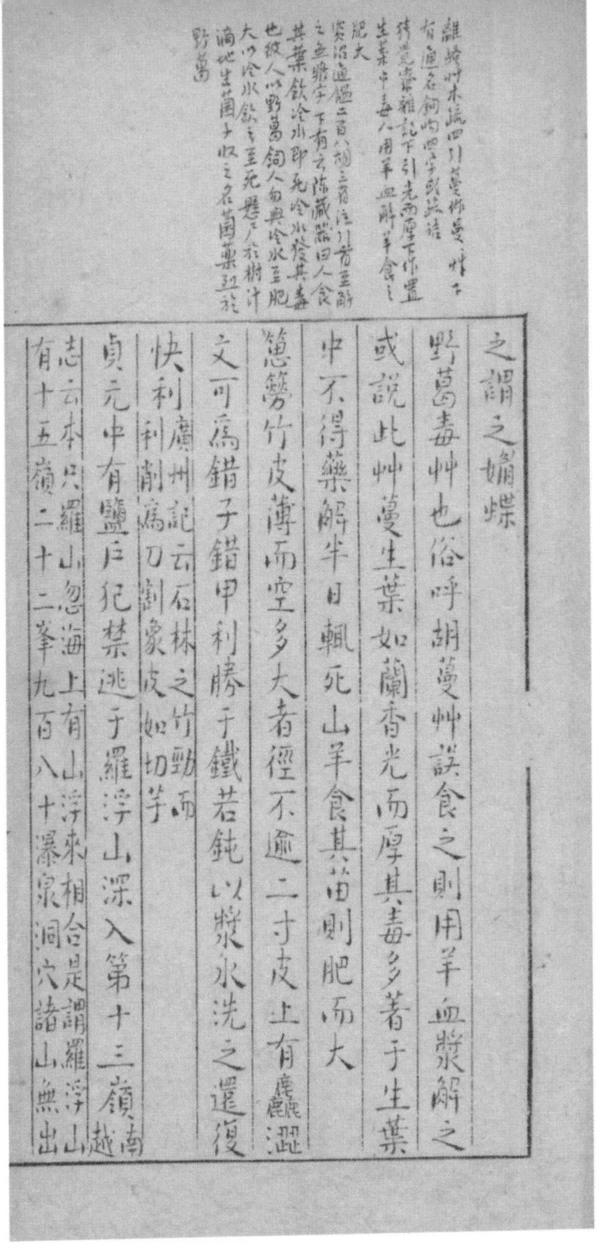
之謂之媚蝶
野葛毒艸也俗呼胡蔓艸誤食之則用羊血漿解之
或說此艸蔓生葉如蘭香光而厚其毒多著于生葉
中不得藥解半日輒死山羊食其苗則肥而大
簩竹皮薄而空多大者徑不逾二寸皮上有麁澀
文可爲錯子錯甲利勝于鐵若鈍以漿水洗之還復
快利廣州記云石林之竹勁而利削爲刀割象皮如切芋
貞元中有鹽戶犯禁逃于羅浮山深入第十三嶺南越
志云本只羅山忽海上有山浮來相合是謂羅浮山
有十五嶺二十二峯九百八十瀑泉洞穴諸山無出

图 13-3 《岭表录异》手稿 G。天头处记录《离骚草木疏》《猗觉寮杂记》《通鉴》引文面貌，鲁迅翻检此三书显然是在手稿 G 写成后。

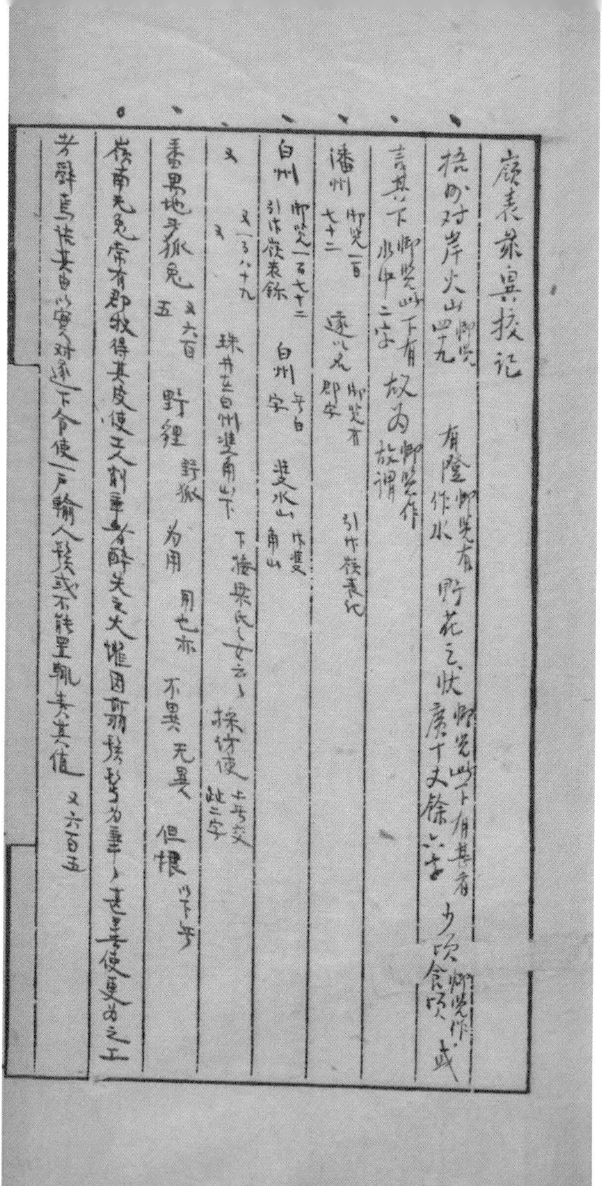

图 13-4 《岭表录异》手稿 F。前三行是鲁迅所写，第四行起是周作人所写，后半叶首行起又是鲁迅笔迹。各条上加点，指已与手稿 A（武英殿本）对勘。

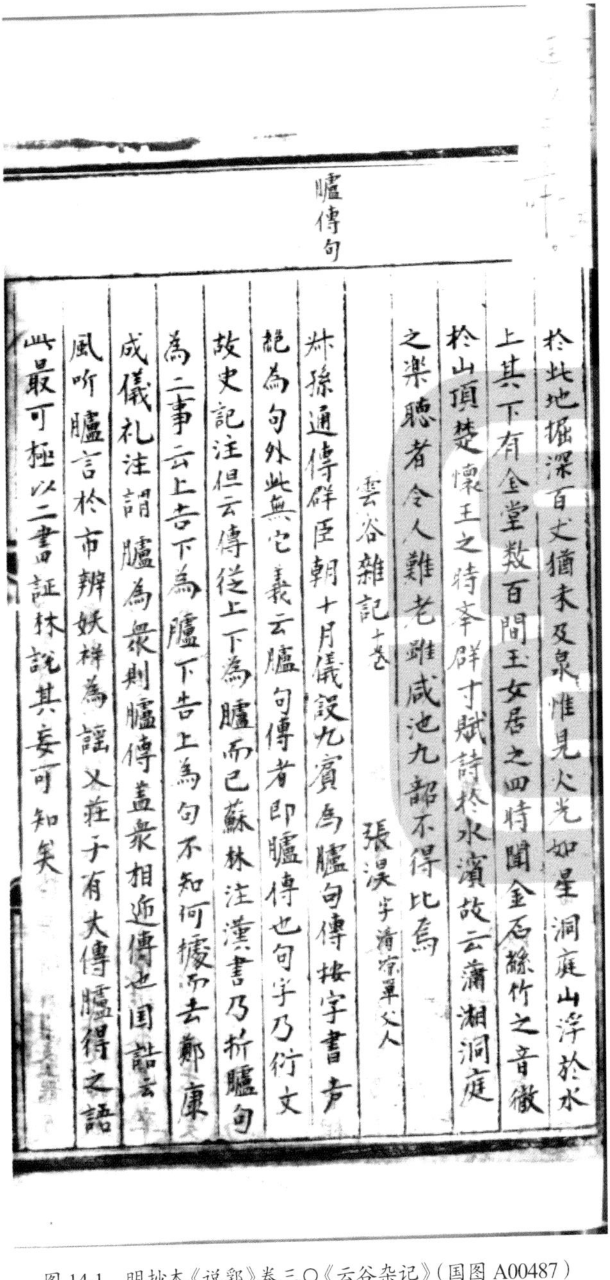

臚傳句

於此地掘深百丈猶未及泉惟見火光如星洞庭山浮於水
上其下有金堂數百間玉女居之四時聞金石絲竹之音徹
於山頂楚懷王之時舉群才賦詩於水濱故云瀟湘洞庭
之樂聽者令人難老雖咸池九韶不得比焉

雲谷雜記十卷　張淏字清源單父人

叔孫通傳群臣朝十月儀設九賓臚句傳按字書声
䛔為句外此無它義云臚句傳者即臚傳也句字乃衍文
故史記注但云傳從上下為臚而已蘇林注漢書乃析臚句
為二事云上告下為臚下告上為句不知何據而去鄭康
成儀礼注謂臚為衆則臚傳蓋衆相延傳也国語云
風听臚言於市辨妖祥為謠又莊子有大傳臚得之語
此最可極以二書証林說其妄可知矣

图 14-1　明抄本《说郛》卷三〇《云谷杂记》（国图 A00487）

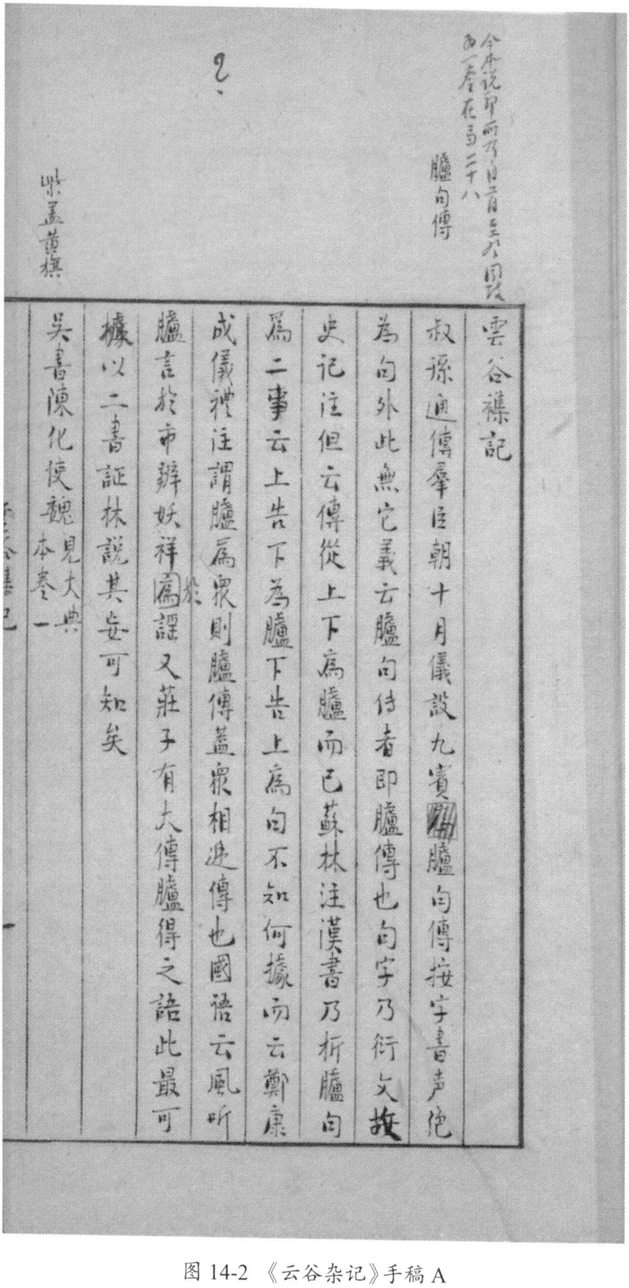
臚句傳
雲谷雜記
叔孫通傳羣臣朝十月儀設九賓臚句傳按字書声絶
爲句外此無它義云臚句傳者即臚傳也句字乃衍文按
史記注但云傳從上下爲臚而已蘇林注漢書乃析臚句
爲二事云上告下爲臚下告上爲句不知何據而云鄭康
成儀禮注謂臚爲衆則臚傳蓋衆相述傳也國語云風聽
臚言於市辨妖祥於謡又莊子有大傳臚得之語此最可
據以二書証林説其妄可知矣
吳書陳化使魏 見大典本卷一

图 14-2 《云谷杂记》手稿 A

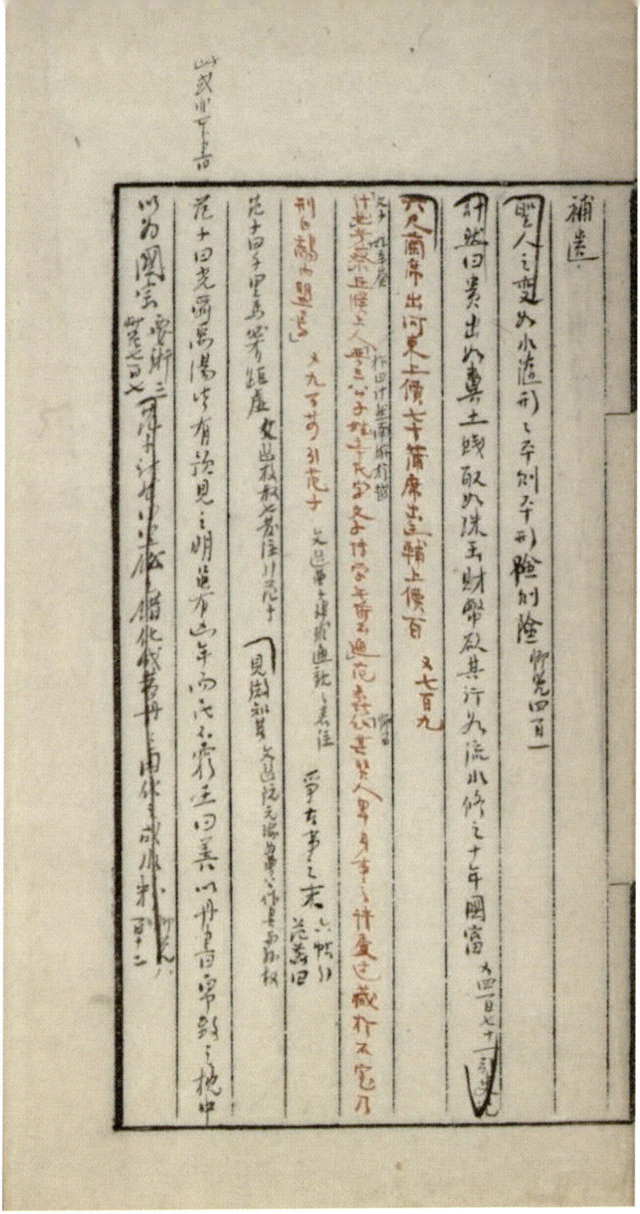

图 16-1 《范子计然》手稿 A 补遗，此部分专录茆本所无的佚文。朱笔所写的两条佚文是周作人笔迹，其余是鲁迅所写。周作人录出这两条佚文后，鲁迅增补了其他出处并标记异文。可见手稿 A 递次增补的层次。

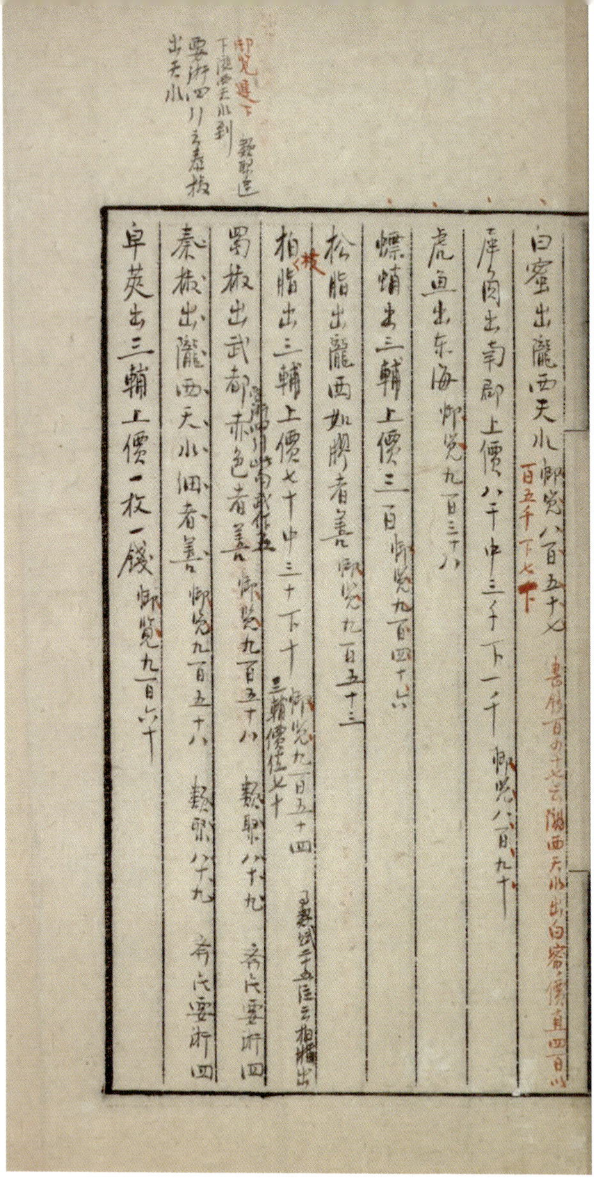

图 16-2 《范子计然》手稿 A。首行朱笔“《书钞》百四十七”云云是鲁迅所写，天头处朱笔“御览连下”是周作人所写；第六行墨笔所补出处及异文情况“《事类赋》二十五注”云云，茆本所无，是鲁迅所写。第七条行间“《要术》引此句，武作五”及天头处墨笔，也是鲁迅所写。

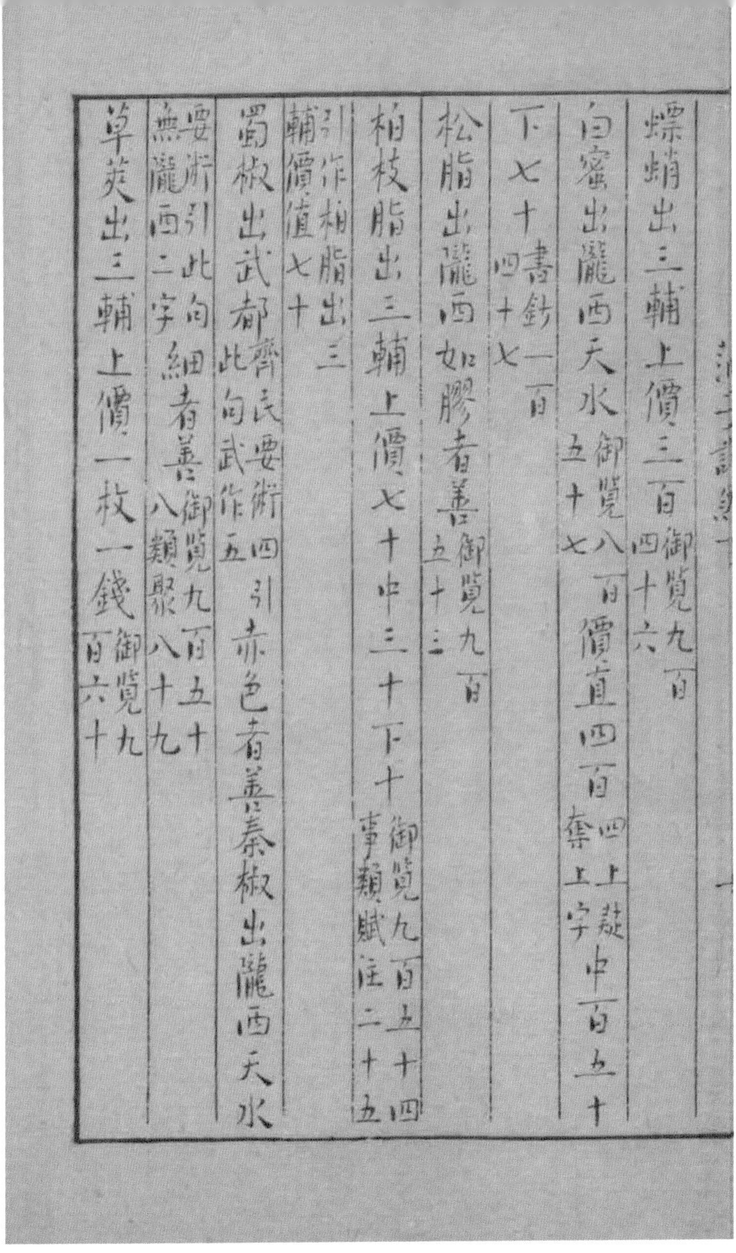
螵蛸出三輔上價三百御覧九百四十六
白蜜出隴西天水御覧八百五十七價直四百四上疑奪上字中百五十
下七十書鈔一百四十七
松脂出隴西如膠者善御覧九百五十三
柏枝脂出三輔上價七十中三十下十御覧九百五十四事類賦注二十五
引作柏脂出三輔價值七十
蜀椒出武都齊民要術四引此句武作五赤色者善秦椒出隴西天水
要術引此句無隴西二字細者善御覧九百五十八類聚八十九
草莢出三輔上價一枚一錢御覧九百六十

图 16-3 《范子计然》手稿 D。手稿 A 的校改增补，在此均做了对应处理，可与图 16-2 对看。

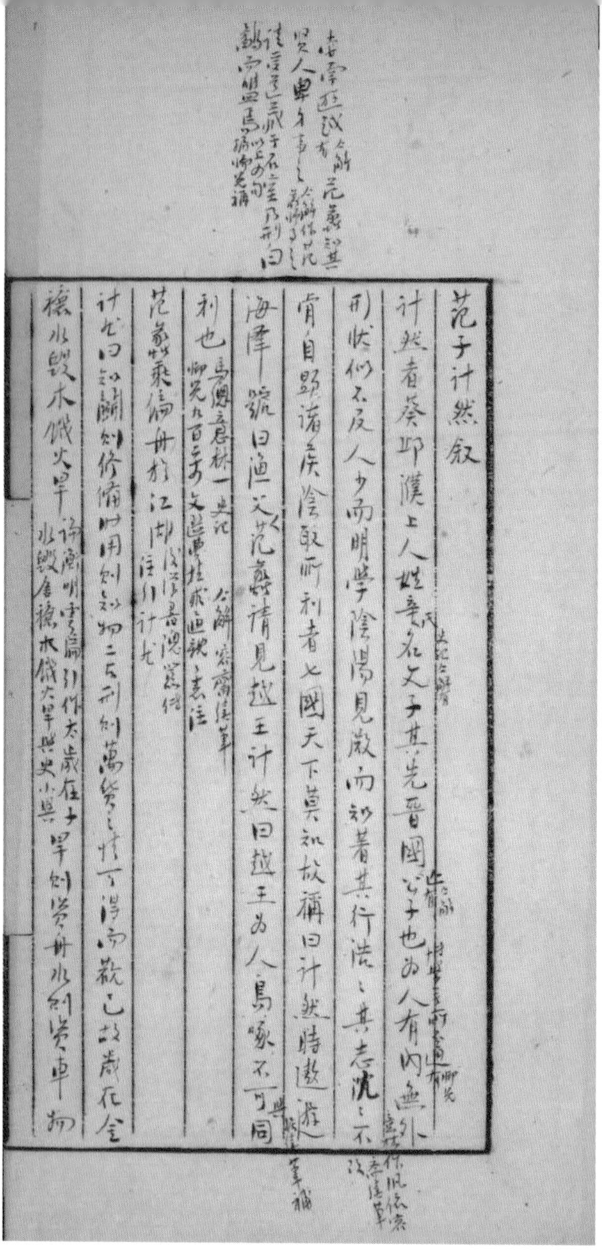

图 16-4 《范子计然》手稿 A。注意首条行间的校字，与周广业《意林注》有对应关系。

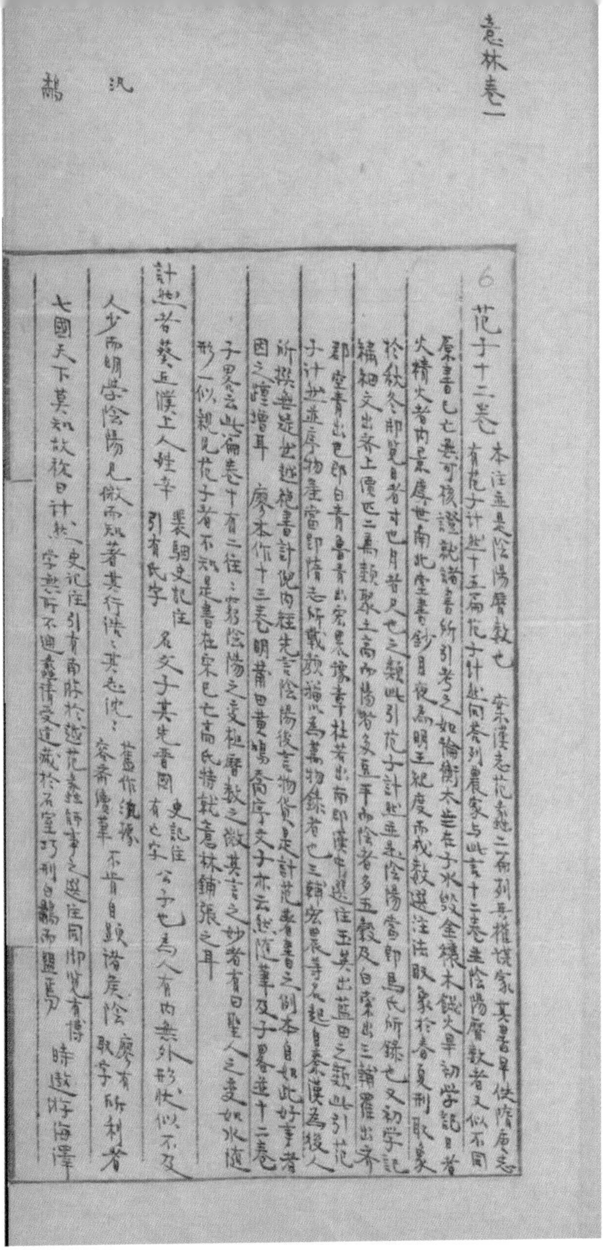
意林卷一
范子十二卷
本注並是陰陽曆數也

图 16-5 《范子计然》手稿 C。此件是周作人抄录的周广业《意林注》中的《范子计然》部分。

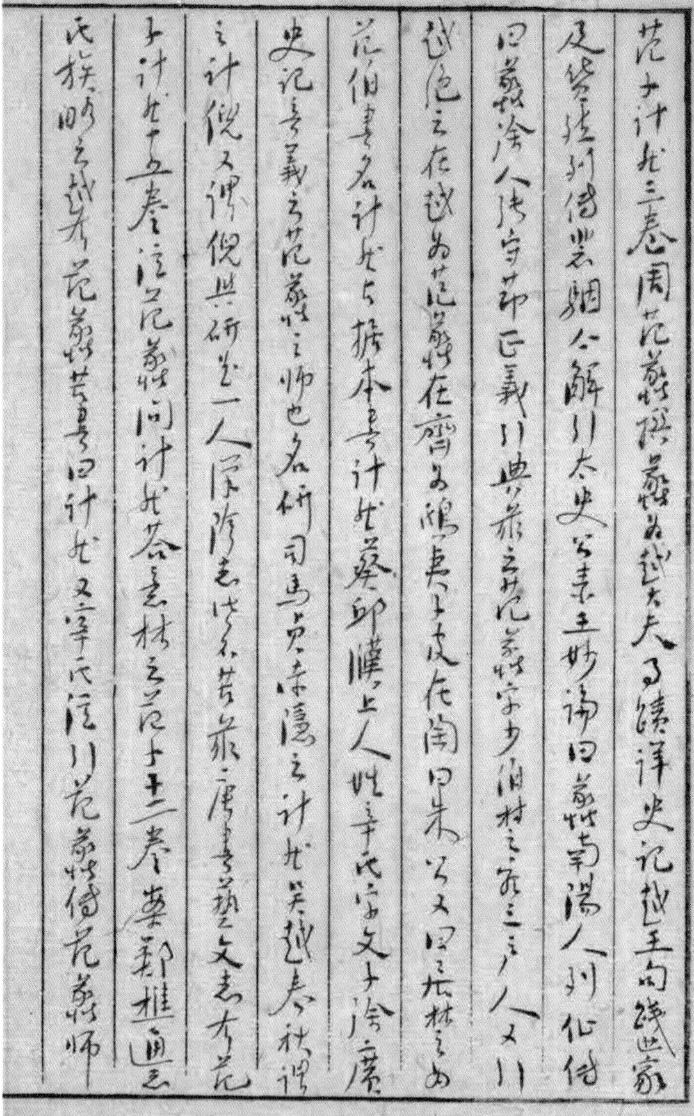
范子计然三卷周范蠡撰蠡为越大夫事迹详史记越王句践世家
及货殖列传裴骃集解引太史公素王妙论曰蠡本南阳人列仙传
曰蠡徐人史记正义引典录云范蠡字少伯楚之宛三户人又引
越绝云在越为范蠡在齐为鸱夷子皮在陶曰朱公又曰之苑林之内
范伯书名计然者据本书计然葵丘濮上人姓辛氏字文子徐广
史记音义云范蠡之师也名研司马贞索隐云计然吴越春秋谓
之计倪又谓倪与研并一人隋志皆不著录唐书艺文志有范
子计然十五卷注云范蠡问计然答意林范子十二卷案郑樵通志
氏族略引范蠡著书曰计然又宰氏注引范蠡传范蠡师

图 16-6 《范子计然》手稿 B，鲁迅抄录的马国翰辑本序。

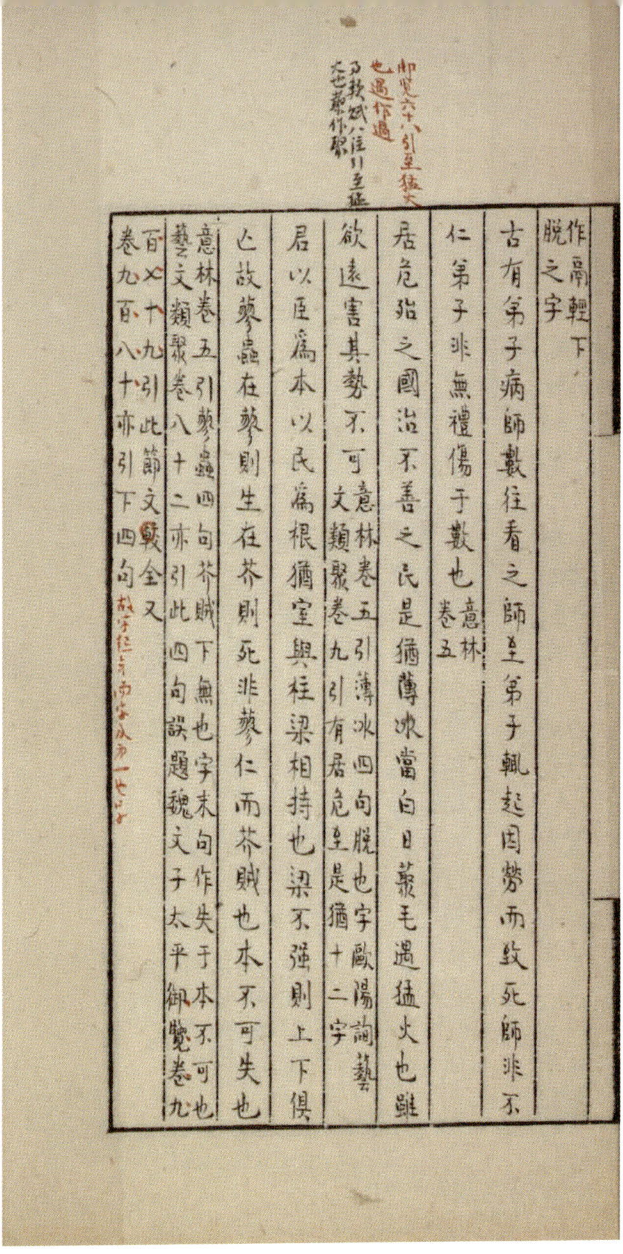
御覽六十八引至猛火也過作遇
作鼎輕下脫之字
古有弟子病師數往看之師至弟子輒起因勞而致死師非不
仁弟子非無禮傷于數也 意林卷五
居危殆之國治不善之民是猶薄冰當白日蒙毛遇猛火也雖
欲遠害其勢不可 意林卷五引薄冰四句脫也字歐陽詢藝文類聚卷九引有居危至是猶十二字
居以匡爲本以民爲根猶室與柱梁相持也梁不強則上下俱
亡故蓼蟲在蓼則生在芥則死非蓼仁而芥賊也本不可失也
意林卷五引蓼蟲四句芥賊下無也字末句作失于本不可也 藝文類聚卷八十二亦引此四句誤題魏文子太平御覽卷九
百八十九引此節文較全又 卷九百八十亦引下四句

图 16-7 《魏子》手稿 A。“居危殆之国”条天头处的朱笔增补是周作人所写，一旁的墨笔增补是鲁迅所写，末行案语后的朱笔是鲁迅所写。

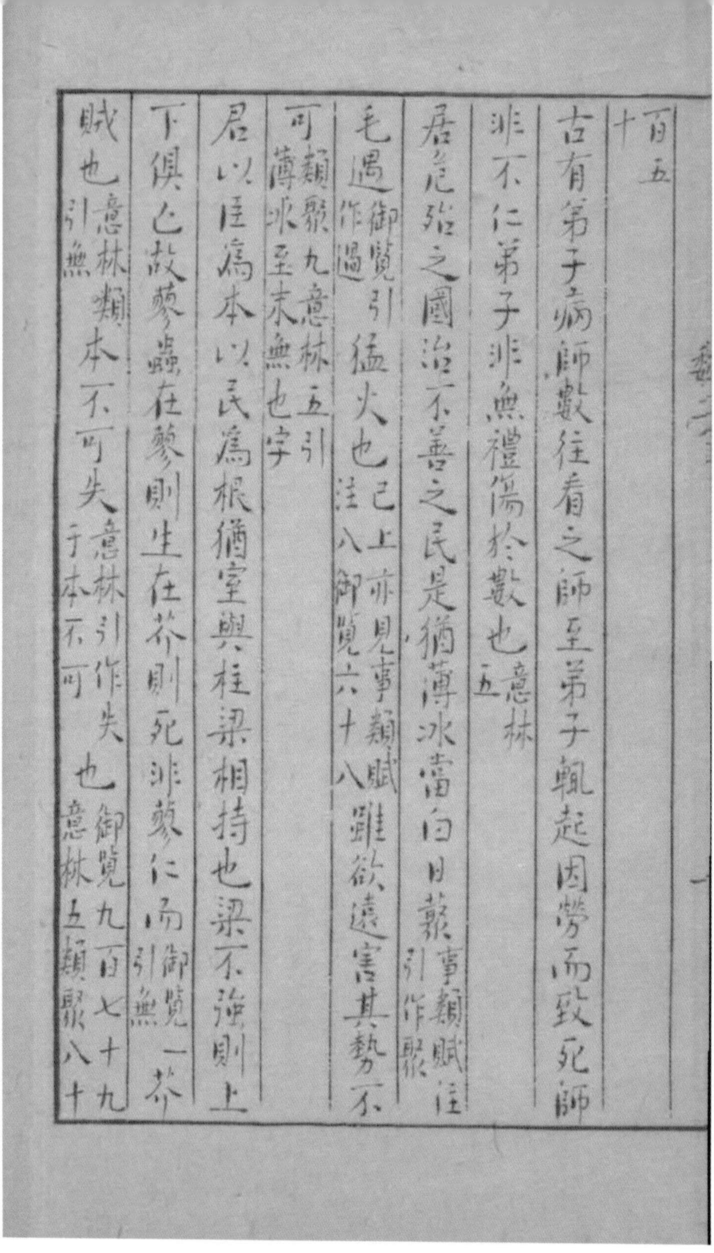
(百五十)古有弟子病師數往看之師至弟子輒起困勞而致死師非不仁弟子非無禮偽於數也(意林五)
居危殆之國治不善之民是猶薄冰當白日爇(事類賦注引作聚)毛遇(御覽引作過)猛火也(已上亦見事類賦注八御覽六十八)雖欲遠害其勢不可(類聚九意林五引薄冰至末無也字)
君以臣為本以民為根猶室與柱梁相持也梁不強則上下俱亡故蓼蟲在蓼則生在芥則死非蓼仁而(御覽一引無)芥賊也(意林引無)類本不可失(意林引作失于本不可)也(御覽九百七十九意林五類聚八十)

图 16-8 《魏子》手稿 C。“居危殆之国”条根据手稿 A 的增补而改动，可与图 16-7 对看。

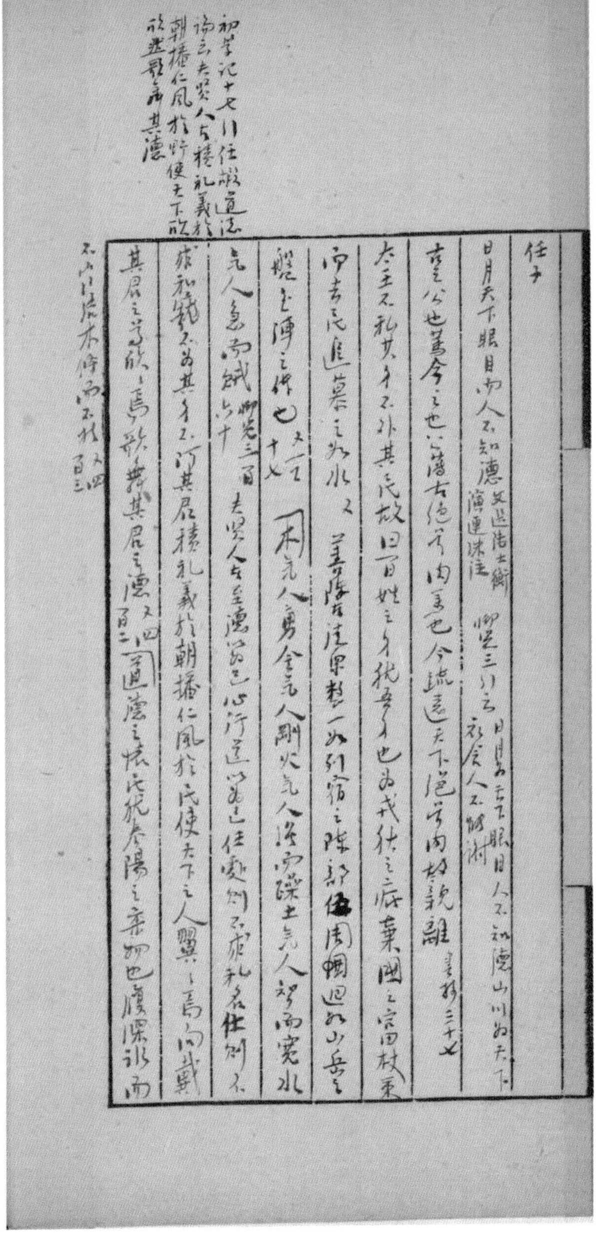

图 16-9 《任子》手稿 A 前半部分。正文第五行“木气人”条、末行“道德之怀民”条加“¬”，这两条《意林》亦引。

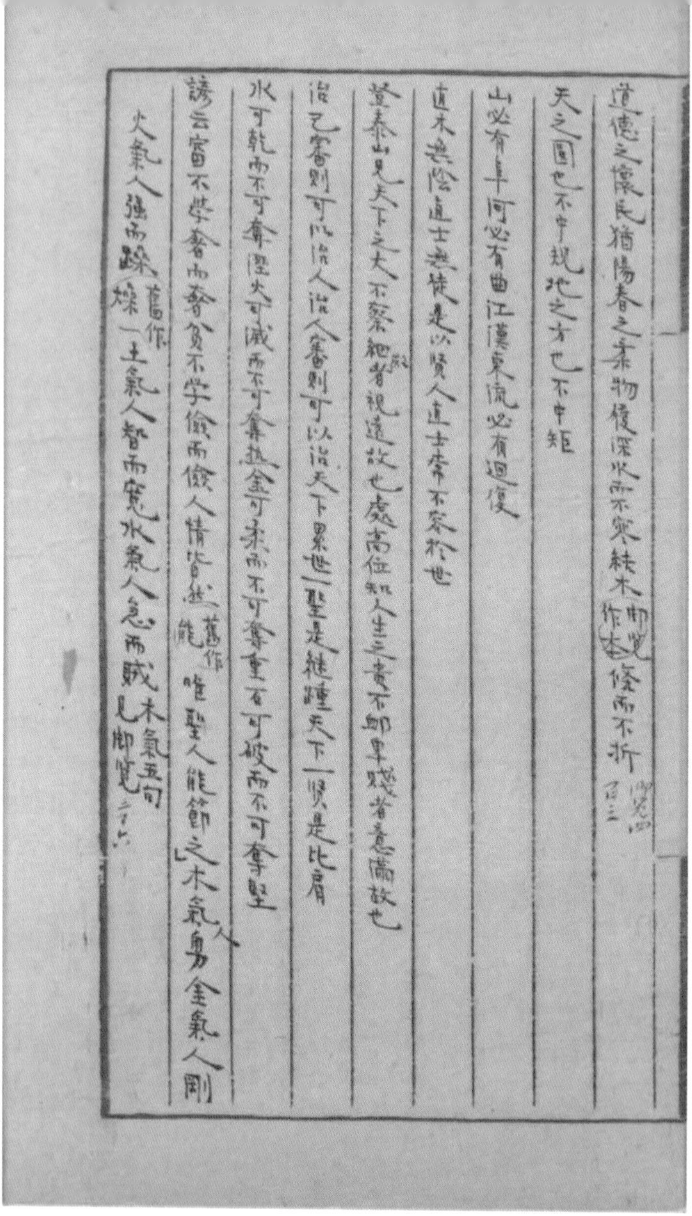

道德之懷民猶陽春之柔物復深水而不寒積木（御覽作本）條而不折 御覽四百三
天之圓也不中規地之方也不中矩
山必有阜阿必有曲江漢東流必有迴復
直木無陰直士無徒是以賢人直士常不容於世
登泰山見天下之大不察細者視遠故也處高位知人主之貴不卹卑賤者意高故也
治己審則可以治人治人審則可以治天下累世一聖是継踵天下一賢是比肩
水可乾而不可奪溼火可滅而不可奪熱金可柔而不可奪重石可破而不可奪堅
諺云富不學奢而奢貧不學儉而儉人情皆然（舊作能）唯聖人能節之木氣人勇金氣人剛
火氣人強而躁（舊作燥）土氣人智而寬水氣人急而賊 木氣五句見御覽二十六

图 16-10 《任子》手稿 B。此件是周作人抄写，但首行“道德之怀民”条下“《御览》四百三”、末行“木气人”条下“二十六”是鲁迅所加，这是比勘手稿 A 后所为，可与手稿 A 对看。

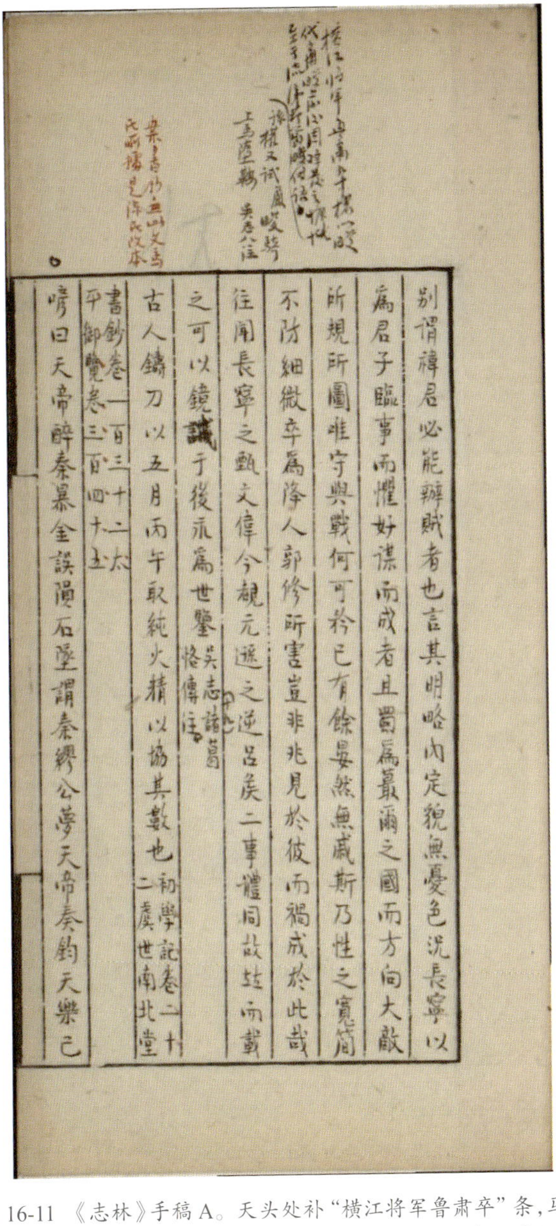

别謂禪君必能辨賊者也言其明略內定貌無憂色況長寧以爲君子臨事而懼好謀而成者且蜀爲蕞爾之國而方向大敵所規所圖唯守與戰何可矜已有餘晏然無戚斯乃性之寬簡不防細微卒爲降人郭修所害豈非兆見於彼而禍成於此哉往聞長寧之甄文偉今覩元遜之逆呂侯二事體同故並而載之可以鏡識于後永爲世鑒 吳志諸葛恪傳注

古人鑄刀以五月丙午取純火精以協其數也 初學記卷二十二虞世南北堂書鈔卷一百三十二太平御覽卷三百四十五

嚐曰天帝醉秦暴金誤隕石墜謂秦繆公夢天帝奏鈞天樂已

图 16-11 《志林》手稿 A。天头处补“横江将军鲁肃卒”条，马本失辑。“古人铸刀”的出处“《御览》卷三百四十五”旁红笔加点，意指核验了《御览》所引原文，可与图 16-12 对看。

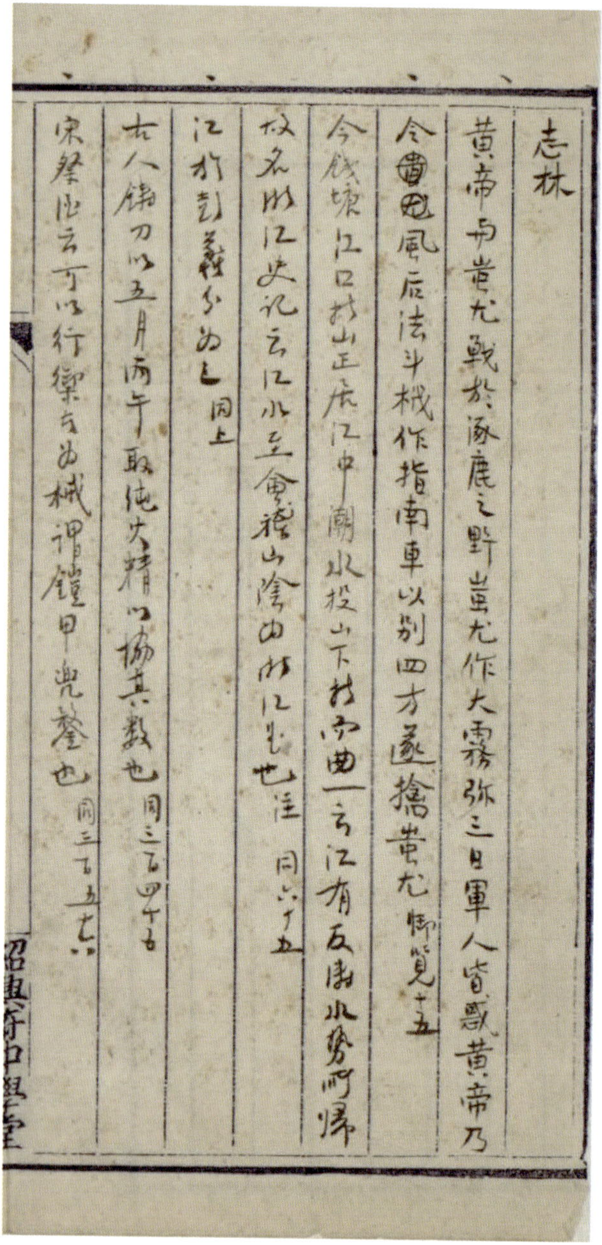
志林
黃帝與蚩尤戰於涿鹿之野蚩尤作大霧彌三日軍人皆惑黃帝乃
風后法斗機作指南車以別四方遂擒蚩尤 御覽十五
今錢塘江口折山正居江中潮水投山下折而曲一云江有反濤水勢所歸
故名浙江史記云江水至會稽山陰為浙江也注 同六十五
古人鑄刀以五月丙午取純火精以協其數也 同三百四十五
宋琴說云可以行樂者為械謂鎧甲兜鍪也 同三百五十六

图 16-12 《志林》手稿 B。注意此叶上的“古人铸刀”条。

目　录

中编　鲁迅辑录的中古文史典籍

下编　鲁迅辑录的博物杂考书

附　录

引 言

鲁迅是中国现代文学与新文化运动无可争议的核心人物之一，对他的研究早在其生前就已展开。时至今日，研究成果已极为丰富，涵盖了生平、思想、文学创作与翻译、美术等诸多方面；可以说，鲁迅研究无疑是中国现代文学研究最为成熟与发达的专门领域。

由于鲁迅在历史上更多是以文学家、思想者的面目出现，因此研究者将绝大部分精力投注于对"文学家鲁迅"、"思想者鲁迅"的考察，"学者鲁迅"的受关注度明显逊色。而针对鲁迅辑校古籍的研究，又是其中的冷门领域。这一点从研究成果的数量上，即可看出。

宏观审视鲁迅的辑校古籍工作，是先行研究的一大类。此类研究的主要议题有：勾勒鲁迅辑校古籍（或是某一具体门类古籍）的整体面貌，评价其成就贡献与学术价值，如林辰、王士让、赵英、徐小蛮、周维培、叶树声、王纯、李峰、李亮、王涛、李雨、余乐高度评价鲁迅古籍整理工作的广度与深度、学术上取得的巨大成就，赞扬鲁迅对于传统文化的批判性保护与继承[①]。探讨鲁迅辑校古籍的内在动因、辑校古籍与鲁迅

---

①林辰《鲁迅先生的古籍整理工作—— 1977 年 5 月 13 日在（转下页）

的精神世界及文化选择的关系，如许智银、肖振宇、叶菁、黄凯、黄乔生的研究①。总结鲁迅整理古籍的特点与方法，论述鲁迅与版本学、目录学及藏书之关系，如孙昌熙、顾农、曹之、邱永山、杨一琼、吴萱、王继武、臧其猛、韩中英的研究②。

（接上页）福建师范大学“鲁迅著作注释审稿会”上的讲话》，《鲁迅研究月刊》2020年7期。王士让《鲁迅古籍整理研究概述》，《古籍整理研究学刊》1986年4期。赵英《鲁迅在整理祖国文化遗产中的非凡贡献》，《鲁迅研究动态》1987年4期。徐小蛮《鲁迅辑校古籍手稿及其研究价值》，《鲁迅研究动态》1987年8期。周维培《鲁迅在古代小说文献学上的贡献》，《学术界》1990年4期。叶树声《鲁迅辑佚小说探微》，《津图学刊》1994年4期。王纯《鲁迅先生对文献学的贡献》，《图书情报工作》2001年3期。李峰《鲁迅的文献学成就》，《史学史研究》2004年4期。李亮《论鲁迅与乡邦文献——关于鲁迅治学起点的探究》，青岛大学硕士学位论文，2006年。王涛《略论鲁迅整理魏晋古籍的成就及影响》，《黑龙江史志》2009年14期。李雨《鲁迅的古籍文献辑校及其意义》，《绍兴文理学院学报》2013年4期。余乐《自成一派，俨然大家——浅析鲁迅致力于古籍整理工作的原因》，《许昌学院学报》2014年1期。

①许智银《论鲁迅整理古籍的动因及方法》，《烟台师范学院学报》2001年4期。肖振宇《苦闷的精神标记——鲁迅辑校古籍、抄古碑原因新探》，《吉林师范大学学报》2005年3期。叶菁《激进洪流下的文化空间选择——浅谈鲁迅古籍藏书辑录的血脉承续与发展》，《东南大学学报》2015年增刊。黄凯《“取今复古，别立新宗”：鲁迅古籍辑校再审视》，《东岳论丛》2020年1期。黄乔生《鲁迅抄校〈法显传〉与其学术研究和思想发展之关系》，《东岳论丛》2022年4期。

②孙昌熙《鲁迅整理研究我国古籍的科学方法》，《古籍整理研究学刊》1985年2期。顾农《鲁迅与版本目录之学》，《贵州大学学报》1987年1期。曹之《鲁迅与古籍版本学》，《中国图书馆学报》1995年1期。曹之《鲁迅与目录》，《图书情报论坛》1994年2期。邱永山《鲁迅与乡邦文献及乡贤故书》，《鲁迅研究月刊》1995年10期。杨一琼、吴萱《鲁迅的版本意识和版本实践》，《图书馆理论与实践》2007年5期。王继武《鲁迅与校勘学》，《河南图书馆学刊》2007年5期。（转下页）

当然，在具体的研究论著中，对于以上议题的讨论，往往是并行混合的，难以做截然区分。另一方面，此类宏观研究的样态自然以理论性阐发为主，但也有侧重于资料性梳理的研究，如赵英、鲍国华以编年形式专门梳理鲁迅辑校古籍的事迹；总括性的鲁迅年谱自然也涉及此方面①。

先行研究的另一类型，则是对鲁迅辑校各书的个案研究。《嵇康集》《古小说钩沉》《会稽郡故书杂集》三书，是其中热点；对于鲁迅辑校的其他古佚书的研究则较少②。鲁迅辑校各

（接上页）臧其猛《鲁迅辑佚古籍特点》，《山东图书馆季刊》2008年3期。韩中英《鲁迅古典文献研究初探》，黑龙江大学硕士学位论文，2010年。

①赵英《籍海探珍——鲁迅整理祖国文化遗产撷华》，中国文史出版社，1991年。鲍国华《鲁迅辑校古籍系年》，《国际中国文学研究丛刊》第3集，2015年。黄乔生《鲁迅年谱》，浙江大学出版社，2021年。

② 其中，林辰、赵英、顾农是《古小说钩沉》先行研究的主力。《古小说钩沉》是未完全之作，在篇目次第、辑录年代、原始规划等基本问题上均存在不明点，林辰先后撰写了《关于〈古小说钩沉〉的辑录年代》《〈古小说钩沉〉所收各书及其作者考略》《鲁迅计划中〈古小说钩沉〉的原貌》《鲁迅辑录〈古小说钩沉〉的成就及其特色》等文，考证细密，廓清了诸多疑点，结论坚实可信。顾农《〈古小说钩沉〉的成就与遗留问题》《〈古小说钩沉〉的成书过程》《关于〈古小说钩沉〉的札记》《关于〈古小说钩沉〉》，系统讨论该书辑校过程、结构部分、成就不足等问题。赵英《未曾发表过的鲁迅撰〈说目〉》披露此前未公开的鲁迅手稿，揭示出鲁迅在《古小说钩沉》上未为人知的工作；赵英《籍海探珍——鲁迅整理祖国文化遗产撷华》是迄今仅有的探讨鲁迅与传统典籍文化关系的专著，对《古小说钩沉》着墨尤多。此外，陈龙《也谈〈古小说钩沉〉的用书版本——以〈辩正论〉为中心的考察》通过实际比勘和版本调查，考证鲁迅辑录《古小说钩沉》所用典籍的版本问题；阳清《〈古小说钩沉〉征引敦煌类书残卷考实》，指实了鲁迅辑录所用"敦煌唐写本类书残卷"为《修文殿御览》残卷；朱成华、李柏、赵伟订正《古小说钩沉》的校勘错漏，指出《鲁迅辑录古籍丛编》的点校讹误。

书的情况不同，先行研究的深浅不一，具体情况将在下文各章分别评介，这里仅就个案研究的基本路径，做一简单总结。先行研究往往先是概述此书的基本情况入手，介绍历代著录与散佚情况，后世有何辑本；然后描述辑校手稿的面貌，结合《鲁迅日记》等材料，梳理辑校的时间脉络、工作始末及各手稿的编写时间，分析鲁迅辑录此书的动机，辨析诸手稿的先后及其关系，总结其辑录方法与特点，比较鲁迅辑本与他家辑本的差异及优劣得失，阐述鲁迅辑本的价值与成就。

由于之前鲁迅辑校手稿未全部公开，葛涛、秦硕皆有披露未公开手稿之作，介绍某一具体手稿的基本面貌，辨析其性质及编写时间[①]。此外，谢政伟、朱成华、蒋文、阳清、秦硕等学者，撰有多篇札记，指正鲁迅失辑失校误校之处，以及《鲁迅辑录古籍丛编》的点校疏失，这也是个案研究中值得注意的一类[②]。

鲁迅手稿无疑是研究鲁迅辑校古籍的核心史料。先行研究的样貌，深深地受到手稿整理公布的形塑。鲁迅辑校了诸多古籍，在他生前却仅刊行了《会稽郡古书杂集》，但1915年鲁迅自刻本印数很少。鲁迅去世后，1938年版全集收入《会

---

①葛涛《新发现的鲁迅佚文：鲁迅校对〈嵇康集〉的手稿》，《东岳论丛》2014年1期。秦硕《鲁迅辑校〈续齐谐记〉手稿》，《鲁迅研究月刊》2017年10期。秦硕《鲁迅辑校〈会稽郡故书杂集〉手稿》，《鲁迅研究月刊》2019年12期。

②关于鲁迅辑校古籍研究的述评，可参：张梦阳《中国鲁迅学史》，江苏凤凰文艺出版社，2021年。此外，对于21世纪以来的研究进展，可参：宋声泉《近二十年“学者鲁迅”构建的既有与尚无》，《文艺理论与批评》2021年2期。

稽郡故书杂集》《嵇康集》《古小说钩沉》《唐宋传奇集》四种。1952年,唐弢编纂《鲁迅全集补遗续编》,收入《小说备校》。这些都是标点整理本。1956年,为纪念鲁迅逝世20周年,影印《嵇康集》四部校本手稿的其中一种(本书称为手稿C)。鲁迅辑校古籍手稿的影印,以此为开端。

1970年代末起,北京鲁迅博物馆的研究者标点整理辑校手稿,当时的工作重点是录出鲁迅辑本的序跋题记,作为"未刊文稿"公布,全书标点整理的则有《岭表录异》《云谷杂记》二种。1981年版《鲁迅全集》专设《古籍序跋集》(2005年版全集沿袭了这一设置),录出的这些序跋题记成为《古籍序跋集》的主体。

1980年代,鲁迅手稿被整体影印,古籍部分由上海古籍出版社承担,编为《鲁迅辑校古籍手稿》,先后出版6函,将大部分辑校古籍手稿印出。可以说,全面研究鲁迅辑校古籍,至此方才基本具备了工作基础。1999年,标点整理本《鲁迅辑录古籍丛编》出版,进一步提供了研究便利。不过,《丛编》是据鲁迅辑录各书的最晚稿本(在有多个稿本的前提下)标点整理,只能显示鲁迅工作的"结果",而无从反映其"过程";同时,《丛编》只选择标点有定稿或完成度相对较高之书,收录的书籍少于《鲁迅辑校古籍手稿》。总而言之,由于调阅鲁迅手稿原件极为困难,在收录更全的新版《鲁迅手稿全集》(2021年)问世前,《鲁迅辑校古籍手稿》是展开相关研究的根基。1980年代后半,鲁迅辑校古籍研究的成果数量有明显可感知的增多,实与此书各函的陆续出版密不可分。

不过,《鲁迅辑校古籍手稿》也存在一些欠缺。此书的编纂思路是以“书”为轴心。凡某书有多件完整的辑录稿本，则按先最终稿本、次修改稿本、末初稿本的“降序”排列，将此外的零散手稿附于与之关系最为密切的某一稿本之下，以期展现此书的辑校过程。上述思路固不无可，编者辨析诸手稿之先后及彼此关系，显然也下了功夫；但问题在于：研究做得很多，说明做得不够。

此书各函均有编辑说明，但交代有欠细致，甚至略过某些问题不谈。鲁迅辑录古佚书，在工作初期往往写下多件初步手稿。这些手稿原初彼此单独起讫①，写于不同时间，性质有别，所对应的具体辑录工作亦不同，不应混同为一件；《鲁迅辑校古籍手稿》将之聚拢编排，《编辑说明》却往往不做析分交代，只笼统谓之“初稿本”。又如，甲书某一手稿与乙书某一手稿，原件合订为一册，编印时基于前述思路，拆分在甲书、乙书之下，而《编辑说明》语焉不详，或未作交代。再如，某些辑录手稿未被印入，或未印全，《编辑说明》大多不加说明。归根结底，这些表征的实质是对手稿原件状态的重视不够，欠缺手稿实物的“件”的概念②。

第二个问题是轻视所谓“单纯的抄录”，而将很多此类手稿排除在外。如前述，《鲁迅辑校古籍手稿》是选印。看回忆文章，能清楚感受到筹划编印时财力捉襟见肘，选印自有其

---

①有些不同件的手稿，后来被合订在一起，也有些原先为一件的手稿，因种种原因被拆散，详本书各章。

②王锡荣提出编辑鲁迅手稿的三个“可改进之处”，实质都是强调明确而清晰地交代手稿原件面貌的必要性。见：王锡荣《鲁迅手稿影印本出版现状及其对策》，《上海鲁迅研究》2017 年 1 期。

情理,被略去者多是单纯的抄件。但是,鲁迅辑录古籍,多用他人辑本作为根底,先抄录,然后在其上订补,进而形成自己的辑本。惟工作进展有深有浅,有些书完成辑录,写成定本,有些书中途辍废。他抄录前人辑本,恐怕大多数情况不是为了备览,而是起意辑录校勘,无论有无进一步工作,宜从上述工作路径去理解。被略却的还有一些是全为周作人笔迹的手稿,并非当时不知此件尚存,而是囿于“鲁迅手稿”的限制。对此,也应从鲁迅辑录工作全貌的角度去理解,周作人抄件固然不是鲁迅手迹,但却是在鲁迅的意志下进行的辑录工作之一部分。

本稿强调“回到手稿”,利用“尽收已知”的新版《鲁迅手稿全集》,重审鲁迅辑校手稿,注重析分此前笼统称为“初稿本”、“修改稿本”者,究竟是一件手稿,抑或是包含多件手稿的群组;然后从手稿的现存状态,推导其原初面貌(二者之间容有不小差异),由此推拟鲁迅的工作现场,探求其辑录工作的具体操作。另一方面,鲁迅的工作条件有限,从一些迹象中,又可以察觉某些书籍的辑录手稿存在“缺坏”,很可能有阙损;这两点也是本稿想要着力之处。此外,以《古小说钩沉》为首的小说文献的辑录校勘,鲁迅用力尤深;本稿未有论及,嗣后将另撰专书。

序章　鲁迅所用格纸与辑校古籍金石手稿的时间推定

现存的鲁迅辑校释录古籍与金石手稿，大多未署时间；可在鲁迅日记、书信或其他文献中觅得证据，确定书写时间者，为数亦有限。有些手稿可以根据内容或文本形态的演变痕迹，辨析出它与某件书写时间明确的手稿之先后关系，以后者为基点，断定前者“早于/晚于某年某月”。更多手稿（尤以零散手稿为甚）连此点也无法做到，只能谓之“时间不详”。这是材料不足所导致的无可奈何之事。

既然手稿上的时间标署、日记书信等直接证据有时而穷，那么除此以外，能否找到某个具备一定信度的参照系，用以推定手稿的书写时间？以下拟就此问题，做出初步尝试。

一、格纸使用历时性框架的逻辑前提与鲁迅日记的用纸

书写是一定时空内、依个人习惯而开展的行为。所谓个人习惯，包含多个方面（如笔迹、字体等等），书写者惯用何种纸张，也是其中之一。若能分析出鲁迅在各时段的用纸习惯，建立起相应的历时性框架，那么在理论上，至少一部分因缺乏文献证据而无从知晓书写时间的手稿，就可以被限定在具体

时段内。那些仅能判断书写时间“早于 / 晚于某年某月”的手稿，也可利用此框架的“校准”，缩小时间范围。受条件制约，这一历时性框架的“精确解”或许难以得出，但要求得“近似解”，却有着充分可能。

欲构建这样的框架，就必须在古籍金石手稿之外，觅得一个兼具连续性与同步性的参照物。其功用有二：一是利用连续性，弥补古籍金石手稿在时间上的“缺环”；二是与古籍金石手稿做交叉验证，确认二者存在同步性（即使用同一种格纸的时段大致相同），由此核验时间框架的可信度。鲁迅日记是连续书写物，书写时间明确无疑，所用格纸品种及使用时段与古籍金石手稿若合符节（详后），非常适宜作为构建历时性框架的参照物。

为便后续讨论，先简述日记的用纸情况。除 1922 年日记情况不明之外，鲁迅日记先后用过 7 种格纸，皆为传统的竖行格纸，用纸总量约 1100 张：（1）半叶九行无鱼尾的黑口墨印格纸（以下称“格纸甲”），用于 1912~1913 年日记；（2）半叶九行无鱼尾的白口墨印格纸（以下称“格纸乙”），用于 1914 年；（3）半叶九行无鱼尾的白口墨印格纸（以下称“格纸丙”），右侧版框中段有明显缺口（断版），用于 1915~1920 年；（4）半叶十行有单鱼尾的白口墨印格纸（以下称“格纸丁”），用于 1921 年；（5）半叶九行有单鱼尾的白口红印“洪兴纸店”格纸（以下称“格纸戊”），用于 1923~1925 年；（6）半叶九行有单鱼尾的白口红印“懿文斋”格纸（以下称“格纸己”），用于 1926~1929 年；（7）半叶十行有单鱼尾的白口红印“松古斋”格纸(以下称“格纸庚”),用于1930~1936年[①]。每种格纸在日记中至少用满一年,改换格纸品种,只发生在新年伊始,而无年中更迭的情形。

须说明的是,比对可知,格纸乙与格纸丙实际是同一块格纸版片的印成物(因本稿议题所致,为构建更为细致的时间框架,故将二者析分),由于不断刷印,版片磨损而出现断版,遂导致外观上的差异。版片右侧版框中段未出现缺口前印成者为格纸乙,有缺口后印成者为格纸丙。以常理而言,鲁迅应该是先得并先用格纸乙,后得并后用格纸丙。但因格纸乙、格纸丙是同版所印,其间界限不会截然分明,所以在日记与手稿中,均有主要用格纸乙而夹杂少量用格纸丙、或主要用格纸丙而少量用格纸乙的实例。如,1914年9月日记有1叶用格纸丙,1915年日记有2叶用格纸乙,1917年日记有2叶用格纸乙(古籍金石手稿中的此类情况详后)。但格纸乙早于格纸丙的总体趋势,仍很明显。

从现存状态来看,1912~1921年的日记,装订成册,一年一本。1923~1936年的日记,则是散叶,未加装钉。1912~1921年的日记末尾,往往有空白叶[②]。值得注意的是,前人记述日记的装订状况,存在矛盾。1951年,上海出版公司影印鲁迅日记,冯雪峰撰写出版说明,称:

> 这日记,从一九一二年(即民国元年)五月起,到

①萧振鸣认为“现存鲁迅日记使用的纸张只有四种”,“1912年至1921年使用的是18行朱丝栏宣纸册,中缝处下部有单鱼尾栏”,是不准确的。见:萧振鸣《鲁迅用笺考》,《上海鲁迅研究》2015年4期。

②此点承陈子善先生示知。

> 一九三六年十月十六日止，每年一本，共二十五本……现在出版的是一共二十四本，而缺第十一本，即一九二二年的全年日记。①

依此，似乎当时日记全部装订成册。但同样参加此次工作的刘哲民，却称日记全是成叠散叶，言之甚详，不过他对格纸的描述，却有明显与实物不符之处（日记未用蓝色格纸）。

> 全稿以三层毛边纸包成一大包，共二十四叠，每八叠一中包，每年一叠，全部手迹用有丝栏的毛边纸缮写，丝栏有乌、蓝、红三色。……这二十四叠日记全为散页，看来是积满一年仍如原空白稿纸一刀装，成为一叠。②

冯氏、刘氏的记述，各有与日记现存状态不合之处。这就引发一个疑问，日记的现存状态与原始状态一致么？是否被改变过装帧？今案，装订成册的1912~1921年日记，各册书衣（外封面）均有“乙卯日记”、“日记第九”这样的题字，可以确定是鲁迅字迹。1923~1936年日记为散叶，无书衣，自然也无此类题字，各叶未见装订所造成的连续且位置对应的针眼。由此来看，1912~1921年日记应是鲁迅生前装订成册，1923~1936年日记则始终是散叶状态；换言之，现存状态即原始状态。

至于冯刘二人的记述，则是因为观察角度与叙述粗细之不同而有所偏差。冯雪峰未严格地以装帧形式为区分，乃将成摞的散叶，大而化之地视为“本”。刘哲民称全部都是散

---

①冯雪峰《〈鲁迅日记〉影印出版说明》，《鲁迅日记》，上海出版公司，1951年。

②刘哲民《〈鲁迅日记〉的影印工作》，《出版史料》第2辑，1983年。

叶，则可能是他当时所见的确如此。鲁迅日记用传统的竖行格纸书写，装订成册时，一整叶被对折为两个半叶（与线装书同理）。以成册状态直接拍摄，无法拍出一整叶，只能后期做拼图处理，这是非常麻烦的（即便是今日，用数字技术处理，仍要做烦琐操作）。猜测当时为影印拍摄方便，将 1912~1921 年日记拆散，事后再将原件恢复成早先的装订状态。刘氏所见所述，是拆散状态下的模样。反之，若 1912~1921 年日记原先是散叶，1951 年后才装订成册，一来与各册有带鲁迅题字的书衣，存在情理上的矛盾；二来为何只钉这几册，而不将 1923~1936 年日记也一律装订成册？

二、古籍金石手稿所用格纸的历时变化

鲁迅辑校古籍金石手稿，或用素纸，或用传统的竖行格纸，极少使用现代样式的格纸①。前者无从讨论，所用格纸则与日记高度重合。日记所用的 7 种格纸中，有 6 种（格纸甲、乙、丙、丁、己、庚）见于古籍金石手稿，更为重要的是，古籍金石手稿极少使用这 6 种以外的其他格纸。理清这 6 种格纸的使用情况，对于判定古籍金石手稿的书写时段，有着至关重要的直接作用。

以下按格纸的使用先后，列举各件书写时间明确的古籍金石手稿，梳理这 6 种格纸的使用时段及其更迭。如表 1，使

---

①个别例外有《游仙窟》的较晚稿本，用“北京大学日刊”绿色格纸；《嵇康集考》的定稿，用泱泱社格纸。

用格纸甲的古籍金石手稿中,有16件书写时间可知。其中,《蜂衙小记》《燕子春秋》最早,抄写于“庚戌十一月”即1910年12月2~31日。最晚的是《出三藏记集》,该书分两次抄成,卷二至五抄于1914年9月,卷一抄于1915年7月。《出三藏记集》以外的其他15件,均写在1910年末至1912年秋,这一时段显然是格纸甲的使用高峰期。

表0-1 使用格纸甲的书写时间明确的古籍金石手稿①

手稿名称	书写时间的证据与来源	时间
蜂衙小记手稿A	庚戌十一月录(封面鲁迅题字)	1910年12月2~31日
燕子春秋手稿A	庚戌十一月写(封面鲁迅题字)	1910年12月2~31日
记海错手稿A	庚戌十二月录(封面鲁迅题字)	1911年1月1~29日
岭表录异手稿A	庚戌十二月录(封面鲁迅题字)	1911年1月1~29日
梦书手稿A	庚戌十二月录(封面鲁迅题字)	1911年1月1~29日
南方草木状手稿A	辛亥正月录(封面鲁迅题字)	1911年1月30日~2月28日
说郛录要手稿A	辛亥三月写成(封面鲁迅题字)	1911年3月30日~4月28日
释虫小记手稿A	辛亥四月写毕(封面鲁迅题字)	1911年4月29日~5月27日

①鲁迅辑校同一种古籍,往往有多件手稿。此按本书以下各章所述,称“某书手稿A”、“某书手稿B”。

续表

手稿名称	书写时间的证据与来源	时间
穆天子传	辛亥六月写(封面鲁迅题字)	1911 年 6 月 26 日~7 月 25 日
桂海虞衡志手稿 A	辛亥十月录(封面鲁迅题字)	1911 年 11 月 21 日~12 月 19 日
穆天子传校补	壬子一月(封面鲁迅题字)	1912 年 1 月
谢承后汉书手稿 F	壬子四月,假江南图书馆藏本写出,初五日起,初九日讫。(卷末鲁迅题记)	1912 年 4 月 5~9 日
谢承后汉书手稿 B	岁壬子夏八月,假教育部所藏《七家后汉书》写出,初二日始,十五日毕。(卷前鲁迅题识)	1912 年 8 月 2~15 日
虞永兴文录手稿 D	阅赵蕤《长短经》,内引虞世南史论,录之。(日记)	1912 年 8 月 15 日
虞永兴文录手稿 A	下午自《全唐诗》录出虞南诗一卷。(日记)	1912 年 9 月 22 日
出三藏记集	从季上借得《出三藏记集》残本,录之,起第二卷。……写《出三藏记集》至卷第五竟,拟暂休止。……写《出三藏记集》第一卷讫。(日记)	1914 年 9 月 13~27 日、1915 年 7 月 25 日

用格纸乙而有明确时间证据的古籍金石手稿,共有 9 件,

绝大多数写于1913年春至1914年春。其中《谢承后汉书》手稿C最早,时间为1913年3月5日至27日。时间最晚的《百砖考》,写在1915年7月19日,与其他各件时间相隔明显较远。

表0-2 使用格纸乙的书写时间明确的古籍金石手稿

手稿名称	书写时间的证据与来源	时间
谢承后汉书手稿C	写谢承《后汉书》始。……写谢承《后汉书》毕。(日记)	1913年3月5~27日
谢沈后汉书手稿B	夜写定谢沈《后汉书》一卷。(日记)	1913年3月28日
虞预晋书手稿B	夜写定虞预《晋书》集本……夜写虞预《晋书》毕,联目录十四纸也。(日记)	1913年3月29~31日
封氏闻见记校	右从明写本《说郛》卷四校出,二年五月二十九日灯下。(篇末鲁迅识语)	1913年5月29日
云谷杂记手稿A	以两夕写毕……癸丑六月初一日夜半记。(卷末鲁迅识语)	1913年5月31日~6月1日
易林	别借宋本《易林注》二册……夜写《易林注》。……夜写《易林》。……终日写《易林》。……夜写《易林》残本卷三、卷四一册毕。……夜抄《易林》少许。……夜录《易林》。……夜抄《易林》卷第十三毕。……下午写《易林》卷第十四毕。……续写宋残本《易林》起。……夜续钞《易林》毕,计卷七之十四卷,合前钞共八卷。(日记)	1913年6月6~15日(卷三至四、一三至一四)、1913年8月14~25日(卷七至一〇)

续表

手稿名称	书写时间的证据与来源	时间
嵇康集手稿 A	借《嵇康集》一册，是明吴匏庵丛书堂写本。（日记）癸丑十月二十日灯下记。（卷末跋语）	1913 年 10 月 1~20 日
嵇康集手稿 E	夜以丛书堂本《嵇康集》校《全三国文》，摘出佳字，将于暇日写之。（日记）	1913 年 10 月 15 日
绍兴府碑记	写《舆地纪胜》中绍兴府碑目四叶。（日记）	1914 年 1 月 16 日
云谷杂记手稿 B	晚录《云谷杂记》起……夜写张淯源《云谷杂记》毕，总四十一叶，约一万四千余字。（日记）	1914 年 3 月 16~22 日
沈下贤文集手稿 B	夜坐无事，聊写《沈下贤文集》目录五纸……夜写《沈下贤集》一卷。……夜写《沈下贤文集》第十二卷并跋毕，全书成。（日记）	1914 年 4 月 6 日~5 月 24 日
百砖考	夜写《百专考》一卷毕，二十四叶，约七千字。（日记）	1915 年 7 月 19 日

值得注意的是，《沈下贤文集》手稿 B 的卷一〇至一二，有若干叶用格纸丙。结合下文所述格纸丙的使用情况，可知在 1914 年春，格纸乙与格纸丙混杂使用了一段时间。这或许会对判定某件手稿的时段造成困扰；但从宏观角度看，混杂使用，恰好说明正是在这一时段，格纸的使用出现了迭代。

再看格纸丙的使用情况。格纸丙在日记中连续使用 6 年（1915~1920），仅次于格纸庚的 7 年（1930~1936）。不过，1910 年代后半，鲁迅在古籍与金石方面投入的精力渐减，书写时间明确的古籍金石手稿只有 8 件,时间跨度为 1914 年 2 月至 1918 年 11 月。

表 0-3 使用格纸丙的书写时间明确的古籍金石手稿

手稿名称	书写时间的证据与来源	时间
谢承后汉书手稿 G	写孙志祖谢氏《后汉补逸》起。……傍晚写谢氏《后汉书补逸》毕,计五卷,约百三十叶,四万余字,历二十七日。(日记)	1914 年 2 月 15 日~3 月 14 日
会稽郡故书杂集手稿 I	太岁在阏逢摄提格九月既望(序末所署时间)	1914 年 11 月初
直隶现存汉魏六朝石刻录	丙辰二月二十五日夜写讫。(卷末题记)	1916 年 2 月 25 日
法显传	夜写《法显传》讫,都一万二千九百余字,十三日毕。(日记)	1916 年 3 月 3~16 日
墨经正文手稿 A	六年写出,七年八月三日重阅记之。(卷末跋语)	1917 年
吕超墓志铭跋	作《吕超墓志》跋。(日记)	1918 年 6 月 11 日
唐风楼金石跋尾	夜录《唐风楼金石跋尾》起。……夜钞《唐风楼金石文字跋尾》讫,连目录共六十四叶。(日记)	1918 年 9 月 22 日~10 月 14 日
淮阴金石仅存录附录补遗	夜写《淮阴金石仅存录》起。……夜钞《淮阴金石仅存录》并讫,总计八十九叶。(日记)	1918 年 10 月 15 日~11 月 3 日

此处需要说明的是,《会稽郡故书杂集》手稿 I 的总序、总目、每书小序及各书各卷正文首叶,版心被手描为黑口,看

似与格纸丙不同，实则仍是一物。《淮阴金石仅存录》与之近似，用格纸丙，但版心处手描添加了鱼尾。乍看容易误判，须仔细观察并对比，方能辨别确认。读者宜加留意。

另有一些使用格纸丙的手稿，无法确定书写时间，但可判定时间上限或下限，它们与上述实例所示时段（1914 年 2 月~1918 年 11 月），不存在对立性冲突。如《越中典故书帐》记有“会稽郡故书杂集九卷周作人辑家刻本”。鲁迅刊刻《故书杂集》是在 1915 年，《越中典故书帐》的书写时间不能早于此。

又如，《岭表录异》手稿 G 是鲁迅抄录校理此书的最后手稿。日记 1913 年 11 月 4 日，称“下午得二弟所寄书一束，内《急就篇》一册，写本《岭表录异》及校勘各一册”[①]。所谓“写本《岭表录异》”，即表 1 列出的手稿 A，“校勘”指手稿 E 与手稿 F（详见第十二章）。手稿 A 订成一册，手稿 E 与手稿 F 合订为一册，日记乃称“各一册”。手稿 G 是以它们为基础而写成，时间必在周作人寄来前三件手稿之后。

当然，也有一些使用格纸丙的手稿，情况较为模糊。《唐宋传奇集》定稿本卷七《杨太真外传》，有 5 叶用格纸丙。据鲁迅日记与书信，定稿本最终编定，交稿给北新书局，是在 1927 年 9 月。此书篇幅不小，内中各篇未必皆写在当年。就此可举出一个旁证：1926 年 7 月 4 日，鲁迅致信魏建功，称“其中抄出的和剪贴的几篇”，“想用北大所藏的明刻大字本

①《日记》，《鲁迅全集》第 15 卷，人民文学出版社，2005 年，86 页。

来校正它”，托魏氏代劳[①]。覆案定稿本，有若干叶是剪贴《太平广记》刻本作为底稿，与此信所述相符，这些叶面的剪裁当然是在鲁迅致信魏建功之前。以此类推，若说使用格纸丙的《杨太真外传》在1927年前抄就，是完全可能的；但说它早至1910年代后半，又嫌过早。

使用格纸丁的古籍金石手稿很少，仅有《唐宋传奇集》初稿本《赵飞燕别传》《长恨歌传》，以及一件无题名手稿，内容是按东汉十三州刺史部抄录部分郡县名（现藏中国国家图书馆）。这3件均无文献证据可以确定书写时间。唯一能够明晓的是，《赵飞燕别传》与《长恨歌传》，因系《唐宋传奇集》初稿，至晚也要早于定稿本的1927年。

使用格纸己即“懿文斋”红色格纸的古籍金石手稿，仅有2件，即抄录《益雅堂丛书》与《六醴斋医书》细目（均藏国图），书写时间不详。这两种丛书购于1927年8月，时间紧邻，日记称：“买《六醴斋医书》一部二十二本，三元五角。”（8月2日）“下午修补《六醴斋医书》。”（12日）“在登云阁买《益雅堂丛书》一部廿本。”（13日）“下午修补《六醴斋医书》讫。”（17日）[②] 因书有破损，鲁迅做了修补。抄录子目，颇有可能是修补时顺手为之。设使推测不谬，这两件的抄写时间，便与格纸己在日记中的使用时段（1926~1929）吻合。

用格纸庚即“松古斋”红色格纸的古籍金石手稿，只有2

---

①《书信》,《鲁迅全集》第11卷，531页。

②《日记》,《鲁迅全集》第16卷，32~34页。

件(均藏国图),书写时间不明[①]。一是校勘《嵇康集》所用诸本诸书的清单,二是《嵇康集》抄本与刻本篇目异同比较表。前者列出的书籍中有《海录碎事》。鲁迅辑校《嵇康集》的 4 部校本手稿中,仅最晚的手稿 D（写于 1931 年 12 月前）比勘了《海录碎事》,手稿 A、B、C（均抄写于 1910 年代,鲁迅在其上批校,则延续至 1920 年代中期,详第五章）则无据此书校补之处。由此来看,这件清单手稿很可能写于 1930 年代初。

要之,在使用格纸书写的古籍金石手稿中,使用格纸甲、乙、丙者,占绝对多数,使用格纸丁、己、庚的极少;书写时间明确的古籍金石手稿,全数用格纸甲、乙、丙,无一使用格纸丁、己、庚。这是基数与概率的自然体现。然则,古籍金石手稿的时间推定,基本可以视同为格纸甲、乙、丙的使用时段问题。

三、格纸使用时段的构拟及其可信度

上述以时间明确的手稿为基准所归纳出的格纸使用时段,是否具有足够的可信度呢？这里需要引入日记作为参照物,做交叉验证,核验同一种格纸在日记与古籍金石手稿中的使用时段是否吻合,或退一步讲,有无对立性冲突。由于使用

---

①松古斋是北京琉璃厂的南纸店,鲁迅日记两次提及此店,一在 1929 年 5 月 28 日,“往松古斋及清闷阁买信笺五种”,二在 1932 年 11 月 25 日,“至松古斋买纸三百枚,九角”。前者为信笺,与抄书写书用的格纸不同(传统的这两类纸张的形制区别明显),后者则有可能是抄书格纸。不过,1930 年的鲁迅日记已用“松古斋”红色格纸,可见他在该店购纸(或托人代购)的实际次数,要超出日记的记录。

格纸甲、乙、丙的古籍金石手稿占绝大多数，接下来的考察主要围绕它们展开。

现存鲁迅日记以 1912 年为最早，用纸为格纸甲；在古籍金石手稿中，时间明确的格纸甲的最早用例，是 1910 年 12 月。格纸乙用于 1914 年的日记，在古籍金石手稿中的最早用例是 1913 年 3 月。格纸丙在日记中的使用始于 1915 年，在古籍金石手稿中最早见于 1914 年 2 月。简言之，同种格纸在古籍金石手稿中最初出现的时间，普遍早于日记，若以书写时间明确的手稿为基准，“领先”将近一年。表面来看，这似乎说明格纸在二者中的使用时段有错位。倘若果真如此，本稿的立论基础将被大大动摇，就此须做一番解说。

解决疑惑的关键，是前文提及的如下现象：**1912~1921 年的鲁迅日记（使用格纸甲、乙、丙、丁），每年一册，册末往往有空白叶，每种格纸至少用满一整年，更换格纸只发生在一年之始**。综合考量这些现象，不难推知：**这些年份的日记，并非先写在单张格纸之上，年末再将装订成册，而是在上一年末预先将空白格纸装订成册，作为次年的日记本**。装订时，一方面会有意识地留出余地，多订一些纸张，以免中途用罄；同时又以取用同一种格纸为便。一种格纸至少用满一年、每册日记只用一种格纸、格纸更替绝不发生在年中、册末留有空白叶，都是预先装订所导致的结果。正因如此，**即便本年年中，另一种格纸已成为新的常用格纸，开始大量用于古籍金石手稿，日记却只能继续写在“旧”格纸钉成的日记本上，直至年末**。这是造成两者使用格纸的表面上“时间不同步”的根源所在。

缘此，**某年日记使用何种格纸，取决于上一年年末的**

格纸使用情况及存量。基于这一前提,可做出如下构拟:1910~1912年,格纸甲是鲁迅最常用的格纸,存量与用量均大,此时段的古籍金石手稿往往用之;1911年末,鲁迅制作次年的日记本,便使用了格纸甲。1912年末,装订1913年日记本,情况未变,故而仍用格纸甲。至1913年春,格纸甲渐渐少用(或将用罄),格纸乙取而代之,成为常用格纸。这一变化的具体表现是:1913年3月,鲁迅辑录《谢承后汉书》手稿C已用格纸乙,其后的古籍金石手稿大多用格纸乙,用格纸甲者极少。于是,1913年末,鲁迅装订1914年日记本,就使用当时最常用的格纸乙。1914年春,情况又有变化,鲁迅开始用格纸丙,格纸乙的用例趋少。是年末为1915年制作日记本,便使用格纸丙。

至于之后的格纸丁、己、庚,也可循此类推,即它们在前一年已被较多使用,才会成为次年日记所用格纸,尽管使用格纸己、庚的1923~1936年日记写在散叶上,而非预先订成日记本。惟此时段的古籍金石手稿数量稀少,无法像格纸甲/乙/丙那样,推导出详细的时间框架而已。

上述格纸使用时段的起讫,是据书写时间明确的手稿总结出的。而在古籍金石手稿中,无法确知书写时间的手稿占绝大多数。书写时间明确的最早/最晚实例,未必是使用该种格纸的实际起讫节点;毋宁说,某件时间不明的手稿是实际最早/最晚的用例,才是更有可能的。换言之,各种格纸的实际使用时段,有可能长于上述推演所得。

兹以格纸乙为例。该种格纸用于1914年日记,多见于1913~1914年的古籍金石手稿,时间明确的最晚实例是在

1915年7月19日。然而，还有若干件使用格纸乙的手稿，确切书写时间不明，但可确定晚于1915年。如《汉碑释文》，卷末抄录了作者周凤山民国五年长夏识语，鲁迅抄录该书只能在此之后。《汉石存目》《魏晋石存目》，系据罗振玉《雪堂丛刻》抄录，前者有乙卯（1915）六月罗氏序，后者有同年六月十八日罗氏跋；考虑到成书后排版印刷、流通售卖、鲁迅购买（借阅）直至抄录之间的时间差，这两件很可能抄录于1916年甚至更晚。

尽管如此，格纸乙的使用高峰无疑仍是1913~1914年。在确切时间可知的格纸乙的用例中，写于1913~1914年的手稿，远多于更晚手稿。依统计学规律，一定数量的样本所展现的趋势或者倾向，可代表整体而不至于出现颠覆性的偏差。鲁迅在手稿上标署日期、在日记中留下记录等，是一个随机发生的概率性事件。缘此，某时段内时间明确的手稿多，即意味着该时段的手稿总数多。此外，格纸乙的使用高峰，还可得到纸张用量的旁证。1913~1914年的手稿，有若干种篇幅较大，如《易林》（404叶）、《谢承后汉书》手稿C（149叶）、《沈下贤文集》手稿B（150叶）、《嵇康集》手稿A（116叶）、《云谷杂记》手稿B（46叶）；1915年以降的《百砖考》（24叶）、《汉碑释文》（31叶）、《汉石存目》（24叶）、《魏晋石存目》（4叶），篇幅明显较小。

要之，**本文构拟的格纸使用时段，实际是各种格纸的使用高峰期**。**在某一时段内，会有一种“主力格纸”，被鲁迅较多使用；而这与他偶尔使用其他格纸，并不矛盾**。所谓“其他格纸”，包括残存的上一乃至更早时段的“主力格纸”。事实上，现存的鲁迅手稿中仍夹有一些未用格纸，如国图藏鲁迅手稿中便有空白的格纸乙。在鲁迅生前，未用尽的早期格纸自然更多，他完全有可能在较晚时段偶尔使用某一早期格纸。缘此，既不能胶柱鼓瑟地认为，前一种格纸彻底用完，鲁迅才会改用别种格纸；同时也要承认某种格纸退出“主力”行列后，它被使用的几率的确大大降低了。

另一方面，鲁迅辑校古籍与金石文献，有时针对某种文献做了多次工作，留下多件手稿或曰“手稿群组”。通过文本修改增补的痕迹，可辨识出各件的先后序列。**在同一“手稿群组”中，但凡所用格纸不同，手稿的先后必与前述格纸使用的先后次序吻合，未见有较后手稿使用较早格纸而较先手稿使用较晚格纸的情况**。这从侧面进一步证明：将格纸的主要使用时段作为判定手稿书写时段的标尺之一，是可行且可信的。以下举出若干实例。

鲁迅辑校《谢承后汉书》，先后形成 5 部完整手稿。其中 4 部用格纸书写，写于 1912 年的手稿 B、手稿 F 用格纸甲，写于 1913 年的手稿 C 用格纸乙，写于 1914 年的手稿 G 用格纸丙。手稿先后与格纸更迭，若合符节。

鲁迅辑校《谢沈后汉书》，初稿与定稿皆存。初稿手稿 A 用格纸甲，写于 1912 年 6 月 27 日；定稿手稿 B 用格纸乙，时间为 1913 年 3 月 28 日。《虞预晋书》的情况与之颇似，初稿手稿 A 用格纸甲，写于 1912 年 6 月 30 日至 7 月 1 日；定稿手稿 B 用格纸乙，写于 1913 年 3 月 31 日。

国图藏《六朝造象目》与《六朝造象目录》，后者系据前者修订增补而成。证据是：前者写成后，加标识调整条目排序，后者的条目次序与标识相符。前者用格纸乙，后者用格纸丙，同样是较早手稿用较早格纸，较晚手稿用较晚格纸。

由以上现象，还可推导出如下结论：若同一“手稿群组”内的两件（或更多）手稿，使用相同格纸，暗示着它们的书写时间在同一时段内；若用不同格纸，则意味着它们跨越不同区间，书写时间很可能相距较远（除非恰好前者在前一区间之末，后者在后一区间之首）。

四、利用格纸使用时段的手稿“时间推定”

明晰了格纸使用时段，便可用它推定时间不明的手稿最可能写于哪一时段。原先只能判定为早于或晚于某年某月的手稿，也可利用它进行“校准”，缩小时间范围。以下举出三个不同层面的实例，试做分析。

《古小说钩沉》现存手稿的件数很多，情况复杂。林辰根据《古小说钩沉序》发表于 1912 年 2 月的《越社丛刊》第一集，以及日记 1912 年 10 月 12 日、11 月 23 日周作人两次寄来“《小说钩沉》草稿”的记录，指出该书辑录完成于 1912 年鲁迅赴南京前，或曰 1911 年末①。顾农基本同意林辰的观点，但他注意到草稿后还有最终稿本，提出：“1912 年秋，鲁迅让周作人将存放在绍兴故家的《古小说钩沉》稿寄到北京来，估计在此后一段时间内曾加以补充整理，重新写成十本，基

①林辰《〈古小说钩沉〉所收各书及其作者考略》，《光明日报·文学遗产》1956 年 10 月 21 日、10 月 28 日。林辰《关于〈古小说钩沉〉的辑录年代》，《人民文学》3 卷 2 期（1950 年 12 月）。

本上完成了现存的形态。此后虽然也许还有加工,估计改动不大。"[1]

装成10册的最终稿本,现藏北京鲁迅博物馆,总计546叶,正文通篇用格纸乙[2]。体量大,用纸多,将它视为格纸乙使用高峰期的产物,是最为合理的假说。然则,最终稿本很可能写在1913年春至1914年春间,1912年秋收到寄来的初稿后立即动笔的可能性较小。此外,《小说钩沉目录》(3叶,现藏国图),首叶用格纸乙,后两叶用格纸丙。《说目》(39叶,现藏国图),全用格纸乙。这两件手稿与最终稿本关系紧密,用纸又与之相同,推测它们也应写在此时段内[3]。

国图藏"汉画象"手稿(1叶),用纸为格纸乙,内容是记录当时山东省立图书馆所藏10种汉画像石的情况(原石所在地、前人著录等)。鲁迅在篇末题"前十石胡孟乐自山东来,以拓本见予"。日记1913年9月11日称,"胡孟乐贻山东画像石刻拓本十枚"[4]。若推测鲁迅得到拓片后,随即写成此件,看似颇合情理,但在逻辑上毕竟不能完全排除搁置多时方才

---

①顾农《〈古小说钩沉〉的成书过程》,《东北师大学报》1985年1期。

②最终稿本所收的36种古小说,每种在正文前有一叶题写书名,这些书名页使用素纸,手描出版框。扣除这36叶,最终稿本实际使用510张格纸乙。

③林辰考察《小说钩沉目录》,提出它的形成早于最后稿本,属于最后稿本的前期准备。参见林辰《鲁迅计划中〈古小说钩沉〉的原貌》,《光明日报·文学遗产》1960年10月30日。至于《说目》,林辰未曾谈及;赵英认为,从字迹来看,"很象二十年代所写"。参见赵英《未曾发表过的鲁迅撰〈说目〉》,《鲁迅研究月刊》1991年2期。笔者认为此件的性质及产生的时间与《小说钩沉目录》接近,将另文论述。

④《日记》,《鲁迅全集》第15卷,78页。

动笔的可能。从用纸情况再加一层考量,此件使用格纸乙,鲁迅获得拓片的时间又在格纸乙的使用高峰之内,两相匹配。那么就可以说,此件手稿写于获赠后不久,不仅合乎情理,又符合格纸使用时段的"校准",是一个非常坚强的假说。

抄校《弥勒重阁记》,篇前有鲁迅题字"乙卯(1915)十一月十八日,以精拓本校"。校勘自然是在抄成之后。这是一个时间不详但下限明确的实例。此件用格纸乙,依上文所论,便可给它添上大致的上限,称之为"约1913年春至1915年11月"。

结　语

最后想要强调的是,鲁迅在不同时段使用格纸有所更迭的整体趋势是明显可感知的,但本文提出的格纸使用时间框架及各时段的起讫,只是一种假说。利用这一框架,推定手稿的书写时段,当然也只是推论。这种推论的实质,是指向某件手稿最有可能的书写时段。

受限于证据缺失,考证无法解决所有问题,这是文史研究难以回避的困境,不惟鲁迅手稿研究所独有。对于数量众多的书写时间不明的鲁迅古籍金石手稿而言,利用格纸时间框架,求得它们的"近似解",由此将研究进一步细化,不失为具有一定信度的合理策略。以下各章,便将循以上所论办理,呈现鲁迅辑录各种古佚书的历时性过程。

上编　鲁迅辑录的史籍地志

第一章 《会稽郡故书杂集》的生成：基于鲁迅诸手稿的文献学考察

《会稽郡故书杂集》(以下简称《故书杂集》),是鲁迅辑录的一部辑佚丛书,以六朝时期的会稽人物传记与地志为范围,收录三国吴谢承《会稽先贤传》、晋虞预《会稽典录》、南朝钟离岫《会稽后贤传记》、贺氏《会稽先贤像赞》、三国吴朱育《会稽土地记》、晋贺循《会稽记》、南朝宋孔晔《会稽记》、南朝夏侯曾先《会稽地志》等 8 种古佚书。

鲁迅的辑佚事业富有乡邦色彩,徐小蛮曾有"以会稽郡为横坐标,以魏晋时代为纵坐标来辑录古籍"的准确概括[①]。《故书杂集》恰好位于这两个坐标的焦点,加之它是鲁迅生前唯一正式出版的辑佚著作,因此颇受重视。在先行研究中,林辰介绍鲁迅辑录此书的动机、《故书杂集》的内容与特点;赵英分述"最早手稿"、"初稿"、"修订后的抄完稿"的基本面貌与性质;孟文镛重点撮述《故书杂集》所辑诸书的情况;吕福堂评价了其学术史地位;刘思源讨论了编纂刊刻过程中的一些细节问题,如署名为周作人、陈师曾与钱玄同分别为此书

①徐小蛮《鲁迅辑校古籍手稿及其研究价值》,《鲁迅研究动态》1987 年 8 期。

题署封面等；顾农考述编纂动机与经过，又总结鲁迅辑校的体例与方法，如“定本附校勘记的方法”、“组合拼补式文本”、“援引他书有关材料供读者参考”，认为《故书杂集》是“鲁迅整理研究古籍的光辉起点之一”；李亮将此书的编纂分为“从发意到雏形初具”、“在材料上的扩充”、“进一步完备与条理化”三个阶段，由此考述辑录步骤、全书结构的演变与形成，并从方志学与辑佚学的视野，综述前人对于《故书杂集》成就及地位的评价；秦硕对《故书杂集》诸手稿的分册目次，做了较为详细的介绍，并录出之前未公开的“散条”手稿（即本稿所述手稿 B/C）①。

鲁迅辑录手稿，无疑是研究《故书杂集》的核心史料。先行研究辨析各件手稿的关系，将其分为初稿本、修改稿本、定稿本。从总体工作流程而言，如此三分，自然不能谓之有误。但细审诸手稿，则会发现在上述三分之下，实际存在 9 件成于不同时间、彼此独立的手稿，非但形成有先有后，性质亦不尽相同，分别对应辑录过程中不同环节、不同层次的不同问题。之前学界主要利用的《鲁迅辑校古籍手稿》，只选印其中

①林辰《〈会稽郡故书杂集〉是怎样的一部书》，《鲁迅述林》，人民文学出版社，1986 年，60~64 页。赵英《从〈会稽郡故书杂集〉手稿看鲁迅的治学精神》，《鲁迅研究动态》1986 年 2 期。孟文镛《鲁迅和〈会稽郡故书杂集〉》，《绍兴师专学报》1991 年 3 期。吕福堂《鲁迅与方志》，《鲁迅研究资料》第 19 辑，中国文联出版公司，1998 年。顾农《读〈会稽郡故书杂集〉手稿》，《上海鲁迅研究》第 11 集，百家出版社，2000 年。刘思源《关于〈会稽郡故书杂集〉》，《鲁迅研究月刊》2000 年 1 期。李亮《鲁迅与〈会稽郡故书杂集〉》，《鲁迅研究月刊》2006 年 1 期。秦硕《鲁迅辑校〈会稽郡故书杂集〉手稿》，《鲁迅研究月刊》2019 年 12 期。

5件，编排时又做了拆并处理，与实物状态不尽相符，编辑说明交代实物状态有欠明晰，极易引发误判。

鉴于此，本章拟从"辑本的生成"这一角度，重新审视《故书杂集》诸手稿，辨析诸手稿在辑录过程中分别处于什么位置，对应鲁迅的哪些关切，进而探求鲁迅的工作构思及其变化、辑录工作的具体步骤与处理细节等问题点。

一、《故书杂集》诸手稿的性质与分组

《故书杂集》篇幅不大（约三四万字），但因辑佚工作的特点，步骤较为繁杂，在辑录过程中形成了多件手稿。这些手稿大多保存至今（可以认定部分手稿原有而今无，详后），但分藏于不同机构，面貌特征不一，有必要从实物的"件"的角度，逐一分析其性质、内容，以及鲁迅的意图所在。

（一）初期诸手稿

《故书杂集》的初期手稿，是一个包含多件手稿的集合，而非某一连贯一体的稿本的不同组成部分。一方面，这几件手稿各自单独起讫，意味着不同的工作段落，每个段落各自表达了不同的工作设想及诉求；另一方面，初期手稿绝非简单地以书写时间划定，而在于它所对应的工作是否为辑录流程的早期环节。

手稿A用绍兴中学堂蓝色格纸书写，全是鲁迅笔迹，现藏中国国家图书馆。此件与《古小说钩沉》的一件初期手稿合订为一册，书衣题"会稽旧志／小说钩沉资料"。属《故书

杂集》的这部分，共9叶（含上述书衣叶），内容是《吴会分地记》《会稽志》《会稽记》《会稽先贤赞》四种书的佚文。此件的格式特征是：

（1）每书首行题书名，如“吴会分地记”，但基本不标作者（仅《会稽志》书名下标署“夏侯曾先”）。

（2）次行起抄录佚文，各条佚文末标注出处。出自同书的佚文，仅首条标为“书名＋卷数”，如“类聚七”；以下各卷的首条佚文，略去书名，只标卷数，称“同五十四”或“又几”；出自同一卷的次条及以下各条佚文，仅标“同上”或“同”（图1-1）。

（3）某些佚文见引于多处，则注明“第二出处”乃至“第三出处”。若不同出处的文本差异不大，则以校字形式标出异同。例如，“会稽志”部分，有《御览》卷四七、卷一七一引不署名“会稽志”的同一条佚文，文句小有差异，手稿A据卷四七录出，以校字形式体现卷一七一引文的面貌。若文本差异较大，或是不便用上述方式体现异同，则将“第二出处”、“第三出处”的佚文录出（图1-2）。

（4）各条佚文的排列次序，与书籍及卷次高度相关；辑自同书同卷的各条佚文，次序也与佚文在该卷内的先后完全一致。如《会稽记》，前23条辑自《太平御览》，其中1~5在卷四一，6~20在卷四七，21在卷五四，22~23在卷六六；24至28条皆辑自《艺文类聚》，24在卷七，25~28在卷八；29条辑自《北堂书钞》卷九四；30条辑自《初学记》卷五；31条辑自《会稽三赋》注。另有辑自《书钞》卷一六〇的一条，与9大体重合，补写在9旁；辑自《御览》卷四七九的一条、辑自《会稽三赋》注的一条，与10大体重合，补写在10旁。

（5）古人引书，标署书名，往往存在歧异，手稿A皆注明辑佚来源所署书名。如“会稽先贤赞”第二条佚文，标为“又卅八传赞”（图2），意指《书钞》卷三八引此条，署书名为“会稽先贤传赞”。

根据上述特征，可得出以下结论：（1）手稿A是鲁迅顺次翻检诸书，抄录所见佚文的原始记录；或者说，如题名“会稽旧志资料”所示，是一份“佚文长编”。鲁迅的操作办法是一卷检毕录完，再检录下卷，甲书检毕录完，再检录乙书；乃能形成条目排次与佚文在原书中的先后相一致的面貌。

（2）至少在最初阶段，鲁迅是同时进行《故书杂集》与《古小说钩沉》的辑录工作，所以“会稽旧志资料”与“小说钩沉资料”同步形成，面貌一致，又装订在一起。也正因是同步展开工作，二者检阅书籍的范围有很大重合。如表1，手稿A所反映的鲁迅当时检录之书有5种，《太平御览》《艺文类聚》《北堂书钞》《初学记》《会稽三赋注》，其中《御览》《书钞》《初学记》亦见于“小说钩沉资料”[①]。而且检录的次序即何书

①覆案原书，手稿A的辑录情况如下。《吴会分地记》：《书钞》《初学记》引文全录于手稿A，未录《御览》引文，《三赋注》《类聚》未引此书，另录《御览》引《贺循会稽记》一条于此。

《会稽记》：《御览》《类聚》《书钞》《初学记》引文全录，《三赋注》引文未录全。

《会稽志》：《御览》《初学记》《三赋注》引文尽录，《书钞》《类聚》未引此书。

《会稽先贤赞》：《书钞》引文录尽，《类聚》《初学记》《三赋注》未引此书，未录《御览》引文。

与之相对，属《小说钩沉》的3种书，《语林》：《书钞》《初学记》引文全录，《三赋注》未引此书，《御览》《类聚》录于另件手稿。（转下页）

在前何书在后，也若合符节，特别是先检《书钞》后检《初学记》的次序，最为明显，《吴会分地记》《会稽记》《语林》《郭子》皆如此。

关于此点，须从实际工作的效率与合理性上理解。《故书杂集》《古小说钩沉》所收书多为六朝典籍，辑佚的取材对象高度重合，《御览》《书钞》《类聚》等是必检之书。这些书卷帙可观，倘使每辑一书，便从头至尾翻检《御览》千卷一遍，无疑事倍功半；反之，事先拟定辑佚清单，一次检录，分别抄录所得各书佚文，就便利而高效。

表 1-1

会稽旧志资料	吴会分地记	北堂书钞→初学记
	会稽志	太平御览→初学记→会稽三赋注
	会稽记	太平御览→艺文类聚→北堂书钞→初学记→会稽三赋注
	会稽先贤赞	北堂书钞
小说钩沉资料	语林	北堂书钞→初学记
	郭子 a	北堂书钞→初学记
	郭子 b	太平御览
	笑林	太平御览

手稿 A 使用绍兴中学堂蓝色格纸，应写于鲁迅在该校任教期间（1910 年 8 月~1912 年 2 月）。鲁迅起意纂辑《故书杂

（接上页）《郭子》：《御览》《书钞》《初学记》引文全录，《三赋注》未引此书，《类聚》录于另件手稿。
《笑林》：《御览》引文全录，《三赋注》未引此书，《类聚》录于另件手稿，未录《书钞》引文。

集》甚早，自序称："乃就所见书传，刺取遗篇，絫为一袠。中经游涉，又闻明哲之论，以为夸饰乡土，非大雅所尚。谢承、虞预且以是为讥于世。俯仰之间，遂辍其业。十年已后，归于会稽。"推寻语义，似乎早在1900年代初便有过若干初稿，这些手稿未闻尚存。从工作流程的先后次序以及与以下诸稿本的关系来看，手稿A很可能是现存手稿中时间最早的一件。

北京鲁迅博物馆藏有一批《故书杂集》手稿断片，细绎后可以辨识出主要来自2件手稿（以下称"手稿B"、"手稿C"）。这两件手稿也是顺次检录诸书而形成的"佚文长编"，面貌特征与辑佚来源高度统一，应是同步写成。手稿B原先至少有6叶，手稿C至少有2叶，分别对应孔书、夏侯书。手稿B首行题"会稽记　孔晔"，次行起为正文，每半叶七行，每行二十余字不等，用素纸书写，全是鲁迅笔迹。手稿C为首行题"会稽志　夏侯曾先"，其他特征同手稿B。

手稿B/C经过多次增改，有很多添补涂改之处，这是鲁迅不断扩大检录范围，每检一书，便将所得抄入手稿所致。通过辑自各书的佚文之排列先后以及佚文末尾标署的出处，可以排比出鲁迅检录诸书的次序：

> 书钞→初学记→类聚→御览→会稽三赋注……太平寰宇记→文选注……舆地纪胜→宝庆四明志……延祐四明志[①]

除去以上诸书，鲁迅据以增改手稿B/C之书，还有《白孔六帖》《水经注》《竹谱》《事类赋》《后汉书》《竹谱》《嘉泰

---

①箭头表示直接相邻，省略号表示此先彼后，但不能排除之间尚有他书。

会稽志》《宝庆会稽续志》《感通录》。因材料有限，无法推导出它们在上述链条中所处具体位置，但可以确认鲁迅检录这些书籍，均在《御览》之后。

如上述，手稿 B/C 检录书籍的范围，完全涵盖并远超手稿 A；依此而论，其形成自然应晚于后者。从笔迹与墨色差异，还可以看出：手稿 B/C 的历次增补或曰检录甲书与乙书之间，有一定间隔，手稿 B/C 从最初写出至“停止更新”，有相当长的时间跨度。其中最为明显的是，源出《嘉泰会稽志》的佚文及相关案语，是后添入的，而且在历次添补中亦相对较晚（图 1-3）。而此次添补的时间大体可知，由此可以探知手稿 B/C 书写时段的大致下限。

据《周作人日记》，《嘉泰会稽志》是经鲁迅决定而由周作人在绍兴购买的，之后从中抄录佚文，也是周作人代劳，时为 1914 年 6 月末。鲁迅收到周作人寄去的抄件后，据之添入手稿 B/C，并非实见嘉泰志原书。然则，手稿 B/C 的增补，至少持续至 1914 年 7 月甚至稍后。

> 得褚君闰生笺，云有《嘉泰会稽志》出售，凡十本，价廿四金，未免泰侈，云嘉庆戊辰采鞠堂刻者也。（1912 年 11 月 2 日）
>
> 下午得北京廿九日函，附 V’ 又 K’，拟得《嘉泰会稽志》，即寄复笺。（1913 年 2 月 5 日）
>
> 下午本约往看《嘉泰志》，因雨又路远，不得行。（2 月 18 日）
>
> 访褚闰生士伟，为《会稽志》事。（2 月 20 日）
>
> 由褚处购《嘉泰会稽志》，又《续志》一部，共十本，

价二十元。（2月21日）

就《嘉泰志》抄《会稽记》逸文，午了。（1914年6月25日）

寄北京函，附逸文四纸。（6月26日）

寄北京函，附逸文二叶。（7月6日）[①]

手稿B/C是为孔晔书、夏侯书而作的第二份“佚文长编”，《故书杂集》的其余各书，未见有此。按理说，鲁迅在手稿A写成后检录更多书籍，完全可将新得佚文及相关案语添加在手稿A上，而非另起一稿。他之所以“另起炉灶”，或许是因为古人称引书名不定，且时或不标出作者，孔书与夏书的书名近似，乃造成部分佚文不易判定归属，乃决意重编更为完善的“佚文长编”。

上述1914年周作人抄件至今尚存（以下称“手稿D”），今藏北京鲁迅博物馆。此件分“会稽记”、“会稽记补”、“夏侯曾先地志”、“会稽土地志”、“会稽旧记”五部分，按嘉泰志引文次序分别抄录。可知当时周作人从《嘉泰会稽志》检录的佚文，非如日记所称仅有孔晔书。此外，周作人抄录时，对于部分佚文的起讫存有疑问，留下案语，如“末四字不知是否《记》文”，以提示鲁迅。

此件现存3叶（“会稽记”、“会稽记补”、“夏侯曾先地志”及以下各1叶），明显有缺损。第一叶末尾一条为“会稽记”佚文，辑自卷一〇“刑塘”，而嘉泰志卷一二、一三尚有多条“会稽记”佚文，则此条后理当至少还有一叶；现有最后一叶

①《周作人日记》，大象出版社，1996年，421、435、436、437、507、509页。

末尾为“会稽旧记”，此条佚文未完（图 1-6），后续文字必在今已不存的另一叶上。

与周作人从《嘉泰会稽志》抄录佚文约略同时，鲁迅从《宋元四明六志》辑录夏侯书佚文，所得即手稿 E。此件用素纸抄写，散叶 1 叶，今藏北京鲁迅博物馆。每半叶八行，每行二十余字不等，各条佚文末尾标记出处。抄成后，鲁迅用《舆地纪胜》《太平寰宇记》比勘，是以此件有“二句亦见《纪胜》十一”、“《纪》十一”、“《寰宇》九七、《纪胜》十一”等校语。

“宋元四明六志”，是指宋《乾道四明图经》《宝庆四明志》《开庆四明续志》、元《大德昌国州图志》《延祐四明志》《至正四明续志》这六部成书于宋元时期的宁波地区方志。清咸丰间，徐时栋汇刊《宋元四明六志》。鲁迅所据即徐氏刊本。1914 年 6 月，他向马裕藻借来此书，12 月归还。手稿 E 的抄写，宜在借来《四明六志》之后不久。

> 下午寄马幼舆书，向假《四明六志》。（1914 年 6 月 17 日）
>
> 晚马幼舆令人送《四明六志》来，劳以铜元二十枚也。（6 月 18 日）
>
> 晚归寓，还幼渔《四明六志》一部。（12 月 13 日）①

此件末尾有周作人题记，说明是鲁迅手稿。周作人赠出鲁迅手稿之际，常作此类题记。

> 右系鲁迅辑录《会稽郡故书杂集》时之手稿，作人附记。（下钤“作人”圆印）

---

①《日记》，《鲁迅全集》第 15 卷，121、143 页。

鲁迅还曾抄录刻本《说郛》的孔晔《会稽记》、谢承《会稽先贤传》、虞预《会稽典录》（以下称“手稿 F”）。此件用格纸甲，全是鲁迅笔迹，今藏中国国家图书馆。与《范子计然》（传录茆泮林辑本）、《魏朗子》《志林新书》（传录马国翰辑本）、《文士传》（传录说郛本）、《任子》（鲁迅辑本）等《故书杂集》之外的鲁迅手稿，合订为一册，书衣题为“越人所著书集本一”。每半叶九行二十四字，版心不题书名及叶码，各书前均有封面，题“孔晔会稽记　说郛本”、“谢承会稽先贤传　说郛本”、“虞预会稽典录　说郛本”。

鲁迅辑录古籍，常以前人辑本为根底，增补修订而成。他从《说郛》抄录三书，用意宜即在此。不过，以前人辑本为根底，须该本较为充实，方才有利用价值。而说郛本所载条目很少（《会稽记》5 条、《会稽先贤传》7 条、《会稽典录》10 条），并不适宜用作辑录根底，甚至参考价值也很有限。一旦鲁迅开始检录诸书，编制“佚文长编”，便会发现《御览》等书所载佚文远多于说郛本。手稿 F 未经增补涂抹，《故书杂集》的其他手稿亦不见提及说郛本作何云云，都是说郛本的利用价值不高所致。

鲁迅从刻本《说郛》、马国翰《玉函山房辑佚书》、茆泮林《十种古佚书》等传抄了多种书籍，有些被汇为《说郛录要》，另有一些与鲁迅辑录《古小说钩沉》《文士传》《南方草木状》等书相对应，可视为以上各书辑录工作的环节之一；其中书写时间明确可知者，抄于 1910 年冬至 1911 年春之间。手稿 F 与这些抄件的行款格式一致（图 1-8、图 1-9），应与之约略同时抄写。

手稿G用无栏格的素纸书写，以鲁迅笔迹为主，装成1册，现藏中国国家图书馆。此件书衣题“虞预会稽典录　诸家会稽记传”（周作人笔迹）。卷前有全书总目（所记与手稿实际有所不同，详后）。以下依次为《会稽典录》《会稽先贤传》《会稽后贤传记》《会稽土地志》《会稽郡记》《会稽记》（贺循）、《虞翻文》，《会稽土地志》《会稽郡记》《会稽记》三种，又加“众家会稽记”的总名统辖之。各书前有封面，分别题作“虞预会稽典录一卷　周树人辑存”、“会稽先贤传　谢承”、“会稽后贤传记”、“虞翻文　树人荟集”。每半叶七行，每行二十余字不等，版心位置不标书名及叶码。此外，《会稽典录》《会稽先贤传》《会稽后贤传记》这三部传记书，是以人单位，将一人之佚文抄录在一起；无论各人佚文长短多少，皆另起一叶而不连写，是以卷中多有大片留白[①]。篇幅最大的《会稽典录》，各叶书口位置有周作人朱笔标写的传主名（图1-11）；若某人佚文较长，不止一叶，则在人名后加标数字，如“朱育三”（指朱育传第三叶）。“众家会稽记”下的《会稽土地志》《会稽郡记》《会稽记》三种以及《虞翻文》，相邻佚文之间则是另行起而非另叶。

手稿G的书写，大约始于辛亥革命前后。之所以如此说，关键在于此件中的周作人所写部分。除去书衣题字、《会稽典录》各叶书口位置标署人名，周作人所写还有a《会稽典

①凡某叶后半叶为留白，《鲁迅手稿全集》《鲁迅辑校古籍手稿》皆不印空白的后半叶。因此，周作人朱笔所标“人名＋数字”是写在书口位置这一特征，在影印本中反映的不甚明显。

录》散句条首则、b《会稽先贤传》淳于条、c 同书沈勋条与茅开条（夹签）、d 同书阚泽条第二则、e 同书淳于条、f《会稽后贤传记》末条、g《虞翻文》的部分条目、h《会稽先贤传》陈业条首则的朱笔校字。其中，**a、d 是周作人笔迹与鲁迅笔迹在前后相邻的佚文中夹杂出现（这两条佚文其余各则是鲁迅所书），这种现象必是他们同在一处时协同工作所致**。从两人生活轨迹来看，这只能是 1911 年 9 月周作人回国至 1912 年 2 月鲁迅赴南京之间。不过，手稿 G 中的周作人笔迹为数不多，因此很可能在他回国之前，鲁迅已起稿，并写出大半，周作人归国后，协助做了后半段的一些工作。

手稿 G 写成后，鲁迅不断在其上添入新检得的材料，增补案语，这一过程持续了相当长时间。如前述，1914 年 6~7 月，鲁迅以《嘉泰会稽志》《宋元四明六志》增补手稿 B/C，并编制手稿 E。而在手稿 G 中，也有多处据《嘉泰会稽志》《宝庆会稽续志》《乾道四明图经》《宝庆四明志》增补的材料及案语。又如前述，手稿 B/C 有采自《会稽三赋注》《太平寰宇记》《舆地纪胜》《事类赋》《后汉书注》的内容，从先后关系来看，这些内容是较晚补入的。手稿 G 亦有采自这些书籍的内容，从书写的位置关系来看，亦多是较晚增入的。由以上现象可知，手稿 G 与手稿 B/C/E 检录书籍的范围相当，所进行的工作有很强的“同步性”；然则，手稿 G “停止更新”的时间点，也应与之接近，即 1914 年夏。

可作为旁证的是，周作人所写的 c（《会稽先贤传》沈勋条与茅开条），是以夹签形式放在手稿 G 内。检鲁迅日记，1914 年 7 月 15 日：“得二弟信并所录《会稽先贤传》一纸，十一日发。”[1] 所指当为 c。正因此时手稿 G 已不再(或接近停止)增补,所以鲁迅得到 c 后,未再誊录,而是将它夹入手稿 G 内[2]。

手稿 G 的性质与前揭诸手稿不同,它不是“佚文长编”,而是经过一定程度整合的初期稿本。此点在《会稽典录》部分表现得尤为突出。如前述,“佚文长编”背后的工作是:循次检阅诸书各卷,抄出所见佚文,卷一毕则检卷二,甲书毕则检乙书。由此形成的“佚文长编”的面貌特征是:就全体而言,各条佚文的排列与检阅次序相符,即首条出自甲书卷二,次条出自甲书卷五,第三条亦出自甲书卷五,但在甲书卷五中必处于次条之后,第四条出自乙书卷一,以此类推。就单条佚文而言,凡多处共引的同条佚文,条末标署的多个出处,亦与检录诸书的次序相符。假设某条佚文被四处引用,分别是《御览》卷八、卷二〇七、《书钞》卷六、《初学记》卷九,而检录次序为先《书钞》次《初学记》又《御览》,则此条下标署的出处当为:①《书钞》卷六→②《初学记》卷九→③《御览》卷八→④同书卷二〇七。

《会稽典录》是传记书,手稿 G 分人归属,将一人之佚文抄录在一起,作为一个小单元单独起讫。倘使是按诸书循次检录,那么一传之内、各传之间的佚文排列,均应体现出一致

①《日记》,《鲁迅全集》第 15 卷,124~125 页。

②另,手稿 G 卷前总目载孔晔《会稽记》与夏侯曾先《会稽地志》,实际则无。这一歧异的成因,亦在于手稿 G 与手稿 B/C 大体同时完成,而鲁迅随即开始书写修改稿本(详下文),故不再将手稿 B/C 补入手稿 G。

的检录次序；但实际情况多与此不合。如，谢渊传有 2 段佚文，首段出“《御览》五百十六”，次段出“《吴志》十三陆逊传注，《书钞》六十四”，依此而论，鲁迅检录《御览》在《三国志》裴松之注前。钟离牧传有 4 段佚文，首段至第三段皆出“《吴志》十五本传注”即《三国志》裴注，第四段出“《太平御览》三百四十八，又三百，《类聚》六十”，依此则是先裴注，后《御览》。

又如，郑弘传有 7 段佚文，手稿 G 案语分别标注出处为：

> ①“《御览》四百三”，②“《书钞》七十九”，③“《御览》四百三，又六百九十一小异”，④“又四百九十一”（指《御览》），⑤“《类聚》一百”，⑥“《类聚》九十二，‘民’原作‘人’，据《御览》改，《御览》九百二十一‘户’作‘庐’，无‘为’字”，⑦“《类聚》四十八，《御览》二百十二引‘郎’字在‘典’字下，‘诸’作‘请’，‘县令令史’作‘县令史’，‘为长’作一‘焉’字”。

尤其是⑥，虽依《类聚》所引录出，却据《御览》卷九二一引文改动原文（“‘民’原作‘人’，据《御览》改”）。从工作流程上考虑，鲁迅决难在编制“佚文长编”而检及《类聚》时，就遍检群书，去寻找他处有无引用同条佚文；在可操作性上，这是极为困难且低效的。反之，先编制“佚文长编”，将诸书所引佚文录出，再做比对与整合，才是可行的。因此，手稿 G 必是基于手稿 A/B/C/D/E 那样更加原始的“佚文长编”，而做一定整合的结果。《会稽典录》占据《故书杂集》三分之二以上的篇幅，**现存手稿中却无针对《会稽典录》的“佚文长编”，这是不自然的，可以推论原有而今亡**。

与“经过一定程度整合”的性质相关，手稿 G 抄入了一些与佚文正误及归属无直接关系，而是考辨史事以明晰叙事背景、疏通行文脉络的旁证材料，可姑且谓之“笺释性材料”。如曹娥传首段佚文，述及邯郸淳为曹娥撰写碑文；手稿 G 从《古文苑》卷一九录出邯郸淳《曹娥碑》，附在此段佚文之后。又如，黄昌传首段佚文，叙述黄昌与妻子离散多年后重逢之事，手稿 G 天头处有：“《通典 · 礼》四十九虞昣议引《风俗通义》：‘黄昌得所失妇，便为正室，使后妇下之。’”手稿 G 的这些“笺释性材料”，被之后的修改稿本与最终稿本吸收，整合为案语。

手稿 G 检录书籍的范围，较其他初期手稿更广，如《史记》《汉书》《三国志》、晋袁宏《后汉纪》、南朝宋刘义庆《世说新语》、北魏郦道元《水经注》、唐杜佑《通典》、林宝《元和姓纂》、李瀚《蒙求注》、宋傅肱《蟹谱》、孔延之《会稽掇英总集》、陈耆卿《嘉定赤城志》、陈元靓《岁时广记》、明徐象梅《两浙名贤录》、清钱大昕《十驾斋养新录》、沈钦韩《汉书疏证》《后汉书疏证》，未见其他初期手稿征引。这与“笺释性材料”的添入也有一定关系，如杜佑、林宝、徐象梅、钱大昕、沈钦韩之书，就是“笺释性材料”的主要来源。

综上，《故书杂集》的初期手稿，今存 7 件。它们各处于辑录工作的不同环节，反映出鲁迅的工作路径及其调整。鲁迅最初设计的路径，是以说郛本作为《会稽记》《会稽先贤传》《会稽典录》的辑录根底，或者至少是某种程度的参考，遂抄有手稿 F。但说郛本缺失过甚，缺乏利用价值，后期手稿遂未再提及说郛本。当然，并不能因此说手稿 F 毫无价值，它至少扮演了“试错”的角色；倘使此件不存，今人便无法探知鲁迅最初的路径设计。

尽可能全面地搜集佚文，无疑是辑录工作早期的核心诉求，故而承载此项任务的“佚文长编”，在初期手稿中数量最多，手稿 A/B/C/D/E 皆属此类。就工作流程而言，“佚文长编”应处于最先。但手稿 A/B/C/D/E 各件明显有先后之分，写成后增补持续的时间跨度也有很大差别。手稿 A/B/C 起稿于 1910~1911 年间，手稿 A 写成后未经增补，手稿 B/C 一直增补至 1914 年夏，手稿 D/E 则是在 1914 年夏一气写成，手稿 G 约略也一直增补至此时。换言之，初稿阶段的结束，下距《故书杂集》最终定稿（不迟于 1914 年 11 月，详后），不过数月。《故书杂集》收录 5 种六朝会稽地志。援引旧志，是方志的常见现象，宋元旧志必是古地志辑佚的重要取材来源。辑录《会稽记》等书，理应检索会稽一地的宋元旧志，但鲁迅获得《嘉泰会稽志》及《宋元四明六志》较晚，相应的检录佚文的工作，只能拖延至较晚时间进行。这是现实因素的制约。

（二）修改稿本（手稿 H）

此件用格纸丙书写，全是鲁迅笔迹，装成 3 册，现藏中国国家图书馆。每半叶九行，每行二十一二字不等，版心上端题书名或条目名及叶码，如“范蠡一”、“孔晔记二”。《会稽典录》各人物之间皆另叶起；其他各书则是相邻条目相连。

首册书衣题“会稽旧志上 / 典录上”，第二册书衣题“会稽旧志中 / 典录下”，第三册书衣题“会稽旧志下 / 先贤传 / 后

贤传 / 地志 / 先贤象赞”,即不仅标写总书名及分册,还写出本册内含何书。属于传记类的 4 种,《会稽典录》两卷正文前各有细目,《会稽先贤传》《会稽后贤传记》《会稽先贤象赞》卷前各有细目;地志类的《会稽土地记》《贺循会稽记》《孔晔会稽记》《夏侯曾先会稽志》《会稽记》(未署名)五种,以“众家会稽记”的名目统辖,设“众家会稽记目录”列出五书书名,而无各书细目。鲁迅还抄录了一些关于各书历代著录与流传情况的材料(主要采自《隋志》、两《唐志》),大多抄在各书目录末尾,这些材料是最终稿本各书小序的雏形(详后)。

手稿 H 是综合初期诸手稿所得而成(图 1-12),同时又有以下变化或曰进展:**一是进一步扩大检录范围,出现了一些未见初期手稿征引的书籍**,计有:《东观汉记》《越绝书》、汉王充《论衡》、唐修《晋书》、刘知幾《史通》、李吉甫《元和郡县志》、宋贺铸《庆湖遗老集》、明应廷育《金华先民传》、欧大任《百越先贤志》、清陈景云《三国志辨误》、惠栋《后汉书补注》、姚范《援鹑堂笔记》、周广业《意林注》、钱大昭《三国志辨疑》、梁章钜《三国志旁证》、潘眉《三国志考证》、钱仪吉《三国志证闻》、侯康《后汉书补注续》《三国志补注》《补三国艺文志》、李慈铭《越缦堂日记》及武英殿本《三国志》所附《考证》等。新检录的这些书籍以及从中抄出的材料,目的主要在于补充前述“笺释性材料”。**此外即便是初期手稿阶段已检录的书籍,手稿 H 也从中抄录了更多材料**。

二是增添了初期手稿所无的若干佚文,以《会稽典录》为最多。相比手稿 G,手稿 H 多出宋昌(出“《史记·孝文本纪·索隐》”)、郑云(出“《乾道四明图经》五、《宝庆四明志》八”)、任光(出“《御览》六百四十三”)、王修(出“《四明志》八、《四明图经》五”)、沈丰、贺纯(两条出“欧大任《百越先贤志》”)、沈震(出“《御览》四百十一”)7条。

此外,手稿H还调整了案语格式,将关涉异文的案语随文插入相应文句后(图1-12),并排定各书佚文条目次序,与最终稿本相当接近。相比初期诸手稿中最为接近的手稿G,手稿H的面貌明显整齐干净,少有涂抹钩划与行间挤写的情形(天头处有若干处补写)。上述各点皆说明:作为修改稿本,手稿H有着相当高的完成度,《故书杂集》的辑录工作已接近完结。

如前述,初期手稿的增补大约止步于1914年7月,而最终稿本是在1914年11月初写成(详后),手稿H是与两者衔接的中间环节,其书写必在是年夏秋。

(三)最终稿本(手稿I)

此件用格纸丙书写,是鲁迅笔迹,装成3册,现藏北京鲁迅博物馆。每半叶九行,每行二十字,小字双行同①。各书首行题书名,下题作者,如“会稽土地记一卷　朱育传”。相邻佚文条目相连,不再另起叶。卷前有《会稽郡故书杂集序》,次目录,各书前有小序,而无细目。因是刊刻前的最终稿本,内容已经定型,书写干净齐整,少有增补涂改之处。

---

①手稿I的全书总序、总目、各书序及首叶等叶面,版心被描为黑口,并题书名卷数及叶码,这是为了刻书,向刊刻者提示式样的示范。刻本与之同,可对看(图1-15)。

各册书衣题“会稽郡故书杂集上 / 中 / 下”，不再写出各册所含何书。第一册为《会稽先贤传》及《会稽典录》卷上，第二册为《会稽典录》卷下附《存疑》以及《会稽后贤传记》《会稽先贤像赞》，第三册为《会稽土地记》、贺循《会稽记》、孔灵符《会稽记》、夏侯曾先《会稽地志》。

此件写成后，鲁迅做了少量修正。如孔晔《会稽记》“永兴县东北九十里有余山”条前，据《两浙金石志》添入“孔愉为会稽内史”一条。

手稿 I 是手稿 H 的延续与发展，主要变化有三：一是简省了部分条目下的“笺释性”案语，二是调整各书排次，三是手稿 H 最末的不题撰人《会稽记》，在手稿 I 中被分拆，佚文归入孔书与夏侯书(此三点详后)。

1914 年 11 月，鲁迅先后将《故书杂集》的两部稿本寄给周作人，周作人随即在绍兴觅刻字店刊刻，其中一部必是手稿 I。这一时间点显然是手稿 I 写成的时间下限。从起稿至写成，须花费一定时间，然则手稿 I 宜在当年秋季书写。

> 上午寄二弟书籍二包，计《古学汇刊》第七至第十编八册共一包，《居士传》四册、《复古篇》三册、《会稽郡故书杂集》草本三册共一包。(1914 年 11 月 10 日)
>
> 上午寄二弟信(七十三)，又书籍一包，计憨山《道德经注》二册、《庄子内篇注》二册、《天人感通录》一册、《会稽郡故书杂集》初稿三册。(11 月 12 日)[1]

周作人收到手稿后，曾校阅一过。《会稽郡故书杂集序》

---

①《日记》，《鲁迅全集》第 15 卷，139~140 页。

末尾原署"九月庚辰"（旧历甲寅年九月初三日，1914年10月21日），后改"庚辰"为"既望"（旧历九月十六日癸巳，11月3日），"既望"两字似是他的笔迹；书中还有一些描改字形之处，可能也是他所为。接下来，他托绍兴当地的许广记刻字铺刊刻此书。1914年11月起，周作人日记有不少与该店往还的记录，至次年6月，全书刻成。

> 晚校《会稽故书》稿上了。（1914年11月23日）……至清道桥许广记，定刻《故书杂集》。（11月25日）……许广记来，付洋十元。（11月26日）……许广记来，以抄稿见示。（11月28日）……上午许广记来，交抄稿十六叶。（12月16日）……许广记来，送稿上卷。（12月19日）……上午许广记送稿十七叶来。（12月26日）……许广记交稿一本，予以下卷。（12月31日）……许广记送印样十纸来。（1915年2月5日）……下午许广记送叙文来，全书抄了，予洋十元。（2月6日）……下午许广记送印稿来，予以下卷，又付十元。（3月19日）……收广记印稿廿二叶。（4月23日）……广记以稿十纸来，又付十元。（5月21日）……晚订《会稽故书杂集》印稿为一册，凡八十五叶。（5月22日）……许广记送《杂集》九十册来，予洋十八元。（6月14日）……寄北京书两包，内《杂集》廿本。（6月15日）[1]

---

①《周作人日记》，529、530、533、534、535、543、549、555、559、562、563页。

鲁迅后来据宋叶廷珪《海录碎事》、鲁訔《草堂诗笺》、金王朋寿《类林杂说》(此三书未见诸手稿征引),在一部刻本上做过若干校改,该本今藏中国国家图书馆(图 1-15)[①]。按照陈先行的观点,书籍刻成后,作者又在刻本上修订,则该批校本亦当视为稿本[②]。经鲁迅批校的这部《故书杂集》刻本,即属此类。

二、编次布局的演变与辑本的"结构化"

《故书杂集》是一部辑佚丛书。一般丛书只须考虑如何排次所收各书,《故书杂集》则要解决两重问题,一是如何编排各书,二是各书内部以何种原则编次佚文。在辑录过程中,鲁迅在这两方面的思路皆有变化。

---

①经鲁迅校改的刻本,被收入新版手稿全集。见:《鲁迅手稿全集》第 24 册,国家图书馆出版社、文物出版社,2021 年,158~168 页。此外,《类林杂说》有刘承幹民国九年刻本,之前则以抄本流传。1923 年 1 月 5 日,鲁迅收到周建人代购的刘承幹嘉业堂刻本,事见日记。刻本上据此书的增补,宜在此后。鲁迅藏嘉业堂本今存,见《鲁迅手迹和藏书目录》第 2 集,北京鲁迅博物馆,1959 年,46 页;韦力《鲁迅藏书志(古籍之部)》,中华书局,2016 年,643 页。

②陈先行、石菲《明清稿抄校本鉴定》对此有专门论述:"又有看似批校本,实为批校者自成一书的情况,这种本子亦属稿本。如《中国古籍善本书目》著录的清陈鳣所撰《恒言广证》六卷,写于嘉庆十年(一八〇五)刻本钱大昕纂《恒言录》之上。……顾廷龙先生因检羊复礼所刻陈氏《简庄义钞续编》,中有《恒言广证叙》一篇,遂校读两文,发觉构造虽异,大旨则同……顾先生因据以考定此本正是陈氏《恒言广证》稿本。"(上海古籍出版社,2009 年,28~29 页)

划定丛书的收录范围，是编次诸书的前提。《故书杂集》所收书，有地志与郡国先贤传记两类。初期手稿已兼有此两类，可见这一总体思路在辑录初期业已确立。不过，初期拟收之书，后来有所删减。手稿 A 所载《吴会分地记》、手稿 G 所载《虞翻文》，不见于更晚手稿。所谓“吴会分地”，是指东汉永建四年，以钱塘江为界，从会稽郡析分出吴郡。《吴会分地记》今存各条佚文皆关涉绍兴一地，但从书名来看，原书内容无疑兼涉二郡，不能视为纯粹的会稽地志[①]。《虞翻文》辑录虞氏书札表奏，属别集辑佚，与他书不相伦类。若将此二书收入《故书杂集》，于体例有所扞格，所以后来就将二者排除出去。

如前述，手稿 A 总题“会稽旧志”，手稿 G 总题“会稽典录　诸家会稽记录”，内部又设“众家会稽记”。换言之，鲁迅最初是将诸书划分为三个群组，“诸家会稽记录”、“会稽旧志”（“众家会稽记”）各辖几种书，《会稽典录》自为一组。就类别体裁而言，这一设计存在失调不伦之处。比如，《会稽典录》与统辖在“诸家会稽记录”下的《会稽先贤传》《会稽后贤传记》，皆是郡国传记之书；《会稽先贤赞》亦是此类，在手稿 A 中却与孔晔《会稽记》同置于“会稽旧志”下。手稿 H 总名“会稽旧志”，下又设“众家会稽记”，统辖地志诸书，上下两个层级的设置叠床架屋；而《会稽典录》诸书不属地志，无法以“旧志”的总名统辖之。这样复杂而别扭的设计，一方面是初期诸手稿的写成有较大跨度，前后思路不同，乃造成参差；另

①李亮《鲁迅与〈会稽郡故书杂集〉》认为《吴会分地记》后被删去，是因为此书“所记述的范围超出了鲁迅乡邦文献意识中的会稽郡区域”。

一方面，也可以看出有平衡卷帙的考虑。《会稽典录》的篇幅超过其他诸书的总和，若置于“诸家会稽记录”下，则“诸家会稽记录”与“众家会稽记”的篇幅相差悬殊，很不协调，故而将《会稽典录》析出，自为一组。

表 1-2 《故书杂集》各阶段的编次结构

<table>
<tr><th colspan="3">初期手稿</th><th>手稿 G 目录</th><th colspan="2">修改稿本
（手稿 H）</th><th>最终稿本
（手稿 I）</th></tr>
<tr><td rowspan="7">手稿G</td><td colspan="2">会稽典录</td><td>吴会分地记</td><td colspan="2">会稽典录</td><td>会稽先贤传</td></tr>
<tr><td rowspan="2">诸家会稽记录</td><td>会稽先贤传</td><td>贺循会稽记</td><td colspan="2">会稽先贤传</td><td>会稽典录</td></tr>
<tr><td>会稽后贤传记</td><td>夏侯曾先会稽志</td><td colspan="2">会稽后贤传记</td><td>会稽后贤传记</td></tr>
<tr><td rowspan="3">众家会稽记</td><td>会稽土地志</td><td>朱育会稽土地志</td><td colspan="2">会稽先贤像赞</td><td>会稽先贤像赞</td></tr>
<tr><td>会稽郡记</td><td>孔灵符会稽记</td><td rowspan="7">众家会稽记</td><td>会稽土地志</td><td>会稽土地记</td></tr>
<tr><td>会稽记（贺循）</td><td>会稽郡记</td><td>会稽记（贺循）</td><td>会稽记（贺循）</td></tr>
<tr><td colspan="2">虞翻文</td><td>谢承会稽先贤传</td><td>会稽记（孔晔）</td><td>会稽记（孔晔）</td></tr>
<tr><td rowspan="4">手稿A</td><td rowspan="4">会稽旧志</td><td>吴会分地记</td><td>虞预会稽典录</td><td>会稽志</td><td>会稽地志</td></tr>
<tr><td>会稽志</td><td>钟离岫会稽后贤传记</td><td rowspan="3">会稽记（未署名）</td><td></td></tr>
<tr><td>会稽记（孔晔）</td><td rowspan="2">贺氏会稽先贤像赞</td><td></td></tr>
<tr><td>会稽先贤赞</td><td></td></tr>
</table>

手稿 G 卷端有一份总目，所列之书超出手稿 G 实际所有，编次亦明显有异，可以认为这是鲁迅早期构思的全书面

貌。该目以地志居先，先贤传记在后，各书平行排列，不设“众家会稽记”之类的第二层级；地志诸书的排列似无规律，既不按作者时代，又非遵循《隋志》或两《唐志》，传记则大体依作者时代排次。

表 1-3 手稿 G 目录与《隋志》《旧唐志》著录对照①

手稿 G 目录	隋志史部地理类	旧唐志史部地理类
吴会分地记 贺循会稽记 夏侯曾先会稽志 朱育会稽土地志 孔灵符会稽记 会稽郡记	会稽土地记一卷　朱育撰 会稽记一卷　贺循撰	未收
	隋志史部杂传类	**旧唐志史部杂传类**
谢承会稽先贤传 虞预会稽典录 钟离岫会稽后贤传记 贺氏会稽先贤像赞	会稽先贤传七卷　谢承撰 会稽后贤传记二卷　钟离岫撰 会稽典录二十四卷　虞豫撰 会稽先贤像赞五卷	会稽记四卷　朱育撰 会稽典录二十四卷　虞预撰 会稽先贤传五卷　谢承撰 会稽后贤传三卷　钟离岫撰 会稽先贤像赞四卷　贺氏撰 会稽太守像赞二卷　贺氏撰

相较初期手稿，手稿 H 有因有革。它以“会稽旧志”为总书名，取消了统辖传记的“诸家会稽记录”的名目，但保留

①《新唐志》与《旧唐志》基本相同，惟钟离岫《会稽后贤传》、贺氏《会稽先贤传像赞》次序互易。

了“众家会稽记”的名目，将地志诸书归入其下，仍是两层结构，又将篇幅最大的《会稽典录》分为两卷，置于最前，还是存有协调篇幅的意味。

手稿I放弃了多层结构，诸书平级排列，不再在《故书杂集》这一大丛书下分设“诸家会稽记录”、“众家会稽记”之类的小丛书，免去叠床架屋之弊；调整传记与地志两类次序，改为先传记后地志，乃与传统目录中史部传记类居于地理类之前的惯常做法相符；诸书排次，亦不再折中于篇幅大小，全依作者时代先后为序；改总名为“会稽郡故书杂集”，俾使名实相符，盖“会稽旧志”不能统辖传记、地志两类。

要之，从初期手稿至最终稿本，鲁迅不断调整《故书杂集》的整体布局，结构渐趋明快简洁，编次愈发合理。

另一方面，他对各书内部的佚文编排，也下了一番功夫。搜罗佚文，校勘写定，无疑是辑佚工作的核心。但如果只是将经校订的佚文无原则、无意义地排列，则只能谓之文本集合，而非“书籍”。缘此，赋予辑本以一个“有意义”的结构，依某种体例原则，将散乱的片段组织起来，也是辑佚者的关切所在。在大多数情况下，辑佚者限于史料，无从探知古佚书实际的编次体例，但推类求比，则仍是可行的。

《故书杂集》所收书有传记、地志两类，鲁迅各以不同原则编次佚文。以下以这两类中佚文最多的孔晔《会稽记》、虞预《会稽典录》为例分析。

方志例是分门记述，如沿革、疆域、山川、风土、人物、祠祀、寺观、古迹等等，但门类设置因书而异，很难一概而论。孔书的实际结构不可知，所存佚文多叙山川地理。鲁迅遂按郡县区划统辖佚文，先本郡，后诸县。手稿I孔书共56条佚文，1~10为叙本郡及郡治山阴，11~20为永兴，21为上虞，22~27为余姚，28~30为剡，31~32为诸暨，33~34为始宁，35~40为天台山、赤城山、乌伤等（东汉时仍属会稽郡），40~56则是小序所称“不题撰人者，别次于后”。检《宋书·州郡志》，刘宋会稽郡辖山阴、永兴、上虞、余姚、剡、诸暨、始宁、句章、鄮、鄞十县，郡治在山阴，手稿H明显是依照《宋书·州郡志》的郡县次序[①]。孔晔是南朝宋人，鲁迅乃以彼时郡县为准，排列佚文。

《会稽典录》是郡国先贤传记，需要解决诸传编次、传内各段佚文排次两重问题。案，传记类书籍或依时代排次（如欧大任《百越先贤志》），或按忠义、孝友、隐逸、节烈等事迹分类（如明宋濂《浦阳人物记》），或按郡县分列（如明李默《建宁人物传》）。鲁迅对此书的编排，前后思路有变化。如前述，手稿G各叶书口处标写传主姓名，其中一部分标出籍贯，如“贺劭　山阴”、“严光　余姚”。由此来看，似乎最初拟依各县分列，故而做此工作。但很多人物仅知为会稽人而属县不明，无法实现此种编类。缘此，从手稿H起，改为依时代排列人物，

①《南齐书·州郡志》记述会稽郡下属十县，次序为山阴、永兴、上虞、余姚、诸暨、剡、鄞、始宁、句章、鄮，与《宋书》稍有不同。此外，以郡县排次佚文，是古地志辑佚的常见做法，如清人陈运溶辑荆湘古地记即如此。李亮《鲁迅与〈会稽郡故书杂集〉》称《故书杂集》中“凡记述地理的典籍便以先统后分，先中央后四方，先郡治后诸县为序”，大体正确，但他未指明郡县次序是依《宋书·州郡志》；他又说“通常的方志均用此法”，则误，后世州郡志一般是分门记述，各门类下或依各属县次序分述。

而将列女置于最后。各传内部依事迹先后,参酌史传叙事习惯,排比各段佚文。此项工作主要是在手稿 H 阶段完成,而为手稿 I 沿袭,不过在初期手稿阶段,鲁迅已开始着手此事。在手稿 G 中,少数传记的各段佚文上标有编号。如谢夷吾条,手稿 G 有 3 段佚文,首段述谢氏任荆州刺史之事,标二;次段述任郡功曹之事,标一,第三段述贬下邳令而死之事,标三;编号与谢氏仕履经历吻合,明显是在排比次序,手稿 H、手稿 I 即循此编号排列各段。

三、小序的渐次形成

《故书杂集》各书皆有小序,抄撮史志史传等材料,考辨历代著录情况及作者生平,并交代辑录校勘的技术处理原则。这些小序萌芽于手稿 H,成于手稿 I。在手稿 H 阶段,鲁迅主要是寻检并抄录可用材料;至手稿 I 阶段,他进一步增补材料,统合成文,完成从"材料"到"文章"的转变。

兹以《会稽后贤传记》为例。手稿 H 先抄录《隋志》与两《唐志》的著录,再从《元和郡县志》《通志》增补两则材料,写成夹签,附于其后。《通志》材料末的小字案语,则是鲁迅所加(引文划线部分):

《隋书·经籍志》史部杂传篇:《会稽后贤传记》二卷,钟离岫撰。

《旧唐书·经籍志》史录杂传类:《会稽后贤传》三卷,钟离岫撰。

《新唐书·艺文志》史录杂传记类:钟离岫《会稽后

贤传》三卷。

《元和郡县志》:钟离岫撰《会稽后贤传》。

《通志·氏族略》曰:钟离岫,楚人。案《元和姓纂》云:"汉有钟离昧,楚人。钟离岫撰《会稽后贤传》。"恐"楚人"当属上读,《通志》误引。[①]

郡国传记多由当地人士撰著,郑樵《通志》称钟离岫为楚人,与此种常情相抵牾。《通志》是抄撮之书,《氏族略》多参考唐林宝《元和姓纂》。鲁迅核检林书,判定郑樵节引《姓纂》时句读有误,遂造成钟离岫为楚人的说法,实非另有根据。至手稿I小序,鲁迅沿着之前的考辨思路,继续深入,指出章宗源《隋书经籍志考证》误信郑樵之说,又指出钟离氏为会稽望族,钟离昧当出会稽钟离氏,而撰此郡国之书;最后说明书名《会稽后贤传记》系依《隋志》这一处理原则。

《隋书·经籍志》:《会稽后贤传记》二卷,钟离岫撰。《旧唐书·经籍志》《新唐书·艺文志》并云《会稽后贤传》三卷,无"记"字。(按,此三字系后补)钟离岫未详其人。章宗源《隋志史部考证》据《通志·氏族略》,以为楚人。案《元和姓纂》云:"汉有钟离昧,楚人。钟离岫撰《会稽后贤传》。"楚人者谓昧,今以属岫,甚非。汉代以来,钟离为会稽望族,特达者众,疑岫亦郡人,故为邦贤作传矣。今缉合逸文,写作一卷,凡五人,仍依《隋志》题曰"传记"。

当然,小序最终成文时,先期抄录的材料也有被舍弃不用

①《元和郡县志》《通志》两条,是写在夹签上,被放入手稿H。

者。如《会稽典录》,手稿H目录后抄录的材料,及手稿I小序如下:

【手稿H】《晋书·虞预传》:预著《会稽典录》二十篇。

《隋书·经籍志》史部杂传篇:《会稽典录》二十四卷,虞豫撰。

《旧唐书·经籍志》史录杂传类:《会稽典录》二十四卷,虞预撰。

《新唐书·艺文志》史录杂传记篇:虞预《会稽典录》二十四卷。

《史通·采撰篇》:郡国之记、谱牒之书,务欲矜其州里,夸其士族……如江东五隽,始自《会稽典录》,颍川八龙,出于《荀氏家传》……苟不别加研覆,何以详其是非。又《杂述篇》:若圈称《陈留耆旧》、周裴《汝南先贤》、陈寿《益部耆旧》、虞预《会稽典录》,此之谓郡书者也。[①]

【手稿I】《隋书·经籍志》:《会稽典录》二十四卷,虞预撰。《旧唐书·经籍志》《新唐书·艺文志》同。预字叔宁,余姚人。本名茂,犯明帝穆皇后讳,改。初为县功曹,见斥。太守庾琛命为主簿。纪瞻代琛,复为主簿,转功曹史。察孝廉,不行。安东从事中郎诸葛恢、参军庾亮等荐预,召为丞相行参军兼记室。遭母忧,服竟,除佐著作郎。大兴中,转琅邪国常侍,迁秘书丞、著作郎。咸和中,从平王含,赐爵西乡侯。假归,太守王舒请为咨议参军。苏峻平,进封平康县侯。迁散骑侍郎,著作如

①引文中的省略号,指此处鲁迅节引。

> 故。除散骑常侍，仍领著作。以年老归，卒于家。撰《晋书》四十余卷，《会稽典录》二十篇。见《晋书》本传。《典录》，《宋史·艺文志》已不载，而宋人撰述，时见称引，又非出于转录。疑民间尚有其书，后遂湮昧。今搜缉逸文，尚得七十二人。略依时代次第，析为二卷。有虑非本书者，别为存疑一篇，附于末。

《史通》的前一段材料是批评《典录》有夸饰之弊，后一段是举《典录》以为郡国传记的典型，小序皆未用。案《故书杂集》各书小序，以介绍与考辨为主，少有评骘，《史通》材料未被小序最终采入，或许与此文风有关。小序所增，则有三点：一是据《晋书》本传，述虞预生平；二是据宋人著作引述《典录》的情况，推断此书宋时可能尚存；三是说明辑本编排的两点原则，“依时代次第”，疑非本书者入“存疑”附后。

四、佚文归属的判定

辑佚依赖于他书文献保存的古佚书片段。古人引称书名，往往有所变易或简略，标署作者名氏亦多歧异，或略去不署；以上现象与同书异名、异书同名、传写讹误等问题叠加，遂导致佚文归属上的困难。《故书杂集》在此方面的问题，主要是如何区分孔晔《会稽记》、贺循《会稽记》与夏侯曾先《会稽地志》（《会稽志》）三书的佚文。

孔书、贺书与夏侯书，书名近似。类书古注称引此三书，书名称“会稽记”、“会稽地记”、“会稽郡记”、“会稽志”、“会稽地志”等等不一，作者署孔晔、孔灵符、孔华、孔皋，又或不标，纷杂淆乱。如《太平御览》卷首“经史图书纲目”,分列“孔晔会稽记、孔灵符会稽记、夏侯曾先会稽记”,依此则孔晔、孔灵符为两人。《御览》引《会稽记》,或不标署作者,凡此类是孔晔书,还是孔灵符书,抑或贺书,又是一个难解的问题。

再如,《类聚》卷八“太平山”条,有两则佚文前后相邻,前一则出“孔皋《会稽记》”,后一则出“孔灵符《会稽记》”;同卷“会稽诸山”条下,引“孔灵符《会稽山记》”①。然则,《会稽山记》《会稽记》是同书异名,抑或传写之讹,还是孔氏的不同著作?孔皋、孔灵符又是怎样的关系?

这些问题难有确解,鲁迅只能做折中的推拟,采取相对合理的办法,归属佚文。依最终稿本(手稿Ⅰ)标署的佚文出处,覆案佚文来源,可知鲁迅最终采用的判别原则是:(1)佚文来源标明作者为贺循的,属贺书。(2)佚文来源标明作者为夏侯曾先的,无论书名作何,皆属夏侯书;无论是否标出作者,但凡书名为“志”、“地志”者,亦属夏侯书。(3)孔书的情况最为复杂。凡佚文来源标作者为孔晔、孔灵符、孔华、孔皋,无论书名为何,均属孔书。(4)共引佚文,只要有一处佚文来源标作者为孔晔、孔灵符、孔皋,无论其他,皆依此判定为孔书②;贺书、夏侯书的处理同此。此外,最终稿本之孔书共56条,41条以下是存疑部分,佚文来源皆不标作者,书名作“会

①欧阳询《艺文类聚》,上海古籍出版社,1999年,145、146页。

②如孔书“陈音山”条,见引于《御览》卷四七、《事类赋注》卷七、《嘉泰会稽志》卷六,《事类赋注》仅称引自《会稽记》,《御览》称引自“孔晔《会稽记》”,《嘉泰会稽志》称引自“孔晔《记》”。

稽记”、“会稽旧记”、“会稽地记”不一①。

综上，在最终稿本阶段，**作者名氏是判定佚文归属的第一判断基点；与此同时，共引佚文的交叉印证，也很重要**。鲁迅判定孔晔、孔灵符、孔皋为一人，正是依据共引佚文一标孔晔，一标孔灵符，说见孔书小序：

> 诸书引《会稽记》，或云孔灵符，或云孔晔。晔当是灵符之名。如“射的谚”一条，**《御览》引作“灵符”，《寰宇记》引作“晔”，而文辞无甚异，知为一人**。《艺文类聚》引或作“孔皋”，则晔字传写之误。②

值得注意的是，上述判别标准并非一蹴而就，鲁迅的思路前后有所变化。判定佚文归属的工作，早在辑录初期编制“佚文长编”时，已同步开始。如前述，手稿 A/B/C/D/E 皆是“佚文长编”，它们不约而同，以书名为单位编制，以“会稽记”、“会稽志”为两大分野。这样的做法暗含着以佚文来源所标书名为主要判别基点的用意，与最终稿本判然有别。“佚文长编”的基本功能是汇聚材料，佚文来源标署的书名与作者，当然是重要的“资料”，手稿 A/B/C/D/E 就此做了许多标记，但具体做法不一。如手稿 A 之“会稽记”，各条佚文下大多标出佚文来源所署作者，若佚文来源所署书名非“会稽记”，则连同书名一并标出(表 1-4)。手稿 B 题为“会稽记　孔晔”，手稿 C“会稽志　夏侯曾先”，它们各以此书名及作者为基点，

---

①李亮《鲁迅与〈会稽郡故书杂集〉》对鲁迅判别佚文归属的操作，也有讨论。

②鲁迅所说皋是晔字传写之误，指“皋”是“曅”（晔之异体）的形近之讹。另，华、晔为古今字，故孔华即为孔晔，鲁迅未明说此意。

只标出佚文来源标署与之不同者，手稿 D 亦如之。

表 1-4　手稿 A 之《会稽记》与手稿 H 之孔晔《会稽记》对照[①]

	佚文来源	作者标注	手稿 H 对应条目
1	御览四十一	灵符《三赋》注引孔晔……记	6
2	同上	同	12
3	同上	同	37
4	同上	同	39
5	同上	同	36
6	御览四十七	华	3
7	同上	不名	不题撰人《会稽记》
8	同上	华	5
9	同上	同	33
10	同上	灵符	13
11	同上	同	12
12	同上	同	40
13	同上	同	17
14	同上	同	15
15	同上	同	9
16	同上	灵符	18
17	同上	同	32
18	同上	同	22
19	同上	华	34
20	同上	未标	30
21	御览五十四	不名	2
22	御览六十六	不名	不题撰人《会稽记》

①9b、10b、10c，分别补写在 9、10 两条旁。本表标注按鲁迅所写原样，“同”指同上条(鲁迅手稿有时亦用重文号表示)，“灵符”指孔灵符，“华”指孔晔，“不名”指佚文来源不题撰人，“未标”指鲁迅未标记作者。

续表

	佚文来源	作者标注	手稿 H 对应条目
23	同上	同	不题撰人《会稽记》
24	类聚七	灵符	39
25	类聚八	皋	23
26	同上	灵符	24
27	同上	孔皋	11/12/15/16
28	同上	孔灵符会稽山记	7
29	书钞九十四	孔	4
30	初学记五	未标	25
31	三赋注	孔灵符地志	20
9b	书钞百六十	未标	9
10b	御览 四百七十九	未标	13
10c	三赋注	未标	14

至修改稿本(手稿 H),《故书杂集》的整体架构已大体定型,须确定初期手稿阶段所得之佚文归属何书。如表 4 所示,此时的判别原则是以作者为基准,佚文来源署为孔晔、孔皋、孔华、孔灵符者,无论书名作何,皆入孔书;夏侯书、贺循书,亦如之。至于佚文来源未署作者且无法通过共引佚文的交叉印证推定作者的佚文,无论佚文来源所标书名作何,统一放入手稿 H 末尾的不题撰人《会稽记》;如首条“雷门”,见引于《寰宇记》卷九六、《嘉泰会稽志》卷一三,均仅称出自“《会稽记》”;第 15 条“铜牛”,见引于《嘉泰会稽志》卷一八,仅称出自“《会稽志》”[①]。换言之,手稿 H 的不题撰人《会稽记》,

①手稿 H 误标为“《会稽志》九引《志》”。

实质是无法确定归属何书的佚文的临时集合，而非某一特定书籍[①]。

手稿I阶段，鲁迅最终判定存疑条目的归属，此时的处理重点便是手稿H的不题撰人《会稽记》。如表5所示，手稿H共有佚文15条，在手稿I中，8、11、15被归入夏侯曾先《会稽地志》，其他12条均被归入孔晔《会稽记》。此时的处理原则是：书名有“记”字者，皆入孔书，书名有“志”字者，皆入夏侯书。再检手稿H，被归入手稿I夏侯书的3条佚文，上方标“地志”、“志”；被归入手稿I孔书的12条佚文中，1、2、3、4、6、9、12、13标有“○”符号，5、7、10、14则未加标记。通过这些标记来推测，鲁迅当时每确定一条佚文的归属，便在其上留下记号，未加标记的诸条，则应是较晚才被判定归属的。换言之，鲁迅对这些佚文的归属判定，是分步完成的。

如此归属，明显带有折中妥协的意味。它们是否果属孔书与夏侯书，不能一概而论。12“东晋丞相王导云”，见引于《舆地纪胜》《感通录》《法苑珠林》，均未标作者，仅称引自“《会稽记》”。与孔书同名的著作，尚有贺循《会稽记》。贺循为东晋初人，与王导同时代，不应有“东晋”之称。此条佚文属孔书的可能性的确较大。2“涂山禹庙”条，有“梁武初修之”云云，孔晔卒于刘宋景和元年，《宋书》有明文，孔书决不能记述梁武帝时事，鲁迅案语也明确指出“此非孔记”。正因如此，却又无法逐一判别，所以鲁迅在手稿I中将这些佚文集

①李亮说“在此名目下的十五条材料，应该是鲁迅当时作为存疑而集合起来的”，甚确。

中置于孔书、夏侯书之末，即孔书小序所谓“不题撰人者，别次于后”，意在显示此部分佚文为存疑。各条佚文的案语也多有提示，如“已下并引《会稽记》，不题撰人”、“《史记·五帝本纪·正义》引《旧记》”、“《御览》五百五十九引《会稽郡十城地志》”云云。以上细节处理，都是在折中妥协的同时，提醒读者留意这部分佚文的可信度。

表 1-5 手稿 H《会稽记》(不署名)条目的最终归属

条目次序	手稿 H 标注的佚文来源	手稿 I
1	(太平)寰宇记九十六 (嘉泰)会稽志十三	孔书
2	御览四十七 寰宇记九十六 三赋注	同上
3	御览六十六	同上
4	御览六十六 会稽志二、六	同上
5	史记五帝本纪正义	同上
6	三赋注	同上
7	唐释道宣三宝感通录一	同上
8	同上	夏侯书
9	感通录 寰宇记九十六 宝庆四明志十四	孔书
10	感通录一	同上
11	同上	夏侯书
12	感通录一 法苑珠林三十八(舆地)纪胜十一	孔书
13	(嘉泰)会稽志十二	同上
14	(嘉泰)会稽(志)十八	同上
15	(嘉泰)会稽志九	夏侯书

要之，古佚书的书名及作者名氏的失载或讹变，造成了佚文归属判定上的困难。正因其难，判定佚文归属，乃成为《故书杂集》辑录工作的重要一环。鲁迅的工作步骤是：初期检

录佚文时,注意记录佚文来源所标署的书名作者,再考辨佚文内证,交叉参考不同佚文来源的标署,依书名近似原则,逐步解决之。限于文献不足征,部分佚文只能做大致推定,不免有误判的风险,这是辑佚者难以完美解决的普遍困境。对此,鲁迅通过案语、小序中的细节处理,提示读者留意。既有大胆而合理的判断,又能疑则传疑,这是鲁迅在此项工作中予人的最大观感。

五、校勘与拼合归并:鲁迅的佚文处理

(一)佚文的校勘

《故书杂集》的校勘工作,主要在初期手稿及手稿 H 阶段进行。如前述,在初期手稿中,手稿 A/B/C/D/E 是更为原始的"佚文长编",手稿 G 则做了一定程度的整合。与之相应,"佚文长编"的工作重点是记录文本异同,手稿 G 则有一些案语涉及异文正误。至于综理所得,判断正误,改定文字,整合校语,主要是手稿 H 阶段的工作,手稿 I 大体依手稿 H 校定的状态誊录,少有改动。

辑佚书的文本,来自他书所引。古人引书,多非照录原文,而是节引撮述;缘此,多处共引的近似佚文,大多存在差异。这些差异为校勘者提供了比勘空间与判断正误的依据,辑本校勘的重点自然就落在了这些"共引佚文"上。

共引佚文的差异,或大或小,不能一概论之。初期手稿记录文本异同的方式,也相应不同。对于差异较小的共引佚文,记录方式有二。一是勾画标识有异同处,直接写出他处引文

的面貌。如手稿G《会稽先贤传》陈业条：

【手稿G】陈业，字文理。业兄度海倾命，(同)时依止者五「十六」(六十)人，骨肉消烂而不可「辨」(记)别。业仰皇天誓后土曰："闻亲戚者必有异焉。"因割臂流血，以洒骨「上」。应时「歃」(饮)血，余皆流去。《初学记》十七 「《御览》四百十六」

此条佚文据《初学记》卷一七录出，周作人以《御览》卷四一六校之，「 」是他所加，表示《初学记》与《御览》引文在此处有异，然后在行间标写《御览》作何(即引文中加圆括号的文字)。此外，圆括号内的"同"字，《初学记》无，是周作人朱笔校加；「 」内的"上"，《御览》无。

二是在天头或佚文末加案语，说明他处引文之面貌。如手稿A《会稽记》"诸暨县北界有罗山"条，辑自《御览》卷四一，鲁迅以《书钞》所引校之，在天头处写下案语，说明《书钞》引文面貌。

诸暨县北界有罗山，越时西施、郑旦所居。所在有方石，是西施晒纱处。今名纻罗山。王羲之墓在山足，有石碑，孙兴公为文，王子敬所书也。同上(指与前一条佚文同出《御览》卷四一)

【天头案语】《书钞》百六十引，"所居"作"本处名苧罗"，无"王羲之"以下。

又如，手稿B孔晔《会稽记》"四明山"条，抄自《初学记》卷五，校以《太平寰宇记》卷九六所引，佚文末的案语说明《寰宇记》引文的面貌。

四明山高峰轶云，连岫蔽日。《初学记》五 《寰宇记》

九十六引《会稽地记》，首有“县南有”三字，当谓余姚也。

以上两种记录异文的方式，适用于文本差异较少而易于描述者。对于差异较大的共引佚文，初期手稿更多采取一并抄存的做法。手稿G《会稽典录》盛吉传的前四段佚文，所述为一事，但详略差异很大，鲁迅逐一抄录。这几段佚文又见他处引用，凡差异较小者，采取前述案语形式说明，如第一段辑自《书钞》卷三九，案语称：“《御览》二十七‘拜’作‘为’，‘至’上有‘每’字，无‘夜省刑状’句”，指明《御览》卷二七所引与《书钞》此段的差别。

盛吉字君达，拜廷尉。至冬月，罪囚当断。夜省刑状，其妻执烛，吉手持丹笔，夫妻相向垂泣。《书钞》三十九 《御览》二十七，“拜”作“为”，“至”上有“每”字，无“夜省刑状”句。李瀚《蒙求》注中略 《事类赋》五注

盛吉拜廷尉，性多仁恩，务在哀矜。每至冬日，罪囚当断。夜省刑状，其妻执烛，吉持笔，夫妻相向垂泣。妻常谓吉曰：“君为天下执法，不可使一人滥死。”《御览》六百四　又二百三十一引无“夜省”句，“持笔”作“手持丹笔”，无“妻尝谓”以下。《类聚》四十九引与《御览》二百三十一同，惟“持笔”作“手笔”。《书钞》引“吉”下有“字君达”三字，“多仁”作“仁多”，无“每至”以下。

盛吉字君达，山阴人，拜廷尉。吉性多仁恩，务在哀矜。每至冬月，罪囚当断。夜省刑状，其妻执烛，吉手持丹笔，夫妻相向垂泣。所当平决，若无继嗣，吉令其妻妾得入经营，使有遗类。视事十二年，天下称其有恩。《御览》四百九

盛吉字君达,为廷尉。性多哀怜,其妻谓吉曰:"君为天下执法,不可使一人滥罪,殃及子孙。"其囚无允嗣者,令其妻妾得入,使有遗类。视事十二年,天下称其恩。又二百三十一 《初学记》十二,"允"作"后","其恩"作"有恩"。

至修改稿本阶段,鲁迅综理之前记录所得,改定正文,随文写下校记。如,前揭《会稽先贤传》陈业条,手稿 H 选择《初学记》所引为根底,再依《御览》校改原文,加案语说明校改依据;至于《初学记》正而《御览》误者,不再标出《御览》异文,如"辨别",《御览》作"记别",文义不合,是一个"无效异文",案语便未提及。

【手稿 H】业兄渡海复见二字《御览》引有倾命,时同依止者乃五六人《初学记》引作"五十六人",《广记》引作"五六十人",今依《御览》,骨肉消烂而不可辨别。业仰皇天誓后土曰:"闻亲戚者必有异焉。"因割臂流血,以洒骨上。应时歃血《御览》引作"饮血",一作"得血住",余皆流去。《初学记》十七 《御览》四百十六 又四百二十一 《广记》一百六十一

在校勘实践中,未见他书征引而无异文,但因文义不通、违背常理或与史事不合而醒目的讹误,校勘者通过他校与理校解决之。《故书杂集》也有不少此类实例。如手稿 H《会稽典录》夏香传首段,辑自《艺文类聚》卷一〇〇,未见他书征引。"年十五,县长葛君初临虚星"一句,案语称"疑当作'里'"。此处是根据文意事理,推断"星"为"里"的形近之讹。

又如,手稿 H《会稽典录》戴就条,辑自《御览》卷六四九,"受赃秽,刺史欧阳操遣安检治"句,"操"后有校语,称"案范

书作‘参’”。此处《会稽典录》所载人名与范晔《后汉书》不同,鲁迅指出两者异同,这是以他校方法校勘的实例。

以上两例,鲁迅均未改动原文,只在案语中考订说明,可见他对缺乏直接异文证据的他校与理校,处理慎重。

(二)佚文的拼合归并与拆分

这是《故书杂集》佚文处理的又一重点,主要在手稿 H 阶段进行。共引佚文的差异有大有小,鲁迅的做法也有所不同:差异小者径直归并为一条,选择其一作为根底,录出佚文,除非必要,不改原文,案语交代他处引文的主要异文或校改依据。如手稿 A《会稽记》第 4 条,抄自《御览》卷四一,第 24 条抄自《类聚》卷七,几乎全同,明显是"共引佚文",手稿 H 将之归并:

【手稿 A】赤城山内则有天台灵岳,玉室璿堂。4

赤城山内则有天台灵岳,玉室璿台。24

【手稿 H】赤城山内则有天台灵岳,石室璿台。《艺文》七 《六帖》六 《御览》四十"台"作堂。《纪胜》十二

另有一部分共引佚文,文本面貌相差较大,所述细节此有彼无,它们是同一原文被不同书节引而造成的不同变型。对于此类情况,鲁迅不专主于某一出处所引,各句各段选择相对最为完整详细者为基础,甲详则取甲,乙详则取乙,再"互通有无",补入他处引文的独有内容,"拼接"出综合各文本所能达到的"最大值"。鲁迅在此的逻辑是:古人引书多节引缩略,逆言之,文句越详,细节越多,则距离原文面貌越近。如前揭手稿 G《会稽典录》盛吉传的前 4 段佚文,所叙为一事而详略参

差，在手稿H中，它们被拼合为一段（手稿H该传第3段）：

【手稿H】拜廷尉。吉性多仁恩，务在哀矜。每至冬月，罪囚当断。夜省刑状，其妻执烛，吉手持丹笔，夫妻相向垂泣。妻常谓吉曰："君为天下执法，不可使一人滥罪《御览》一引作"死"，殃及子孙。"所当平决，若无继嗣，吉令其妻妾得入经营，使有遗类。视事十二年，天下称其有恩。《御览》六百四 又二百三十一 又四百九 又二十七 《书钞》三十九 《初学记》十二 《艺文》四十九 李瀚《蒙求》注中 《事类赋注》五

在手稿G抄录的四段佚文中，《御览》卷六〇四、四〇九、二三一，叙述相对详尽，残缺处此无彼有，恰可互补，如卷六〇四无"令其妻妾得入经营，使有遗类"的记述，卷四〇九无盛吉妻之语，卷二三一无夫妻对视而泣的记述，皆可补他者不足。鲁迅选择以上三者作为写定佚文的基础（此点从案语标注出处的次序也可看出），取其所有，补其所缺，拼接出不同于任何单一来源但内容最为完备的文本。在细部上，鲁迅亦倾向于行文繁复者，如"所当平决，若无后嗣，吉令其妻妾得入经营，使有遗类"一句，鲁迅采用的是卷四〇九引文，较卷二三一"其囚无允嗣者，令其妻妾得入，使有遗类"，细节更为丰富。另，手稿G各段以"盛吉字君达，山阴人"居首，此句被移入手稿H首段，而不再第三段重复出现，这是依据传记行文例以介绍传主姓字居首而做出的处理。

在拼合归并中，还有一些特殊情况。如手稿G《会稽典录》，有吴太妃条、魏滕条，皆叙魏氏触怒孙策将被杀，而为吴太妃（即孙策母）所救之事；手稿H将二条拼合，归入魏滕传，

撤去吴太妃传。案语解释说，推查《会稽典录》的断限，不应有吴太妃传，故以上佚文皆是魏滕传中语。

【手稿 G 吴太妃条】策功曹魏腾，以迕意见谴，将杀之。士大夫忧恐，计无所出。夫人乃倚大井而谓策曰："汝新造江南，其事未集，方当优贤礼士，舍过录功。魏功曹在公尽规，汝今日杀之，则明日人皆叛汝。吾不忍见祸之及，当先投此井中耳。"策大惊，遽释腾。夫人智略权谲，类皆如此。《吴志》五《孙破虏夫人传》注　御览二百六十四引，首有"孙"字，"腾"作"胜"，"士大夫"至"夫人"十一字作"吴太夫人"，末二句"策"上有"孙"字，"腾"作"魏胜"，无"夫人"以下十字。《事类赋》八注略同。

【手稿 G 魏滕条】滕字周林，祖父河内太守朗，字少英，列在八俊。滕性刚直，行不苟合，虽遭困偪，终不回挠。初亦迕策，几殆，赖太妃救，得免，语见妃嫔传。历历山、潘阳、山阴三县令，鄱阳太守。《吴志》十八《吴范传》注

【手稿 H 魏滕传案语】按，《吴志》云："孙破虏吴夫人，吴主权母也。本吴人，徙钱唐。"永建以前，吴会虽未分，而吴之士女，《典录》所阙，故入滕传。

与"归并"看似相反，初期手稿抄录的佚文，也有在修改稿本或最终稿本中被拆分的情况。如手稿 A《会稽记》第 27 条，辑自《类聚》卷八，述余山、射的山、土城山、秦望山之事，手稿 H 孔晔《会稽记》将它分为 4 条(第 11、12、15、16 条)。覆案《类聚》，此四段在卷八"会稽诸山"下，前后相邻，《类聚》标称"又"、"又曰"，以示间隔，可见分引四处，而非连续一

段[①]。手稿 H 将其重新拆分，是有道理的。

六、案语的次第增补与撰定

《故书杂集》的案语，依功能不同，共有三类。一是标注佚文出处。早期的辑佚书多不标佚文出处，读者无从覆按，削弱了辑本的可信度；之后，注明佚文出处，渐成辑佚定例。《故书杂集》亦不例外。二是标注异文及校改理由，此类案语实质是校勘记。这两类案语直接关乎佚文的检录、校勘与归并，前文已多述及。三是笺释性案语。辑得的古书佚文，往往支离破碎，加之文本流传过程中发生的种种讹误，致使语义不清，语境不明，读者阅之茫然。《故书杂集》的很多案语乃就此而发，抄撮材料以明晰语境，补明史事，或是引述他人考史意见，以为参考。

如前述，手稿 G 的部分佚文条目下，抄有笺释性材料，这些材料是笺释性案语的雏形；其中有些材料，被沿用并吸收，转化为最终稿本的"笺释性案语"。如手稿 G《会稽典录》孟尝条，天头处有一段后补入的材料，引范晔《后汉书》本传，补充佚文所无的孟尝姓字家世；手稿 H 此条末照录这段材料，手稿 I 稍加删减，插入文中，成为案语。

【手稿 G】案，孟尝字伯周，上虞人，其先三世为郡吏，并伏节死难。见范书本传，在《循吏篇》中。

【手稿 I】孟尝案尝字伯周，上虞人，范书循吏篇有传。仕

①欧阳询《艺文类聚》，145~146 页。

郡户曹史。上虞有寡妇双，养姑至孝。姑卒病亡，其女言县以双杀其母。县不断理结，竟言郡，郡报治罪。尝谏以为："此妇素名孝谨，此必见诬。"固谏，不听，遂具其狱文书，哭于府门。后郡遭大旱三年，上虞尤甚。太守殷丹下车访问，尝具陈双不当死，诛姑女，改葬孝妇。丹如其言，天应时雨注。《御览》六百四十五

抄入笺释性材料这项工作，更多是在手稿 H 阶段进行。手稿 G 的很多条目下未抄笺释性材料，手稿 H 则有，如《会稽典录》范蠡、郑吉、谢承、虞歆、陈修条等等皆是；即便手稿 G 已抄有材料，手稿 H 也多有补充。如手稿 G《会稽典录》周规条共有 3 段佚文，前二段辑自《书钞》，皆叙周氏任临湘令时事，是一组详略有别的共引佚文。此处有一枚夹签，抄录《御览》所引华峤《后汉书》的一段文字，亦叙此事而较《典录》行文更详，明显存有以华峤书补《典录》未详之处的用意。在手稿 H 中，鲁迅照录华峤书的这段材料，又在其后增补案语，其中征引了《后汉书》注的一段材料，推断徐祝、程涂皆抗徐之误。至手稿 I，这两段材料被整合加工为案语，插入对应文句下。

【手稿 G】周规为湘令。二月，太守行县，以草道秽，敕县除之。规以防农借损夫力，拒而不听，遂弃官而去。《书钞》三十二

周规，余姚人，为临湘令。长沙太守丹阳徐祝二月行县，以草秽，敕县除道路。规以妨农作时，损夫力，拒而不听。徐以责督刺规，遂弃官而去。又三十七

【手稿 G 夹签】周规除临湘令。长沙太守程徐二月行县，敕诸县治道。规以方春向农，民多剧务，不欲夺人

良时。徐出督邮，规即委官而去。徐怃然有愧色，遣功曹赍印绶檄书谢，请还。规谓功曹曰："程府君爱马蹄，不重民力。"径逝不顾。《御览》二百六十六引华峤《后汉书》

【手稿 H 案语】按，徐祝、程涂并误。范书《桓帝纪》注引"谢书云，抗徐字伯徐，丹阳人，少为郡佐史，特迁长沙太守"。

【手稿 I】规为临湘令。长沙太守丹阳徐祝《御览》二百六十六引华峤《后汉书》，作"程徐"。今案，当作"抗徐"，范书《桓帝纪》注引谢承书云："抗徐字伯徐，丹阳人，少为郡佐史，特迁长沙太守。"二月行县，以草秽，敕县除道路。规以妨农作时，损夫力，拒而不听。徐以责督邮，规遂弃官而去。《书钞》三十七　又三十二　华峤《后汉书》又云："徐怃然有愧色，遣功曹赍印绶檄书谢，请还。规谓功曹曰：'程府君爱马蹄，不重民力。'径逝不顾。"

手稿 I 将"笺释性材料"整合为"笺释性案语"时，常有简省删并及替换材料的情况。简省的实例，为数不少。如《会稽典录》宋昌条，佚文仅有短短一句，手稿 H 抄录《史记·项羽本纪》《东观汉记》《史记·惠景间侯者年表》《史记·孝文本纪》《汉书·高惠高后文功臣年表》《后汉书·清和孝王庆传》《元和姓纂》中与宋昌相关的记载，长达三叶，不少内容牵扯太远。如此抄撮，在编纂过程中可以作为参考备检，作为定本的案语，则喧宾夺主。手稿 I 大力删汰，只选取其中较短的《史记·惠景间侯者年表》《元和姓纂》材料，写成案语。

又如《会稽典录》计倪条，手稿 G 未抄有笺释性材料，手

稿H从《越绝书》《史记集解》《史记索隐》《意林》四书抄出千字以上;手稿I将它们精炼为200字左右的案语:

【手稿I案语】《史记·货殖列传·集解》云:徐广曰:计然者,范蠡之师也,名研。又《索隐》云:《吴越春秋》谓之计倪。《汉书·古今人表》,计然列在第四,则倪之与研是一人,声相近而相乱耳。案,《意林》引《范子》云,计然者,葵丘濮上人,姓辛,名文子。少而明,学阴阳,见微知著。不肯自显诸侯,阴所利者七国,天下莫知,故称曰计然。时遨游海泽,号曰"渔父"。范蠡请见越王,计然曰:"越王为人鸟喙,不可与同利也。"未尝仕越,与计倪虑非一人。

替换材料之例,则有《会稽典录》周喁条。此条辑自《三国志·孙坚传》注,手稿G抄录同传注所引《吴录》的材料,所述与《典录》可相参照。手稿H与手稿G保持一致,亦录此段材料。至手稿I,案语改用《三国志·魏志·公孙瓒传》及《吴志·孙静传》注所引材料,侧重点亦由补明周喁败亡始末,转为周喁兄弟三人皆与当时依附袁术的孙坚为敌。

【手稿G】初曹公兴义兵,遣人要喁。喁即收合兵众,得二千人,从公征伐,以为军师。后与坚争豫州,屡战失利。会次兄九江太守昂为袁术所攻,喁往助之。军败,还乡里,为许贡所害。《吴志》一《孙坚传》注引《吴录》曰:是时关东州郡务相兼并,以自强大。袁绍遣会稽周嘬为豫州刺史,来袭取州。坚慨然叹曰:"同举义兵,将救社稷。逆贼垂破,而各若此。吾当谁与戮乎?"言发涕下。嘬字仁明,周昕之弟也。《会稽典录》曰云云。

【手稿 I】案,《魏志·公孙瓒传》云:"术遣孙坚屯阳城拒卓,绍使周昂夺其处。"范书瓒传又作周昕。《吴志·孙静传》注引《献帝春秋》云:"袁术遣吴景攻昕,未拔,景乃募百姓敢从周昕者死不赦。昕曰:'我则不德,百姓何罪。'遂散兵还本郡。"今据《典录》所记并为周喁。盖喁兄弟三人,皆与孙氏为敌,故诸书记录往往不能辨析也。

当然,手稿 I 也会增补之前所未及的材料,写作案语。如《会稽后贤传记》孔愉条"常至吴兴余干亭,见人笼龟于路,愉买而放于溪中"句,手稿 G、手稿 H 无案语,手稿 I 据《太平寰宇记》增入以下案语:

案,"余干"当作"余不"。《寰宇记》九十四云:"余不溪者,其水清,与余杭不溪类也。在武康县东二十四里。"

要之,《故书杂集》的笺释性案语,始于手稿 G 抄录材料,手稿 H 阶段做了大量补充;将材料整合并最终写定为案语,则是在手稿 I 阶段。在整合过程中,鲁迅对前期抄录的材料取舍融合,化繁为简,调整文句,勾连语意,使之从"材料"转变为"著作"的一部分。

结　语

史料批判是鲁迅辑录《故书杂集》的核心关切。它包括三个层面:一是审查佚文与书籍的关系,即对佚文归属的考辨判定;二是考察佚文本身的真伪正误,即对佚文的校勘;三是对佚文内容及相关史事的考察,这主要表现于笺释性案语,尤其是它“层累积成”直至最终撰定间的细微变化。前两项面向辑本文本的可靠性,后者则处理辑本与历史真实之间的关系。

为实现史料批判的最大化与可信度,鲁迅不断扩大搜检史料的范围,随时增补材料,考辨正误真伪。从学术精神而言,这体现了鲁迅审慎严谨的治学态度;就辑佚本身而言,以上扩大与增补所造成的变化,则为研究鲁迅辑本的“发生”及其潜在义例,提供了绝佳的观察切面。

附　表

	用纸	书写时间	手稿全集卷次	辑校古籍卷次
手稿 A	绍兴中学堂蓝色格纸	1910 年 8 月至 1911 年冬	23 册 6~21 页	第 2 函第 3 册 143~158 页
手稿 B	素纸	1911 年(?)至 1914 年夏	23 册 186~200 页	未收
手稿 C	素纸	1911 年(?)至 1914 年夏	23 册 186~200 页	未收
手稿 D	素纸	1914 年 6 月 25 日前后	23 册 181~185 页	未收
手稿 E	素纸	1914 年 6 月 17 日至 12 月 13 日间	23 册 179~180 页	未收
手稿 F	格纸甲	1910 年冬至 1911 年春	24 册 223~233 页	第 2 函第 3 册 159~172 页
手稿 G	素纸	1911 年至 1914 年夏	23 册 23~178 页	第 2 函第 3 册 3~142、173~188 页
手稿 H	格纸丙	1914 年夏秋间	23 册 202~397 页	第 2 函第 2 册全册
手稿 I	格纸丙	1914 年秋(11 月 10 日前)	24 册 6~157 页	第 2 函第 1 册全册

第二章　鲁迅辑校《谢承后汉书》考：增益型辑本的生成

《谢承后汉书》是三国吴人谢承撰写的纪传体史书。原书一百三十卷，《隋书·经籍志》《旧唐书·经籍志》《新唐书·艺文志》均著录。北宋初吴淑《进注事类赋状》称，“凡谶纬之书，及谢承《后汉书》、张璠《汉记》、《续汉书》《帝系谱》、徐整《长历》、《玄中记》《物理论》之类，皆今所遗逸”①；其后《崇文总目》《秘书省续编到四库阙书目》及《郡斋读书志》《遂初堂书目》《直斋书录解题》皆未载，可见宋时确已不存②。

在记述东汉一朝的史书中，此书成书略晚于《东观汉记》，上距东汉灭亡不远，且现存佚文较多，因此很受清代辑佚学者关注，先后有多家辑本。清初姚之骃四卷辑本最早，收入姚氏《后汉书补逸》，有清康熙五十三年露涤斋刻本。乾嘉间，孙志祖增订姚本，成《谢氏后汉书补逸》五卷，长期以抄本流传，1931年，南京国学图书馆影印馆藏清抄本。民国初，孙

①曾枣庄、刘琳主编《全宋文》第6册，上海辞书出版社、安徽教育出版社，2006年，255页。

②清人有谢承书彼时尚存之说，余嘉锡对此有考辨。详见：余嘉锡《读已见书斋随笔》，《余嘉锡论学杂著》，中华书局，2007年，643~648页。

峻在孙志祖辑本的基础上，再补辑一卷；1928年，孙峻将自己的补辑一卷附于孙志祖五卷之后，一并刊刻，此为寿松堂刻本，流传不广。乾嘉时，王谟辑《谢承后汉书钞》六卷，有刻本而极少见。嘉道间，汪文台以姚本为基础，重新辑为八卷，收入汪氏《七家后汉书》，有光绪间刻本。道光间，黄奭辑有二卷，成稿后未及刊入黄氏《汉学堂丛书》，至民国二十五年，朱长圻始据黄氏稿本，补刻入《黄氏逸书考》[①]。此外，晚清学者杜文澜从《太平御览》辑出2条，为姚本所无，在其《古谣谚》中；王仁俊又从《稽瑞》录出1条，连并杜氏所辑两条，抄入其所纂《玉函山房辑佚书补编》[②]。

鲁迅辑录谢承书，并非从零开始，而是以汪文台辑本为根底，参酌孙志祖辑本，又重新检录核验《御览》等书所载佚文，订补而成，可谓之“增益型辑佚”。在鲁迅辑录此书的先行研究中，赵英较早介绍辑录手稿的基本情况、鲁迅的辑录经过；顾农概述鲁迅之前的诸家辑本，分析诸手稿的性质；谢政伟

①朱长圻称：“民国乙亥春，于苏州购得黄氏手辑《子史钩沉》原稿二十余册，内有谢承《后汉书》、曹嘉之《晋纪》二种，尚未刻入。因剞劂将竣，姑附于此。”见《黄氏逸书考》卷首目录后朱氏识语，民国间补刻本。另，《黄氏逸书考》是黄奭《汉学堂丛书》的后印增补本。该丛书的刊刻始于道光年间，当时未完全刻成，之后版片多次易主，不断刷印，不同印本所收书多有参差，情况非常复杂。相关情况可参阅：冀淑英《影印汉学堂知足斋丛书序》，黄奭《汉学堂知足斋丛书》，书目文献出版社，1992年。

②关于谢承书清代诸家辑本的基本情况，可参：周天游《八家后汉书辑注·前言》，上海古籍出版社，1986年；孙启治、陈建华《古佚书辑本目录》，中华书局，1997年。周天游参考诸家辑本，重辑谢承书，最为完善。

评介了鲁迅辑本的得失①。但诸手稿所反映的辑录工作细节，如编次佚文的体例、如何修订汪本的错讹疏失、搜检文献的范围及先后层次等问题，尚未得到解决，以下就此展开讨论。

一、稿本与抄本：鲁迅辑校诸手稿的性质、关联及书写时间

现存鲁迅辑录谢承书手稿，共有 7 件。它们产生的时间有先后，各自面向辑录过程中的不同关切而生，反映出“增益型辑佚”的工作步骤及其重点，是研究鲁迅辑录谢承书的无可替代的核心史料。以下逐一分述。

（一）“佚文长编”手稿 A

手稿 A 用无栏格的素纸书写，多为鲁迅笔迹，订成 2 册，现藏中国国家图书馆。首册书衣题“谢承后汉书集本　其一 / 匡谬正俗 / 北堂书钞 / 初学记”，第二册书衣题“谢承后汉书集本　其二 / 太平御览”，皆是周作人笔迹；这两册扉叶又题“谢承后汉书”、“谢承后汉书　二”，则是鲁迅笔迹。每半叶八行，每行二十二三字不等，版心位置不标书名及叶码。卷中有朱笔、墨笔校字，部分是周作人笔迹。

---

①赵英《籍海探珍——鲁迅整理祖国文化遗产撷华》，中国文史出版社，1991 年。顾农《读〈鲁迅辑校古籍手稿〉札记二则》，《上海鲁迅研究》第 13 集，上海人民美术出版社，2002 年。顾农《鲁迅与会稽文献》，《山东社会科学》2013 年 6 期。谢政伟《鲁迅辑校谢承〈后汉书〉琐议》，《嘉兴学院学报》2017 年 2 期。

如书衣题字所示，手稿A是《匡谬正俗》《北堂书钞》《初学记》《太平御览》四书所引谢承书佚文[1]。辑自《匡谬正俗》的佚文居首，《书钞》次之，《初学记》再次，《御览》居末。一书检录完毕，鲁迅在该书最后一条佚文后用朱笔题写"以上《北堂书钞》所引"、"以上《初学记》所引"[2]。各条佚文不立标题，只注出处，次序与其在《书钞》《御览》各书中的卷次先后一致。显而易见，**手稿A是鲁迅依次检抄四书所载谢承书佚文而编成的"佚文长编"**。与之相关，手稿A的校字，皆出现于"共引佚文"，是用"第二出处"乃至"第三出处"的文本，对勘"第一出处"文本，标记异文。

除书衣题名外，手稿A的不少佚文条目，也是周作人所写，集中在第二册《御览》部分中。周作人笔迹特点鲜明，字形整体向右下倾斜，捺笔尤粗重而长，不难与鲁迅笔迹区分。经辨认，至少以下条目是周作人所写：

"吴郡妫皓"条（辑自《御览》卷五一）至"陈谦字伯让"条（卷二二五）

"傅夑字南容"条（卷三六三）至"会稽戴就为郡仓曹掾"条（卷三七〇）

---

①卢芳、汤颖仪《没有被忘却了的工作——以鲁迅先生辑校的谢承〈后汉书〉为限》（《鲁迅研究月刊》2007年9期）称："周作人分别在书面写上：'谢承后汉书集本其一匡谬正俗《北堂书钞》《初学记》'……由此可知，鲁迅辑录与校订谢承《后汉书》，是为了'匡谬正俗'。"二位作者不知《匡谬正俗》为唐人颜师古著述，认为"匡谬正俗"是鲁迅辑录谢书的旨趣，这是错误的。

②《匡谬正俗》引谢承书只有1条，《御览》所引单独成册，故未加类似注记。

“汝南周滂”条（卷三七八）至“杨乔为尚书”条（卷三七九）

“雷义字仲公”条首行第九字起（卷四〇七）至“张俭为东部督邮”首行（卷四二〇）

“岑晊迁魏郡太守”条（卷四六五）至“杨后字仲桓”条第二行第三字（卷五〇二）

“符融字伟明”条（卷五〇二）至“灵帝善鼓琴吹洞箫”条（卷五八一）

“董春字祀阳”条（卷六一五）至“度尚为荆州刺史”条倒数第二条第十三字（卷六五四）

“倭国东四千余里”条（卷七九〇）至“豫章黄向辰步路中”条（卷八〇二）

“郑敬隐于蚁陂”条（卷八三四）至“铃下阁外”条（卷八五〇）

“郎上事曰”条（卷八七八）

“灵帝建宁四年”条（卷九一六）至“陈华为巫令”条（卷九五五）

以上各处，周作人与鲁迅的字迹无规律地交替出现，常有同一叶中甚至同一条内突然变换字迹的情形，却保持连贯书写，绝非事后添加插补；只有二人轮流交替工作，方能形成这样的面貌。缘此，手稿 A 的编制，应是在他们共居一处的时段内。他们同在东京时，工作重心不在辑录古籍上，基本可以排除。1911 年 9 月，周作人归国，至次年 2 月鲁迅前往南京前，二人在绍兴共处数月。周作人回忆说：“辛亥革命起事的前后几个月，我在家里闲住，所作的事大约只是每日抄书，便是帮同鲁迅翻看古书类书，抄录《古小说钩沉》和《会稽郡故书杂集》的材料。”[①] 虽未提及《谢承后汉书》，但这是他数十年后的回忆，仅举大者言之，自在情理之中。由此来看，手稿 A 写于此时的可能性很大。

另，1912 年 4 月，鲁迅赴北京前，曾回乡短住。许寿裳回忆说：“四月中，我和鲁迅同返绍兴，五月初，同由绍兴启程北上。”[②] 此时周作人也在绍兴，“我因为家里有事，始终没有能够去，一直拖延到六七月中，这才前去到差”[③]。不过，这次回乡时间较短，鲁迅又须做北上前的准备，手稿 A 写于此时的可能性很小。

（二）从抄本至初稿本：手稿 B

在谢承书的清代诸家辑本中，公认汪本为最优，且有光绪间刻本，相对易得，故而鲁迅选择它作为辑佚根底。鲁迅首先照录汪本，所成即手稿 B。此件用格纸甲书写，全是鲁迅笔迹，装成 1 册，现藏中国国家图书馆。每半叶九行，每行二十八九字不等。版心下标叶码，各卷首叶版心又标“谢承后汉书几”。现存卷一至卷六陈临条首二行。

手稿 B 抄成后，鲁迅直接在其上增补修改，是以钩划涂改之处触目皆是。特别要强调的是，手稿 B 抄成之初未经校改时，只是汪本的抄本；经增补校改，性质转变为鲁迅辑本的

---

①周作人《知堂回想录》，安徽教育出版社，2008 年，184 页。
②许寿裳《亡友鲁迅印象记》，人民文学出版社，1953 年，33 页。
③周作人《知堂回想录》，184 页。

初稿本。决不能仅就表面形态，认为它是批校本，而应从鲁迅校改的目的是“改造”出自己的辑本这一角度，认识其稿本属性。手稿B卷前有鲁迅题跋二则，明确交代抄录与校订的时间，分别是在1912年8月、同年12月至翌年1月间：

……岁壬子夏八月，假教育部所藏《七家后汉书》写出，初二日始，十五日毕。

元年十二月十一日，以胡克家本《文选》校一过。十二日，以《开元占经》及《六帖》校一过。十三日，以明刻小字本《艺文类聚》校一过。**十四日，以《初学记》校一过。十五日，以《御览》校一过**。十六至十九日，以范晔书校一过。二十至二十三日，以《三国志》校一过。**二十四至二十七日，以《北堂书钞》校一过**。二十八至三十一日，以孙校本校一过。二年一月四日至七日[①]，以《事类赋注》校一过。

在校改增补手稿B的过程中，鲁迅曾对勘手稿A与手稿B。手稿A的大多数条目，首行上方加圈，若某条佚文不止一行，则次行起每行上方加顿点；手稿B的各条佚文，标题亦多加圈；二者加有上述标识的条目，大多互相对应。换言之，鲁迅曾比勘这两件手稿，每检得一条二者共有的佚文，便分别在这两件手稿上标记。施加标记的目的是核验从《御览》等书辑得的谢承书佚文，与汪本有何出入。比勘完毕后，若手稿A某条佚文无记号，说明汪本失辑此条；若手稿B某条佚文无记号，则提示鲁迅寻检可能有所遗漏。通过这样的操作，反映

---

① “二年”，原误作“元年”。

二者差异，便于鲁迅甄别核验，以防遗漏错乱。

另一方面，若比勘时发现手稿A有而手稿B所无的内容，则将其补入手稿B。如前述，手稿A是检录《匡谬正俗》《书钞》《初学记》《御览》而成的“佚文长编”，编制于1912年2月前；鲁迅校改增补手稿B，据前揭跋语，则在1912年末至次年初。既然手稿A编制在前，那么他校改增补时，涉及《书钞》《初学记》《御览》三书之处，实际是据手稿A迻录，而非再次翻检原书；否则，编制手稿A，便失去意义。

当然，所谓“据手稿A迻录”，是大体而言。实际操作中，会根据情况，变异行文。如手稿A“荀琨迁沛相”条辑自《书钞》卷七六，鲁迅案语称：“此条仅云《后汉书》，不著撰人姓名，录存俟考。**又案，范书有荀绲，然与此美恶迥别，当别是一人云**。”这句话实际源自《书钞》孔广陶刻本之案语：

> 今案：陈、俞本脱，姚辑谢承书有《荀绲传》，无此条，然亦与范书之荀琨美恶迥异，当分二人。①

汪本无此则佚文，鲁迅将它补在荀绲条下（汪本卷三），并写有案语，之后又将案语抹去，但前半部分仍依稀可见，明显承袭自手稿A而略有变易：“**孔云范书有荀绲，然与此美恶迥别，当别是一人云**。”

综览之，鲁迅对手稿B的校改增补，重点有四：（1）增补汪本未有的佚文，（2）改正汪本的明显脱讹，（3）增补汪本失漏的佚文出处，（4）以校字或案语形式，标识“共引佚文”的“第二出处”、“第三出处”的文本面貌（图2-1、2-2）。如郑弘条

①虞世南《北堂书钞》卷七六，清光绪十四年孔广陶刻本。

“迁临淮太守”则，手稿B据《书钞》卷七五所引，增补了汪本所无的“修身率下，临事详慎”二句。又在佚文文句旁，标实心顿点、空心顿点及三角型符号；与之对应，此则佚文末尾案语“《类聚》四十六”旁标实心顿点，“又九十五”旁标空心顿点，“又二百六十”旁标三角符号；意指加实心顿点者为《类聚》卷四六引文面貌，加空心顿点者为卷九五引文面貌，加三角者是卷二六〇引文面貌。此类实例甚多，读者自可覆按。

手稿B是谢承书辑录工作的重要节点，承上启下，保存了鲁迅订补汪本的“工作现场”，最能体现辑本渐次形成的样态。如前引文所示，手稿B阶段，用于校勘汪本之书，不仅有手稿A已检录的《初学记》《御览》《北堂书钞》，还有《文选》《开元占经》《白孔六帖》《艺文类聚》《事类赋注》及《后汉书》注。经过此阶段的增改，鲁迅辑本基本成型，最终稿本手稿C则大体承袭手稿B。

（三）最终稿本手稿C

此件用格纸乙书写，全为鲁迅手迹，装成1册，现藏北京鲁迅博物馆。封面题“谢承后汉书六卷”，卷前有目录，次正文。每半叶九行，每行二十二字，版心题“谢承后汉书几”（卷数），下标叶码。

手稿C是最终稿本，面貌齐整，明显存有定稿的意图。但写成后，鲁迅又添补了若干条目，并为已有条目补充案语或材料（详后）。这些后补的内容写在天头上，一望可知。连同新添入的条目在内，鲁迅还调整了条目编次及各卷起讫，故卷中有多处割补。如卷一的首两条原为“光武帝”、“灵帝”，这是依纪传体史书本纪在前的成例；但《隋书·经籍志》称谢承书无本纪，鲁迅乃将这两条裁割下来，作为别的条目，重新排次，移至别处（“光武帝”条被归入岑彭条，“灵帝”条各则佚文散入“儒林传”等）。因应这些条目编次及分卷起讫的更动，鲁迅在卷前的全书总目做了相应标识（图 2-4）。

据日记，手稿 C 写于 1913 年 3 月 5 日至 27 日，也就是鲁迅完成手稿 B 的增补校改之后不久。

> 五日……写谢承《后汉书》始。
>
> 二十七日……写谢承《后汉书》毕，共六卷，约十余万字。①

（四）《谢承后汉书序》《谢承后汉书考》：手稿 D/E

鲁迅为谢承书作序及考（以下分别称“手稿 D”、“手稿 E”），留下 2 件独立的手稿②。手稿 D 用格纸乙书写，散叶 1 叶，现藏中国国家图书馆。每半叶九行，每行二十二字，书写齐整，版心题“谢承后汉书序”，下标叶码。此件的书写格式

---

①《日记》，《鲁迅全集》第 15 卷，52、55 页。当然，卷中天头处补写的内容，是更晚补入的，如其中有据《类林杂说》补写的内容，第一章已述及，此书是 1923 年购得的。又如《华阳国志》，1913 年 4 月 12 日，鲁迅购得嘉庆邻水廖氏题襟馆刻本，事见日记。鲁迅藏嘉庆刻本今存，见《鲁迅手迹和藏书目录》第 2 集，9 页。韦力《鲁迅藏书志（古籍之部）》，94~95 页。

②《鲁迅辑校古籍手稿》将手稿 D 置于手稿 C 卷端，手稿 E 置于手稿 C 卷末，一并影印。参见《鲁迅辑校古籍手稿》第 1 函第 1 册，上海古籍出版社，1993 年。另，此两件手稿原无标题，“谢承后汉书序”、“谢承后汉书考”都是研究者拟题。

及所用格纸与手稿 C 同，而作为定稿本的手稿 C 恰无序文；由此推测，手稿 D 的书写时间宜与手稿 C 接近，即在 1913 年春。

手稿 E 用格纸丙书写，散叶 2 叶，现藏中国国家图书馆。内容是抄录清侯康《补三国艺文志》、孙志祖《读书脞录》论及谢承书的条目。每半叶九行，每行二十余字不等，字迹相对潦草，版心上方题“谢考”。此件的行款格式及所用格纸，与手稿 D 不同，书写时间当有一定间隔。格纸丙的使用晚于格纸乙，已知最早用例是下述《谢承后汉书》手稿 G，时在 1914 年 2 月 15 日至 3 月 14 日；由此推测，手稿 E 宜与后者的书写时间接近。

（五）孙志祖辑本的传抄本：手稿 F/G

此两件都是孙志祖《谢氏后汉书补逸》的传抄本。孙本长期未刻，仅以抄本流传。晚清藏书家丁丙八千卷楼藏有清抄本，八千卷楼藏书后被江南图书馆收购，此本随之入馆。1912 年 4 月，鲁迅从该馆借抄，所成即手稿 F[①]。

手稿 F 用格纸甲书写，全是鲁迅笔迹，装成 1 册，现藏中国国家图书馆。每半叶九行，每行二十余字不等，字迹较为潦草，版心标卷数叶数。书衣题“谢氏后汉书补逸”。首录丁丙《善本书室藏书志》提要初稿[②]，次汪辉祖序、严元照序、姚之

---

①八千卷楼藏清抄本，见：丁丙《善本书室藏书志》卷七，清光绪二十七年杭州丁氏刻本。清抄本入藏八千卷楼后，丁氏传抄一本，1931 年，南京国学图书馆影印丁氏传抄本。

②此初稿被误认为是鲁迅题跋，详本书第 125 页《关于姚辑本〈谢氏后汉书补逸〉抄录说明》。

骃序，次目录，次正文，末有鲁迅题记：

壬子四月，假江南图书馆藏本写出，初五日起，初九日讫，凡五日。

手稿G用格纸丙书写，全是鲁迅手迹，现为散叶，现藏中国国家图书馆。每半叶九行，每行二十二字，版心上题“谢书补逸几”，下标叶码，字迹工整。此件与手稿F内容全同，惟未抄《丁志》提要初稿；抄录时间是1914年2月15日至3月14日，日记称：

写孙志祖《谢氏后汉补逸》起。（2月15日）

傍晚写《谢氏后汉书补逸》毕，计五卷，约百三十叶，四万余字，历二十七日。（3月14日）①

鲁迅传录孙本，目的自然是以备参考引证。不过令人疑惑的是，他为何重复抄录孙本？但可确定，1914年初，鲁迅身在北京，无法直接抄录藏于南京的原书，所以手稿G是据手稿F传录。

覆案手稿B、手稿C，其中多有参考引述孙本之处。如卷一赵典条第五则、周磐条次则、宗均条，卷二陈龟条、桥玄条，卷三史弼条次则、张温条，卷四沈丰条、王阜条、包咸条第四则，卷五严丰条、傅翻条、周敞条、陈茂条次则、范延寿条，卷六王奂条、妫皓条首则、公孙晔条末则、孟政条等，案语均引述孙氏意见。征引孙本之处，有些是明确标出，如陈龟条首则“安帝时”句，手稿B案语称“孙云，当作桓帝”，手稿C案语称“孙氏志祖曰，当作桓帝”；但也有一些未点明而实际源自孙

①《日记》，《鲁迅全集》第15卷，106、109页。

本，如卷一宗均条首则案语：

【手稿C】原作"宋均"。何氏焯曰：《党锢传》注引谢承书，宗资祖父均自有传，则宋字传写讹也。又《南蛮传》叙受降事，正作"谒者宗均"，今据改，下同。

复核孙本，卷一宗均条题下案语与此大体相同，再检何焯论著，未见此说，是以鲁迅此条案语必源自孙本，孙本所引何焯之说的来源则未详。

又如，李咸条第三则佚文，鲁迅案语暗引孙本。手稿B案语几乎与孙本全同，手稿C复核《后汉纪》原书，补充了孙本未标注的卷次，三者间的承袭递进关系，分明可见。

【孙本卷三】案，此二句乃李咸上书论桓思、窦后语，见袁宏《纪》，范书不载。

【手稿B】案，此二句是李咸上书论桓思、窦后语，见袁宏《后汉纪》。

【手稿C卷二】案，此李咸上书论桓思、窦后语，见袁宏《后汉纪》二十三。

此外，鲁迅征引孙本，既有已见于手稿B而为手稿C所沿袭者，也有手稿B无而手稿C写成后再补入者，这说明他至少两次翻检孙本。

二、增补校订与连缀甄别：鲁迅辑本的佚文处理

（一）增补汪氏失辑佚文

搜罗佚文是否完备，是衡量辑佚工作水准的首要标准。评价各家辑本优劣，往往可约化为佚文多者胜。鲁迅重新翻

检诸书，搜寻佚文，所得超出汪本不少；比照可知，鲁迅辑本（以手稿C为准）较汪本多出49条(则)佚文。

表 2-1 鲁迅辑本增辑条目①

	汪本所无佚文	手稿A辑录来源	手稿B	手稿C
1	卷一祭遵条无“祭肜”一则	《书钞》卷七八	有	入卷一祭遵条
2	卷一郑钧条无“郑钧字仲虞为尚书”一则	《初学记》卷一一	有	入卷一郑钧条
3	卷一鲍永条无“鲍季寿为沛相”一则	《书钞》卷七五	有	卷五单设鲍季寿条，在孔恂条前
4	卷一羊续条无“续为南阳太守郡内多尚奢丽”、“续为南阳太守妻与子秘俱往郡舍”二则	《书钞》卷三八	有	入卷一羊续条
5	卷一虞延条无“虞延除细阳令”、“车驾幸洛阳”二则	《书钞》卷七八、七七	有	入卷一虞延条
6	卷二朱穆条无“朱晖为郡吏”、“朱陆疑当做穆疾宦者”二则	《御览》卷八九八、《书钞》卷一二七	有	入卷二朱晖孙穆条
7	卷三崔瑗条无“崔瑗字子玉”一则	《书钞》卷六八	有	入卷二崔骃子瑗孙寔条
8	卷三黄宪条无“陈蕃拜太尉”一则	《初学记》卷一一	有	并入卷二黄宪条
9	卷三徐稺条无“徐孺子尝为太尉”一则	《书钞》卷八九	有	入卷二徐稺子胤条

①表中“有”指手稿B增入此条(则)。又，手稿B卷六陈临条以下阙损。

续表

	汪本所无佚文	手稿A辑录来源	手稿B	手稿C
10	卷三姜肱条无“姜肱字伯淮博古五经”一则	《书钞》卷九六	有	入卷二姜肱条
11	卷三种暠条无“种拂迁宛令”一则	《书钞》卷七八	有	入卷二种暠子拂条
12	卷三虞诩条无“虞诩字叔卿拜司隶校尉”一则	《书钞》卷六一	有	入卷二虞诩条
13	卷三左雄条无“左雄字伯豪拜尚书令”一则	《书钞》卷五九	有	入卷三左雄条
14	卷三荀绲条无“荀琨迁沛相”一则	《书钞》卷七六	有	卷五单设荀绲条，在赵谦条前
15	卷三吴祐条无“祐迁胶东相”、“民有词讼”二则	《书钞》卷七四、七五	有	入卷三吴祐条，并成一则
16	卷四史弼条无“弼迁河东太守”一则	《书钞》卷三七	有	入卷三史弼条
17	卷四陈蕃条无“陈蕃既被害”一则	《御览》卷四〇七	有	入卷三陈蕃周璆刘瓆　成瑨　朱震条
18	卷四李膺条无“膺拜司隶校尉”、“初成以方技”二则	《书钞》卷六一、《类聚》卷五二	有	入卷三李膺条，并成一则
19	卷四范滂条无“不义归迹”一则	《书钞》卷七七	有	入卷三范滂条
20	卷四羊陟条无“羊陟字嗣祖”一则	《书钞》卷五九	有	入卷三羊陟条
21	卷五刘宠条无“刘宠迁会稽太守徵将作大匠”、“刘宠迁会稽太守简烦除苛”二则	《书钞》卷七五	有	入卷四刘宠条

续表

	汪本所无佚文	手稿A辑录来源	手稿B	手稿C
22	卷五周嘉条无“嘉为太守”一则	《书钞》卷七三	有	入卷四周嘉条
23	卷六法真条无“法真名可得而闻”一则	《书钞》卷一〇二	有	入卷四法真条
24	卷七华松条无“华松字爱卿”一则	《书钞》卷六一	手稿B阙损	入卷五华松条
25	汪本卷七虞国条无“虞因迁日南太守广宣德化”一则	《书钞》卷七五	手稿B阙损	入卷六虞因条
26	卷七刁曜条无“刁曜迁晋相”一则	《书钞》卷七五	手稿B阙损	入卷六刁曜条
27	卷七薛惇条无“薛惇为汉中太守”一则	《书钞》卷一三三	手稿B阙损	入卷六薛惇条
28	卷七陈嚣条无“陈嚣字君期”一则	《书钞》卷九六	手稿B阙损	入卷六陈嚣条
29	无鲁恭条	《书钞》卷七八	增于魏霸条前	增于卷一魏霸条前
30	无郅恽子寿条	《书钞》卷五九	增于郎顗条前	增于卷一郎顗条前
31	无周章条	《书钞》卷七七	增于梁竦条前	增于卷一梁竦条前
32	无郭躬弟贺条	《御览》卷五一五	增于陈宠条前	增于卷二陈宠条前
33	无荀淑孙悦条	《书钞》卷九八	增于黄琼条后	增于卷三黄琼条后
34	无第五访条	《书钞》卷七四	增于刘宠条前	增于卷四刘宠条前
35	无宋登条	《书钞》卷七五	增于张驯条前	增于卷五张驯条前
36	无何休条	《书钞》卷九五、九六	增于许慎条前	增于卷五许慎条前
37	无葛龚条	《书钞》卷一〇三	增于王逸条前	增于卷五王逸条前
38	无李南南女条	《书钞》卷一五一	增于廖扶条前，又自《类聚》卷八〇增辑一则	增于卷四廖扶条前

续表

	汪本所无佚文	手稿A辑录来源	手稿B	手稿C
39	无施阳条	《书钞》卷六三	手稿B阙损	增于卷五张意条前
40	无杨淮条	《书钞》卷五九	手稿B阙损	增于卷五唐约条前
41	无赵峻条	《书钞》卷一三九	手稿B阙损	增于卷五周乘条后
42	无董昆条	《书钞》卷一三九	手稿B阙损	增于卷五范延寿条前
43	无甄丰条	无	手稿B阙损	辑自《文选·吴质答东阿王书》注，增于卷六虞承条前
44	无朱勃条	无	手稿B阙损	辑自《事类赋注》卷一二，增于卷六沈辅条前
45	卷六樊英条无“南郡王逸素与英善”一则	无	辑自范书本传注	入卷四樊英条
46	无严遵条	无	辑自《文选·三国名臣序赞》注，增于高凤条前	卷四设严遵条，在高凤条前
47	无东平王苍条	无	辑自《御览》卷三七八，增于伏后条后	卷二设东平王苍条，在朱晖孙穆条前
48	卷一马援条无“马援自还京师数被进见”一则	无	辑自《御览》卷三七九	入卷一马援条
49	卷四董卓条无“尸董卓于市”一则	无	辑自《御览》卷三七八	入卷三董卓李傕郭汜条

以上49处，可分三组。1~42，皆见于手稿A，足见鲁迅重检诸书，工作细致，搜罗佚文，卓有成效。另一方面，这42处

增补，绝大多数来自《书钞》，这是鲁迅与汪氏所用《书钞》版本不同所致。《七家后汉书》光绪七年崔国榜序称："先生（汪文台）所据《北堂书钞》，乃朱氏潜采堂本，题曰'大唐类要'者也。"① 鲁迅则用清孔广陶刻本，这是公认的《书钞》较为可靠的版本。43~46，辑自范晔《后汉书》《文选》《事类赋》，这三种书不在手稿 A 范围内，是鲁迅进一步扩大检录范围的成果。47~49，辑自《书钞》《御览》《初学记》，但不见于手稿 A；这说明鲁迅编制手稿 A，偶有疏漏，他校改手稿 B 时，曾复检原书，遂得此三条。

（二）鲁迅征引的其他诸书

鲁迅还翻检了多种相关文献，它们或有共引佚文可供比勘，或所述所论有助于考辨正误，也是校理谢承书的重要材料。覆按手稿，以下 16 种书，鲁迅征引参考，而孙氏与汪氏未用。其中部分书籍成书或刊刻较晚，是孙、汪所不能见②；但也有一些书籍（如《华阳国志》《资治通鉴考异》《玉海》《史略》等），在孙汪所处时代是常见书，他们失之眉睫。

---

①崔国榜《七家后汉书序》，汪文台《七家后汉书》卷首，清光绪间刻本。

②孙志祖卒于嘉庆初，汪文台卒于道光后期。严可均《全上古三代秦汉三国六朝文》、沈钦韩《后汉书疏证》均晚至光绪年间，始有刻本，是孙汪二人所不能及见。

表 2-2　鲁迅辑本

		例证
1	清沈钦韩《后汉书疏证》	手稿 C 卷一班彪　子固条，案语称“沈氏钦韩曰，充著《论衡》，数称班固”云云；卷五荀绲条次则、祝良条、散句条魏尚则，案语亦引沈说。**以上皆后补。**
2	清陈景云《两汉订误》	手稿 C 卷五刘崇条案语，称“陈氏景云曰，崇当做宠……此必传写之误”，引自《两汉订误》卷三。**此系后补。**
3	宋司马光《资治通鉴考异》	手稿 C 卷三袁绍条天头处引司马光说，又“此何悖暴无道之甚者也”一句，案语称“以上亦见《资治通鉴考异》三”。**此系后补。**
4	宋王益之《西汉年纪》	手稿 C 卷一郑弘条次则“不得族居”句，案语称“王益之《西汉纪年》十三引谢承书云”。
5	宋 罗 泌《路史》	手稿 C 卷四仇览条次则，案语引《路史》，称“亦与《御览》合”。**此系后补。**
6	晋常璩《华阳国志》	手稿 C 卷六任昉条案语引《华阳国志》，称“今据以改正”，此引自《华阳国志》卷十。**此系后补。**
7	汉伏无忌《伏侯古今注》	手稿 C 卷五陈宣条“建武十年，洛水出，造津城门”句，案语：“《伏侯古今注》亦云：‘建武七年六月，洛水盛溢。’此云十年恐误”。
8	宋高似孙《史略》	手稿 B、手稿 C 徐穉条首则，案语补出处“高似孙《史略》二”。
9	清何焯《义门读书记》	手稿 C 卷五司马苞条案语引何说，出何书卷二一。
10	清洪颐煊《读书丛录》	手稿 C 卷五方储条末则案语，引洪氏《读书丛录》卷二三。**此系后补。**
11	唐林宝《元和姓纂》	手稿 C 卷五亹肃条，案语称：“又《元和姓纂》云：‘后汉河南尹亹肃，见谢承《后汉书》。’则《书钞》作亹亦误。”**此系后补。**
12	金王朋寿《类林杂说》	手稿 C 卷一魏霸条，案语称“《类林》‘不’下有‘令’字”，“《类林》作‘荣’”，“《类林》作‘与兄弟同居，甘苦为一’”，“三字《类林》引无”，又称“《类林杂说》二”。卷五方储条首则，案语称“《类林杂说》十五引方讹万”。**以上皆为后补。**

续表

		例证
13	宋王应麟《玉海》	手稿C卷二陈思王钧条第四行"不可听也",注"已上亦见《玉海》七十五,无季氏云云五句"。卷三李固条首则据《玉海》校。卷六谢承自序条,注出处有"《玉海》六十四"。**以上皆为后补。**
14	明俞安期《唐类函》	手稿C卷五许永条首则,案语称"俞氏《唐类函》引《书钞》,末无'永日'二字"。卷五亹肃条,案语称"俞氏《唐类函》作'巴肃'"。卷六陈长条,案语称"俞氏《唐类函》作'陈常字君渊',疑亦意改"。卷六宋度条首则、虞因条首则、周稷条,案语亦引此书。
15	清洪亮吉《卷施阁甲集》	手稿C卷二李咸条首则、卷四周嘉条首则、卷三陶谦条、卷五邓晔条,案语引"洪氏亮吉曰"云云,皆出洪集卷九《惠定宇先生后汉书训纂序》。**以上皆为后补。**
16	清严可均《全上古三代秦汉三国六朝文》	手稿C卷五范延寿条案语:"严氏可均曰,据《百官公卿表》,延寿为廷尉在成帝时,而谢书载其事,盖追之也。"此出《全汉文》卷四九。

正因鲁迅寻检文献的广度超出孙、汪,考核乃能更为精密准确。如6任昉条,汪本原作"王防",案语称"一作任防"、"原作任昉字文始";孙本作"任防",案语称"前卷有王防字文始,疑一人,未知孰误",皆未下判断;鲁迅核检《华阳国志》,找到任昉的记载,发现"王防"、"任昉"表字与官履相同,显系一人,乃认定王防为任昉之误,手稿C案语称:

> 原作王防。案,《华阳国志》云:"任昉字文始,成都人也,为华令,迁梁相、尚书令。梁冀惮之,出为魏郡,徙平原。冀诛,复入为尚书令、司隶校尉,迁大司农,卒。"今据以改正。

此外,鲁迅检录诸书,明显有波次之分。见于手稿B征引而为手稿C沿袭者，鲁迅是校改手稿B时翻检之书；不见于手稿B而手稿C有者，是鲁迅在手稿C写成前翻阅的；手稿C写成后再补入者，自然翻检最晚。综合前述，鲁迅在辑录各阶段翻检之书，可分为以下四组；他翻检A组、B组诸书，重点在于搜寻佚文，C组与D组则更多是为考辨正误、撰写案语，提供参考。

A组（手稿A阶段）：《匡谬正俗》《书钞》《初学记》《御览》

B组（手稿B阶段）：《文选》《开元占经》《白孔六帖》《三国志》《北堂书钞》《事类赋》《史略》、孙志祖辑本、《类聚》（复核）、《初学记》（复核）、《御览》（复核）、范晔《后汉书》

C组（手稿B校订后至手稿C写成前）：《西汉年纪》《伏侯古今注》《义门读书记》《唐类函》《全上古三代秦汉三国六朝文》

D组（手稿C写成后的增补修订）：《后汉书疏证》《两汉订误》《资治通鉴考异》《路史》《华阳国志》《读书丛录》《元和姓纂》《类林杂说》《玉海》《卷施阁甲集》

（三）佚文的详略取舍与拼合连缀

某些佚文见引于多处，明显源自同一段原文，而文句有繁简之别，叙事细节彼此参差，这主要是古人节引原文时取舍不同所致。判断此类“共引佚文”的哪一个面貌更贴近原书，很大程度上取决于校勘者的“自由心证”。对于“共引佚文”，鲁迅的认识是：**既然文句的此略彼详，是节引时取舍不同所致，则行文细节丰富、叙事较详者，更接近原文面貌。以此认识为前提，他不专主于某一来源的文本面貌，而是综合诸处来源，**

追求内容完整丰富与叙事连贯，选取文句细节繁复者，依叙事文理，缀合拼接出文本的“最大值”。前述《会稽郡故书杂集》即如此，谢承书辑本也是照此办理，足见这是鲁迅一以贯之的工作思路[①]。

先看对于“共引佚文”详略取舍的处理。鲁迅辑本卷六散句条“灵帝善鼓琴吹洞箫”则，汪本辑自《御览》卷五八一，鲁迅补另一出处“《初学记》十六”。两处所引略有差别，《御览》作“灵帝善鼓琴吹洞箫”，《书钞》作“灵帝善吹箫”。手稿B以加点方式标示《书钞》引文面貌，手稿C采用《御览》引文写出。《书钞》成书早而简，《御览》成书晚而详，鲁迅取其详者而求细节丰富。

汪本卷四魏朗条第二则“魏朗补河内太守，以清严为治，明审法令，为三河之表也”，出《书钞》卷七六；第三则“魏朗为河内太守，明修法令”，出《文选》注。此详而彼略，明显是共引佚文，鲁迅辑本取前者而不再保留后者。

卷一郑弘条末则，《类聚》卷四六、六九、《书钞》卷五一、《初学记》卷一一、二五、《御览》卷二〇七、七〇一均引，各处引文的原文、汪本及鲁迅辑本如下：

> 【《类聚》卷四六】举弟五伦为司空，**班次在下**，每正朔朝见，弘曲躬自卑，**上后置云母屏风分隔**，**由此为故事**。
>
> 【同卷六九】郑弘为太尉时，举弟五伦为司空，**班次**

①关于鲁迅辑佚的这一特点，顾农《读〈会稽郡故书杂集〉手稿》有过论述，谓之“组合拼补式文本”。

在下，每正朔朝见，弘曲躬自卑。上问知其故，遂听置云母屏风，分隔其间，由此为故事。[①]

【《书钞》卷五一】郑弘字巨君，为太尉。将举第五伦为司空，班次在下，每正朔朝见，弘必曲躬自卑。上知之后，置云母屏风分隔之，由此以为故事。

【《初学记》卷一一】郑弘字巨君，为太尉，主将第五伦为司空，班位在下。每正朔朝见，弘曲躬自卑。帝知，遂置云母屏风分隔之，由此以为故事。

【同卷二五】郑弘为太尉时，举第五伦为司空，班次在下。每正朔朝见，弘曲躬自卑。上问知其故，遂听置云母屏风，分隔其间，由此为故事。[②]

【《御览》卷二〇七】郑弘字巨君，为太尉，将举第五伦为司空，位在下，每正朔朝见，弘必曲躬自卑。帝知，遂置云母屏风分隔之，由此以为故事。

【同卷七〇一】郑弘为太尉，举第五伦为司空，班次在下，每正朔朝见，弘必曲躬自卑。上问知其故，遂听置云母屏风，分隔其间，由此为故事。

【汪本】初，第五伦为会稽太守，署郑弘为督邮，举孝廉。及弘为太尉，时举第五伦为司空，班次在下。每正朔朝见，弘必曲躬自卑。上问知其故，遂听置云母屏风，分隔其间，由此以为故事。

【手稿C】弘为太尉，主将第五伦为司空，班次在下。

①欧阳询《艺文类聚》，上海古籍出版社，1999年，818~819、1201页。

②徐坚《初学记》，254、599页。

每正朔朝见，弘曲躬自卑。上问知其故，遂听置云母屏风，分隔其间，由此以为故事。

如引文所示，“班次”与“位”、“上问知其故”与“知”、“分隔其间”与“分隔之”、“由此以为故事”与“由此为故事”这四处异文，鲁迅均选择文繁者[①]。不过，鲁迅对于佚文完整度的追求，仍以信实可征为前提，不做超出史料范围的臆造。如此例，汪本首句“初，第五伦为会稽太守，署郑弘为督邮，举孝廉”，手稿B标有符号，示意删去，天头加案语称“首一节汪氏所加”，指出此句无文献来源，恐是汪氏妄加，手稿C依此删去该句。

接下来再看佚文缀合的处理。辑佚所得，支离破碎者不少。汪本往往按原样录出，不加处理；鲁迅则倾向于根据文义情理，将多条佚文缀连。如汪本卷四刘儒条，首则与第三则分列，鲁迅将其缀合为一。

【汪本】广汉刘原脱此字儒字叔林。《类聚》九十二

广汉儒叔林为东郡太守，赤乌一作鸟巢于厅事屋梁，兔产于床下。《御览》九百七　又九百二十　《类聚》九十二　《事类赋注》二十三……

【手稿C】广汉刘儒字叔林原夺刘字，“字”字汪氏校补，为东郡太守，赤乌巢于厅事屋梁，兔产于床下。《御览》九百七　又九百二十　《艺文》九十二　《事类赋注》二十三……

史传行文例先述传主字号籍贯及父祖情况，再述传主事迹，鲁迅是基于这一常例连缀。当然，太守是两千石的高级官

①“郑弘字巨君”一句，鲁迅辑本单列为郑弘条首则。

员,不可能是刘儒的释褐之官,谢承书原文在此事之前,理当记述他事。但谢承书原貌不可知,而佚文仅有此,如此连缀,仍是可行的。鲁迅辑本据此原则将仅述人物表字的佚文与其他佚文连缀的实例甚多,如包咸条、桓谭条(汪本卷一、鲁迅辑本卷一)、杨璇条(汪本卷二、鲁迅辑本卷一)、延笃条(汪本卷四、鲁迅辑本卷三)、黄香条(汪本卷五、鲁迅辑本卷四)、范丹条(汪本卷五、鲁迅辑本卷四),等等。

又如,朱穆条第六则(鲁迅辑本卷二),汪本依引文原样分列二则,鲁迅将其连缀。"朱穆为尚书,谠言正直",收治虎贲之事恰发生在他任尚书时,此事又正是"谠言正直"的体现,文理脉络接通,故可缀合。

> 【汪本】穆为尚书,谠言正直。《初学记》十一
>
> 朱穆为尚书,岁初,百官朝贺,有虎贲当阶,置弓于地,谓群僚曰:"此天子弓,谁敢干越!"百僚皆避之。穆呵之曰:"天子之弓,当戴之于首上,何敢置地,大不敬。"即收虎贲,付狱治罪,皆肃然服之。《御览》三百四十七　《事类赋注》十三
>
> 【手稿C】穆为尚书,谠言正直。《书钞》六十　艺文》四十八　《初学记》十一　岁初,百官朝贺,有虎贲当阶,置弓于地,谓群僚曰:"此天子弓,谁敢干越!"百僚皆避之。穆呵之曰:"天子之弓,当戴之于首上,何敢置地,大不敬。"即收虎贲,付狱治罪,皆肃然服之。《御览》三百四十七　《事类赋注》十三

当然,也有起初缀合后又改回之例。汪本卷三陈球条末两则,同出范书《陈球传》注,手稿B缀连,手稿C重新分列。

盖前一则记球子瑀事,后一则记球兄字珪事,以分立为宜。由此反例可知,鲁迅固然注重文句的连贯流畅,但仍保持审慎态度,不做超出情理文义范围的过度缀合。

(四)佚文的甄别

鲁迅批评前人辑本"颇杂入范晔书,不复分别",因此甄别范书文句,纠正前人之失,是他工作的又一重点。

卷一李宪　陈众条,辑自《御览》卷二六五,《御览》原文作"陈众辟州从事,有剧贼淳于临等数千人,攻县杀吏"。汪本此句前尚有"宪诛后余党,扬州牧欧阳歙不能克"一句,采自范书,用以说明史事原委,但未加说明,有违辑佚体例。鲁迅辑本注明"首十四字是汪氏增"、"以上依范书补"。

卷一马援　子廖条次则,亦是汪本补入范书文字以补完叙事,而未作说明,鲁迅辑本加案语说明:

> 【汪本】……马廖虑以美业难终,上疏长乐宫,以劝成德政,曰:"臣案,移风易俗,云云。"长安语曰:城中好高髻,四方且一尺……
>
> 【鲁迅辑本】……马廖虑以美业难终,上疏长乐宫,以劝成德政,曰:"夫改政移风,必有其本。已上十字依范书补。长安语曰:'城中好高髻,四方且一尺……"

要之,鲁迅对于混入谢承书的范书文句,重在甄别并加注说明,而非弃用。他并不排斥用范书增补谢承书,以加强行文的流畅与意义的完整,特别是在佚文零碎、前因后果欠明之处,这与前述鲁迅重视佚文内容完整连贯的特点相契合。

当然,甄别佚文,并不只限于范书。汪本卷一郑弘条第六则，手稿B删去，手稿C亦无。汪本案语称"《书钞》按此引《谢承集》"，指明此非谢承书佚文，是以鲁迅删之。又如，汪本卷四窦武　胡腾条第三则，案语称"《世说·品藻》注引作谢沈书，因姚辑有，录以俟考"，鲁迅辑本删去。

（五）条目名称的订正

谢承书是纪传体史书，辑本所设条目如"郑弘"、"第五伦"等，在原书中即为该人传记。因此，订正条目名称，便意味着对佚文属于何传的认识不同，由此还会引发佚文条目次序的调整。

汪本卷四巴肃条，手稿B天头有案语，称"按宋本《书钞》作'亶肃'，俞本作'巴'"①，后将此条及案语抹去；手稿C将条目名改为"亶肃"，改置于卷五蒋崇条前，案语称："俞氏《唐类函》作'巴肃'。案范书《巴肃传》，肃仕历慎阳令、贝丘长，稍迁拜议郎，不言为河南尹。"在此例中，鲁迅先是通过对校发现歧异，然后参照范晔《后汉书》，考证传主名氏，论定"巴肃"是"亶肃"之误，再根据传主亶肃的时代，将佚文改置他卷。

又如，汪本卷六有冯暹条，鲁迅辑本卷六有尹暹条，实际是同一佚文。鲁迅据《书钞》卷三八，判定《御览》衍"冯"字。盖《书钞》成书在《御览》前，鲁迅认为前者可信度更高。

【汪本】颍川冯暹字公可，为徐州刺史。以小铜釜

---

①文字有涂抹，无法辨认。所谓"宋本《书钞》"，指《书钞》孔广陶刻本，因该本源出影宋抄本，而有此称。

甑，十日一炊。《书钞》七十五 《御览》七百五十七

【手稿C】颍川尹暹《御览》“尹”下衍“冯”字字公可，为徐州刺史。以小铜釜甑，十日一炊。《书钞》三十八引尹暹传 《御览》七百五十七

【《书钞》卷三八】《谢承后汉书·尹暹传》云，暹字公可，为徐州刺史，以小釜云云。

汪本卷七王党条，辑自《书钞》卷七五，鲁迅辑本改作“王堂”，案语称“原作‘党’，据范书本传改”，改置卷一羊续条前。在此例中，鲁迅根据佚文内容与范晔书王堂传相近，判断“王党”是“王堂”的形近之讹，这是兼用他校与理校的校例。

三、结构的再建：卷次调整与条目分合

检录佚文，校勘正误，考辨真伪，缀合排次，只是辑佚工作的一部分。如何排列各条佚文，赋予其以一个“有意义”的结构，使之变为“著作”，而非随意堆砌的佚文集合，是辑佚工作的又一重要方面。从理想角度而言，若原书架构可知，辑佚者应力求推拟复原其本初面貌；若不可知，亦应按照一定的意义或逻辑原则，为它建构出合理的结构。

（一）“略依范书纪传次第”：卷次设置的原则

鲁迅辑本分为六卷。在手稿B阶段，鲁迅已着手规划自己辑本的卷次结构。手稿B杨璇条、蔡邕条、刘表条、袁隗条的天头处均有标记，作“右一”、“右二”、“右三”、“右四”。与

手稿C对照可知，这些标记意指分卷起讫；除手稿C卷一讫于宗均条，与上述划分不同之外，卷二、三、四，皆与之相符。手稿B残缺，后续部分的分卷情况不得而知。依剩余佚文的篇幅来看（分卷须考虑篇幅平衡），即便具体起讫与手稿C有所出入，但剩余部分也应是分为二卷，亦即全书为六卷。

鲁迅辑本的六卷，实际分为两个部分，手稿F《谢承后汉书序》称：

> 今一一校正，厘为六卷，先四卷略依范书纪传次第，后二卷则凡名氏偶见范书或所不载者，并写入之。

鲁迅依《隋书·经籍志》所称"《后汉书》一百三十卷无帝纪，吴武陵太守谢承撰"，认为谢承书原无本纪，编次佚文不设本纪，以伏后居首[①]。前四卷是范晔《后汉书》有传者，基本是循范晔书次第排列；后二卷是范书未立传或未载者，则依时代排列。如表2-3所示，鲁迅辑本卷一至三是人物专传，大体对应范书的前七十四卷；卷四所收各条，传主在范书中均入卷七六以下《循吏列传》等各篇类传；此外，谢承书有3条志书佚文，鲁迅辑本置于卷六末尾，依次是《礼仪志》《五行志》《郡国志》；范书无志，上述排次是参照附范书而行世的司马彪《续汉书》八志次序。

总之，鲁迅以范晔书为参照系，构建辑本编次结构。谢承书与范晔书均为纪传体史书，谢承书又是范晔书的取材来源

---

①余嘉锡认为谢承书原有本纪，《隋志》所载非完书，损去本纪部分，《隋志》的上述记载是就现存状态而言，非指谢承书原初便无本纪。周天游亦持此说。见：余嘉锡《读已见书斋随笔》，《余嘉锡论学杂著》，643~644页；周天游《八家后汉书辑注·前言》。

之一，既然谢承书的篇目设置全貌不可知，那么参照范书再建谢承书的结构，便不失为妥当的折中处理[1]。

表 2-3　汪本、鲁迅辑本及范晔《后汉书》卷次对照[2]

	汪本	鲁迅辑本(手稿 C)	范晔书
卷一	起光武帝，讫贾逵，共 41 条	起伏后，讫宗均，共 58 条	卷一光武帝纪至卷四一第五钟离宋寒列传
卷二	起张霸，讫桥玄，共 39 条	起东平王苍，讫蔡邕，共 42 条	卷四二卷光武十王列传至卷六〇下蔡邕列传
卷三	起崔瑗 子寔，讫吴祐 黄真 戴宏，共 31 条	起左雄，讫刘表，共 43 条	卷六一左周黄列传至卷七四下袁绍刘表列传
卷四	起延笃，讫公孙瓒，共 31 条	起许荆，讫袁隗妻，共 65 条	卷七六循吏列传至卷八四列女传
卷五	起陶谦，讫陆续，共 38 条	起刘崇，讫伍孚，共 68 条	
卷六	起戴封，讫封告，共 52 条	起贺纯，讫散句，共 82 条	
卷七	起虔国，讫符融，共 62 条		
卷八	起秦护，讫散句，共 64 条		

①关于谢承书的篇目设置，周天游据刘知几《史通》，认定谢书有《舆服志》《百官志》，又据明陈禹谟本《北堂书钞》，认为谢书可能有《兵志》及《风教传》，范晔书的《东夷列传》《独行列传》《方术列传》《逸民列传》《列女传》等篇目设置，是承袭自谢承书。详见《八家后汉书辑注·前言》。

②手稿 C 写成后又有校改，此表以改动后的最终状态为准。

值得一提的是，汪本的编次结构亦是参酌范晔书而成。汪本卷一至卷五前半（至袁绍条）为人物专传，以光武帝居首，次灵帝，次伏后，次刘玄、李宪，直至汉末公孙瓒、陶谦、袁绍诸人；卷五后半（许荆条起）至卷六前半（至袁隗妻条），则是循吏、酷吏、宦者、儒林、文苑、独行、方术、逸民、列女等类传，这些类传的名目设置及次序全同范书；卷六后半至卷八前半，陈临至戴遵 145 条，则是“名氏偶见范书或所不载者”；戴遵条后依次为序传、东夷列传、礼仪志、五行志、郡国志、兵志、刑志、佛、散句。

鲁迅辑本与汪本皆以范书为编次佚文的参照系，而鲁迅辑本又是以汪本为根底增订而成；似乎可以说其编次原则是仿效汪本，而非自创。不过，如下文所述，鲁迅辑本依循范书的程度，较汪本更重。

（二）合并删改：鲁迅辑本的条目调整

1. 合传

同一家族人物、行事有关联的人物合传，是纪传体史书的常例。汪本卷一梁竦商　冀条、卷二应奉子劭条、卷三之吴祐　黄真戴宏条、卷四之范滂宗资条、窦武胡腾条、卷五之陶谦　赵昱条、孟尝杨乔条等，都是合传，但具体条目的分合与范书多有不同。相比之下，鲁迅的合传设置，更加严格遵循范书，如表 2-4：

表 2-4　汪本与鲁迅辑本的合传处理

	汪本	鲁迅辑本	范书
家族合传	卷一马援、马廖两条分列	合传，作“马援子廖”	合传（卷一四）
	卷二张霸、张楷、张陵三条分列	合传，作“张霸子楷　楷子陵”。	合传（卷三六）
	卷二袁闳、袁弘、袁忠、袁秘四条分列	合传，作“袁安玄孙闳　弘　忠　忠子秘”。	合传（卷四五）
	卷八朱皓条、卷三朱儁条	合传，作“朱儁子皓”。	合传（卷七一）
关联人物附传	卷八宣仲条	并入卷三李固条，作“李固子燮　郭谅　杜访　郑遂　赵承　宣仲”。	
	卷七郭汜条	并入卷三董卓条，改作“董卓李傕　郭汜”。	
	卷七陈众条	并入卷一李宪条，改作“李宪陈众”。	

在家族合传方面，鲁迅遵守“略依范书纪传次第”原则，还可通过两处反例体现。班彪、固、超父子三人，谢承书现存佚文只有班固、班超各一则。汪本分设班固、班超两条。鲁迅辑本设班彪子固条、班超条，尽管实无班彪佚文，但标题仍空设班彪名目，明显是追仿范书彪、固合传而“超别有传”①。又如鲍季寿条，汪本无，鲁迅自《书钞》卷七五辑出，手稿 B 校增于鲍永条下，手稿 C 析出单列于卷五。鲍季寿不见于范书卷二九鲍永传，是否为鲍永族人亦未可知，鲁迅乃按照“范书所不载者”处理，单列于后。

鲁迅辑本还有参酌范晔书将关联人物附传的情况，如表 4 的后三例。范书卷六三李固传后附固子燮传，李固传提及

①班彪、固合传在范晔书卷四〇，班超传在卷四七。

郭亮（郭谅）为李固弟子，李贤注称杜访、郑遂、赵承亦是李固弟子；宣仲条佚文出司马彪《续汉书·郡国志》刘昭注，称引自“谢书李固传”。鲁迅辑本将李爕、郭谅、杜访、郑遂、赵承、宣仲皆附入李固条。陈众事迹见于范书卷一二李宪传，李傕、郭汜事迹略见范书卷七二董卓列传，鲁迅辑本遂将三人佚文分别并入李宪条、董卓条。

2. 改动条目归属及设置

鲁迅还调整了汪本某些条目的归属，以及条目设置，原因各有不同。

汪本卷一以光武帝条（1 则）、灵帝条（6 则）居首（可见汪氏认为谢承书有本纪）。鲁迅认为谢承书无本纪，因此手稿 B 在光武帝条上加案语，称：“按《隋书·经籍志》载‘《谢承后汉书》百三十卷，无帝纪’，此与灵帝、伏后诸条当并是志传中语。”基于这一认识，鲁迅按各则佚文所叙史事，参考旁证，推求其所宜归属，将这些佚文改属他条，或另立条目。光武帝条所述为岑彭事，鲁迅辑本改入岑彭条。灵帝条第二则“灵帝建宁四年，河南上言二凤皇、二鸾鸟集原县”，所述是祥瑞之事，手稿 C 改入五行志条。第三则“碑立太学门外”，手稿 C 入儒林传条，案语称“谓熹平四年所立石经也，谢书当亦在《儒林传》中”。第四则“灵帝数游戏于西园”，手稿 C 归入五行志条，这是基于司马彪《续汉书·五行志》亦有“灵帝数游戏于西园”一句，而作推拟。首则“灵帝善鼓琴吹洞箫”、第五则“中平二年造万金堂于西园”、第六则“孝灵皇帝崩，皇太子即位，主上幼冲”，文句零碎，缺乏前后语境，遂置于散句条下。

汪本卷八兵志条，“高帝在平城，为胡所困，一人俱角弩一张为备”。手稿B改入卷一陆康条,手稿C同。此处更动与前述鲁迅与汪氏所用《书钞》版本不同有关。汪氏所用《书钞》版本引此条,称出兵志。鲁迅所用孔广陶本仅称出自谢承书,后多出“康悉罢之”一句,所述以陆康为主体,鲁迅乃视为陆康传中语[①]。

汪本卷三王龚 子畅条末则,“同郡刘表受学于王畅。畅为南阳太守,行过乎俭。表时年十七,进谏曰”云云,手稿B案语称“案此当入刘表传”,手稿C照此办理。此处鲁迅是从文理上推求,认为叙事以刘表为主,故是刘表传中语[②]。

与之类似的,还有汪本卷五王逸 子延寿条首则:“南郡王逸素与英善,因与其书,多引古譬喻,劝使就聘。英顺逸议,谈者失望。”此段叙事口吻以樊英为主体,手稿B案语称“按此当入英传”,手稿C改入卷四樊英条。

汪本卷八散句条“仁风丰泽,四海所宗”一则,手稿C案语称:“此二句是咸上书论桓思窦后语,见袁宏《后汉纪》二十三。”改入卷二李咸条下。史传多载传主书札表奏,鲁迅依此改动,甚确。

汪本卷五赵晔条次则:“秦氏季代,有鲁人高堂伯。”高堂伯是秦汉之交人物,传《仪礼》十七篇。谢承书应是在某人传中追溯礼学源流而言及之。赵晔习《韩诗》,与高堂生渊源淡薄,传中似不应述及。手稿C改入卷六散句条,不失理据。

①范书无志,司马彪《续汉书》八志无兵志。正史设兵志,始于宋祁、欧阳修《新唐书》。

②此事见仁见智,姚、孙、汪本,均将此文置于王龚条下。

3. 省并条目

汪本有一些佚文重出于不同条目下，鲁迅做了省并。如汪本卷八扬雄条，称“梁冀执金吾岁朝讬疾不朝”云云，与卷一梁竦条第三则重。扬雄卒于新莽天凤五年，谢承书不应有传。鲁迅辑本省去扬雄条，保留梁竦条第三则。

汪本卷二冯绲条次则：“武陵五溪蛮夷作难，诏遣车骑将军冯绲南征，绲表奏应奉，赐金错刀一具。”此亦见同卷应奉条第四则，据上下文，知是应奉传语，而涉及冯绲，不当再列于冯传。手稿 B 删去此则，手稿 C 同。

汪本卷四王允　宏条：“太原王宏字长文，弟允字子师，位至司徒。”此条又见同卷郭泰条第七则，据上下文可知，确系郭泰传中语。手稿 B 删去此条，手稿 C 同。

汪本另有部分条目不见于鲁迅辑本，除了因非谢承书佚文而被删去者，还有因其他事由而被删者。汪本卷五仇览条第三则，称“考城令河内王涣以览为主簿”云云，未注出处。手稿 B 删去，手稿 C 同。这是佚文来源不明而被删之例。

汪本卷一郭贺条首则，称“郭贺字惠公，颍川阳翟人”云云，手稿 B 删去，手稿 C 无。案，汪本该条次则，称“郭贺字乔卿，为荆州刺史”。字乔卿者见范书，字惠公者无考。无论如何，两则佚文所叙非一人，不应归入同一传。鲁迅删去首则。这是因史事有疑而被删之例。

汪本卷一郑弘条第五则“弘为太尉，固让不就，西曹掾曰：‘天子已白陵庙，宜当拜。’”，出“《书钞》四十”。鲁迅辑本删去。覆案《书钞》原文，仅称引自“后汉书”。谢承之外，魏晋时薛莹、谢沈、袁山松等各撰有《后汉书》，无法确定此则佚文必是谢承书，鲁迅遂将它删去。与此类似，汪本卷五黄昌条第三则，称“昌为宛陵令，严毅好发奸伏”云云，称出自“白帖”（即《白孔六帖》）。鲁迅辑本删去。覆案《六帖》，此佚文在卷七七，未标引自何书。

4. 条目次序的调整

由于鲁迅编次佚文，依循范晔书的程度更高，所以他对汪本的条目次序有所调整。如汪本卷一先魏霸条，次马援条。范书马援传在卷二四，魏霸传在卷二五。手稿 B 改换二者次序，手稿 C 照此办理。

又如，汪本卷七有符融条，在张奉条后。范书卷六八有符融传，与郭泰、许劭合传。手稿 B 郭泰条后有鲁迅案语，称“符融在卷七之末，应移此”，手稿 C 照此改动。

再如，汪本卷一苏章条，在张堪条后、羊续条前，佚文称“苏章字士成，北海人。负笈追师，不远万里”。手稿 B 加案语，称“范书云字孺文，扶风平陵人”，手稿 C 改置于卷六刘靓条后。范书卷三一有苏章（字孺文），与张堪、王堂、羊续等合传，汪本显然意在依范书排次。但两苏章姓字籍贯不同，绝非一人，不可按字孺文籍平陵者，来排次字士成籍北海者。汪本处理不妥，鲁迅更正甚是。

四、案语的增补与写定

（一）校记案语的处理原则

标注异文，判断正误，是辑本案语的基本功能之一，此类案语的实质是校勘记。不过，古书节引意引，导致佚文歧异纷杂，而其中很多异文缺乏实质性的校勘价值；倘使不加区别地全数标出甲书作何，乙书作何，反而芜杂无当。

鲁迅辑本的处理原则是：正误分明易见者，径改不出校记。若异文关涉人名、地名、史事异同，或文本差异较大者，则或校改正文并出校记，说明异文来源及校改依据；或不改正文，在校记中列出异文。总之，构成“实质性差别”的异文，才是鲁迅的处理重点。基于上述原则，凡存在“实质性差别”，而汪本径改不出校记，或是出校记但未交代来源与依据，鲁迅辑本便加以补充修正。

如卷五司马苞条，鲁迅辑本据范书注所引写出，以《御览》《书钞》校，有两处出校。第一处关涉名字异同；第二处文本差异较大，《书钞》引文较略（无“粗饭”以下），且“漉饭”、“粗饭”词义不同。

> **【手稿C】**司马苞字仲成《书钞》一百四十四引作“咸”，东缗人也。范书《安帝纪》注。
>
> 苞为太尉，常食粗饭。二句《书钞》亦引，《御览》作漉饭。着布衣，妻子不历官舍。会司徒杨震为樊丰等所谗，连及苞。苞乞骸骨，未见听，以疾薨。范书《安帝纪》注　《御览》八百五十……

又如杨震条次则首句，鲁迅辑本、汪本均用范书校改，所改关涉地名，汪本径改未出校记，鲁迅辑本出校记，交代校改依据，并标明原文。

> **【汪本卷三】**杨震常客于湖，不答州郡礼命数十年。
>
> **【鲁迅辑本卷二】**杨震常客于湖原作“吴”，依范书改，不答州郡礼命数十年。

汪本卷七宋度条第三则，“豫章宋度拜定陵令”句下，案语称“一误零”。鲁迅辑本案语改作“《书钞》作零”，标出异文出处。案，东汉时，颍川郡下有定陵县、零陵郡下有零陵县。汪氏认为定陵正而零陵误，鲁迅则留有存疑空间，未断言“零陵”必误。

汪本卷一贾琮条首则“百姓歌之曰：贾父来晚，使我先反”句，未出校记，鲁迅辑本案语补：“《书钞》三十五引云：‘巷路歌来晚。’”这是因差异幅度较大而给出的校记。

汪本卷一张陵条“初为梁冀弟不疑所举孝廉”句，“疑”字下有案语，称“一作胤”，未注出处。此处关涉人名，鲁迅辑本案语改为“《书钞》作胤”，交代异文出处。

汪本卷一郎𫖮条次则“郎𫖮上事曰：‘入岁常有蒙原误霜气……’”，辑自《御览》卷八七八，“原误霜”系指《御览》原文作“霜”。鲁迅辑本案语作“原作霜气，依范书改”，交代了校改依据。

汪本卷一梁竦条首则“和帝追封谥皇太后父梁竦为褒亲愍侯”句无案语，鲁迅辑本在“竦”字下插入案语，称“原并作松，依范书改”，乃知汪本径改而未说明校改依据。

（二）增补修正佚文出处

标注佚文出处，在清代逐渐成为辑佚通则。谢承书诸家辑本，惟姚本不注佚文出处，而汪本标注“共引佚文”出处，常有脱漏。鲁迅做了大量拾遗补阙的工作，实例极多，以下略举一二。

汪本卷三臧洪条，注出自“《魏志·臧洪传》注”，鲁迅辑本增补为“《魏志》本传注　范书本传注　《御览》二百七十

八　《书钞》六十三”。

汪本卷二陈宠条次则，注出处为“《类聚》五　《御览》三十三”，鲁迅辑本补为“《类聚》五　《白帖》四　《御览》三十三”。

汪本卷二翟酺条，出处仅注“《御览》二百十二”，鲁迅辑本补为“《书钞》六十　《御览》二百十二”。

在共引佚文中，还有一种情况，即同书同卷多次引用。对于此类，汪本只注出自某书某卷，而不说明系同卷多次引用。如汪本卷二周荣孙景条次则，注出处为“《书钞》七十三　《御览》二百六十三”。覆案《书钞》，卷七三两引此则，一详一略。鲁迅辑本案语改为“《书钞》七十三两引　《御览》二百六十三”。

鲁迅辑本还订正了汪本标注出处的一些讹误。如汪本卷二应奉子劭条第五则，注出处为“《御览》三百四十二　《初学记》二十一　本传注”。覆案原书，《初学记》卷二一未引此则，《御览》卷三四五、《书钞》卷一九引有，汪本误一失二，鲁迅辑本订正为“《御览》三百四十二　又三百四十五　本传注　《书钞》十九”。

（三）案语的改造：本书化、合理化与格式化

在初期诸手稿中，鲁迅写下大量案语，抄录了不少他书材料，以备参考及利用。至最终定稿阶段，他必须整合汪本案语、初期手稿案语以及抄录的他书材料，使之融为一体，消除随意简略、表述不妥等瑕疵。

汪本卷一冯鲂孙石条，首句“冯鲂孙石”下注“孙石二字

原脱，依范书补”，鲁迅辑本沿用了汪本的校正意见，但改案语为“二字原夺，汪氏依范书补”。这一改动，既是说明他人的工作，又是转化为鲁迅辑本所应有的口吻。此类实例甚多，可以谓之“本书化”的改造，此不赘举。

相比汪本，鲁迅辑本的案语更趋准确妥帖。在此方面，最常见的改动是：出自范晔《后汉书》注的谢承书佚文，汪本称出处为“本传注”、“某某传注”，手稿 B 沿袭汪本未变，手稿 C 统改为“范书本传注”、“范书某某传注”，所指更为明确妥帖。至于其他情形的合理化改动，数量极多，针对的问题亦五花八门，但总不出使表述明晰周密的总方针。如汪本卷三刘瑜条“刘瑜父祥”，下注“范作辩”，鲁迅辑本改作“范书作辩”，更为规范妥帖。

所谓合理化，不只限于相对于汪本的改动，鲁迅诸手稿内部也在不断调适修正。如周章条，汪本无，手稿 B 补于卷一郑弘条后，手稿 C 亦有此条，但正文与案语皆有很大改动。

> 【手稿 B】周章为郡公曹，《书钞》七十七“周章拔佩刀”下注　范书云：“章仕郡为功曹，时大将军窦宪免，封冠军侯就国。章从南阳太守行春，至冠军。太守犹欲谒之，章进谏，不听，遂便升车。章前，拔佩刀，绝马鞅，乃止。及宪诛，多以交关得罪，太守幸免，以此重章。”

> 【手稿 C】章仕郡为功曹，时大将军窦宪免，封冠军侯就国。章从南阳太守行春，到冠军。太守犹欲谒之，章进谏，不听，遂便升车。章前，拔佩刀，绝马鞅，乃止。及宪诛，多以交关得罪，太守幸免，以此重章。《书钞》七十七引谢承书云：“周章为郡功曹，拔佩刀。”其文不全，今以范

书本传补之。

手稿B案语录出《书钞》原文，但案语过长，不免喧宾夺主，且原文过简，卒难成句，叙事不明。手稿C改用范书注所引录出，在案语中注明原文、出处、校改依据及理由，不能不说是合理的变通。

在诸手稿的渐次修订中，还表现出渐趋统一的格式化倾向。一是统一书名简称。如《艺文类聚》，手稿B简称为“类聚”，手稿C统改作“艺文”；《白孔六帖》，手稿B简称为“六帖”，手稿C统改作“白帖”。二是案语格式的统一。鲁迅辑本有时会采范书文句补谢承书佚文，以提高叙述的完整性与流畅性。就此，手稿B案语的格式是“以上依范书补”，手稿C起初沿用，之后统一改作“已上范书”。三是称引人名，称全名而不用简称。如手稿B引孙志祖说，多简化为“孙云”、“孙曰”，手稿C改为“孙氏志祖曰”或“孙志祖曰”。

（四）考证意味的加强

鲁迅辑本还有不少案语，关涉佚文真伪与史事考辨，较之汪本，考证色彩明显加强。如，卷一桓谭条，汪本仅注出处“《书钞》一百二”。鲁迅辑本案语称：“案《书钞》引《后汉书》，不著撰人，而诸辑本并有之，今亦依录。”鲁迅对此条是否为谢承书佚文抱有疑问，提出判断它为谢承书证据不足，但诸家辑本皆视之为谢承书，这里姑且从众。

卷一郑弘条，汪本仅注出处“《御览》四百七十四”。鲁迅辑本案语称：“案《初学记》十一引《后汉书》云：‘郑均字仲虞，为尚书，淡泊无欲，以病乞骸骨，终不肯起。章帝车驾幸均舍,敕赐尚书禄终其身,时人号曰白衣尚书。'与范书文小异,疑亦谢书,《御览》引略耳。'" 鲁迅推测《初学记》《御览》所引均是谢承书佚文,但因推测缺乏直接证据,故仅在案语中表出。

结　语

鲁迅诸手稿的关系、辑佚校改的体例原则与具体操作,具见上文,不再复述。而鲁迅辑本的辑佚学史意义,绝不止于后出转精,较汪本、孙本为优,是谢承书辑本中成就颇高、值得重视的一种;更在于它为考察辑佚学者如何在前人辑本的基础上增订修改,或者说"增益型"辑本是如何发生的,提供了极为难得的首尾完整的范例。

其实,孙本、汪本也是据姚本增补修订而成,孙本汪辉祖识语、汪本崔国榜序称:

> 康熙间,姚氏之骃撰《后汉书考逸》,中有谢书四卷。孙颐谷先生病其舛阙,重加纂集。凡姚氏所采者,一一著其出处,误者正之,略者补之,复以范书参订同异。其未采者,别为续辑一卷,证引精博,十倍于姚。(汪辉祖)[1]
>
> 康熙中,钱塘姚鲁斯辑《东观汉记》以下诸家书,为《补逸》,颇沿明儒旧习,不详所自,遗漏滋多。……先生旧藏姚本,随见条记,丹黄殆遍。(崔国榜)[2]

可惜的是,汪文台"随见条记,丹黄殆遍"的底稿、孙志祖

①孙志祖《谢氏后汉书补逸》卷首,南京国学图书馆影印清抄本,1931 年。
②汪文台《七家后汉书》卷首,清光绪间刻本。

的稿本，皆已不知去向，他们辑佚工作的过程性细节遂不可追寻。鲁迅辑录手稿虽有残缺，但反映辑佚工作始末的完整链条具在，充分展现出鲁迅如何重新寻检佚文（手稿 A），将自己辑录的佚文与前人辑本比勘并订补之（手稿 B），又参考他家辑本（手稿 F/G），直至形成自己的辑本（手稿 C）。鲁迅工作的诸项细节，原原本本地留存在各手稿中，使我们可藉以复原他的工作流程、每一步进展，推演他解决细部问题的思绪，由此解答辑本是如何"生成"的问题。

附　表

	用纸	书写时间	手稿全集卷次	辑校古籍卷次
手稿 A	素纸	1911 年 9 月 至 1912 年 2 月	25 册 5~117 页	第 1 函 第 2、3 册全册
手稿 B	格纸甲	1912 年 4 月（抄录）、1912 年 8 月至 1913 年 1 月（改定）	25 册 119~284 页	第 1 函第 4 册全册
手稿 C	格纸乙	1913 年 3 月 5 至 27 日	25 册 285~444 页、26 册 5~141 页	第 1 函第 1 册 1、5~310 页
手稿 D	格纸乙	1913 年春	26 册 142~143 页	第 1 函第 1 册 3~4 页
手稿 E	格纸丙	约 1914 年春	26 册 144~147 页	第 1 函第 1 册 311~314 页
手稿 F	格纸甲	1912 年 4 月 5 至 9 日	26 册 148~368 页	第 1 函第 6 册之"谢氏后汉书补逸五卷" 1~226 页
手稿 G	格纸丙	1914 年 2 月 15 日至 3 月 14 日	26 册 369~451 页、27 册 5~205 页	第 1 函第 5 册全册

第三章 《谢沈后汉书》鲁迅辑本考略

《谢沈后汉书》是鲁迅辑录的另一部记述东汉历史的纪传体史书。谢沈，字行思，会稽山阴人，晋康帝时征为太学博士，迁著作郎，以史才称，除《后汉书》外，又撰有《毛诗外传》《汉书外传》及《晋书》三十余卷，唐修《晋书》有传。

鲁迅在1912~1913年间辑录谢沈书，写出定稿，但生前未曾出版。学界对鲁迅辑录此书的研究不多，林辰、顾农介绍鲁迅辑本的基本面貌，分析辑录体例，考述与汪文台、黄奭两家辑本的异同等①。本章将在先行研究的基础上，进一步细述鲁迅辑录谢沈书的各问题点。

一、谢沈书的流传与诸家辑本

南朝宋何法盛《晋中兴书》："（谢沈）先著《后汉书》百卷及《毛诗》《汉书外传》。"② 唐修《晋书》所述与之同，史源

---

①林辰《鲁迅辑佚工作举隅——略谈鲁迅辑录的几种古籍》，原载《文学遗产》1981年3期，后收入《鲁迅述林》，人民文学出版社，1986年，66~69页。顾农《读〈鲁迅辑校古籍手稿〉札记》，《鲁迅研究月刊》2001年8期。顾农《鲁迅与会稽文献》，《山东社会科学》2013年6期。

②此据清黄奭辑本。何法盛《晋中兴书》，《黄氏逸书考》，民国间补刻本。

或与何法盛书有关。《隋书·经籍志》:“《后汉书》八十五卷,本一百二十二卷,晋祠部郎谢沈撰。”可见至唐初已有阙卷。《旧唐书·经籍志》:“又(《后汉书》)一百二卷,谢沈撰。《后汉书外传》十卷,谢沈撰。”《新唐书·艺文志》:“谢沈《后汉书》一百二卷,有《外传》十卷。”著录与《隋志》不合。对此,鲁迅辑本序文有解说,认为《外传》是另一书,并非从《谢沈后汉书》析出的一部分。

> 案《隋志》无《外传》者,或疑本在《后汉书》百二十二卷中,《唐志》乃复析出之。然据本传,当为别书,今无遗文,不复可考。①

推求何法盛《晋中兴书》与唐修《晋书》“先著《后汉书》百卷及《毛诗》《汉书外传》”一句的语义,所谓“外传”与《后汉书》不相接而承接《毛诗》《汉书》,宜指谢沈在《后汉书》之外,另为《毛诗》与班固《汉书》各作传解,成《毛诗外传》《汉书外传》二书。史传行文简略,乃写为“毛诗汉书外传”。至于“或疑本在《后汉书》百二十二卷中,《唐志》乃复析出之”云云,鲁迅未指明其人,实是清人章宗源《隋书经籍志考证》之说,读者可覆案②。

宋《崇文总目》《秘书省续编到四库阙书目》《郡斋读书志》《遂初堂书目》《直斋书录解题》,均未著录谢沈书。现存佚文多见于范晔《后汉书》李贤注、司马彪《续汉书志》刘昭

---

①此据手稿B录出。

②章宗源《隋书经籍志考证》,项永琴、陈锦春、郑民令点校,收入《二十五史艺文经籍志考补萃编》第14卷,清华大学出版社,2012年,10~11页。

注、《世说新语》刘孝标注等宋前文献，仅“八俊”、“三君”条引自宋人高似孙《史略》，但这二条佚文亦见于《世说新语》注，疑高氏未获见原书，据《世说》注转引。综上，可以推测谢沈书宋时已不存。

对于谢沈书的辑佚，始于清初。姚之骃辑本最早，收入姚氏《后汉书补逸》，有清康熙五十三年露涤斋刻本。嘉道间，汪文台在姚本基础上增辑，收入汪氏《七家后汉书》，有光绪刻本。道光间，黄奭亦有辑本，收入其《汉学堂丛书》，有道光刻光绪间印本。1980 年代，周天游重辑此书，收入周氏《八家后汉书辑注》，有上海古籍出版社 1986 年排印本①。

二、《谢沈后汉书》的鲁迅辑录手稿

鲁迅辑录谢沈书手稿，现存 2 件（以下称“手稿 A”、“手稿 B”）。

手稿 A 是周作人抄录的黄奭辑本，用格纸甲书写，与他所抄黄奭辑本《虞预晋书》合订一册，谢沈书居前，共 3 叶，现藏北京鲁迅博物馆。每半叶九行，每行三十七八字不等。版心不标书名叶码。此件未被收入《鲁迅辑校古籍手稿》，但影印说明有介绍，称“封面作‘谢沈后汉书　虞预晋书’的一册，系周作人手钞、鲁迅校订的稿本”②。这是就整册而

①周天游《八家后汉书辑注》，上海古籍出版社，1986 年。2020 年，上海古籍出版社修订重版。

②《编辑说明》，北京鲁迅博物馆、上海鲁迅纪念馆《鲁迅辑校古籍手稿》第 1 函第 1 册，上海古籍出版社，1993 年。

言，鲁迅校订实际只针对虞预书部分，谢沈书部分并无鲁迅校字。

该册末尾即虞预书部分完结处，有鲁迅题字“元年十二月十一日以胡本《文选》校一过”，及周作人题字“六月廿七日　三十日　七月一日”。将两人的题字联系起来看，应是周作人在1912年6月27日先抄黄本谢沈书，6月30日、7月1日，再抄虞预书，然后寄往北京；是年末，鲁迅校订虞预书部分。

手稿B是鲁迅辑本谢沈书的定稿本，用格纸乙书写，全为鲁迅笔迹，与《虞预晋书》的定稿本合订为一册（谢沈书部分为7叶，含封面1叶）。此件封面题“谢沈后汉书一卷”，次序，次目录，次正文。每半叶九行，每行二十二字。版心题书名及叶码。卷端首行题“后汉书”，次行题“晋祠部郎谢沈撰　会稽周树人校录”。此件书写干净齐整，无钩抹涂改，明显是定稿的面貌。

手稿B写成于1913年3月28日，当天的鲁迅日记称“夜写定谢沈《后汉书》一卷”。前述谢承书的最终稿本（手稿C）是在1913年3月5~28日写成的，此件紧接其后。正因前后紧邻而成，此件的款式面貌与谢承书手稿C如出一辙。

在辑录过程中，还曾有过一件手稿，但今已不存。1912年8月2日，鲁迅日记：“录汪文台辑本《谢沈后汉书》一卷毕。”[①] 鲁迅辑录谢承书时，抄录汪本，作为辑佚根底，该本（谢

---

①《日记》，《鲁迅全集》第15卷，14页。

承书手稿B）在1912年8月15日抄成。谢承书篇幅较大，抄写须花相当时间，所以鲁迅应是抄完汪本谢沈书之后，随即开始抄录谢承书，二者时间紧邻。而如前述，谢承书手稿B卷六第七叶以下佚阙，怀疑鲁迅抄录的汪本谢沈书，是附在谢承书手稿B之后，随之一并损去。

鲁迅辑佚古书，往往抄录前人辑本，其目的分为两种：一是以之为根底，在其上增补修订，进而形成自己的辑本，二是提供参考。对勘鲁迅辑本（手稿B）、黄本及汪本，可知鲁迅辑本更接近汪本，同时也吸取了黄本结构上的一些要素。依此来看，汪本是鲁迅辑本的根底（与鲁迅辑录谢承书相一致），黄本则起参考作用。

具体来说，鲁迅辑本判定佚文是否属于谢沈书，与汪本全同。如表1所示，黄本与周本归入谢沈书的几条佚文，鲁迅辑本与汪本皆归入谢承书。另一方面，鲁迅辑本的佚文末尾的案语，多与汪本相同或相近，而与黄本关系淡薄。如闵贡条，汪本案语为“汪文盛本范书周燮等传序注”，黄本案语作“姚氏《补逸》”，鲁迅辑本案语同汪本。光武帝条有二则，汪本案语均作“《水经·淯水注》”，黄本案语作“《水经·淯水注》、惠栋《后汉书补注》一”，鲁迅辑本作“《水经·淯水注》”、“同上”（指《水经·淯水注》），源自汪本的迹象分明。又如，出自《续汉书》八志注的佚文，凡该志不止一卷，黄本案语皆标出“某志几”，汪本、鲁迅辑本则皆不标；如钟离意条，黄本案语为“《续汉书·五行志》三注”，汪本案语为“《续汉·五行志》

注”,鲁迅辑本同汪本[1]。不过,在条目的设置命名上,鲁迅辑本有多处参酌黄本,而与汪本不同。如表 3-1 所示,“东平王苍”、“赤眉”、“三君”、“八俊”、“钟离意”五条,皆与黄本同。

各家辑本校录佚文,虽容有歧异,但在辑佚来源引文原貌的总体框定下,必然大体雷同,很难据此辨析甲本与乙本有无承袭关系。而案语的撰写具有相对的“自由度”,各家的行文习惯与自定体例不同,导致案语的面貌不一,反而更能体现各本之间有无参考关系。

表 3-1 诸家辑本佚文条目对应关系[2]

鲁迅辑本	汪文台辑本	黄奭辑本	周天游辑本
1 光武帝(2)	1 光武帝	2 光武	1 光武帝纪
2 安帝	3 安帝	3 安帝之第 2 则	2 安帝纪
3 东平王苍	5 祭祀志之第 2 则	**6 东平宪王苍**	4 祭祀志之第 2 则
4 赤眉	8 郡国志之第 1 则	**5 赤眉**	8 刘盆子传之第 1 则
5 钟离意	2 明帝	**9 钟离意**	12 钟离意传
6 郑敬	9 郑敬之第 2 则	8 郑敬	10 郑敬传
7 杨厚	10 杨厚	11 杨厚	11 杨厚传
8 龙邱苌(2)	11 龙邱苌	10 龙邱苌	16 龙邱苌传

①此条在汪本中为明帝条。

②佚文条目前所标数字指佚文排次,如汪文台辑本“3 安帝”指安帝条为汪本第 3 条。鲁迅辑本条目后标有数字者,表示该条下有几则佚文。如鲁迅辑本之郡国志条,有 2 则佚文,对应汪本第 8 条郡国志的第 2、3 则佚文(汪本郡国志条下有 3 则佚文),黄本第 17 条牛兰山与第 18 条羌胡。周本第 7 条郡国志亦为 2 则佚文,与鲁迅辑本完全对应。

续表

鲁迅辑本	汪文台辑本	黄奭辑本	周天游辑本
9 闵贡	14 闵贡	16 闵贡	18 闵贡传
10 三君	12 窦武	12 三君	13 窦武传
11 八俊	13 李膺	13 八俊	14 李膺传
12 礼仪志	4 礼仪志	14 胡广	3 礼仪志
13 祭祀志	5 祭祀志之第 1 则	15 蔡邕之第 1 则	4 祭祀志之第 1 则
14 天文志	6 天文志	15 蔡邕之第 2 则	5 天文志
15 五行志(2)	7 五行志	3 安帝之第 1 则、4 桓帝	6 五行志
16 郡国志(2)	8 郡国志之第 2、3 则	17 牛兰山、18 羌胡	7 郡国志
入谢承书	入谢承书	1 序	
入谢承书	入谢承书	7 朱鲔	9 岑彭传
入谢承书	入谢承书		8 刘盆子传第 2 则
入谢承书	入谢承书		15 符融传
入谢承书	入谢承书	入谢承书	17 张奉传
入谢承书	入谢承书		19 樊英传

三、结构编次与条目归属：鲁迅辑本与他家辑本之异同

如前述，鲁迅辑本问世前，谢沈书有姚之骃、汪文台、黄奭三家辑本，其后有周天游辑本。谢沈书现存佚文数量有限，总体而言，诸家辑本在文本方面的差异不大。除了最早的姚本失辑之处较多，其他诸家所得佚文在数量上差异不大。汪本与黄本所得相当，鲁迅辑本所收佚文与汪本相同，最晚出的周

本有几则佚文,他本将其归入谢承书内[①]。不过,各家的辑录思路、利用文献的客观条件以及对具体佚文的认识不同,因此在编次结构及佚文归属方面,存在一定差异。

先看编次结构。谢沈书原本如何编次,无从得知,各家构建辑本框架的思路不同。如表1所示,汪、周两本采取的路径是比照纪传体史书的成例,先本纪、次诸志、后列传,这也是《史记》《汉书》以来纪传体史书的一般框架。黄本则是依佚文内容,提取人名(地名)为题,帝王居先,诸人列后,存有先本纪后列传的意味;他本归入志书的佚文,黄本皆不以诸志冠名,似乎黄氏不认为现存佚文中有属于志书者。鲁迅辑本先本纪次列传,诸志居末,显然是比照今本《后汉书》后附司马彪《续汉书》诸志的面貌。鲁迅辑录谢承书,亦是如此编次佚文;这与他同时进行谢沈书、谢承书的辑录工作,不无关系。

其次,黄本与周本归入谢沈书的部分佚文,鲁迅辑本置于谢承书中。各家凭信的证据不同,导致认识有差异,这是造成出入的要因之一。周本刘盆子传第2则,辑自《御览》卷六四四:"赤眉入长安时,式侯恭以弟盆子为赤眉所尊,故自系。赤眉至,更始奔走,式侯从狱中参械出街中。"[②] 检《御览》

---

①关于姚、汪、黄三家佚文数量差异,《古佚书辑本目录》称:"汪文台据《续汉书志》刘昭注等书采得二十节,黄奭得二十二节,汪本《郑敬》篇'敬字次都,钓于大泽'一节为黄本所无,黄本《序》《朱鲔》二篇及《龙丘苌》第二节则为汪氏失采,余大致同。姚之骃辑本凡十一节,不出汪、黄二本。"见:孙启治、陈建华《古佚书辑本目录》,中华书局,1997年,144页。

②周天游《八家后汉书辑注》,605页。

卷六四四,称引自“谢沈后汉书”。鲁迅将此条并入谢承书刘盆子条,乃因他从《御览》卷六四三辑得一段叙事更详的佚文,称引自“谢承后汉书”,鲁迅认为这是一组“共引佚文”,遂依卷六四三,作为谢承书录出,将卷六四四所引归并在内。

【谢承书鲁迅辑本手稿C】赤眉入长安时,式侯恭以弟盆子为赤眉所尊,自系。赤眉至,更始奔走,式侯从狱中出,参械出街中。已上亦见《御览》六百四十四。逢京兆尹解恽,呼曰:“解君载我,我更始之忠臣也。即帝败,我弟又为赤眉所立。”恽使后车载之,前行,见定陶王刘祉,解其械,言帝在渭中船上。遂相随见更始。《御览》六百四十三

各家辑佚用书版本不同,是造成出入的另一诱因。如黄本朱鲔条,鲁迅辑本归入谢承书[1]。此佚文见引于《文选》卷四二《为曹公作书与孙权》注、卷四三《与陈伯之书》注。覆核《文选》胡克家刻本(鲁迅所用版本),两处皆称引自《谢承后汉书》,鲁迅乃将它归入谢承书。黄本此条案语称:“《文选》丘希范《与陈伯之书》注,与谢承同,见明《选》六臣本。”检视明嘉靖二十八年钱塘洪楩刻本(此为六臣注本),此处正作“谢沈后汉书”[2]。

又如,周本符融条、张奉条,辑自《太平御览》卷五〇二;

---

①周本依黄本,将此条入谢沈书,但改题为“岑彭”。见:周天游《八家后汉书辑注》,605页。

②《增补六臣注文选》卷四三,明嘉靖二十八年钱塘洪楩刊本。不过,卷四二《为曹公作书与孙权》注引文,洪本亦作“谢承后汉书曰”,黄本未提及。明刻六臣注本甚多,无法确指鲁迅使用的是何版本。

樊英条，辑自同书卷二四一。鲁迅辑本与汪本，皆归入谢承书。周本晚出，辑录时利用了宋本《御览》的影印本，而宋本称这三条佚文引自“谢沈《后汉书》”。周氏的处理当然是正确的。而鲁迅与汪氏误作谢承书，恐怕不是他们巧合地在三处发生了同样的检录失误，而是所用《御览》版本此处有误。他们所用是何版本，现难以确知，但绝无可能是宋本（或其影印本）[①]。这是文献条件的客观限制。

类书旧注援引古书，往往不具篇名，辑佚者只能根据文意，推定归属分合，拟定条目名称。谢沈书是纪传体史书，条目的分合归属及其名称，即意味着辑佚者对于佚文属于何纪、何传、何志的认识。而各家的认识不同，乃导致同一佚文在不同辑本中的分合归属及条目命名有异。因原书已佚，无法绝对判定孰是孰非，但其间仍有相对的合理与不合理之别。

鲁迅辑本东平王苍条，辑自《续汉书·祭祀志》刘昭注，刘注仅称引自“谢沈书”，未标篇目[②]。汪本、周本将此条归入祭祀志条下，为祭祀志第二则。汪氏、周氏据佚文所述为宗庙配享之事，且是被司马彪书《祭祀志》所引，故而推断佚文是谢沈书《祭祀志》语。鲁迅则以文中称东平宪王刘苍为“苍”，

---

①宋刻本《太平御览》，原书藏于日本，1935 年由商务印书馆影印，其版本情况与影印经纬，参阅：张元济《宋本及日本聚珍本太平御览跋》，张人凤《张元济古籍书目序跋汇编》，商务印书馆，2003 年，953 页。另，现存鲁迅藏书中有《御览》清光绪十八年学海堂南海李氏刻本，此部购于 1927 年 7 月 4 日，事见日记。见《鲁迅手迹和藏书目录》第 2 集，45 页。韦力《鲁迅藏书志（古籍之部）》，635~637 页。

②《后汉书》，中华书局，1965 年，3198 页。

行文口吻更似以刘苍为主体的本传中语，判断它属于传文。揣摩文义，似以鲁迅为优。

> 【手稿B】上以公卿所奏明德皇后在世祖庙坐位驳议示苍，上言："文、武、宣、元祖祫食高庙，皆以配，先帝所制，典法设张。《大雅》曰：'昭哉来御，慎其祖武。'又曰：'不愆不忘，率由旧章。'明德皇后宜配孝明皇帝于世祖庙，同席而供馔。"《续汉·祭祀志》注

鲁迅辑本赤眉条，辑自《续汉书·郡国志》注，即汪本郡国志条首则、周本刘盆子传之第一则。此条佚文仅有一句："赤眉攻雍邱。"[①] 汪氏因佚文出自《续汉书·郡国志》注，乃归入郡国志，似嫌轻率。鲁迅、周氏据佚文述赤眉军事，乃入列传；鲁迅设立赤眉军条目，周氏则隶入事迹与赤眉军有关联的刘盆子传。

鲁迅辑本三君条，即汪本、周本的窦武条。此条佚文出自《世说新语·品藻》注，作："三君者，一时之所贵也。窦武、刘叔、陈蕃少有高操，海内尊而称之，故得因以为目。"行文以窦武居先，汪氏、周氏乃推测它是窦武传中语。鲁迅剌取佚文首二字为题，于义未安，依纪传体史书的常例来看，即便做合传处理，亦不会以"三君"为篇名。与此例同理类似的，还有鲁迅辑本八俊条（汪、周本李膺条）。推求鲁迅如此处理，盖因无法判定佚文究属何传。谢承书鲁迅辑本设有散句条，统辖难以确定归属的零碎佚文，谢沈书辑本未做同样处理；否则，置

---

①《续汉书·郡国志》注原文作"赤眉攻雍乡"，汪本、鲁迅辑本并误，周本不误。

于散句条内,不失为妥帖而谨慎的处理。

四、案语的订补:鲁迅辑本对于汪本的修正

辑本的案语起到标注佚文出处、考辨正误、说明处理原则及依据的作用,是辑本不可或缺的组成部分。作为鲁迅辑本根底的汪本,案语时有格式体例不一、补文不加说明、失注等疏漏,鲁迅辑本对此做了订补。

汪本祭祀条有两则佚文,均辑自《续汉书·祭祀志》注,首则案语称“本志注”,次则案语称“《续汉》本志注”,前后格式不一。鲁迅辑本统一了标注格式,辑自《后汉书》注者,统称“范书 ×× 传/本纪注”;辑自《续汉书某志》注者,一律称“《续汉 ×× 志》注”。

汪本五行志首则:“安帝永初元年,郡国大水,漂没民人,死者以千数本志注。”案语称辑自“本志注”。检《续汉书·五行志》注,所引谢沈书仅“死者以千数”一句,汪本的其余文句来自司马彪志原文,以补完史事语境。引入他书文字以补明原委,固无不可,但应做出说明。鲁迅辑本在“漂没民人”句下标注“以上依《续汉》本志补”,讲明佚文原貌,处理更为妥帖。同类实例还有五行志条第2则,读者可覆案。

汪本李膺条(鲁迅辑本八俊条),此条辑自《世说新语·品藻》注。汪本增补文句,未作说明。鲁迅辑本按《世说》注原样录出,又补充了汪本未及的另一出处——宋高似孙《史略》卷二。

【《世说新语·品藻》注】谢沈书曰:“俊者,卓出之

名也。”

【汪本】以李膺等为八俊。俊者，卓出之名也。《世说·品藻》注

【鲁迅辑本】俊者，卓出之名也。《世说·品藻篇》注《史略》二

汪本杨厚条、龙邱苌条无案语，未注明出处。这两条佚文承袭自姚本，汪氏未检得出处。杨厚条，鲁迅在《御览》卷五〇二检得谢承书的近似佚文，案语作：“姚氏《后汉书补逸》有之，未详所出。《御览》五百二引谢承书，与此文笔并同，惟‘厚’作‘后’。”龙邱苌条，鲁迅未检得出处，案语作：“并见姚氏《补逸》，未详所出。”[①]

结　语

如上文所述，鲁迅辑录谢沈书是以汪文台辑本为根底，参酌黄奭辑本而成。谢沈书现存佚文数量不多，鲁迅未能辑得新的佚文，只能核验既有佚文，在佚文编次归属与案语这两方面，做小幅度修订。这与他辑录谢承书，针对汪本做出大量增补，有很大不同。尽管如此，鲁迅辑本在案语等细节方面较汪本更优，后出转精，较之清人辑佚，更进一层，是良可宝贵的。

---

①以上两例还说明鲁迅核检了姚之骃辑本。

附　表

	用纸	书写时间	手稿全集卷次	辑校古籍卷次
手稿 A	格纸甲	1912 年 6 月 27 日	27 册 206~211 页	未收
手稿 B	格纸乙	1913 年 3 月 28 日	27 册 212~222 页	第 1 函第 6 册之“谢沈后汉书一卷” 1~14 页

第四章 《虞预晋书》鲁迅辑本考述

《虞预晋书》是鲁迅辑录的史籍之一。虞预字叔宁，会稽余姚人。雅好经史，憎疾玄虚，历官琅邪国常侍、秘书丞、著作郎、散骑侍郎，封平康县侯，著有《晋书》《会稽典录》《诸虞传》，另著诗、赋、碑、诔、论、难数十篇。唐修《晋书》卷八二有传。鲁迅所辑《会稽典录》，收入《会稽郡故书杂集》，已见前文。

在唐修《晋书》之前，先后出现多部记述晋代史事的纪传体、编年体与杂体史书，其中较为著名者计十八家，史称“十八家晋史”。其中不少至唐初犹存，成为唐修《晋书》的取材来源。《虞预晋书》是其中之一。对于鲁迅辑录《虞预晋书》的先行研究不多，林辰介绍了鲁迅手稿的基本面貌，分析鲁迅编次佚文的原则，比较鲁迅辑本与汤球辑本的异同；顾农的介绍较为简略，谢政伟则对鲁迅辑本的校勘疏失等，做了订正[①]。

---

①林辰《鲁迅辑佚工作举隅——略谈鲁迅辑录的几种古籍》，原载《文学遗产》1981 年 3 期，后收入《鲁迅述林》，人民文学出版社，1986 年，66~69 页。顾农《读〈鲁迅辑校古籍手稿〉札记》，《鲁迅研究月刊》2001 年 8 期。顾农《鲁迅与会稽文献》，《山东社会科学》2013 年 6 期。谢政伟《鲁迅辑录虞预〈晋书〉勘误六则》，《鲁迅研究月刊》2017 年 1 期。谢政伟《鲁迅校录虞预〈晋书〉勘误四则》，《绥化学院学报》2019 年 11 期。

一、虞预书的清人辑本与鲁迅辑录手稿

唐修《晋书》本传称，虞预"著《晋书》四十余卷"。《隋书·经籍志》："《晋书》二十六卷　本四十四卷，讫明帝，今残缺。晋散骑常侍虞预撰。"可知原书至唐初已残损近半。两唐志并作五十八卷，卷数盈出《晋书》《隋志》所载，宜为析分篇章所致。宋《崇文总目》《秘书省续编到四库阙书目》《郡斋读书志》《遂初堂书目》《直斋书录解题》皆不载；《御览》引有虞预书 10 余则，但《御览》多有转引而非实据原书的情形。依此，此书宋时已不存。

清代，此书有黄奭、汤球两家辑本。黄本收入其《汉学堂丛书》(《黄氏逸书考》)。汤本收入汤氏《九家旧晋书辑本》，有光绪间广雅书局刻本[①]。民国间，张寿镛《四明丛书》重刻汤本。黄、汤二本略有小异，互有优劣，《古佚书辑本目录》称：

> 黄奭据传注类书采得四十余人之事迹，末一篇为《写起居注》。汤球所辑与黄本稍异，黄本中戴俨其人与《写起居注》为汤本无，汤本中元帝(黄本为淳于伯)、王祥、王戎、虞钦、武陔、嵇康、戴渊诸人之事迹皆比黄本详，余不过编次不同而已。[②]

---

①民国间，商务印书馆据广雅书局本标点排印《九家旧晋书辑本》，收入《丛书集成初编》。以下称引汤本，皆据四明丛书本。关于《九家旧晋书辑本》的情况，可参：陈虎、杨朝明《试论汤球的〈九家旧晋书辑本〉》，《安徽史学》1992 年 2 期。

②孙启治、陈建华《古佚书辑本目录》，146 页。

鲁迅辑录虞预书手稿现存2件(以下称“手稿A”、“手稿B”)。手稿A是周作人抄录的黄奭辑本。此件用格纸甲书写,与前述谢沈书手稿A合订一册,虞预书部分在后,共8叶,现藏北京鲁迅博物馆。每半叶九行,每行三十七八字不等,版心不标书名叶码。第三章已述及,此件抄于1912年6月30日~7月1日。

之后,鲁迅以《文选》《御览》《书钞》《史略》《三国志》《事类赋注》《世说新语》《初学记》与之对勘,其中用《文选》校勘,是在1912年12月11日,手稿A末有鲁迅所写题记“元年十二月十一日以胡本《文选》校一过”。对勘时发现异同及黄本失漏之处,鲁迅便在手稿A上补写,或作标记。比如,鲁迅检得3则黄本所无的零碎佚文,乃在手稿A末尾增设散句条以统辖之。鲁迅与周作人的字迹不难分辨,这些增添校改一望可知。此外,各条佚文末尾标注辑录出处,其下有类似句号的符号(图4-1),意指已据辑录出处核检佚文。此外,手稿A部分条目的标题上加点,则指黄本的这些条目次序混乱,需要重排。

手稿A针对黄本的修订增改,几乎全为手稿B吸收整合。如黄本嵇康条,从《世说·德行篇》注录出,文句较简;鲁迅从《三国志》裴注检得同一佚文,但行文更详,补写在手稿A上,手稿B将《世说》注所引与《三国志》注所引,整合为一。

与此同时,鲁迅辑本沿袭黄本之处亦不少;最为明显的一点是,二者案语标注佚文出处,格式一致。辑自《三国志》裴注的佚文,均作“魏志/吴志某某传注”;辑自《世说新语》

刘注的佚文,均作"《世说》某某篇注";辑自《文选》注的佚文,均作"《文选》某人某文注"[①]。汤本案语标注出处的格式,与二者不同,辑自《三国志》注与《世说》注者,只称书名卷数,如"《三国志》注六十五"、"《世说》注二";辑自《文选》注者,只称篇名,不标作者,"《文选·为范尚书让吏部封侯第一表》注"[②]。

如上,可以看出黄本是鲁迅辑录虞预书的根底。手稿 A 与前述谢承书手稿 B 相同,原先都是前人辑本的抄本,鲁迅重检辑佚来源(《御览》《文选》等书),核验前人辑本的各条佚文之后,在其上修改增订,性质乃从抄本转变为稿本。惟虞预书现存佚文数量有限,且很多佚文是单一来源;黄氏检录彻底,少有漏辑,所以手稿 A 的增改幅度远少于谢承书手稿 B。

手稿 B 是鲁迅辑录虞预书的定稿本,用格纸乙书写,全为鲁迅笔迹,与谢沈书手稿 B 合订一册(虞预书部分为 16 叶,含封面 1 叶)。前有封面,题"虞预晋书一卷",次序,次目录,次正文。每半叶九行,每行二十二字。版心题书名及叶码。正文卷端首行题"晋书",次行题"晋散骑常侍虞预撰　会稽周树人校录"。此件书写干净齐整,惟何曾条天头处

---

①所不同者,辑自《文选》注的佚文,黄本标署作者惯称字,鲁迅辑本则改称本名。如赵王伦条,黄本标为"《文选》任彦升《为范尚书让吏部封侯第一表》注",手稿 A 在"彦升"两字旁标"昉",手稿 B 循此改标为"《文选》任昉《为范尚书让吏部封侯第一表》注"。

②此外,鲁迅见到汤本,是在辑录完成之后。日记称,1914 年 9 月 22 日,"下午往图书分馆借《晋书辑本》等九册"。"晋书辑本",是汤球《九家旧晋书辑本》的旧称。不过借来书后,鲁迅未再做订补。

添入《三国志·何夔传》注引干宝《晋纪》的一段文字，以补明何曾条佚文的史事背景，此外无明显的钩抹涂改，明显是定稿的面貌。此件抄写于1913年3月29~31日，日记称“夜写定虞预《晋书》集本”（29日），“夜写虞预《晋书》毕，联目录十四纸也”（3月31日）。

手稿B不仅吸收整合了手稿A已有的修订增改，又有一些新的调整。最为明显的是，鲁迅辑本的部分佚文条目分合与黄本不同，手稿A中无指示，手稿B则做了调整。又如，对于各辑佚来源文本面貌差异较大的共引佚文，黄本习惯在佚文末尾的案语中抄录各出处的原文，手稿A对此未作改动，手稿B则改为在相应文句下插入“此几字某书有”之类的案语，说明异文。

虞预书手稿A与谢沈书手稿A抄写于1912年6月27日至7月1日间；鲁迅校改虞预书手稿A在1912年冬，他校改谢承书手稿B是在1912年12月至1913年1月；手稿B与谢沈书手稿B、谢承书手稿C则是在1913年3月5~31日间相继写成。虞预、谢承、谢沈三书的辑录工作，时间上密迩相接，显然是同步交叉展开。三书的几件手稿的款式面貌几乎一致，正与此相关。

二、佚文条目的编次、归属与缀合

如表4-1所示，鲁迅、黄奭、汤球三家辑本收录的佚文相差有限，此有彼无的条目很少。三者的差别主要在于佚文的编次、归属、缀合等细节处理。以下分别叙述。

表 4-1 鲁迅辑本、汤球辑本、黄奭辑本条目对照[①]

晋书	鲁迅辑本	汤球辑本	黄奭辑本
卷一	1 宣帝	1 宣帝	1 宣帝
卷三八	2 扶风王骏	6 扶风王骏	2 扶风王骏
卷五九	3 赵王伦	25 赵王伦	3 赵王伦
同上	4 齐王冏	26 齐王冏	4 齐王冏
同上	5 西阳王羕	24 西阳王羕	5 西阳王羕
卷三三	6 王祥	4 王祥（2）	6 王祥●
同上	7 何曾		
卷三四	8 羊祜	2 武帝	10 张华●
卷三五	9 裴秀	5 裴秀（3）	9 裴秀●
卷三九	10 荀勖	8 荀勖（2）	7 荀勖●
卷四一	11 魏舒	9 魏舒	21 魏舒●
卷四二	12 王浑	10 王浑（2）	11 王浑●
卷三九	13 王浚	7 王浚	14 王浚●
卷四三	14 山涛　子简（2）	11 山涛 12 山简	15 山涛● 16 山简●
无	15 山嵚	13 山嵚	17 山嵚●
卷四三	16 王戎	14 王戎	12 王戎●
同上	17 王衍	15 王衍	13 王衍●
同上	18 乐广	16 乐广	22 乐广●
卷四四	19 卢钦　子浮（2）	17 卢钦（2）	20 卢钦●（1）
卷四五	20 和峤	18 和峤	8 和峤●

①佚文条目前所标数字指佚文次序。辑本条目后所标数字，指该条目下有几则佚文，条目下只有一则佚文者不标。处于同一行的三家佚文条目，表示彼此对应相当。居首的《晋书》卷次，指与鲁迅辑本条目对应的唐修《晋书》纪传在何卷，如羊祜在卷三四。黄本加圆圈者，指手稿 A 中鲁迅在这些佚文标题上加点。

续表

晋书	鲁迅辑本	汤球辑本	黄奭辑本
同上	21 武陔　弟韶茂	19 武陔	26 武陔　武韶　武茂●
卷四九	22 嵇康	21 嵇康	18 嵇康●
卷五八	23 周处　子玘札	23 周处	24 周处●
卷六一	24 华轶	27 华轶	31 华轶●
卷六二	25 祖逖	28 祖逖	27 祖逖●
卷六五	26 王导	29 王导	29 王导●
卷六七	27 温峤　子隰(2)	30 温峤(3)	28 温峤●(2)
卷六八	28 贺循	31 贺循条第 2 则	35 贺循
卷六九	29 刘隗(3)	32 刘隗(2)3 元帝	34 刘隗(2)40 淳于伯(1)
同上	30 刁协	33 刁协	32 刁协
同上	31 戴渊(2)	34 戴渊条第 1、2 则	33 戴俨(1)23 戴渊(1)
同上	32 周顗	35 周顗	30 周顗
卷八二	33 司马彪	36 司马彪	25 司马彪
卷八九	34 嵇绍	37 嵇绍	19 嵇绍
同上	35 王豹	38 王豹	41 王豹
无	36 何桢(2)	39 何桢(2)	38 何桢
无	37 庾琮	22 庾琮	37 庾琮
无	38 吕漪	34 戴渊条第 3 则	36 吕漪
无	39 贺齐	31 贺循条首则	39 贺齐
无	40 散句		
		20 刘颂	
			42 写起居注

（一）佚文编次与归属的差异

总体来说，三家辑本排定虞预书佚文次序，先本纪后列传是基本原则，当然这也是纪传体史书的定例[①]。所不同者，鲁迅与黄奭将诸王列传集中列于本纪后，汤球则依唐修《晋书》卷次分置。诸王之外的列传，鲁迅与汤球的处理原则，均是按唐修《晋书》次第排列。不过，他们二人对于部分佚文的归属，看法不同，乃造成相应的排次变化。比如，依鲁迅辑本的佚文归属，王祥至王豹诸人，在唐修《晋书》卷三三至八九各有传；何桢虽无专传，但在卷九七《四夷列传》提及事迹；庾琮、吕漪、贺齐三人，不见于唐修《晋书》，鲁迅将它们与散句条一并附末。汤氏辑本以吕漪条为戴渊条之一则，贺齐条为贺循条之一则。

鲁迅与汤氏的排次，也有与唐修《晋书》不合之处。与此有关，鲁迅辑本有一处排次失误，将王浚（传在唐修《晋书》卷三九）列在王浑（唐修《晋书》卷四二）、山涛（唐修《晋书》卷四三）之间。盖一时失察，将王浚（字彭祖，王沈子）误认为王濬（字士治，传在唐修《晋书》卷四二）。山嵚，唐修《晋书》无传，鲁迅、汤氏皆将他附在山涛、山简后，这是比拟家族人物合传。与之类似的还有庾琮条，唐修《晋书》未提及此人，汤氏列于嵇康（唐修《晋书》卷四九）、周处（唐修《晋书》卷五八）之间。盖庾琮为庾峻子，庾峻传在唐修《晋书》卷五〇，汤氏系依庾峻传的卷次排列庾琮。

黄本的佚文排次，则与唐修《晋书》次第有很大差异，不

---

①唐修《晋书》有四部分，依次为本纪、志、列传、载记。三家辑本均无（或者说均不认为有）志、载记佚文。

知黄氏排次是以何为参照基准，抑或依人物时代大体排序。手稿A在王祥等22条佚文标题上加点，便是鲁迅用唐修《晋书》核检，发现这些佚文的排次与唐修《晋书》卷次大有不同，须重新排次而施加的标记。

（二）佚文条目归属的差异

同一佚文而条目归属不同，反映出不同辑佚者对于佚文内容的认识以及处理思路有别。比较典型的例子是鲁迅辑本羊祜条，汤本为武帝条，黄本为张华条；此条佚文记晋灭吴后封赏事：

> 武帝论平吴功，唯羊祜、王浚、张华三人各赐绢万匹，其余莫得此比。

推求三家处理的思路，鲁迅依行文口吻，推测此似受赏者传中语，而羊祜在三人中居首，遂推定此属羊祜传。汤氏、黄氏则当是参照唐修《晋书》而做推拟，但二人参照的对象不同，所得结论乃不同。《晋书·武帝纪》称平吴后"于是论功行封，赐公卿以下帛各有差"；汤氏认为佚文与之对应，是虞预书《武帝纪》，所述较唐修《晋书》更详。《晋书·张华传》称："尚书、关内侯张华……其进封为广武县侯，增邑万户，封子一人为亭侯，千五百户，赐绢万匹。"黄氏是取此与佚文对应，推定佚文是张华传中语。

又如，鲁迅辑本与黄本的贺齐条，是汤本贺循条首则，辑自《三国志·贺齐传》注。贺齐为贺循曾祖，卒于三国初年，汤氏认为这是贺循传追述祖先事迹之语。黄本径直辑录，未有考辨。鲁迅辑本有案语："案，齐，吴人，《晋书》不当有传。

疑是贺循传中语,或《吴志》注误题书名也。”鲁迅的考虑更多,一方面不完全否认“贺循传中语”的可能性,又提出《三国志》注标引书名有误的可能性。盖贺齐与贺循时代相去甚远,此条佚文又述贺齐伯父事,追述先祖事迹枝蔓若此,虽不能说史传中绝无仅有,但毕竟很可质疑。鲁迅将此条附在辑本末尾,就含有存疑的意味。

【鲁迅辑本】贺氏本姓庆氏。齐伯父纯,儒学有重名,汉安帝时为侍中、江夏太守,去官,与江夏黄琼、汉中杨厚俱公车征。避安帝父孝德皇帝讳,改为贺氏。齐父辅,永宁长。

(三)佚文缀合的处理

拼合缀连佚文,是鲁迅处理佚文的偏好,之前各章已有论述。汤球有时也做类似处理[①]。但二家对于具体佚文的分合处理,仍有不同,总的来看,鲁迅辑本的缀合多于汤本。王祥、裴秀、荀勖、王浑、温峤条,皆是鲁迅辑本合而汤本分。汤本王祥条有2则,辑自《世说新语·德行篇》注,鲁迅辑本缀连为一:

【汤本】祥以后母故,陵迟不仕。年向六十,刺史吕虔檄为别驾。时人歌之曰:“海沂之康,实赖王祥。邦国不空,别驾之功。”《世说》注一

累迁太保。《世说》注一

【鲁迅辑本】祥以后母故,陵迟不仕。年向六十,刺史吕虔檄为别驾。时人歌之曰:“海沂之康,实赖王祥。

①陈虎、杨朝明《试论汤球的〈九家旧晋书辑本〉》。

邦国不空,别驾之功。”累迁太保。《世说·德行篇》注

除去文意是否相接,鲁迅辑本似乎还有一个不成文的限定,即佚文来源必须是同书同篇,方可缀合。如温峤条,汤本为3则,一、三则辑自《世说·贤媛篇》注,第二则辑自《世说·尤悔》注,鲁迅辑本将一、三则缀连,未缀次则。汤本裴秀条3则,同出《世说·赏誉篇》注,荀勖条2则,同出《世说·方正篇》注,王浑条2则,同出《世说·贤媛篇》注;鲁迅辑本将这些佚文各自缀合。

这一做法有可议之处。类书古注引用他书,是根据各自需要而节选摘取,并无同卷引文必定在原书中上下相连之理。佚文缀合是一种推拟,取决于辑佚者对上下文字关联度的敏感与认知,风险难以避免。鲁迅不会对此风险毫无体察,那么他为何还要执着于缀合佚文,而非采取更为稳妥的原样抄录佚文呢?唯一的解释,只能是他看重文本的连贯度与“可读性”。

三、案语的差异

三家辑本的案语,在细节处理上,也有一些差异。黄本与鲁迅辑本在案语上的差异,主要是黄氏检录佚文不及鲁迅细致,部分“共引佚文”仅标署一个出处,鲁迅予以增补。以下主要论述鲁迅辑本与汤本的差异。

汤本与鲁迅辑本的案语,格式体例有所不同,已见前述。除此之外,汤本案语间有疏失,鲁迅辑本较之细密完善。其中比较突出的是,《书钞》所载佚文,汤本或失注,或不标具

体卷数。如宣帝条,《书钞》卷一一、一二及《御览》卷五九皆引,鲁迅辑本全部注出,汤本仅标出《御览》卷五九。刘隗条次则,汤本注出处为"《书钞》",未标卷数,鲁迅辑本标为"《书钞》六十二两引"。何桢条首则,汤本注出处为"《御览》二百三十三",鲁迅辑本作"《书钞》五十七、《御览》二百三十三";汤本"少而好学"句下案语作"四字依《书钞》补",可见汤氏曾翻检《书钞》,却未标署卷数。此外,宋高似孙《史略》所载佚文,汤本皆失注,似未曾翻检之。

魏舒条,汤本案语标出处为"《御览》四百四十一",鲁迅辑本作"《御览》四百四十二"。检《御览》,此佚文在卷四四二,汤本笔误。

汤本贺循条次则(即鲁迅辑本首则),"朝野咨询"句下有案语,称"以上六句亦见《书钞》"。鲁迅辑本此处案语作"'循为太子太傅'至此已上,《书钞》六十五亦引"。古籍断句因人而异,"以上六句"指向有欠明确,鲁迅辑本案语指明起讫,处理更为妥帖。

又如王戎条,《世说·德行篇》注所引原文仅"由是显名"一句。鲁迅与汤氏分别用唐修《晋书》与《世说新语》原文补明语境,汤本未加案语区分,鲁迅则做说明。

【汤本】戎父浑有令名,官至凉州刺史。浑薨,所历九郡义故,怀其德惠,相率致赙数百万。戎悉不受,戎由是显名。《世说》注一

【鲁迅辑本】王戎,字濬冲,琅邪临沂人也。父浑,凉州刺史、贞陵亭侯,卒于凉州。故吏赙赠数百万,戎辞而不受已上依唐修《晋书》补,由是显名。《世说·德行篇》注

对于“共引佚文”，鲁迅重视在案语中交代各辑录来源的重要异文，说明校改依据，汤本不及鲁迅辑本细密完善。如武陔条，辑自《三国志》卷二七《胡质传》注，前半段又见于《世说新语·赏誉篇》注、《太平御览》卷四四二：

【《三国志·胡质传》注】周字伯南，沛国竹邑人。位至光禄大夫。子陔，字元夏。陔及二弟韶、茂，皆总角见称，并有器望。虽乡人诸父，未能觉其多少。时同郡刘公荣名知人，尝造周。周谓曰：“卿有知人之明，欲使三儿见卿，卿为目高下，以效郭、许之听，可乎？”公荣乃自诣陔兄弟，与共言语，观其举动。……

【《御览》卷四四二】武陔字元夏，沛国竹邑人。父同，有显名。陔及二弟韶、茂，皆总角见称。时同郡刘公荣名人，尝诣同，过陔兄弟，与观其举动。……

【《世说新语·赏誉》注】武陔字元夏，沛国竹邑人。父周，魏光禄大夫。陔及二弟韶、茂皆总角见称，并有器望，乡人诸父未能觉其多少。时同郡刘公荣名知人，尝造周，周见其三子。……

【汤本】武陔字元夏，沛国竹邑人。父周，字伯南，有显名，魏位至光禄大夫。陔及二弟韶、茂皆总角见称，并有器望。虽乡人诸父，未能觉其多少。时同郡刘公荣昶字名知人，尝造周。周思见其三子，谓曰：“卿有知人之明，欲使三儿见卿，卿为目高下，以效郭、许之听，可乎？”公荣乃自诣一作过陔兄弟，与共言语，观其举动。……以上亦见《世说》注四、《御览》四百四十二。

【鲁迅辑本】武陔字元夏，沛国竹邑人。父周《御览》

讹“同”，字伯南三字《魏志》注有，魏光禄大夫，有显名三字《御览》有。陔及二弟韶、茂皆总角见称，并有器望已上依《世说》注。虽乡人诸父，未能觉其多少。时同郡刘公荣名知人，尝造周，周谓曰：“卿有知人之明，欲使三儿见卿，卿为目高下，以效郭、许之听，可乎？”公荣乃自诣陔兄弟，与共言语，观其举动。……已上《世说·赏誉篇》注、《御览》四百四十二亦引。

此条佚文，鲁迅辑本与汤本均是权衡诸书，取长补短，拼合而成。鲁迅辑本在“并有器望”句前，以《世说》注为底本，补入《御览》与《三国志》注有而《世说》注无的文句，此后以《三国志》注为底本，关键异文均给出校语。汤本多有改动，却不出校语。

结　语

黄奭、汤球是清代辑佚名家，汤氏在魏晋史籍的辑佚上用力尤多，所辑《十六国春秋》《九家旧晋书辑本》，皆有佳誉。受史料所限，鲁迅辑录虞预书，无法在佚文搜集上做出突破，但相比二家辑本，细节上更为细密完善。

为文本连贯流畅而缀连佚文，是鲁迅辑本的特点。辑佚之于鲁迅，虽是独立的学术活动，但其中隐约透出他作为文学家的文本敏感和对阅读感受的关注。史书辑佚与文学趣味，看似绝不相侔，却在辑本的细微处互相勾连，不能不说是颇有兴味的一点。

附　表

	用纸	书写时间	手稿全集卷次	辑校古籍卷次
手稿 A	格纸甲	1912 年 6 月 30 日至 7 月 1 日	27 册 223~238 页	未收
手稿 B	格纸乙	1913 年 3 月 29 至 31 日	27 册 239~267 页	第 1 函第 6 册之“虞预晋书一卷”1~32 页

附　关于《姚辑本〈谢氏后汉书补逸〉抄录说明》

——《鲁迅全集》(2005年版)误收文一则

2005年版《鲁迅全集》第10卷《古籍序跋集》,收有《姚辑本〈谢氏后汉书补逸〉抄录说明》一文(以下简称"抄录说明")。文后注释称,"本篇据手稿编入,原无标题、标点。前两段写在《谢氏后汉书补逸》抄稿之前,最后一段写在抄稿之后"[①]。所谓"手稿",指鲁迅1912年4月据江南图书馆藏清钞本《谢氏后汉书补逸》传抄的本子(即第二章所述手稿F)。为便下文讨论,先将《抄录说明》全引如下:

《谢氏后汉书补逸》五卷　何梦华藏书　钱唐丁氏善本书室藏书　今在江南图书馆

钱唐姚之骃辑,后学孙志祖增订。前有嘉庆七年萧山汪辉祖序,云:"案,吴淑《进注事类赋状》在淳化时,已称谢书遗逸。王应麟《困学纪闻》云:谢承父婴,为尚书侍郎。原注:谢承《后汉书》,见《文选》注。是谢书在宋时已无传本。康熙间,姚氏之骃撰《后汉书考逸》,中有谢书四卷。孙颐谷先生重加纂集,凡姚采者一一著其

①鲁迅《古籍序跋集》,《鲁迅全集》第10卷,人民文学出版社,2005年,10页。

出处，误者正，略者补，复以范书参订同异，其未采者别为续辑一卷。证引精博，可谓伟平功臣矣。”又归安严元照序云：“谢书于忠义隐逸，搜罗最备，不以名位为限，其所以发潜德幽光者，蔚宗不及也。”又有之驷原序。是书为梦华钞本，有“钱唐何元锡字敬祉号梦华又号蜨隐”，又“布衣暖菜根香读书滋味长”两印。【卷端】

壬子四月，假江南图书馆藏本写出，初五日起，初九日讫，凡五日。【卷末】

此文最早披露，是作为鲁迅“未发表的文稿”，刊发于《鲁迅研究资料》第3辑，现标题“姚辑本《谢氏后汉书补逸》抄录说明”即当时所拟[①]。《鲁迅全集》1981年版未收此文。后来，顾农提出，这“是一个失诸交臂的失误，建议于再版时补入”[②]。《鲁迅全集》2005年版遂收入此文，至今未遭质疑，可以说它的“鲁迅作品”的身份已成定谳。但实际上，《抄录说明》的大部分只是鲁迅抄书时传录的文字，不能简单地视为鲁迅所撰文字。

谢承书手稿F所传录的底本，是江南图书馆（今南京图书馆前身）收藏的清抄本。此本原为乾嘉间学者、藏书家何元锡藏书，入藏江南图书馆前，为杭州八千卷楼丁丙收藏。丁丙是晚清著名藏书家，晚年遴选所藏善本，逐一加以解题，纂成《善本书室藏书志》（以下简称“丁志”）。这部何元锡藏清抄

---

①鲁迅研究室编《鲁迅研究资料》第3辑，文物出版社，1979年。

②顾农《读1981年版〈鲁迅全集〉中关于古籍整理文章的札记（六则）》，《古籍整理研究学刊》1985年4期。

本是《丁志》著录书，解题见于《丁志》卷七。

《丁志》编纂的做法是，逐篇撰写各书提要初稿，再将这些初稿粘贴在对应的善本卷端。缘此，大量的《丁志》初稿至今仍保留原书卷端。清抄本《谢氏后汉书补逸》的《丁志》初稿，亦保存了下来。1912 年 4 月，鲁迅在江南图书馆传抄此本时，开卷首先映入眼帘的便是《丁志》初稿（图附 -1）。

> 《谢氏后汉书补逸》五卷　**精写本　何梦华藏书**
>
> 钱唐姚之骃辑，后学孙志祖增订
>
> 前有嘉庆七年萧山汪辉祖序，云："案，吴淑《进注事类赋状》在淳化时，已称谢书遗逸。王应麟《困学纪闻》云：谢承父婴，为尚书侍郎。原注：谢承《后汉书》，见《文选》注。是谢书在宋时已无传本。康熙间，姚氏之骃撰《后汉书考逸》，中有谢书四卷。孙颐谷先生重加纂集，凡姚采者一一著其出处，误者正，略者补，复以范书参订同异，其未采者别为《续辑》一卷。证引精博，可谓伟平功臣矣。"又归安严元照序云："谢书于忠义隐逸，蒐罗最备，不以名位为限，其所以发潜德幽光者，蔚宗不及也。"又之骃原序。是书为梦花抄本，有"钱唐何元锡字敬祉号梦华又号蜨隐"又"布衣暖菜根香读书滋味长"两印。【丁志初稿】[①]

显而易见，《抄录说明》的前半部分是鲁迅传抄此本时一

①《丁志》初稿的文字，与刊本有微有差异。如"案吴淑《进注事类赋状》在淳化时"，刊本无"案"字；"又'布衣暖菜根香读书滋味长'两印"，刊本作"又"作"及"。见：丁丙《善本书室藏书志》卷七，清光绪二十七年钱塘丁氏刻本。

并过录的《丁志》初稿，故而二者几乎完全一致。所不同者，《丁志》初稿“精写本　何梦华藏书”，鲁迅略去“精写本”三字，添入“钱唐丁氏善本书室藏书　今在江南图书馆”一句。鲁迅抄毕，又在卷末题写“壬子四月，假江南图书馆藏本写出”云云。综上，收入《全集》时，应剔除鲁迅过录的《丁志》初稿内容，只保留确为鲁迅所写出的部分。

钱唐丁氏善本书室藏书，今在江南图书馆。

壬子四月，假江南图书馆藏本写出，初五日起，初九日讫，凡五日。

“姚辑本《谢氏后汉书补逸》抄录说明”这一拟题，也有可议之处。这类题写于藏书之上、长短不一、内容不拘的文字，习惯称之为“题跋”、“书跋”或“题记”。很多题跋具有独特的文献与学术价值，因而受到学者的重视和青睐，有些还被搜集汇编成书，如黄丕烈《荛圃藏书题跋》等。鲁迅《古籍序跋集》的不少篇目，谈论书籍源流、著录异同、内容特点，实与此类藏书题跋无异。因此，除去鲁迅本人明确命名的篇目，不妨循古人将题跋编入文集时拟题为“跋××《××》”（或“××《××》跋”）的成例办理，改题为“跋孙志祖补辑本《谢氏后汉书补逸》”。

此外，称此本为“姚辑本”，亦于义未安。《谢承后汉书》的最早辑本是清初姚之骃所辑四卷本，收入姚氏《后汉书补逸》卷九至一二。鲁迅传抄的则是孙志祖增订补辑的五卷本。孙氏补辑时保留了姚辑四卷本的框架，对姚本已有佚文，做了校订考证；将姚本失辑佚文单独编为《续辑》一卷，作为卷五。孙氏增订的五卷本之于姚氏原辑四卷本，已是两种不同的辑佚著作，称之为“姚辑本”不符合实际，容易引发鲁迅所钞乃姚辑四卷本的误解。

还须说明的是，这篇《丁志》初稿目前已不在何元锡旧藏清抄本卷端，而是被移至另一部八千卷楼抄本（现藏南京图书馆，索书号 112363）。该本是丁氏获得何元锡藏本后录副的本子，也是 1931 年南京国学图书馆（南图当时名称）影印《谢氏后汉书补逸》的底本，时任馆长的柳诒徵在影印本卷末跋中明称为“丁氏善本书室写本”[①]。江南图书馆整体收购八千卷楼藏书，这部八千卷楼抄本与何元锡抄本一并入馆。因为是传抄本，南图 112363 上自然没有《丁志》解题所说的两方何氏藏印。

《丁志》初稿被移至八千卷楼抄本，系因何元锡藏本后来从馆内流出，而为杭州藏书家孙峻所得，今藏浙江图书馆。孙峻得书后，写作题跋，称是在南京购得：“壬子冬，峻得何敬祉写本于秣陵故家。”[②]“壬子冬”即 1912 年末或 1913 年初，距离鲁迅抄书不过几个月时间。盗窃者为掩人耳目，移花接木，将《丁志》初稿从何元锡藏本移至八千卷楼抄本再将何本窃出。显然，只有能够同时接触到这两部馆藏书的人才能办到，因此何元锡藏本的流出，极可能是监守自盗。

---

①孙志祖《谢氏后汉书补逸》卷末，南京国学图书馆影印清抄本，1931 年。
②孙志祖《谢氏后汉书补逸》卷端，清抄本，浙江图书馆藏。

中编　鲁迅辑录的中古文史典籍

第五章　鲁迅辑校《嵇康集》考

在鲁迅辑校的各种古籍中，历时最长、用力最深者当推《嵇康集》。但凡谈及鲁迅辑校古籍的成就，论者几乎都会举《嵇康集》为典型。盛名所致，研究者对此关注较多，先行研究数量不少。其中，手稿的整理与披露是先行研究的一个重要方面，开端甚早。1954 年，流落市面的《嵇康集考》手稿（即本章所述手稿 O）被发现，整理刊发于《历史研究》，后附汪和（王冶秋）的说明文字。其后，陈梦韶考察该手稿的撰写情况，徐文玉介绍了该手稿的发现经过。葛涛介绍了此前未公开的另一件手稿（本章所述手稿 H）的情况，考证其书写时间以及与其他手稿的关系。文先国详细区分鲁迅最终稿本（本章所述手稿 D）中的鲁迅与许广平笔迹部分。总述鲁迅辑校此书的情况，是先行研究的另一方面。时萌讨论鲁迅"为何独注深情于《嵇康集》"；赵英从介绍诸手稿的面貌性质出发，考察鲁迅的辑校过程；顾农的研究更为全面，考述鲁迅辑校此书的历程，讨论鲁迅的辑校方法、校勘所据的各种文献，并以戴明扬校本为对照，评价鲁迅校本的成就与特色；叶当前考察戴明扬校本对于鲁迅校本的纠正，并考察了自 1938 年版《鲁迅全集》起的鲁迅校本的历次出版情况，以及各整理本与影印本的差异①。

要之，先行研究主要是从鲁迅日记与序跋的相关记事展开，结合考察鲁迅诸手稿，复原辑校工作的历时脉络，考论辑校的校勘手法及学术水准等问题点。不过，之前鲁迅手稿未全部公开，导致先行研究在从手稿中发掘内证方面，做得尚不充分，且研究者未覆案鲁迅辑本的底本——明吴宽丛书堂抄本，因此对于鲁迅辑校的具体操作的诸问题点，如对校文献的先后次序、对校有无缺漏、部分底本、参校本是何版本等，或未加考论，或言之未详，尚有探讨廓清的空间。以下就此展开考述。

一、《嵇康集》鲁迅诸抄校手稿

鲁迅辑校《嵇康集》的工作时断时续，首尾相距近 20 年（1913~1931），先后产生了 4 件完整的校本手稿，以及 10 余件与校本手稿存在关联的零散手稿。

---

①汪和《关于鲁迅先生手稿“嵇康集考”》，《历史研究》1954 年 2 期。陈梦韶《关于鲁迅遗著“嵇康集考”》，《历史研究》1955 年 3 期。徐文玉《〈嵇康集考〉发现记》，《鲁迅研究动态》1989 年 4 期。葛涛《新发现的鲁迅佚文：鲁迅校对〈嵇康集〉的手稿》，《东岳论丛》2014 年 1 期。文先国《鲁迅与许广平同钞〈嵇康集〉墨迹的分辨》，《鲁迅研究月刊》2008 年 1 期。时萌《鲁迅与〈嵇康集〉》，《镇江师专学报》1985 年 1 期。赵英《鲁迅校录〈嵇康集〉》，《鲁迅研究月刊》1990 年 7 期。顾农《关于鲁迅校本〈嵇康集〉手稿》，《鲁迅研究月刊》1994 年 8 期。叶当前《鲁迅辑校〈嵇康集〉的整理与校勘》，《鲁迅研究月刊》2012 年 9 期。叶当前《论戴明扬〈嵇康集校注〉——兼及戴明扬对鲁迅〈嵇康集〉的校正》，《江淮论坛》2012 年 5 期。

（一）手稿 A

此本用格纸乙抄成，全是鲁迅笔迹，装为一册，现藏北京鲁迅博物馆。此本是据明吴宽丛书堂钞本抄录。丛书堂本是嵇集传世最古之本，经鲍廷博、黄丕烈、姚觐元递藏，后入京师图书馆[①]。1913 年 10 月 1 日，鲁迅从该馆借出，日记称：

> 午后往图书馆寻王佐昌。还《易林》，借《嵇康集》一册，是明吴匏庵丛书堂写本。[②]

在此之前，鲁迅已决意辑校《嵇康集》，在琉璃厂寻访底本而未得。同年 9 月 23 日日记称：

> 下午往留黎厂搜《嵇中散集》不得，遂以托本立堂。[③]

从日记的后续记载来看，鲁迅借得丛书堂本后，迅速开始抄录，手稿 A 在当月中旬已抄成。传抄时，他特意模仿丛书堂本的形制特征，在版心中部题写“丛书堂”，传录卷末的鲍廷博、黄丕烈诸家题跋，影摹部分藏印（卷四末与卷五首的藏印未摹）；惟丛书堂本的行款是十行二十字，手稿 A 使用的格纸乙是九行格纸，所以只能写成九行二十字的款式[④]。

手稿 A 是鲁迅主要的工作底本。此件抄成后，鲁迅先后用嵇集诸本及多种他书文献与之对勘，标注校出的异文，其中用清严可均《全上古三代秦汉三国六朝文》之三国部分（“《全三国文》”）比勘，时间最早，手稿 A 抄成后便立刻进行。不过，鲁迅未将此次校勘所得标注于手稿 A，而是另纸写出，手

---

①抗战时期，此本被转移至美国，现存台北。

②《日记》，《鲁迅全集》第 15 卷，81 页。

③《日记》，《鲁迅全集》第 15 卷，80 页。

④《嵇康集》，明吴宽丛书堂抄本。本书论述所及，系据该本的缩微胶卷。

稿今存(详下)。此外,下引日记所说谓“短跋”,指手稿A卷末鲁迅题跋,末署“癸丑十月二十日镫下记”。

夜以丛书堂本《嵇康集》校《全三国文》,摘出佳字,将于暇日写之。(10月15日)

夜续校《嵇康集》。(19日)

夜校《嵇康集》毕,作短跋系之。(20日)[①]

从手稿A的校语可知,鲁迅用于比勘的他书文献还有《古诗纪》《艺文类聚》《文选》、唐写本《文选集注》《三国志》《晋书》《乐府诗集》《北堂书钞》《太平御览》《匡谬正俗》《初学记》;嵇集本书版本则有赵桢校本、汪士贤刊本、张溥刊本、程荣刊本。鲁迅使用以上各种文献比勘丛书堂本,时间未必紧密相邻。

其中,据赵桢校本对勘,可确定具体时间是在1921年3月。赵桢(味沧)是鲁迅在教育部的同事,雅好藏书校书。赵本亦据丛书堂本传录,目前存亡未知。从手稿A校语来看,赵本标注丛书堂本原抄旧校异同甚详。鲁迅抄录手稿A时,选择性地标注原抄与旧校的差异,而非全数写出,随着校勘的展开,鲁迅感到之前做法的不足,遂借赵本补录。此次校勘用朱笔书写,手稿A的其他校语则是墨笔,很容易分辨。日记及手稿A卷末跋语称:

【日记】夜校《嵇康集》,用赵味沧校本。(1921年3月20日)[②]

---

①《日记》,《鲁迅全集》第15卷,83页。
②《日记》,《鲁迅全集》第15卷,427页。

【手稿 A 卷末跋语】贵阳赵味沧桢又就原抄校一过，以朱笔迻录之。十年三月廿一日。

以唐写本残卷《文选集注》比勘的时间，也可大致推定。此书秘藏日本，1918 年，罗振玉将其影印，始广泛流布。下述手稿 B（1924 年校）亦有据该书而出的校语，应是从手稿 A 过录，然则鲁迅以之校勘，宜在 1910 年代末至 1920 年代初。

（二）手稿 B

此本用无栏格的素纸抄成，二册，现藏北京鲁迅博物馆。它是鲁迅的另一工作底本，由蒋抑卮据文澜阁四库全书本传抄寄赠。鲁迅收到此本，是在 1915 年 6 月 5 日，日记称：

下午得蒋抑卮书并钞文澜阁本《嵇中散集》一部二册。[①]

鲁迅先后以《嵇康集》明刻诸本与手稿 B 对校。首先，是 1915 年 7 月 15 日，以蒋抑卮寄来的"明刻《嵇中散集》一卷本"（详后）校之，日记称：

下午得蒋抑卮信并明刻《嵇中散集》一卷，由蒋孟频令人持来，便校一过。[②]

1916 年 2 月，以程荣刊本校，手稿 B 序首叶朱笔校语称：

丙辰二月，用程荣刻本校。

1921 年 1~3 月，以明张燮刊本校，手稿 B 序首叶墨笔跋语及日记称：

---

①《日记》，《鲁迅全集》第 15 卷，173~174 页。

②《日记》，《鲁迅全集》第 15 卷，179 页。

【手稿B跋语】十年一月，以明闽漳张燮绍和纂六卷本校，异字旁注，其与程同者以〇识之。

【日记】以明刻六卷本《嵇中散集》校文澜阁本。（1921年3月2日）①

1922年8月，又以明张溥刊本校，手稿B序首叶天头有墨笔校语：

十一年八月，又用张溥《百三家集》中一卷本校。张溥本无附，有《怀香赋》及《原宪》《襄城童》《司马相如》《许由》《井丹》《琴》六赞。

值得注意的是，鲁迅只用嵇集明刻诸本与手稿B对校，未用他书材料。可见手稿B阶段的主要工作是查核明刻诸本的异文，验证分属不同版本系统的丛书堂本与四库本的异同；工作的侧重点与手稿A阶段不同。

（三）手稿C

在鲁迅辑校《嵇康集》诸手稿中，手稿C最为知名。1956年，文学古籍刊行社线装套红影印。此本用无栏格的素纸抄成，全是鲁迅笔迹，一册，现藏北京鲁迅博物馆。此本亦据丛书堂本传抄，但不再追求模拟丛书堂本的形制，行款改为十一行二十字，版心亦未题“丛书堂”，只照摹了丛书堂本的藏印。首目录，次正文，正文末为鲍廷博、黄丕烈诸家题跋，以及《嵇康集逸文》《嵇康集附录》。前者是以手稿G《嵇康集逸文附正讹》为基础，修改增补而成，内容较手稿G更多，条目次序

---

①《日记》，《鲁迅全集》第15卷，426页。

亦经编排处理。后者则是参考手稿 N 写成，后被拟题为《嵇康集著录考》，收入《鲁迅全集·古籍序跋集》。

在手稿 A、手稿 B 中，比勘各种文献所得异文及校语，或写在行间，或写在天头地脚，无统一格式，显得凌乱随意，这当然是校勘工作初期的工作方式使然。手稿 C 则将手稿 A、手稿 B 阶段比勘所得异文及相关考断，加以整合，统一书写于天头，依次编号，格式规整，具有相当高的完成度。

据日记，1924 年 6 月，鲁迅校订手稿 C，校后撰写了序文：

夜校《嵇康集》一卷。(1 日)

夜校《嵇康集》一卷。(3 日)

终日校《嵇康集》。(6 日)

校《嵇康集》至第九卷之半。(7 日)

夜校《嵇康集》了。(8 日)

夜撰校正《嵇康集》序。(10 日)①

由于此次校勘时间明确，研究者多将手稿 C 称为“1924 年校订稿”；但顾农、赵英认为手稿 C 的抄写亦在 1924 年，则不确②。据日记，手稿 C 实则抄写于 1913 年 12 月：

续写《嵇中散集》。(19 日)

---

①《日记》，《鲁迅全集》第 15 卷，515~516 页。

②顾农《关于鲁迅校本〈嵇康集〉手稿》：“到 1924 年鲁迅着手进行综合，当年他再次从图书馆借出丛书堂钞本《嵇康集》，重钞了一份作为底本。”赵英《鲁迅校录〈嵇康集〉》：“一九二四年，鲁迅开始综考各书优劣，整理博采众长的较为完善的本子。他先到京师图书馆，借来吴宽丛书堂本抄录一过。”

夜写《嵇康集》毕,计十卷,约四万字左右。(30日)[①]

顾农虽然注意到了以上记载,但他未意识到日记所言便是手稿C,乃称“1913年底,鲁迅据丛书堂钞本《嵇康集》又过录了一份,这份手稿鲁迅博物馆未收藏,下落不清楚”[②]。其实,文学古籍刊行社影印本《出版说明》已指出:“鲁迅先生手抄的这部《嵇康集》,是他在1913年从明朝吴宽丛书堂钞本中钞出,用黄省曾等刻本,以及类书、古注等引文,加以校勘,‘著其同异’,直至1924年才校订完成的稿本。”[③]

不过,《出版说明》称“1924年才校订完成”,亦不完全准确。之后,约在1926年秋冬,鲁迅曾用黄省曾本校过手稿C[④]。此次留下的校语前加星号,标作“* 黄本作某”,这些带星号的校语大多插补在带有数字编号的校语后,还有一些是直接涂抹手稿C已写好的校语,改作“黄本如何”。这两种情况,与手稿C上带编号的校语,书写的先后关系宛然分明。

此外,搜罗佚文的《嵇康集逸文》、记述诸家书目著录情况的《嵇康集附录》,二者书写时间相邻,而晚于正文十卷一段时间,盖二者所据的手稿G、手稿N之写成不早于1914年(详下);不过在1924年6月前,二者已写成,证据是:《嵇康集附录》有与正文十卷同样的、带有编号的校语。

要之,鲁迅抄出手稿C后,将该手稿闲置多年,之后始在其上迻录整合之前校勘所得。推其原因,鲁迅判断丛书堂本

---

①《日记》,《鲁迅全集》第15卷,91、93页。

②顾农《关于鲁迅校本〈嵇康集〉手稿》。

③《嵇康集》,文学古籍刊行社,1956年。

④葛涛《新发现的鲁迅佚文:鲁迅校对〈嵇康集〉的手稿》。

为传世最佳版本，据它抄录成手稿A，作为工作底本。随着校勘的展开，鲁迅陆续写入新得校语，手稿A的面貌渐趋凌乱，需要誊清。鲁迅对此有所预期，故预先抄出手稿C，至校勘进行到一定程度，按统一格式，将之前所得校语整合逐录至手稿C。从工作流程与稿本面貌来看，手稿C是对之前校勘工作的收束，鲁迅有将其作为定稿的打算。但此后他又引入更多文献校勘《嵇康集》，所得溢出之前，手稿C未能成为最终定稿。

（四）手稿D

此本用素纸抄成，前两卷是鲁迅所抄，后八卷由许广平代钞，为散叶，现藏北京鲁迅博物馆。手稿D是鲁迅的最终稿本，虽然仍过录了丛书堂本上的诸家题跋，但删去卷首目录，且未摹写藏印，丛书堂本的形制特征已很淡薄。另一方面，校语（除少量后补者）统一改为行间小注，对之前校勘所得，做了整合，定稿的色彩明显。

先行研究或将手稿D称为1931年本，系因日记1931年11月13日有以涵芬楼影印宋本六臣注《文选》校《嵇康集》的记载：

> 校《嵇康集》以涵芬楼景印宋文（“文”应作“本”）《六臣注文选》。[1]

手稿D中据宋本六臣注《文选》所出校语，大多写于天头，或夹行写入，明显是在手稿D写成之后补入的。因此，手

---

①《日记》，《鲁迅全集》第16卷，277页。

稿 D 未必写于 1931 年。不过,手稿 D 的出现,肯定与 1930 年代初鲁迅决意印行《嵇康集》校本有关。1932 年 3 月 2 日,他致许寿裳的信说:"近方图自印《嵇康集》,清本略就。"[1]《三闲集·鲁迅译著书目》(1932 年 4 月 29 日):"译著之外,又有所校勘者,为……魏中散大夫《嵇康集》十卷(校明丛书堂钞本,并补遗。未印)。"[2]

(五)散件手稿

除去以上 4 件校本手稿,在辑校过程中,还产生了不少零散手稿。它们的内容性质不一,有摘抄备用的资料、比勘所形成的札记、辑录佚文的散件等,各自反映了辑校工作各阶段的不同侧面。

手稿 E,用格纸乙抄写,全是鲁迅笔迹,散叶 12 叶,现藏中国国家图书馆。首行题"嵇康集　以三国文校",内容是标记严可均《全上古秦汉三国六朝文》相对于丛书堂本的异文。1913 年 10 月,鲁迅从京师图书馆借得丛书堂本后,很快用严书与之对勘,10 月 15 日,"夜以丛书堂本《嵇康集》校《全三国文》,摘出佳字,将于暇日写之"(日记)。手稿 E 显然就是此次校勘的结果。

手稿 F,用格纸丙抄写,散叶 2 叶,现藏中国国家图书馆。首行题"嵇中散集",次行起为正文,版心未标叶码。内容是从《海录碎事》辑出的嵇康诗文散句。1914 年春,鲁迅逐渐

①《书信》,《鲁迅全集》第 12 卷,287 页。
②《三闲集》,《鲁迅全集》第 4 卷,184 页。

开始使用格纸丙，这可以视为手稿 F 书写时间上限的参考点。

手稿 G，用格纸丙抄写，散叶 1 叶，现藏中国国家图书馆。首行题“嵇康集逸文附正讹”，次行起为正文，版心上方题“嵇逸”。内容是抄录《太平御览》《艺文类聚》《北堂书钞》《初学记》所引嵇康诗文片段。关于此件的书写时间，与手稿 F 同理，不应早于 1914 年春；另一方面，如前述，鲁迅用《御览》诸书与手稿 A 对勘，早于比勘赵桢本（1921 年 3 月）。综合来看，手稿 G 应写于 1914 年春至 1921 年初，这与格纸丙的使用时段（1914 年春至 1920 年末）基本重合。

手稿 H，用厦门大学国学研究院红色格纸抄写，全是鲁迅笔迹，散叶 4 叶，现藏中国国家图书馆[①]。此件无标题，版心未标叶码。内容是以明黄省曾南星精舍刻本（“黄本”）比勘手稿 C 后的异文记录，如“卷一　二页下半一行　清波　黄本清作轻　泰玄　泰作太”；所标注的被校对象的文本面貌及位置（“卷一二页下半一行”），与手稿 C 全合。此件使用厦大格纸书写，应写于鲁迅在该校任职期间，即 1926 年秋冬。

手稿 I，用九行红色信笺纸抄写，散叶 1 叶，现藏中国国家图书馆。无标题。内容是抄录清钱曾《也是园书目》、丁日昌《持静斋书目》的《嵇中散集》条目。此件及手稿 J，均是从诸家藏书目录摘抄《嵇康集》条目以备用；所摘抄的内容绝大部分被手稿 C 的《嵇康集附录》使用。如前述，手稿 C《附录》不晚于 1924 年 6 月，然则这两件的书写时间更在此前。

手稿 J，用八行信笺纸抄写，散叶 2 叶，现藏中国国家图

---

①此即葛涛文所披露的那件手稿，见前 140 页注 ④。

书馆。无标题。内容是抄录《四库全书简明目录》《学部图书馆善本书目》《结一庐书目》《曝书杂记》的《嵇中散集》条目。

手稿 K,用素纸抄写,许广平笔迹,散叶 1 叶,现与手稿 J 合为一件,藏中国国家图书馆。无标题。内容是摘抄《日本访书志》所引丹波康赖《医心方》引嵇康《养生论》片段。此件是许广平所书,故不早于 1923 年 10 月她与鲁迅相识。另,手稿 C 有据此条材料校勘的校语,该校语系后补,可能与据黄省曾刻本校勘手稿 C 时间接近。再考虑鲁迅与许广平的生活轨迹,手稿 K 应写于 1923 年 10 月至 1926 年 8 月两人南下之间。

手稿 L,用格纸庚抄写,散叶 1 叶,现藏中国国家图书馆。无标题。内容是比勘所用的《嵇康集》诸本及他书文献的清单,天头还写有各本出现的异体字对照。此件罗列的诸本诸书,在手稿 A/B/C 阶段的校勘中皆已使用,见于各条校语。格纸庚是 1930 年至 1936 年的鲁迅日记用纸。又如前述,1930 年代初,鲁迅起意印行《嵇康集》校本,有录出“清本”之举。结合以上这几点,手稿 L 约写于 1930 年代初,与鲁迅筹划印行此书而做最终的审订校改有关。以下手稿 M 用纸与此相同,书写时间应接近。

手稿 M,用格纸庚抄写,散叶 3 叶,现藏中国国家图书馆。无标题。内容是丛书堂本与刻本的各卷篇目的对照表。

手稿 N,用格纸丙抄写,全是鲁迅笔迹,现藏中国国家图书馆。此件原先曾装订成册,纸面上可见装订留下的针眼,现为散叶 7 叶。其中正文 5 叶,各叶版心上方题“嵇考”,未标叶码。另有素纸2叶,一叶上题“嵇中散集考”,即装订成册时的书衣,另一叶右上角题“嵇考”,其余空白。此件抄撮历代书目著录《嵇康集》的材料,《嵇康集考》及手稿C中的《嵇康集附录》均引用之,是以手稿N必早于此两者。格纸丙的最早用例是1914年2月,最晚者是1920年日记。综合考量诸项,手稿N宜写于1914年春至1920年末之间。

手稿O即前述1954年发现的那件手稿,用泱泱社横排格纸抄写,全是鲁迅笔迹,装成1册,现藏中国国家图书馆。此件是《嵇康集考》定稿,也是鲁迅辑校古籍手稿中很少见的使用新式横排格纸者。篇末署日期1926年11月14日,即此件的书写时间。

手稿P,用素纸抄写,全是鲁迅笔迹,散叶1叶,现藏中国国家图书馆。内容是从《御览》卷九九六抄录的嵇康《菊花铭》。

手稿Q,用素纸抄写,是鲁迅笔迹,散叶3叶,现藏中国国家图书馆。无标题,此件是《嵇康集序》初稿。此件写成后,鲁迅做了几处修改。文末署“中华民国十有三年六月十一日会稽(空格)序”,6月10日日记称“夜撰校正《嵇康集》序”,两相对应,显然便是此件的书写时间①。

手稿R,用“OS原稿用纸”格纸抄写,正文是许广平笔迹,行间校字是鲁迅笔迹,散叶2叶,现藏中国国家图书馆。此件是《嵇康集序》定稿,是据手稿Q誊抄,添加了“嵇康集序”的标题。手稿Q原先有几处留空,此次誊录时依旧留空,

①《鲁迅辑校古籍手稿》将此件附在手稿C之末。

之后再补填，字迹与其他文字明显有异，不难分辨。需要指出的是，此件的抄写时间与手稿 Q 有较长间隔，不能仅据文末所署时间，定为与手稿 Q 同在 1924 年 6 月写成。李浩、符杰祥指出，“OS 原稿用纸”是日本企业的产品，被用于鲁迅翻译与创作的多件手稿[①]。鲁迅翻译与创作手稿的书写时间大多明确可知，其中使用“OS 原稿用纸”格纸的手稿，写于 1920 年代末至 1930 年代[②]。结合《嵇康集》的辑校历程来看，手稿 R 应产生于 1930 年代初鲁迅拟刊印《嵇康集》之际，他为此誊清并订补 1924 年写成的旧序；换言之，手稿 R 的书写时间宜与手稿 D（即 1931 年本）邻近。

鲁迅还曾用黄省曾本对校汪士贤本，在汪本上留下校字。这部汪士贤本今藏北京鲁迅博物馆。此事见许寿裳摘抄的 1922 年鲁迅日记，2 月 16 日，“以南星精舍本《嵇康集》校汪刻本”；2 月 17 日，“夜校《嵇康集》十卷讫”[③]。

综上所述，可以看出：这些散件手稿，往往三两成群与前述四部校本手稿的其中之一有关。手稿 E、手稿 F、手稿 G，

①李浩《刘岘与鲁迅及〈怒吼吧中国之图〉》，《上海鲁迅研究》2015 年 3 期。李浩《上海鲁迅纪念馆藏鲁迅文章手稿略述》，《上海鲁迅研究》2017 年 1 期。符杰祥《鲁迅文学创作手稿与稿本问题辨考》，《中国现代作家手稿及文献国际学术研讨会论文集》，2014 年，48~79 页。

②如《阿金》（1935 年 12 月 21 日）、《准风月谈·后记》（1934 年 10 月 16 日）、《镰田诚一墓记》（1935 年 4 月 22 日）、《山民牧唱》（1928 年 6 月至 1934 年 12 月 31 日）、《波兰姑娘》（出版于 1929 年 4 月）、《毁灭》（1930 年 1 月至 1931 年 1 月 17 日）、《小引》（1936 年 3 月 10 日）。此外，鲁迅使用的“OS 原稿用纸”有多种，差异在于每页的行数字数（字格数）不同。

③《日记》，《鲁迅全集》第 16 卷，637 页。

是手稿 A 阶段的产物；手稿 H、手稿 I、手稿 J、手稿 K、手稿 N、手稿 O、手稿 Q，明显与手稿 C 有关，或是辑校过程中备用的参考材料，或是手稿 C 之序跋附录的初稿；手稿 L、手稿 M、手稿 R 的书写时间明显较晚，与手稿 D 相近，其产生自然与后者有关。

二、丛书堂本原钞旧校之取舍与校勘思路的变化

就学理而言，校勘是一个自博返约的过程，以客观始，以主观终。校勘者须先广泛搜集并比勘诸本及他书文献，尽可能全面地掌握异文，再根据校勘原理、文史知识乃至逻辑常识，做出合理判断，选择最可能符合书籍原貌的文字，保留有参考价值的异文（两通），舍去无意义者。

鲁迅辑校《嵇康集》，系以丛书堂本为底本。丛书堂本经前人校勘，涂抹之处甚多，留下不少校字。这些旧校与原抄文字，是一组重要的异文关系。鲁迅是如何看待并处理丛书堂本原抄文字与旧校的呢？就此，研究者多根据手稿 A 的鲁迅跋、手稿 R《嵇康集序》批评旧校多有妄改之弊，“然删易任心，每每涂去佳字……第所是正，反据俗本”，“盖经朱墨三校，而旧钞之长，且泯绝矣。今此校定，则排摈旧校，力存原文”，以及鲁迅取舍异文时多从原抄的实际操作，认为鲁迅重原抄而轻旧校。就最终结果而言，以上说法固然不误，但在校勘过程中，鲁迅绝非一概摈弃旧校。兹以手稿 A《述志诗》第一首为例：

潜龙育原钞作“有”神躯……悠悠非我匹原作“俦”，畴

肯原作"口布"应俗宜。……多谢校改"念"世间人,息校改"夙"驾惑校改"咸"驱驰。冲静得自然,荣华何校改"安"足为。

其中"育"、"匹"、"畴肯",丛书堂本原抄文字可辨认,鲁迅校本正文仍采用旧校。按照校勘的一般体例,被采入正文,意味着校勘者倾向于认为该字是正确的。又如,卷一《秀才答四首》自第二首起,原抄与旧校完全不同,手稿A按照旧校文字录出,即朱笔校语称"原抄自'君子体通变'以下均墨校改"。可见鲁迅起初抄录手稿A,对于旧校实有相当程度的采纳。

如以上两例所示,鲁迅起初抄录手稿A时,以行间注形式,标注原抄与旧校的部分异文,其余则略去未作交代;他后来改变看法,认为之前未标的原抄与旧校的异同也应说明,遂做大量补注。补注大致分为两次,前一次用墨笔,后一次用朱笔(即前述1921年据赵桢本补录),时间未必紧邻。

如,手稿A卷一《秀才答四首》之三末句"覩变安能迁",初未加注,天头有墨笔补注:"覩,校改'视'。"乃知此处实有原抄与旧校的差异,鲁迅抄录时弃旧校而从原抄。

又如,卷一《四言十八首赠兄秀才入军》之十六"弹琴咏诗"句,原抄作"弹琴诗咏",旧校作"弹琴咏诗",手稿A与旧校同,初未注明,天头有朱笔补注:"原抄作'诗咏',校改。"

此外,卷二《与山巨源绝交书》"顾此悢悢","悢悢"两字旁朱笔加点,天头朱笔校语称:"原抄作'恨恨'。"丛书堂本此处无校,乃知鲁迅抄录手稿A时,未依原抄,径直改字,且未作交代,后来方才补注。

还须注意的是,丛书堂本的“旧校”,有墨校、朱校之分,鲁迅在最初的行间小注中,已注意区分说明旧校是墨校还是朱校。手稿A校语:“凡云校者,皆指墨校。”与之对应,在行间小注中,凡指朱校,皆称“朱校云云”,不过鲁迅没有逐一标注何为墨校、何为朱校。之后,他全面补注原抄与旧校的异同,逐一补充标明此为墨校、彼为朱校。如手稿A卷一《酒会诗七首》,标题“七首”二字朱笔加点,天头朱笔校语称:“‘七首’二字,朱校增。”卷三《卜疑》“贞父乃危坐揲蓍拂几陈龟曰”句,“几”下原有墨笔小注,称“原钞作‘占’”,后又在旁以朱笔补注“朱改”,意指旧校中的朱笔校将“占”改为“几”。

除去用校语说明,鲁迅还采用别的方式标注原抄旧校之异同。手稿A的不少文字旁以墨笔加圈,此指此处遵从旧校文字,而原钞文字经涂抹,已无法辨认。卷一首叶天头墨笔校语称:“凡为墨笔涂改,不辨原字者,以圈识之。”与之类似,还有部分文字有墨笔加框,卷二叶六天头校语:“凡在□中之字,皆旧校所删。”乃知这些文字系原钞而被旧校删去,若不加墨框,则未见丛书堂原本者不能知此处有校改。

在补注过程中,鲁迅对于丛书堂本的非文字性细节,也有补充标明。如手稿A卷六《明胆论》“夫论理情性折引异同”句提行另起,天头朱笔校语注“原抄不另行”。

经过补注,手稿A详细标明了丛书堂本原抄与旧校之差异,以及旧校的墨校与朱校之分。而在手稿C、手稿D中,鲁迅整合校语,介绍原抄旧校差异及其层次,有所取舍。以前揭诸例言之。卷一《秀才答四首》之三末句“覩变安能迁”,手稿C校语称“各本作‘视’,《诗纪》同”,未提及原抄旧校之差异,手稿 D 同。又如,卷一《四言十八首赠兄秀才入军》之十六"弹琴咏诗"句,手稿 C、手稿 D 皆从旧校,作"弹琴咏诗",而无校语。卷二《与山巨源绝交书》"顾此悢悢",原抄作"恨恨",手稿 A 改为"悢悢",手稿 C、手稿 D 与之同,未加校语。卷三《卜疑》"贞父乃危坐揲蓍拂几陈龟曰"句,手稿 C 依原抄作"贞父乃危坐揲蓍拂占陈龟曰","占"下有校语,称"各本作'几'",手稿 D 同。——以上几例,均未指出原抄与旧校的差异。

卷一《酒会诗》,手稿 C 题作"酒会诗一首",下有小注:"二字原抄无,今补。各本合后四言诗之第一篇至第六篇,为'酒会诗七首',旧校同。"手稿 D 题作"酒会诗"(即丛书堂本原抄面貌),下有小注:"各本并后四言诗之第一至第六篇,题为'酒会诗七首',旧校同。"此例保留说明原抄与旧校的文字面貌,则因鲁迅判断《酒会诗》仅有五言一首,这一判断与诸本及丛书堂本旧校不同,有必要加以说明。

要之,鲁迅最初据丛书堂本传录手稿 A,偏向于判定丛书堂本的原抄文字与旧校文字孰正孰误,只选择性介绍两者差异。其后他的思路有所变化,乃回头重理原抄与旧校之差异,朱墨两次旧校之分。这一由"判断"而"描述"的转变,是因为他认识到充分掌握异文,明晰异文的不同层次,是确保校勘质量的基本前提。这么做的目的,仍是为最终的"判断"而服务,而非为"描述"而描述。换言之,手稿 A 中的这些后补校语,是有待采择的"校勘材料"。在手稿 C、手稿 D 中,鲁迅整合校语,对于原抄与旧校之异文及朱校墨校之区分,又回到了择要说明。这种由简至繁而又简的变化,并非简单的重复摇摆,而是校勘认识的加深与工作进展所致。

三、手稿A的对校流程及校语的结构形式

手稿A阶段鲁迅比勘所及,既有嵇集明刻诸本,又有《文选》等他书文献。鲁迅以诸书诸本比勘手稿A的具体时间大多无从得知,但通过校语的文句细节及各书校语的位置关系等形态特征,可以判定孰先孰后。

汪士贤本、冯惟讷《古诗纪》是手稿A阶段非常重要的参校对象,手稿A中据二者的校语极多。卷一首叶校语:"汪士贤本校,以△识之。"意指凡与汪本有异者,先在被校字旁加△符号,再在地脚处标注汪本作何。这是据汪本而出的校语的基本形式。

据《古诗纪》而出的校语,皆书于天头,格式为"某,《诗纪》作某"或"《诗纪》作某"。值得注意的是,凡某条校语同时涉及《诗纪》与汪本,皆是《诗纪》在前,汪本在后,作"《诗纪》作某,汪同",或"《诗纪》作某,汪作某"。如,手稿A卷一《兄秀才公穆入军赠诗十九首》之十九"四海为宅……弃之八戎"句,校语作:

> "为宅",《诗纪》作"同宅",汪同。"八戎",作"八成",汪作"无成"。

"汪同"的插补痕迹明显,"汪作'无成'"看似顺接上句,一气写成,实则亦为后补,只因前句之后尚有空间可连接顺写,故未留下明显痕迹(图5-1)。

此种校语形式以及插入补写的样貌痕迹,表明鲁迅先以

《古诗纪》校在先,以汪本校在后。同理,凡手稿 A 的某处校语涉及两种或更多文献,则校语中何书在前,鲁迅用它与手稿 A 对校就在先。具言之,鲁迅先以甲书校,发现异文,记“甲书作某”;甲书校毕,再校乙书,又在此处发现异文,遂加记“乙书作某”,最终层累形成“甲书作某,乙书作某,丙书作某”的校语。准此,以《古诗纪》、汪士贤本为基准,可大致梳理出鲁迅以诸书诸本比勘手稿 A 的先后次序:

如前述,鲁迅至少两次补注丛书堂本原抄旧校之异文,前一次用墨笔,后一次用朱笔(1921 年据赵桢本补录)。墨笔补注,早于以《诗纪》与汪本校。表明上述先后关系的实例颇多,如卷一《秀才答四首》之二“达者鉴通机”句,校语称:“‘机’,墨校改‘塞’,《诗纪》亦作‘塞’。”

以《文选》校,早于《晋书》《三国志》,《晋书》《三国志》又早于《诗纪》。相关实例甚多,如卷一《幽愤诗》“昔惭柳下”句,校语称:“《文选》作‘柳惠’,《本传》同,《魏志·王粲传》注引《魏氏春秋》作‘柳下’,又‘惡’作‘赧’,《晋书·孙登传》引作‘柳下’。”旁补:“《诗纪》同。”《三国志》《晋书》皆有嵇康传,《三国志》未录《幽愤诗》,此处“本传”指《晋书》无疑。另案,鲁迅用《文选》诸本反复校勘《嵇康集》,凡用尤袤刻本、五臣注本、唐写本《文选集注》之处,校语均特别指明。校语泛称“《文选》”者,则指《文选》胡克家本,覆案校语提及的异文与原书,可确证此点。在宋尤袤刻本被影印之前,胡本被视为《文选》李善注本的通行善本,为学者所广泛利用。鲁迅选取它作为对勘材料,自在情理之中。此外,手稿 A 有不少校语称“胡克家《文选考异》”云云,此书附刻于胡本

《文选》之末；因此，据《文选考异》而出的校语，是与据胡本《文选》而出的校语同时形成的。

以《乐府诗集》校，早于《诗纪》与汪本。卷一《重作四言诗七首一作秋胡行》之四“自令不辜”句，校语称：“《乐府》‘自令’作‘今自’，《诗纪》同，汪同。”

以《艺文类聚》校，晚于《文选》及《晋书》《三国志》，早于《北堂书钞》及《诗纪》。卷一《兄秀才公穆入军赠诗十九首》之一“顾盼俦侣”句，校语称：“‘盼’，《类聚》九十二作‘眄’……《诗纪》作‘眄’，汪本作‘眄’。”卷二《与山巨源绝交书》“志气所讬亦不可夺也”句，校语称：“《文选》无‘亦’字，《本传》作‘意气所讬’，注云‘一作先’，《艺文》作‘志’，作‘讬’。”同卷《琴赋》“托峻嶽之崇冈”句，校语称：“嶽，《艺文》作‘岳’，《书钞》百九同。”

以《太平御览》校，晚于《艺文类聚》。《与山巨源绝交书》“又读庄老……任实之情转笃”句，校语称：“《本传》‘庄老’二字倒，《御览》同；‘实’作‘逸’，《艺文》作‘实’，《御览》亦作‘实’。”案，“《御览》同”三字系补写。

以唐写本《文选集注》校，晚于《艺文类聚》。《与山巨源绝交书》“虽饰以金镳享以嘉肴愈思长林”句，校语称：“《文选》有‘虽’字，唐本亦有，‘愈’作‘逾’，唐钞作‘愈’，《艺文》作‘愈’。”今案手稿，“唐本亦有”、“唐钞作‘愈’”乃夹行挤写，系后补。

以影印宋尤袤本《文选》校，晚于唐写本《文选集注》。《与山巨源绝交书》“足下见直木不可以为轮，曲木不可以为桷，盖不欲枉其天才”句，校语称：“《艺文》‘直木’下有‘必’

字，‘曲木’作‘曲者’，下亦有‘必’字。‘不欲’下亦有‘以’字。唐本亦有。宋本《文选》敚也。”

以《乐府诗集》校，早于张燮本；以张燮本校，早于《诗纪》与汪本。卷一《重作四言诗七首》之三“劳谦无悔”句，校语作“《乐府》作‘有悔’，张本作‘寡悔’，《诗纪》同，汪本同”。“《诗纪》同，汪本同”，相较于前两者，后来补写的痕迹非常明显。另，覆案原书可知，校语中“张本”皆指张燮本，而与张溥本相区别。

以张燮本校，晚于《文选》及《晋书》《三国志》，早于唐写本《文选集注》。《与山巨源绝交书》“近诸葛孔明不逼元直”句，校语作“《文选》‘逼’作‘偪’，本传作‘迫强’，本传作‘彊’，唐本作‘逼’”。“唐本作‘逼’”，补写在一旁，明显是后添入的。

以《初学记》校，晚于《诗纪》，早于汪本。卷一《兄秀才公穆入军赠诗十九首》之十四“谁可尽言”句，校语称：“《文选》作‘谁与’，《诗纪》同，《初学记》十八同，汪作‘可’。”

以张溥本校，晚于《诗纪》，早于汪本。《述志诗二首》之一“跃鳞戏兰池”句，校语称：“跃，《诗纪》作‘曜’，张溥本同，汪本同。”

以赵桢本校（即朱笔校），晚于汪本。《五言诗三首答二郭》之一墨笔校语：“《诗纪》首有‘天下悠悠者，下京趋上京。二郭怀不群，超然来北征’四句，此夺也。汪本亦有。”后有朱笔校语：“原抄本亦有，唯次句作‘不能趣上京’。”既称“原抄本亦有”，则以赵本校在汪本后。

以程荣本校，晚于赵桢本。如卷三《养生论》“齿居晋而黄”句，有朱笔校语：“原抄，‘唇’。”又有墨笔校语：“程荣本亦作‘唇’。”墨笔校语写于朱笔校语之下（图5-2），明显晚于后者，可见程本在赵本后。

因证据有限，无法逐一推定鲁迅比勘各种文献的先后，但综上所述，大体次序为：

文选→晋书→三国志→艺文类聚→北堂书钞→太平御览→乐府诗集→张燮本→古诗纪→初学记→张溥本→汪士贤本→赵桢本（朱校）→程荣本

如上，鲁迅先用总集、类书与古注等他书献比勘，再用嵇集明刻诸本；这种次序显然不是随机翻检而形成的，而是基于明确规划，即以他校为优先。一般而言，校勘当以本书各版本的对校为主，这是发现脱误讹乙的主要途径。而鲁迅更重他书文献，当与《嵇康集》的流传及版本状况有关。今传嵇集非魏晋时原貌，而是后人重编，诗文多有散佚，现存最早的丛书堂本只是明中期写本，刻本更在此后。《文选》《艺文类聚》《乐府诗集》等他书文献，成书时代较早，反倒可能更接近嵇康诗文原貌。鉴于此，鲁迅首重他校，便不难理解。

四、手稿B的底本与参校本的版本问题

理清版本系统，确认版刻源流，择优选出工作底本与参校本，对校勘工作的优劣影响甚巨。嵇集现存最早版本是明吴宽丛书堂钞本，明刻本有嘉靖黄省曾南星精舍刊本、万历汪士贤刻汉魏诸名家集本、万历程荣刊本、明末张燮刻七十二名家集本、张溥刻汉魏六朝百三名家集本；此外，嘉靖刊本《六朝

诗集》有《嵇中散集》一卷，只收诗作。鲁迅校勘《嵇康集》，未对勘清刻诸本，明刻诸本则皆有利用。究其原因，清刻诸本皆据明刻诸本翻刻，并无特出的版本价值。

鲁迅使用明刻诸本校勘的总体情况，较为清晰，但也有少数问题有待解明。如前述，手稿B据杭州文澜阁四库全书本传录，那么文澜阁本又是据何本抄成的呢？此问题无人论及，以下略作考证。

从《四库全书总目》来看，四库本似据黄省曾南星精舍刻本抄录。但文澜阁四库全书在太平天国战争中受损，现存文澜阁本《嵇中散集》是晚清丁丙补抄本①。而丁氏补抄所用底本未必是黄省曾刊本，盖因《四库全书总目》基本不说明底本，丁氏补抄时无从按图索骥。丁丙之侄丁立诚称，选择补抄底本的原则是："购求底本，或买或钞，按《简明》之目，但求其卷帙之符合，不暇计钞刊之精否。"②四库本《嵇康集》为十卷，故丁氏必是用某个十卷本作为补抄底本。检《八千卷楼书目》，丁氏藏有嵇集明汪士贤刊十卷本、清刊乾坤正气集九卷本，后者自然可以排除。再比勘手稿B、汪本及黄本，以卷一为例，除去"频致怨憎"一处③，凡汪本与黄本有异者，手稿B皆与汪本同（表5-1）。由此可以确信，丁氏补抄是以己藏汪士贤本为底本，而非向他人借来黄省曾本补抄。

---

①《浙江图书馆古籍善本书目》，浙江教育出版社，2002年，945页。

②顾廷龙校阅《艺风堂友朋书札》，上海古籍出版社，1981年，698页。

③"频致怨憎"，若作"類致怨憎"，语义不通，此处当是传抄文澜阁本时随手校改。

表 5-1 文澜阁本黄本汪本对照

手稿 B（文澜阁丁氏补抄本）	黄本	汪本
以跻不朽（兄秀才公穆入军赠诗十九首之八）	以济不朽	以跻不朽
频致怨憎（幽愤诗）	频致怨憎	類致怨憎
古人安此粗丑（六言十首之生生厚招咎）	古人安此麤丑	古人安此粗丑
感機杖兮涕汍澜（思亲诗）	感机杖兮涕汍澜	感機杖兮涕汍澜
宋王哀登山（郭遐周赠三首之二）	宋玉哀登山	宋王哀登山
顷昧脩身（酒会诗之四）	倾昧脩身	顷昧脩身
丽藻秾繁（酒会诗之七）	丽藻浓繁	丽藻秾繁

1915 年，鲁迅收到蒋抑卮寄来的“明刻《嵇中散集》一卷本”，用它比勘手稿 B。手稿 B 卷一首叶跋语介绍了此一卷本的形制特征：

明刻本《嵇中散集》一卷，半叶十行，行十八字，首《琴赋》一首，次诗，并与此本同，有“季振宜藏书印”朱文长印，蒋抑卮寄来。乙卯七月十五日校。

此明刻“一卷本”究竟是何版本，先行研究多未深究，顾农考为明末张溥刊本（即《汉魏百三名家集》）[①]。案，张溥本虽是一卷，但行款为半叶九行十八字，分体编次，依次为赋、书、设难、论、赞、箴、诫、乐府、诗，特征与跋语不符。顾氏未察觉此点，可能还误解了手稿 B 序首叶的另一段跋语所云“又用张溥《百三家集》中一卷本校”，认为鲁迅是说之前曾用张溥本校过，现又重新对校一次。其实，校勘者使用多个版本对勘，往往称“以甲本校”、“又以乙本校”以表明先后，“又”非

①顾农《关于鲁迅校本〈嵇康集〉手稿》。

指据甲本再校一次,而是新用别本之义。

至于鲁迅所说的"一卷本",实为明嘉靖刻六朝诗集本。在嵇集明刻诸本之中,仅六朝诗集本行款为半叶十行十八字,且该本编次以《琴赋》居首,次诗,无文,与鲁迅所述相符。将手稿B校语标出的一卷本异文与六朝诗集本、张溥本比勘,则全与六朝诗集本同,而与张本异。

表 5-2　手稿B校语所标佚文与六朝诗集本、张溥本之对照

手稿B校语	六朝诗集本	张溥本
閒(《琴赋》"微其清闲"句之"闲"校语)	微其清**閒**	微其清**闲**
閒(《琴赋》"心闲手敏"句之"闲"校语)	心**閒**手敏	心**闲**手敏
层(《琴赋》"翼若游鸿翔曾崖"句之"曾"校语)	翼若游鸿翔**层**崖	翼若游鸿翔**曾**崖
丘、游(《兄秀才公穆入军赠诗十九首》之十六"远登灵邱","携手俱遊"句之"邱"、"遊"校语)	远登灵**丘**　携手俱**游**	远登灵**邱**　携手俱**遊**
徇(《六言十首·名与身孰亲》"哀哉世俗殉荣"之"殉"校语)	哀哉世俗**徇**荣	哀哉世俗**狥**荣
机(《思亲诗》"感機杖兮涕汍澜"句之"機"校语)	感**机**杖兮涕汍澜	感**機**杖兮涕汍澜
三(《答二郭三首》之一"二子赠嘉诗"句之"二")	三子赠嘉诗	二子赠嘉诗
季本木丁(《酒会诗》之四"流咏兰池"句之"流咏")	■■兰池	**流咏**兰池
脩(《酒会诗》之四"顷昧修身"句之"修")	倾昧**脩**身	倾昧**修**身

《六朝诗集》刻于明嘉靖二十二年,晚黄省曾刊本18年,乃嵇集明刻第二本。该本虽只收诗赋,但刊刻时代较早,具有一定校勘价值,鲁迅将其列入参校范围,是有眼光的。

五、手稿B的校语结构与形态特征

鲁迅用明刻诸本与手稿B对勘，留下许多校字，但大多未交代据何本校出，这些校语的形式特征以及所对应之本有待解明。试按鲁迅当年比勘的次序，将六朝诗集本、程荣本、张燮本、张溥本逐一与手稿B对校，结合观察校语的形态特征及鲁迅跋语，可得出如下结论：

1. 凡据六朝诗集本校出的异文，皆用墨笔书写。校语的形式是：先在被校文字旁加点，再将六朝诗集本的异文写于被校字所在行的天头处。校语有时称之为"季本"，盖因六朝诗集本是清初藏书家季振宜旧藏。

2. 凡据程荣刊本校出的异文，皆以朱笔标注于被校文字之右。与之对应，前引跋语"丙辰二月，用程荣刻本校"，亦用朱笔书写。

3. 凡校语称"张本"或"张"云云，皆指张燮本。据张燮本校出的异文皆为墨笔，一般写于被校文字之右。若此处张燮本异文与程荣本同，则在先写成的朱笔程本校字旁以墨笔加圈，即鲁迅跋语所谓"异字旁注，其与程同者，以○识之"。张燮本（六卷）与手稿B（十卷）卷数编次不同，故而手稿B各篇标题下均注明"张本卷几第几"，即此篇在张燮本中的卷次位置。

4. 凡涉及张溥本，则称"溥本"或"溥"云云，以墨笔书写。若同时提及张燮本与张溥本，则作"二张"云云。此类校语不是一气写成，鲁迅先据张燮本校，写出"张如何"；再据张溥本校，若与张燮本同，则补"二"字，以示两本皆如此。如《家诫》"于义无可故当远之也"句，手稿B无"故"字，鲁迅先据程荣本补出“故”字(朱笔校字),再以张燮本校,亦无“故”字,乃注“张无”(墨笔校字),最后以张溥本校,亦无“故”字,遂在“张无”上补写“二”字(图 5-4)。

六、搜检异文的范围与对校的周密度

发现并处理文字异同,是校勘的核心问题。按理想状态,校勘者应细致比勘各版本及他书材料,在全面掌握异文的基础上,判断正误。诚然,并非所有异文皆有实际校勘价值,但就程序而言,判定异文是否有价值,应在全面检出异文之后再进行,方才妥帖。至于能否全面检出异文,取决于对校文献是否齐备,以及比勘是否细致。以下就这两点,略作考述。

先看校勘取材的文献范围。搜集材料、校勘异文等工作,集中于手稿 A、手稿 B 阶段;在手稿 C 中,鲁迅一方面整合先前比勘诸书诸本之所得,又添入前未检及的若干文献,做了补充比勘;至最后的手稿 D,又有少量增补。各阶段利用的文献如下表 5-3:

表 5-3　鲁迅各阶段校勘所用书

	《嵇康集》诸版本	他书文献
手稿 A	张溥刻本、汪士贤刻本、赵桢抄本、程荣刻本	全上古三代秦汉三国六朝文、文选(胡克家本)、唐写本文选集注、文选(尤袤本)、三国志、晋书、初学记、艺文类聚、北堂书钞、太平御览、乐府诗集、古诗纪、匡谬正俗
手稿 B	六朝诗集本、程荣刻本、张燮刻本、张溥刻本	

续表

	《嵇康集》诸版本	他书文献
手稿 C	六朝诗集本、程荣刻本、张燮刻本、张溥刻本、汪士贤刻本、黄省曾刻本	野客丛书、世说新语注、医心方（据《日本访书志》转引）、续古文苑
手稿 D		海录碎事

鲁迅校勘的取材范围渐次扩大，特别是在他校材料方面，从《文选》《初学记》《艺文类聚》《北堂书钞》等辑校魏晋典籍之必用书，拓展至《野客丛书》之类辑校魏晋典籍时较少关涉之书，足见搜检范围之广。但他并不贪多务博，而是根据材料的可信度和校勘价值，有所取舍。明人编选诗文总集颇多，但大多转相因袭，校勘价值欠奉，鲁迅只选用较为精善的冯惟讷《古诗纪》。

另一方面，鲁迅对勘并不十分细致，六朝诗集本、汪士贤本、张燮本的异文，多有遗漏或未作交代。试将六朝诗集本与手稿 B 重作比勘，共校出异文 73 处，鲁迅出校 35 处，未出校的 38 处如下：

表 5-4　手稿 B 未出校的六朝诗集本异文

	篇目	六朝诗集本	手稿 B
1	琴赋	萦抱山**丘**	萦抱山**邱**
2		荣期绮季之**畴**	荣期绮季之**俦**
3		邪睨**崐崘**	邪睨**崑崙**
4		沛騰遻而**競**趣	沛騰遻而**竟**趣
5		何弦**謌**之绸缪	何弦**歌**之绸缪
6		清和条**昶**	清和条**衵**

续表

	篇目	六朝诗集本	手稿 B
7		**嘅**远慕而长思	**慨**远慕而长思
8		则敂愉**歡**释	则敂愉**懽**释
9		若和平者**听**之	若和平者**闻**之
10		惠**施**以之辩	惠**生**以之辩
11		况**蚑**行之众类	况**跂**行之众类
12		**辞**曰	**乱**曰
13	兄秀才公穆入军赠诗十九首之十四	山鸟**群**飞	山鸟**羣**飞
14	同上十六	莫与交**懽**	莫与交**歡**
15	秀才答四首之三	世俗安可**论**	世俗安可**能**
16	同上之四	北登邙**丘**	北登邙**邱**
17	幽愤诗	越在**繦緥**	越在**襁褓**
18	六言十首之五	古人安此**麄**醜	古人安此**粗**醜
19		**故**能延**期**不朽	能延**其**不朽
20	思亲诗	泪如雨兮**嘆**青云	泪如雨兮**歎**青云
21	郭遐周赠三首之一	方此何不**臧**	方此何不**藏**
22		**棲**迟衡门下	**栖**迟衡门下
23	同上之二	**嘆**我与嵇生	**歎**我与嵇生
24	同上之三	物亦以**群**殊	物亦以**羣**殊
25	郭遐叔赠五首之一	郭遐叔赠**五**首	郭遐叔赠**四**首
26	同上之三	封**壃**画界	封**彊**画界
27	同上之五	众鸟**群**相追	众鸟**羣**相追
28	答二郭三首之一	二郭怀不**群**	二郭怀不**羣**
29	同上之三	功名何足**殉**	功名何足**狥**
30	与阮德如一首	泽雉穷野**艸**	泽雉穷野
31		**衿**计宜早完	**矜**计宜早完
32	阮德如答二首之一	**玙璠**就其形	**璠玙**就其形
33		暂**往**不久停	暂**住**不久停
34	同上之二	顾步怀想**像**	顾步怀想**象**

续表

	篇目	六朝诗集本	手稿 B
35	酒会诗七首之五	栖迟永年	棲迟永年
36		寔惟龙化	实惟龙化
37	同上之七	丽蓝秾繁	丽蘂秾繁
38	杂诗	絃超子野	玄超子野

以上异文多为异体字，似乎可以说并非鲁迅失校，而是经判断后将其省略。今人从事古籍整理，多将异体字径改为正字，这是通行做法。鲁迅的问题不在于异体字不出校，而是是否出校，游移不定。如，懽、歡异体，鲁迅以六朝诗集本校时不出校（8、14）；其后以张燮本校，却出校。——《与山巨源绝交书》"共为歡益"句，张燮本作"懽"，手稿 D 校语："张燮本作'懽'，李善本《文选》同。"若说这是一处有必要出校的异文，则六朝诗集本的那两处亦应出校。

对勘时的疏漏，也颇有一些。如，9（听 / 闻）、10（惠生 / 惠施）、12（辞 / 乱）、15（论 / 能），是文字歧异；19、30 为脱文；32（玝璠 / 璠玝）为倒文，皆与异体字无涉，也不是可以忽略不计的无意义异文。

比勘张燮本与手稿 B，再与鲁迅校语相较，可知该本异文出校的比例明显高于六朝诗集本，但也存在若干遗漏未尽之处。如《赠兄秀才公穆入军十九首》之十五，手稿 B 作"瑟琴在御"，张燮本作"鸣琴在御"，鲁迅未校出，手稿 C 校语："张溥本作'鸣琴'，《文选》同，他本作'瑟琴'。"手稿 D 与之同。实则当作"张燮本、张溥本作'鸣琴'"云云，方才周延。这是一处遗漏失校。又如《赠兄秀才公穆入军十九首》之十六"远登灵邱"句，张燮本作“远登灵丘”,出校;《嵇喜答弟叔夜四首》之一“北登邙邱”句,张燮本作“北登邙丘”,不出校。同为“丘”、“邱”异体,两诗前后相邻,处理截然相反,标准有欠统一。

表 5-5 手稿 B 与张燮本异文数量及鲁迅出校统计

	篇目	异文	出校	未出校
1	序	9	8	1
2	琴赋	44	44	0
3	秋胡行七首	5	5	0
4	赠兄秀才公穆入军十九首	19	17	2
5	嵇喜答弟叔夜四首	5	4	1
6	酒会诗七首	7	6	1
7	杂诗	1	1	0
8	幽愤诗	8	8	0
9	答二郭三首	11	11	0
10	郭遐周赠嵇叔夜三首	7	7	0
11	郭遐叔赠嵇叔夜五首	8	7	1
12	与阮德如	6	6	0
13	阮侃答嵇叔夜	8	7	1
14	述志诗二首	4	4	0
15	六言十首	6	6	0
16	思亲诗	3	3	0
17	与山巨源绝交书	18	17	1
18	与吕长悌绝交书	2	1	1
19	卜疑集	13	12	1
20	释私论	15	14	1
21	养生论	26	23	3
22	向秀难养生论	6	6	0

续表

	篇目	异文	出校	未出校
23	答难养生论	20	17	3
24	声无哀乐论	74	66	8
25	难宅无吉凶摄生论	12	11	1
26	宅无吉凶摄生论	13	11	2
27	释难宅无吉凶摄生论	16	15	1
28	答释难宅无吉凶摄生论	21	16	5
29	难自然好学论	6	5	1
30	张辽叔自然好学论	2	2	0
31	明胆论	11	9	2
32	管蔡论	4	3	1
33	太师箴	6	6	0
34	家诫	22	18	4

至于张溥本,鲁迅实际未做通篇比勘。鲁迅出校的张溥本异文共39处,其中37处是此处张燮本亦有异文,仅2处为张溥本所独有。可见鲁迅只是用张溥本比勘了手稿B与张燮本有异文处。如此处理,势必会遗漏张溥本所特有的异文。鲁迅似乎也认识到了这一问题,故而他后来又比勘张溥本与手稿C,在手稿C中增补了若干手稿B原无的、据张溥本而出的校语,以弥补之前阙漏。

要之,鲁迅不断扩大校勘的取材范围,对部分版本及他书引文做了逐字逐句的比勘,但也有标准游移、间或遗漏之弊,大体可称细密,局部仍有未周。评价其校勘成就时,须留意此点。

七、鲁迅的理校与本校

古籍成书越早，流传越久，发生讹误的几率愈高，讹误的层次结构亦复杂，多有“层累积成”型的讹误。书籍的早期传本留存至今的概率很低，遂出现传世诸本皆误，无法通过对校发现异文进而据以订正的情形。运用文字、音韵、训诂等文史知识，发现改定文字讹误，即为理校。不依靠异文（直接证据），而以本书相关文本（间接证据）为线索发现并订正讹误的校勘方法，则是本校。《嵇康集》的成书年代与存世最早版本的时代有很大落差，理校与本校尤显重要。鲁迅的理校与本校，贯穿于校勘全程，其例甚多，以下略加考察。

卷四《答难养生论》“视息之具岂唯立五谷哉”句，传世诸本皆同。手稿 A 校语：“‘立’疑即‘五’之误衍字。”手稿 C、手稿 D 校语略有改动，但论断不变：“疑即因下‘五’字讹衍。”据文义，“立”确为衍文。鲁迅指出这是一处层累积成的讹误，初因“五谷”而衍一“五”字，“五”又转讹为“立”。

卷五《声无哀乐论》丛书堂本原抄“至于爱与不爱喜理人情之变统物与不喜之理”句，文理不通，显有错讹，旧校改为“至于爱与不爱，人情之变，统物之理”。手稿 A 校语：“当作‘爱与不爱，喜与不喜，人情之变’。”手稿 C 校改为“爱与不爱，人情之变，喜与不喜，统物之理”，后又改作“爱与不爱，喜与不喜，人情之变，统物之理”，校语称：“原钞下三字（指‘与不喜’）误入下文‘物’字下，今迻正，各本夺，旧校亦删。”手稿 D 沿用了手稿 C 的校改。今案，丛书堂本原抄虽误，但保存了探索讹误发生的线索；旧校所改，表面文通字顺，但随意删落原文,抹去了探寻原貌的线索。鲁迅的理校文义完整通顺,句式更为合理(“喜与不喜”与“爱与不爱”对文,并与下文“人情之变,统物之理”,文义相承),校勘态度亦更审慎。

《声无哀乐论》“季子采诗观礼”,典出《左传》。丛书堂本原抄误作“季體采诗观礼”,朱校及以下诸本皆作“季子”,文义虽通,但未能阐发致误原因。手稿A朱笔校语:“原抄‘體’,朱校改‘子’。”墨笔校语称:“按,当作‘札’。”手稿C校语的辨析更为深入:“原作‘體’,因‘札’讹‘礼’,‘礼’又为‘禮’而讹也,今正。各本作‘子’。”手稿D与之同。此处丛书堂本原抄明显有误,旧校文义通顺。但鲁迅不轻信旧校,根据形近而讹的原理,重做考察,推测原文当作“札”,后讹为“礼”,“礼”是“禮”之俗体,遂再变为“禮”,又变为“體”。

《答释难宅无吉凶摄生论》“故为之宗庙,以神其本,不答子贡,以救其”句,各本校语称:

【手稿A】“救其”下疑当有“末”字。

【手稿C、手稿D】案,《难中》云“子贡称性与天道,不可得闻。仲由问神,而夫子不答,其饬末有如彼者”云云。则“救”当作“敕”,下有“末”字。

这是理校与本校结合的一例。鲁迅先是从句式上发现了问题,“以神其本”与“以救其”应对文而未对,“救其”后宜有脱文,据前后文义推断,当作“末”。至此,为理校。而《答释难宅无吉凶摄生论》是辩难文字,内容与书中《释难宅无吉凶摄生论》(即《难中》)等篇相关,有本校的余地。鲁迅从该篇发现旁据,转用本校之法,认定所脱为“末”。

鲁迅对理校的风险亦有充分认知,运用时颇为谨慎,多有手稿A理校而定稿时终未采纳之例。如《声无哀乐论》"凡此八者,民所以接物传情、区别有属而不可溢者也"句,手稿A校语:"'溢',疑当作'滥'。"此处鲁迅根据形近而讹的原理,结合前后文义,推定原文作"滥"。手稿C、手稿D删去此条校语,仍作"溢"。这可能是考虑到"溢"、"滥"均有过度、超出之义,既然于义两通,又无异文证据支撑,便不改动原文。

结 语

以上就鲁迅辑校《嵇康集》的经纬始末、底本与参校本的版本问题、比勘文献的流程、校语结构与形态特征及校勘的具体操作等问题,做了考述。之所以不厌其烦地爬梳校勘细节,系因这是研究校勘学史的难得个案。它的可贵之处在于:从最早的工作底本至最终定稿本,鲁迅校本诸手稿完整保存至今,为考察校勘过程及其间的各种细节与微观操作,提供了可回溯的连续性证据。

清人校勘固允称精密,但校本大多零落星散,校勘全过程的所有手稿完好留存的实例似乎不多,因此未便动态而连续地予以考察。从作为校勘过程一环的某一校本所归纳得出的"校例"、"校勘方法"乃至"校勘思想",或许会因前后文本环节(其他校本)的缺位而存在盲点,乃至造成断章取义式的曲解。鲁迅辑校《嵇康集》的史料价值,恰在于稿本链条的"连续"。

存世的大量前人校本,不仅是重要的校勘成果,也是体现不同学者的校勘操作、方法与理念的核心史料。研究校勘学史，除去总结陈垣“校法四例”这样的理论之外，更应回到具体而微的历史现场，从复原分析每一处历史细节——前人的校勘实例及其操作，看他们如何处理异文、判定正误（对校、他校），如何“不疑处有疑”（本校、理校）。由此获得的校勘学史图景，庶几更能为当下的古籍整理与校勘提供参考。

附　表

	用纸	书写时间	手稿全集卷次	辑校古籍卷次
手稿 A	格纸乙	1913 年 10 月	28 册 5~234 页	第 5 函第 4 册全册
手稿 B	素纸	1915 年（6 月 5 日之前）	28 册 258~399 页、29 册 5~97 页	第 5 函第 3 册全册
手稿 C	素纸	1913 年 12 月	29 册 179~378 页	第 5 函第 2 册 1~201 页
手稿 D	素纸	1931 年 12 月前	30 册 5~254 页	第 5 函第 1 册全册
手稿 E	格纸乙	1913 年 10 月	28 册 235~257 页	第 5 函第 5 册之“嵇康集校文”1~24 页
手稿 F	格纸丙	不早于 1914 年春	30 册 255~257 页	未收
手稿 G	格纸丙	1914 年春至 1921 年初	30 册 265~266 页	第 5 函第 5 册之“嵇康集逸文”1~2 页
手稿 H	厦门大学国学研究院红色格纸	1926 年秋冬	30 册 258~264 页	未收

续表

	用纸	书写时间	手稿全集卷次	辑校古籍卷次
手稿 I	九行红色信笺纸	1924 年 6 月前	30 册 267 页	未收
手稿 J	八行信笺纸	1924 年 6 月前	30 册 268~269 页	未收
手稿 K	素纸	1923 年 10 月至 1926 年 8 月	30 册 270~271 页	未收
手稿 L	格纸庚	1930 年代初	30 册 272 页	未收
手稿 M	格纸庚	1930 年代初	30 册 273~278 页	第 5 函第 5 册之“嵇康集目录” 1~6 页
手稿 N	格纸丙	1914 年春至 1920 年末	30 册 279~288 页	第 5 函第 5 册之“嵇中散集考” 1~12 页
手稿 O	泱泱社格纸	1926 年 11 月 14 日	30 册 289~296 页	第 5 函 第 5 册之“嵇康集考” 1~8 页
手稿 P	素纸	不明	30 册 279 页	未收
手稿 Q	素纸	1924 年 6 月 11 日	29 册 379~383 页	第 5 函第 2 册 202~206 页
手稿 R	OS 原稿用纸	1931 年前后	29 册 384~389 页	未收

附　《春秋左氏传嵇氏音》《圣贤高士传》的鲁迅辑录手稿

《春秋左氏传嵇氏音》，是嵇康的注经著作。魏晋六朝时期，“某某音”一类注音之作盛行，遍及诸经、正史、诸子及《楚辞》《文选》等书，撰者众多。如《左传》，依《隋书·经籍志》所载，即有服虔、曹髦、嵇康、杜预、曹躯、荀讷等八家。嵇康书，《隋书·经籍志》著录作：“《春秋左氏传音》三卷　魏中散大夫嵇康撰。”两《唐志》及《崇文总目》不载。隋陆德明《经典释文》、唐司马贞《史记索隐》、宋宋庠《国语补音》均引用。

《圣贤高士传》，是嵇康所撰传记书。《三国志》裴松之注，引嵇康兄嵇喜所撰康传，称此书“撰录上古以来圣贤隐逸遁心遗名者，集为传赞，自混沌至于管宁，凡百一十有九人”[1]。史志目录著录此书，卷数有所歧异。《隋书·经籍志》史部杂传类：“《呈贤高士传赞》三卷　嵇康撰，周续之注。”[2]《旧唐书·经籍志》史部杂传类：“《高士传》三卷　嵇康撰。”《新唐

①《三国志》卷二一，影印宋衢州州学刻宋元明递修本，收入《中华再造善本》，北京图书馆出版社，2006年。

②“呈”是“圣(聖)”之误。

书·艺文志》史部杂传记类:“嵇康《圣贤高士传》八卷。”宋《崇文总目》以下则未著录。

此二书的鲁迅手稿,用格纸乙书写,全是鲁迅字迹,合订为一册,《嵇氏音》在前,《高士传》在后,现藏中国国家图书馆。《嵇氏音》是传录清马国翰辑本,《圣贤高士传》是据严可均《全上古秦汉三国六朝文》卷五二录出。书衣题“左氏音/高士传”(鲁迅笔迹)。此两种首行题书名,下题“历城马国翰辑”、“乌程严可均校辑”,次行起为正文。版心题“音”(《嵇氏音》)、“传”(《高士传》)及叶码。

《嵇氏音》仅有马国翰辑本,可勿论。《高士传》有严可均、马国翰、王仁俊辑本,以及唐鸿学增补严可均辑本。王本仅辑得佚文3条,在诸本中最劣。唐本搜辑佚文最备,收入唐氏编刻的《怡兰堂丛书》,但该丛书汇印于1922年,晚于鲁迅抄录[①]。严本与马本通行易得,辑录亦较为完备,两者互有出入,总体来说,严本更佳。鲁迅辑录古籍,屡屡利用参考《全上古秦汉三国六朝文》《玉函山房辑佚书》,对于二者的优劣

---

①怡兰堂本《圣贤高士传》有光绪辛丑(1901)唐鸿学序,称“录成清本,即付梓人”,似乎当时便刊刻。该本封面为沈中择题署,而沈氏为《怡兰堂丛书》所收他书题署封面,署时间为壬戌即民国十一年。从情理上说,沈氏题署封面,应是一时所为,而非时隔21年的两次题署。且《圣贤高士传》的版面清晰,可以排除沈氏题署封面是后印时所添加的可能性。据上述几点来看,怡兰堂本刻于民国十一年前后的可能性更大,当然也有可能是光绪辛丑时刻成,但只有少量刷印,至民国十一年唐氏汇编《怡兰堂丛书》,始较多刷印。1935年1月20日,鲁迅购得一套《怡兰堂丛书》,日记称:“又往通艺馆买翻赵氏本《玉台新咏》一部二本,《怡兰堂丛书》一部十本,共泉十四元。”无论如何,鲁迅抄录《高士传》时,应未见过唐本,遑论据其传录。

有充分了解，他选择抄录严本，自在情理之中。

《高士传》抄成后，鲁迅用马本、法琳《辩正论》及《后汉书注》与之对勘，在天头标注校出的异文，如“庚市子”条，天头有校语“马本作‘康市子’，无‘之’字”。此外，还有一些考辨性的校语，如“涓子　齐子”条校语：“‘齐子’，当作‘齐人’，见《列仙传》。此以为人名，误也。马辑本不误。”

此两件手稿写于何时，无法确知。根据使用格纸乙这一点来看，或与《嵇康集》手稿A（亦用格纸乙）时间相邻。换言之，鲁迅着手辑校《嵇康集》伊始，似有意一并辑录文集之外的嵇康著作。但在《嵇康集》的后续手稿中，鲁迅未再提及此二书，又无进一步校理的相应手稿存世，似可认为他后来改变想法，放弃辑录《春秋左氏传嵇氏音》《圣贤高士传》。

附　表

	用纸	书写时间	手稿全集卷次	辑校古籍卷次
春秋左氏传嵇氏音手稿A	格纸乙	约1913年秋冬	31册389~393页	第5函第5册之“春秋左氏传嵇氏音”1~4页
圣贤高士传手稿A	格纸乙	约1913年秋冬	31册394~430页	第5函第5册之“圣贤高士传”1~38页

第六章　鲁迅辑校《谢灵运集》考

谢灵运是六朝时期的著名诗人，被奉为山水诗鼻祖，在文学史上占据显赫地位，《宋书》卷六七有传。鲁迅辑校《谢灵运集》，留下手稿一件，赵英、顾农先后介绍了鲁迅手稿的基本情况，此外未见他人有专门研究[①]。

一、《谢灵运集》的流传与存世诸本

谢氏著述甚多。单就文集而言，《隋书·经籍志》著录称："宋临川内史谢灵运集十九卷。梁二十卷录一卷。"《旧唐书·经籍志》《新唐书·艺文志》并作"《谢灵运集》十五卷"。由南朝至唐，谢集卷数不断减少，宜是篇章陆续散佚损去所致。至宋，《崇文总目》《秘书省续编到四库阙书目》不载谢集，尤袤《遂初堂书目》著录"谢灵运集"而不记卷数，《宋史·艺文志》载"《谢灵运集》九卷"。尤袤是南宋初人，《宋志》以《中兴国史艺文志》为主要蓝本，后者主要依据《中

①赵英《籍海探珍——鲁迅整理祖国文化遗产撷华》，48~49 页。顾农《谢灵运新研三题》，《山东师范大学学报》2003 年 3 期。

兴馆阁书目》这一实藏目录[1]。缘此，谢集是否散佚于南北宋之交，尤袤藏本是否与《宋志》九卷本同，九卷本是否系南宋初人辑佚而成，难有确切结论[2]。另，宋高似孙《剡录》载谢氏著述多种，中有"《谢灵运集》十五卷"，当是据《新唐志》迻录，非实见原书。之后，著录谢集而卷数独特值得注意者，还有明陈第《世善堂藏书目录》集部："《谢灵运集》十卷。"[3]

谢集原本不传，传世诸本是明清人从总集、类书等辑佚而成，在内容上分为诗集与诗文兼收者两类[4]。前者以明嘉靖黄省曾刻本《谢灵运诗集》二卷为最早，其后有嘉靖间六朝诗集本《谢康乐集》一卷、清康熙卓尔堪刻曹陶谢三家诗本《宋谢康乐集》二卷、清乾隆姚培谦刻陶谢诗集本《谢康乐集》二卷[5]。诗文兼收者，有万历十一年沈启原刻本《谢康乐集》四

---

①关于《宋史・艺文志》及其蓝本的关系，请参：马楠《离析〈宋史艺文志〉》，《唐宋官私目录研究》，中西书局，2020年，131~180页。

②顾绍柏主张谢集散佚于宋室南渡前后，但他似未注意到《遂初堂书目》及《宋志》的记载。刘明提出尤袤藏本及《宋志》著录之本，是南宋初辑佚而成，则未知何据。见：顾绍柏《谢灵运集校注》，中州古籍出版社，1987年；刘明《谢灵运集成书及版本考论》，《天中学刊》2018年2期。此外，宋唐庚编《三谢诗》，现有宋嘉泰刻本传世。

③陈第《世善堂藏书目录》卷下，清抄本，中国国家图书馆藏（02786）。不过，王重民指出，今传《世善堂藏书目录》并非完全依陈第藏书编制，有陈氏后人依他书材料添补以炫富的成分，李丹亦持此说。详见：王重民《中国目录学史料（四）》，《吉林省图书馆学会会刊》1981年5期；李丹《明代私家书目伪书考》，《古籍研究》第51集，2007年。

④吴冠文对谢集诸本有调查研究，详见：吴冠文《谢灵运诗歌研究》，复旦大学博士论文，2006年。顾绍柏、刘明的相关研究如前揭。

⑤顾绍柏称，《谢灵运集》辑本有"《二谢诗集》（《盛明百家诗》后编本）"，不确。《盛明百家诗》断限明确，决不会收录六朝时期的谢灵运诗，其中所收《二谢诗集》为明人谢少南、谢承举诗。

卷、万历汪士贤刻本《谢康乐集》四卷(《汉魏六朝二十一名家集》)、明万历南城翁少麓刻本《谢康乐集》四卷(《汉魏诸名家集》)、天启崇祯间张燮刻本《谢康乐集》八卷《附录》一卷(《七十二家集》)、明末张溥刻本《谢康乐集》二卷(《汉魏六朝百三名家集》)等①。其中,沈启原本、汪士贤本、翁少麓本为一系,沈本为源头,汪本、翁本各有增补调整;张溥本以张燮本为底本,但二者分卷不同。此外,明冯惟讷《古诗纪》、清严可均《全上古三代秦汉三国六朝文》、丁福保《全汉三国晋南北朝诗》,都是按人编排的总集,各有谢灵运部分,也可视为专收诗或文的谢集辑本。

二、鲁迅辑校手稿的面貌与鲁迅的辑校操作

鲁迅辑校谢集手稿,现存 1 件(以下称“手稿 A”)。此件用格纸丙书写,全是鲁迅笔迹,散叶(37 叶),现藏中国国家图书馆。存目录、卷四至六、附录。

据目录,鲁迅辑本为正文十卷附录一卷,分体编排,卷一至三为赋,卷四至五为诗(指非乐府诗),卷六为乐府、七(《七济》),卷七为表、笺、书,卷八为论(《辨宗论》),卷九为颂、赞、铭,卷一〇为诔,附录为论(《晋书武帝纪论》)、志(《游名山志》)。除了卷四至六的诗部分,各卷均列出子目,篇名下注出处。简言之,鲁迅的编排原则是诗文等为正文,集外别行的著

---

①《汉魏六朝二十一家集》,或作《汉魏六朝诸家文集》及《汉魏诸名家集》,实为一本。

作入附录[①]。不过,手稿的实际篇目次第与目录略有出入,附录首为《赠临海太守王琇》(诗散句)及失题诗一首,次为《晋书武帝纪论》,次《七济》散句,次《游名山志》。由此也可看出,目录与正文的书写时间有一定间隔,否则不当有此参差。

鲁迅辑本的卷数不同于前述诸本,但在结构编排上,鲁迅辑本有所依托参照的痕迹明显。前揭诗文兼收的谢集诸本,多采用"赋—诗—文"的结构,鲁迅辑本亦如此。另一方面,除去将七、志两体置于附录,异于诸本之外,鲁迅辑本的"文"部分,诸体次序为"表—笺—书—论—颂—赞—铭—诔"的排序,与张燮本一致(详表6-1)[②]。

表 6-1　谢灵运集诸本编次结构

鲁迅辑本	赋	诗	乐府	表	笺	书	论	颂	赞	铭	诔	七	志
沈启原本	赋	乐府	诗	表	书	志	赞	诔	铭	颂			
汪士贤/翁少麓本	赋	乐府	诗	表	论	书	志	赞	诔	铭	颂		
张燮本	赋	乐府	诗	表	笺	书	志	论	颂	赞	铭	七	诔
张溥本	赋	表	笺	书	志	论	颂	赞	铭	七	诔	乐府	诗
严可均本			表	笺	书	论	七	志	序	颂	赞	铭	诔

①《隋书·经籍志》史部正史类:"《晋书》三十六卷　宋临川内史谢灵运撰。"史部地理类:"《游名山志》一卷　谢灵运撰。"

②另,《文选》是辑录谢灵运诗文的主要来源之一,结构为"赋—诗—文",其下三十八体依次为赋、诗、骚、七、诏、册、令、教、策文、表、上书、启、弹事、笺、奏记、书、移、檄、对问、设论、辞、序、颂、赞、符命、史论、史述赞、论、连珠、箴、铭、诔、哀、碑文、墓志、行状、吊文、祭文。谢集诸本的结构及分体排序与之相近,或曾参照斟酌。

在内容上,鲁迅辑本同样是既有所本,又有所调整。手稿A中虽无有明确的文本证据,但通过某些痕迹,仍可推求出鲁迅所据,且如下述,手稿A各部分所据对象不同。

手稿A卷一至三的赋部分,抄自严可均《全上古三代秦汉三国六朝文·全宋文》(以下简称"严本")卷三〇、三一,同时做了微调。严本与手稿A有诸多相同相似之处,而与他本不同。其一,《撰征赋》篇名,他本(除张溥本外)皆作"征赋",惟手稿A与严本同作"撰征赋"。其二,手稿A与严本,皆是先《撰征赋》,后《山居赋》,他本则反之。其三,手稿A的篇目次序与严本更为接近(详表6-2)。其四,明刻诸本不标文章辑录出处,严本、手稿A则注,且凡某篇见引于多书,手稿A标注各出处的先后次序,与严本完全一致;只有照严本传录,方能如此。

表6-2　谢集诸本赋体编目次序

鲁迅辑本	撰征赋(卷一)、山居赋(卷二)、怨晓月赋/罗浮山赋/岭表赋/长溪赋/归途赋/孝感赋/感时赋/伤己赋/逸民赋/入道至人赋/辞禄赋/江妃赋(卷三)
沈启原/汪士贤/翁少麓本	山居赋(卷一)、征赋/逸民赋/怨晓月赋/罗浮山赋/岭表赋/长溪赋/江妃赋/孝感赋/归途赋/感时赋/伤己赋/入道至人赋/辞禄赋(卷二)
张燮本	山居赋(卷一)、征赋(卷二)、归途赋/罗浮山赋/岭表赋/怨晓月赋/长溪赋/江妃赋/入道至人赋/逸民赋/辞禄赋/感时赋/孝感赋/伤己赋(卷三)
张溥本	山居赋/撰征赋/归途赋/罗浮山赋/岭表赋/怨晓月赋/长溪赋/江妃赋/入道至人赋/逸民赋/辞禄赋/感时赋/孝感赋/伤己赋(卷一)
严可均本	怨晓月赋/罗浮山赋/岭表赋/长溪赋/孝感赋/归途赋/感时赋/伤己赋/逸民赋/入道至人赋/辞禄赋/撰征赋(卷三〇)、山居赋/江妃赋(卷三一)

手稿A相较于严本的变化有二：一是《长溪赋》《孝感赋》次序互易，二是改以《撰征赋》《山居赋》居首。严本的排序可能源自《艺文类聚》（诸赋次序与它们在《类聚》中的先后一致）。《撰征赋》《山居赋》，《宋书》本传与《类聚》并引；鲁迅将此两篇改置于首，推其用意，似乎是强调《宋书》成书在先。

卷四至六的诗部分，顾农认为大抵抄自冯惟讷《古诗纪》，理由是“诗中校文也是依冯书过录的”，其说可从[①]。案，张燮本与张溥本的篇目次序、校语，大体与《古诗纪》同，但有一些细节差异；在这些差异点上，手稿A与《古诗纪》同，与张燮本、张溥本异，可见它与《古诗纪》的渊源关系。如《述祖德诗》，“委讲缀道论”句，《古诗纪》与手稿A皆有校语“缀当作辍”，张燮本、张溥本作“委讲辍道论”，无校语。又如《答谢惠连》，《古诗纪》与手稿A诗题并作此，张燮本、张溥本题作“答惠连”。再如，张燮本、张溥本之杂诗部分末尾，有《送雷次宗》《大林峰》《柟溪诗》《泉山诗》，《古诗纪》与手稿A无此四首。至于其他各本，所收篇目及次序、校语之有无，与手稿A有明显差异，可勿论。

手稿A诗部分相对于《古诗纪》的调整有：其一，乐府与杂诗前后互易。其二，《古诗纪》，《作离合》与《临终诗》之间有失题诗一首，手稿A将此首移入附录。其三，手稿A某些谢诗前后添入对应的他人唱和之作，以明晰谢氏创作语境。具体有：依《文选》卷二五，在《从游京口北固应诏》后，添入《愁霖诗》散句、《赠宣远》及谢瞻《答灵运》《于安城答灵运》。

---

①顾农《谢灵运新研三题》。

依《文选》卷二六,在《还旧园作见颜范二中书》后,添入颜延年和诗。依《文选》卷二五,在《酬从弟惠连》前,添入谢惠连《西陵遇风献康乐》。

卷七至一〇的文部分及附录,含表、笺、书、论、颂、赞、铭、诔、七、志九体。相对而言,手稿 A 的这一部分与严本最为近似,尤其是标注文章出处大体相同(明刻诸本不标出处),显示出手稿 A 与严本的密切关系。

具体来说,表、笺、书三体,手稿 A 是照录严本,篇名、次第及所标出处,与严本几乎全同,而与他本有异。如"表"体《上书劝伐河北》,张燮本、张溥本作《劝伐河北表》,沈启原、汪士贤、翁少麓诸本题作《劝伐河北书》,归入"书"体。不过,鲁迅辑本也有一些调整:《答范光禄书》前,添入范泰《与谢侍中书》,即谢氏所答复的对象——范氏来函;《答王卫军问辨宗论书》《答纲琳二法师书》,改置于《辨宗论》下,盖鲁迅认为此二篇亦属《辨宗论》之问难答问。

手稿 A 的"论"体,与严本有较大差别。严本收《晋书武帝纪论》《辨宗论》,鲁迅将前者改入附录,但来源仍应是严本。《辨宗论》各篇下标注的出处卷次与严本大不相同,明显是别有来源。案,《辨宗论》被收入道宣《广弘明集》,道宣书有三十卷本、四十卷本之分。据各篇标注的出处,覆案三十卷本与四十卷本,可知严可均辑自三十卷本,而鲁迅标注的卷数与四十卷本同,则是据四十卷本辑出,或者至少是用四十卷本覆核了严氏所辑,标署卷数改从四十卷本。

颂、赞、铭、诔,手稿 A 在篇目、篇次、篇题等方面与诸本各有差异,与严本相对差异较小(表 6-3)。非常明显的一点是，与《辨宗论》类似，凡《广弘明集》所载篇目，手稿A标注的出处卷次皆与四十卷本合，显然鲁迅就这些篇目覆核了《广弘明集》四十卷本原书。

表6-3　谢集诸本颂赞铭诔诸体篇目次序

鲁迅本	颂：无量寿佛颂　赞：和范光禄祇洹像赞三首并序/维摩诘经中十譬赞八首/王子晋赞/岩下见一老翁四五少年赞/侍泛舟赞　铭：佛影铭/书帙铭　诔：武帝诔/庐陵王诔/庐山慧远法师诔/昙隆法师诔
沈启原本	赞：王子晋赞/衡山岩下见一老翁四五少年赞/维摩经十譬赞/侍泛舟赞　诔：宋武帝诔/宋庐陵王诔/昙隆法师诔/庐山慧远法师诔　铭：书帙铭　颂：无量寿佛颂
汪士贤/翁少麓本	赞：佛赞(范光禄命作)/和范特进祇洹像赞/王子晋赞/衡山岩下见一老翁四五少年赞/维摩经十譬赞/侍泛舟赞　诔：宋武帝诔/宋庐陵王诔/昙隆法师诔/庐山慧远法师诔　铭：书帙铭/佛影铭　颂：无量寿佛颂
张燮本	颂：无量寿佛颂　赞：王子晋赞/岩下见一老翁四五少年赞/维摩经十譬赞/侍泛舟赞/和范光禄祇洹像赞三首并序/范泰佛赞附　铭：佛影铭/书帙铭　诔：宋武帝诔/宋庐陵王诔/昙隆法师诔/庐山慧远法师诔
张溥本	颂：无量寿佛颂　赞：王子晋赞/岩下见一老翁四五少年赞/维摩经十譬赞/侍泛舟赞/和范特进祇洹像赞三首并序　铭：佛影铭/书帙铭　诔：宋武帝诔/宋庐陵王诔/昙隆法师诔/庐山慧远法师诔
严可均本	颂：无量寿佛颂　赞：王子晋赞/和范光禄祇洹像赞三首并序/维摩经十譬赞八首/侍泛舟赞　铭：书帙铭/佛影铭　诔：武帝诔/庐陵王诔/庐山慧远法师诔/昙隆法师诔

志体仅有《游名山志》一篇，此篇在诸本中位置不一，鲁迅将它归入附录。严本辑得12条佚文，其他各本为9条。手稿A亦为12条，次序亦与严本同，但增补了严本未标的数条

佚文的出处(均出《文选》),这自然是鲁迅照严本抄录后复检《文选》原书的结果。

关于手稿A的书写时间,未有确切记载。据日记,1914年9月17日,鲁迅获得《广弘明集》,是许季上从常州天宁寺邮购而来;1915年6月5日,鲁迅将此书寄去周作人处。

> 午后,许季上自常州天宁寺邮购内典来,分得《金刚经论》一本,《十八空百广百论》合刻一本,《(辨)〔辩〕正论》一部三本,《集古今佛道论衡》一部两本,《广弘明集》一部十本。(1914年9月17日)
>
> 寄二弟书籍一包:小本《陶渊明集》一部二本,《广弘明集》一部十本。(1915年6月5日)[①]

常州天宁寺在清末民初刊行佛典甚多,所刻《广弘明集》正是四十卷本,与鲁迅使用四十卷本相符[②]。另一方面,格纸丙的使用,集中于1914年初至1920年末。缘此,手稿A最有可能写于1914年9月至次年6月,即鲁迅手头有四十卷本《广弘明集》的时段。

---

①《日记》,《鲁迅全集》第15卷,133~134、173页。

②现存鲁迅藏书中,有一部常州天宁寺刻本《广弘明集》,为10册。见:北京鲁迅博物馆《鲁迅手迹和藏书目录》第2集,47页;韦力《鲁迅藏书志(古籍之部)》,661~662页。不过,现存的这部应是1925年所买(日记1925年7月14日,"往佛经流通处买《弘明集》一部四本,《广弘明集》一部十本")。鲁迅与周作人失和后,经常重买此前曾购之书,盖因之前所得遗留在周作人手中,未能迁出。

结　语

鲁迅辑本是在明清诸本的基础上，有所参照，加以调整与补充而形成的。“赋—诗—文”的结构，明显取自明刻诸本；各部分所据蓝本不同，诗部分录自冯惟讷《古诗纪》，赋与文部分主要源自严可均辑本，再以四十卷本《广弘明集》及《文选》等覆核。值得注意的是，鲁迅辑校《嵇康集》，曾比勘《六朝诗集》、汪士贤《汉魏六朝二十一名家集》、张燮《七十二家集》、张溥《汉魏六朝百三名家集》、冯惟讷《古诗纪》、严可均《全上古三代秦汉三国六朝文》。他辑录谢集，稍晚于嵇康集，同样利用以上诸书展开辑录校勘，自在情理之中。

手稿A仅存目录、卷四至六、附录，其余部分当时是否写成，无从确知。不过，手稿A较之《古诗纪》等蓝本，多有补充与调整，书写的面貌却干净整齐，几无涂抹修改之处，就这一形态而言，似是工作至一定程度后再行誊录之本；在它之前，宜有状态更为原始的初稿。顾农认为手稿A只是照录蓝本，“计划中的校勘工作他没有来得及做”，将手稿A定性为“远未完成的工作本”，恐怕并不十分准确。

附　表

	用纸	书写时间	手稿全集卷次	辑校古籍卷次
手稿A	格纸丙	1914年9月至1915年6月	30册306~378页	第5函第10册之“谢灵运集”1~74页

第七章　鲁迅辑录孔融遗文与柳恽诗手稿

在鲁迅辑校的古籍中,孔融遗文与《柳恽诗》,几乎不为人注意。《柳恽诗》被影印收入《鲁迅辑校古籍手稿》,有时会被研究者"一笔带过"地提及;孔融遗文手稿在新版《鲁迅手稿全集》首次公布,学界尚无研究。以下就二者的性质、辑录时间与辑录来源,展开讨论。

一、孔融遗文手稿

孔融,字文举,东汉末名士,建安七子之一。历官北海相、少府、太中大夫等。遭曹操嫌忌,建安十三年被杀,妻子一并被害。其诗文的搜集是曹丕之功,《后汉书》卷七〇孔融本传:"魏文帝深好融文辞……募天下有上融文章者,辄赏以金帛。所著时、颂、碑文、论议、六言、策文、表、檄、教令、书记,凡二十五篇。"[①] 从行文次序来看,收集孔融遗文,应在曹丕称帝后;"二十五篇"当是曹丕募集遗文所得之数,这很可能是孔集的原初形态。

---

①《后汉书》卷七〇,影印宋建安黄善夫刻本,收入《中华再造善本》,北京图书馆出版社,2005年。"时"字误,当作"诗"。

在著录方面,《隋书·经籍志》集部别集类:"后汉少府孔融集九卷。梁,十卷录一卷。"《旧唐书·经籍志》《新唐书·艺文志》:"《孔融集》十卷。"至宋,《崇文总目》《秘书省续编到四库阙书目》《郡斋读书志》《遂初堂书目》《直斋书录解题》,皆未著录孔集,则已散亡。

今传孔集明清诸本,是辑佚而成。明张燮《七十二家集》有《孔少府集》二卷,分诗、表疏、上书、教、书、论、议、碑八类编排,又摘录《后汉书》本传、诸家评语等,编成附录一卷。其后,张溥《汉魏六朝百三名家集》有《孔少府集》一卷,以张燮本为基础,改为表疏、上书、对、教、书、论、议、碑、诗九类编排(先文后诗是《百三名家集》惯例),较张燮本多出《东海王祭礼对》等四篇,但有目无文①。

清《四库全书》收录《孔北海集》一卷,底本是不同于张燮本、张溥本的又一明人辑本。张溥本有目无文的《东海王祭礼对》《覆王畿古制书》诸篇,四库本皆有正文;另一方面,四库本的形态也与张燮、张溥两本有异,《四库全书总目》称:

> 此本乃明人所掇拾。凡表一篇、疏一篇、上书三篇、奏事二篇、议一篇、对一篇、教一篇、书十六篇、碑铭一篇、论四篇、诗六篇,共三十七篇。其《圣人优劣论》,盖一文而偶存两条,编次者遂析为两篇,实三十六篇也。……集中诗文,多有笺释本事者,不知何人所作。

---

①此外,明叶绍泰《增定汉魏六朝别解》卷五〇,亦有《孔少府集》,未见。

奏疏之类，皆附缀篇末。书教之类，则夹注篇题之下。[①]

道光间，顾沅、潘锡恩等辑《乾坤正气集》，内有《孔北海集》一卷，以四库本为底本，"今从四库录出，刻集一卷"[②]。不过，《乾坤正气集》只收文，故删去诗作，剩余篇目及排次悉同四库本。清末民初，杨逢辰编刻《建安七子集》，收录《孔文举集》一卷，杨氏称："是编多据张天如《汉魏百三家集》……于《百三家集》外，亦旁加搜采。"[③]与张溥本不同，杨本重新分类，为诗、教、表疏、上书、书、议、对问、论、碑九体；各篇标题下标明辑录出处，如"《魏志·王修传》注，又《百三家集》"（《答王修教》）。明冯惟讷《古诗纪》卷一三，收孔融诗五题八首，张燮、张溥及杨逢辰本所收诗与之同[④]。严可均《全上古三代秦汉三国六朝文·全后汉文》卷八三为孔融文，从《后汉书》《文选》《艺文类聚》《太平御览》等书辑录，较张溥本多出《与曹公书荐边让》等4篇[⑤]。

手稿A为散叶2叶，第一叶用格纸丙书写，第二叶用格纸乙，全是鲁迅笔迹，现藏中国国家图书馆。此件无标题，首

---

①《四库全书总目》卷一四八，影印清乾隆浙江刻本，中华书局，1965年，1272页。

②顾沅、潘世恩等《乾坤正气集》卷首《孔北海传》，清道光二十八年泾县潘氏刻同治五年修补印本。

③杨逢辰《建安七子集·凡例》，清光绪十六年长沙坦园刻本。

④俞绍初指出，《失题》一首实为李白诗。逯钦立认为，《杂诗》二首出自《李陵集》（《先秦汉魏晋南北朝诗》，中华书局，1983年，196页）。

⑤关于孔融集的流传与版本情况，可参：俞绍初《建安七子集·附录·建安七子著作考》，中华书局，2005年；易兰《孔融别集流传与版本考论》，《四川图书馆学报》2021年5期。

行起直接抄录佚文，各条佚文末标注辑录出处，版心不题书名与叶码，第二叶右上角书“孔二”。此件原先被夹在鲁迅所藏杨逢辰本《建安七子集》中，《鲁迅手稿和藏书目录》称：“《孔文举集》内夹黑格纸两页，为鲁迅自《北堂书钞》辑录孔融遗文。”①

手稿A的性质是记录《北堂书钞》《艺文类聚》《太平御览》所引孔融诗文的清单。前11条为《书钞》所引，按原样录出，佚文末注明辑自何卷，各条佚文次序与其在《书钞》的卷次先后一致。之后是《类聚》《御览》所引孔融佚文，亦按两书卷次先后排列，此二书所引多为全篇或大段文字，鲁迅只写出篇题及所在卷次，未录正文。从以上形态来看，手稿A是辑录工作初期的产物。

此件书写时间不详。从它兼用两种格纸来看，或写于格纸乙与格纸丙的使用交替之际。格纸乙的使用高峰是1913年春至1914年初夏，格纸丙约从1914年初开始使用。前述《沈下贤文集》手稿B并用这两种格纸，写于1914年4月6日~5月24日，正好在二者的重合区间内。这一时间点，可作为孔融遗文手稿A书写时间的参照系。

除以上三书，载有孔融诗文之书尚多，如范晔《后汉书》、袁弘《后汉纪》、杜佑《通典》、《三国志》裴松之注、《初学记》等。不知鲁迅未检及以上各书，便中辍辑录之事，还是实曾翻检辑录，但相关手稿今已不存。

---

①《鲁迅手稿和藏书目录》第2集，北京鲁迅博物馆，1959年，51页。

二、《柳恽诗》手稿

柳恽，字文畅，南朝齐梁间人，《梁书》《南史》并有传。早岁游于齐竟陵王萧子良西邸，齐末为给事黄门侍郎，领步兵校尉。入梁，为侍中，与王亮、沈约等修定《梁律》。后任散骑常侍，终吴兴太守。恽多才多艺，《梁书》称“早有令名，少工篇什”，善琴棋，撰《清调论》《棋品》《十杖龟经》等。

柳氏著述散亡甚早。《隋书·经籍志》子部兵家类，称“梁有……《天监棋品》一卷，梁尚书仆射柳恽撰，亡”；集部别集类，称“梁有……中护军柳恽集十二卷……亡”。其后，《旧唐书·经籍志》《新唐书·艺文志》《崇文总目》皆无著录。更晚的《秘书省续编到四库阙书目》别集类有“《柳恽诗》一卷”，下注“阙”①；乃知北宋后期秘书省访得此书，靖康之变后，此书又阙，有待寻访。南宋后期的《直斋书录解题》诗集类：“《柳吴兴集》一卷，梁吴兴太守河东柳恽文畅撰。仅有十八首。”②《四库阙书目》所载一卷本与《书录解题》著录的一卷诗集本是否相同，无从确知，但它们无疑是搜集残篇的辑本，与十二卷原本相差甚远。

明代诸家书目，未见著录柳集。明代中后期，纂辑汉魏六朝人集的风气大盛，但汪士贤《汉魏六朝二十一家名家集》、张燮《七十二家集》、张溥《汉魏百三名家名集》等，皆无柳集。

---

①《秘书省续编到四库阙书》，清抄本，中国国家图书馆藏（06801）。

②陈振孙《直斋书录解题》，徐小蛮、顾美华整理，上海古籍出版社，1987年，556页。

仅冯惟讷《古诗纪》卷九〇,收柳诗15题22首,各诗皆见于《玉台新咏》《艺文类聚》《文苑英华》《乐府诗集》《六朝诗集》及《梁书》《南史》本传。根据以上情况来看,宋代流传的一卷本,明时大约已不存。此外,清严可均《全上古三代秦汉三国六朝文·全梁文》卷五八有柳恽《答释法云书难范缜神灭论》一首,辑自《广弘明集》,是今存唯一的柳恽文。

手稿A前两叶用格纸甲书写,后两叶用格纸乙书写,全是鲁迅笔迹;另有一叶用格纸丙,有周作人题记"右鲁迅辑录《柳恽诗》手抄本,共四叶";装成一册,藏北京鲁迅博物馆。此件书衣题"柳恽诗"(鲁迅字迹),首叶首行题"柳恽诗",次行即接正文。每半叶九行,每行二十五六字不等。各诗末标注辑录出处,若某诗被多书引用而文字有出入,则标记各出处及文句异同,如《江南曲》末案语称"《类聚》四十二引,'何'作'久','只'作'空'"。

鲁迅辑录古籍,常以前人辑本为根底,增补修订,由此形成自己的辑本。《柳恽诗》则是从头做起,检录诸书所载柳诗。检录各书的顺序,体现于各诗末尾标记的第一出处:《折杨柳》至《芳林篇》,辑自宋郭茂倩《乐府诗集》;《七夕穿针》《诗》(即《咏席》),辑自《初学记》;《捣衣》至《咏蔷薇》,辑自《艺文类聚》;《奉和竞陵王同沈右率过刘先生墓》,辑自《谢宣城集》;《赠吴均》《杂诗》,辑自《古诗纪》——先检《乐府诗集》,次《初学记》,次《类聚》,次《谢宣城集》,次《古诗纪》。

因是重辑,鲁迅辑本与《古诗纪》有所不同,除去诗题及诗句异文之外,所收篇目也有出入。《折杨柳》,《乐府诗集》

《类聚》均载,手稿A案语称“《乐府诗集》二十二,《类聚》八十九引作梁简文帝诗”;虽举出异说,但既然录入手稿A中,显然鲁迅仍倾向于认为此为柳氏诗作。《诗纪》将此诗置于简文帝名下(卷七七),为《和湘东王横吹曲三首》之一,题下小注称“《乐府》作柳恽者非”,则是信从了《类聚》或《玉台新咏》[①]。《从武帝登景阳楼》,《诗纪》有而手稿A无,鲁迅未说明理由。再如,手稿A附录了柳恽《赠吴筠》一诗的吴氏答作,《诗纪》的体例是按人归属,吴氏答诗在卷九一吴筠部分,不见于此。

须指出的是,手稿A非一时写成,且前后相隔时间不短。前述手稿A的前两叶与后两叶使用不同格纸,即与此有关。手稿A第四叶有从《谢宣城集》卷五辑出的佚文。据日记,鲁迅在1914年10月25日购买《谢宣城集》:“又石印《谢宣城集》一本,二角五分。”[②]1914年11月23日,他收到周作人寄来的柳恽诗手稿:“上午得二弟信并《柳恽诗》二叶,十九日发。”[③]综合上述情况来看,辑录的经纬应是:使用格纸甲的前两叶是1912年2月鲁迅北行之前写成,留置绍兴家中。

①冯惟讷《古诗纪》卷七七,明万历刻聚锦堂印本。另,《玉台新咏》卷七,亦将此诗归于梁简文帝名下(署为“皇太子”,盖简文帝为梁武帝太子),为《和湘东王横吹曲三首》之一。

②《日记》,《鲁迅全集》第15卷,138页。另,此石印本的情况不明,现存鲁迅藏书中有四部丛刊本《谢宣城集》两部。《鲁迅手稿和藏书目录》第2集,北京鲁迅博物馆,1959年,54页。四部丛刊本是石印方式印行,当然可以称之为“石印本”,但1914年时,《四部丛刊》尚未问世。据日记,两部四部丛刊本分别购于1924年5月31日、1927年7月26日。

③《日记》,《鲁迅全集》第15卷,141页。

1914年冬，鲁迅购得谢集，在其中发现柳氏佚诗，激起了继续辑录的想法，乃让周作人将旧稿寄来。然后翻检谢集与《古诗纪》，写出后两叶，续辑之事应该在1914年冬或稍后不久。上述推测，可与格纸甲与格纸乙的使用时段相吻合：格纸甲主要在1912年夏之前使用，格纸乙多用于1913年春至1914年春，但也有迟至1915年夏的用例。

另据1959年鲁迅博物馆所编目录，手稿A当时在高炎处[①]。高炎本名陆健夫，中共地下党员，抗战时以《庸报》记者身份在北平活动，又在伪"教育总署"任挂名秘书，与周作人多有往来，曾遭日伪抓捕，周作人出力营救。后来周作人向他赠送了鲁迅手稿，高炎回忆说：

> 当时他拿出两本鲁迅先生的手抄本：一是《柳恽诗》，另一本是《傅肱蟹谱》。郑重地赠送给我，表示对我一种"知己"之感的谢意。[②]

前述此件末尾有周作人题记，便是赠出时所题，周作人晚年向各方赠出不少鲁迅手稿，往往会留下类似的"面向"获赠者的题记，申明此为鲁迅手稿（自藏时自然无须如此）。高炎获赠的《傅肱蟹谱》手稿，末尾亦有类似题记。

---

①《鲁迅手稿和藏书目录》第1集，北京鲁迅博物馆，1959年，54页。

②高炎《再谈周作人的几件史实》，《文教资料》1986年4期。另外，抗战胜利后，二人也有交往。见：周吉宜《1949年周作人日记》，《中国现代文学研究丛刊》2017年7期。

附　表

	用纸	书写时间	手稿全集卷次	辑校古籍卷次
孔融遗文手稿 A	格纸乙、丙	1914 年春或夏	30 册 301~303 页	未收
柳恽诗手稿 A	格纸甲、乙	1912 年 2 月前、1914 年冬或稍后	31 册 161~170 页	第 5 函第 10 册之“柳恽诗”1~12 页

第八章　鲁迅辑录《虞永兴文录》考略

鲁迅辑录《虞永兴文录》,是唐人虞世南的诗文辑本。虞世南字伯施,越州余姚人。历仕南朝陈、隋、唐三代。虞氏是书法名家,文学上亦颇有建树,曾从徐陵学文,陵称得己之意。唐太宗称其德行、忠直、博学、文词、书翰为五绝。编《北堂书钞》一百六十卷,撰《帝王略论》五卷。两《唐书》有传。

《旧唐书·经籍志》《新唐书·艺文志》著录“《虞世南集》三十卷”,《崇文总目》《郡斋读书志》《直斋书录解题》及《宋史·艺文志》皆不著录,则宋时已不传。明时出现了多种一卷本《虞世南集》,专收诗,如明弘治正德间铜活字印唐五十家诗集本、明嘉靖十九年朱警刻唐百家诗本、明嘉靖三十三年黄氏浮玉山房刻唐诗二十六家本,这些都是辑录遗篇而成。明冯惟讷《古诗纪》、明黄德水、吴琯《唐诗纪》、明胡震亨《唐音统签》,都是以人编次的总集,各有虞世南诗;清《全唐诗》卷三六全卷为虞世南诗,计32首。《全唐文》卷一三八全卷为虞世南文,计18篇;又收录两篇虞文,当时未能考出作者,放入“阙名”部分(卷九六〇至九九七)。民国时期,张寿镛编纂《四明丛书》,辑《虞秘监集》四卷,前三卷收虞氏诗文,卷四为附录。近年,胡洪军、胡遐增补修订张寿镛辑本,编为《虞世南诗文集》四卷[①]。

针对鲁迅辑录《虞永兴文录》的已有研究,数量不多。赵英、顾农、岳伟先后简述鲁迅手稿的基本情况,指出鲁迅是在1912年及稍后辑录此书[②]。不过,关于此书的辑录细节以及鲁迅辑录思路,尚有一些可深入探究之处,以下就此展开。

一、《虞永兴文录》的构成与辑录时段

鲁迅辑录手稿共33叶,装为两册,现藏中国国家图书馆。书衣有鲁迅所题"虞永兴文录第一册"、"虞永兴文录第二册"。这33叶原本分属多件从不同文献辑录虞氏诗文的原始抄稿,各件单独起讫,抄录时间未必紧密相连,只是后来被汇拢装订。以下逐一分述。

装订在"虞永兴文录第一册"中的,有以下4件。手稿A用格纸甲抄写,7叶,全是鲁迅笔迹。首叶首行题"虞世南诗",下题"全唐诗卷二",版心标叶码"虞诗几"。篇目次第与《全唐诗》同,只是将《全唐诗》的虞世南小传节略为"虞世南字伯施,余姚人。集三十卷,今编诗一卷"一句。另案,虞世

①胡洪军、胡遐《虞世南诗文集》,收入《浙江文丛》,浙江古籍出版社,2012年。

②赵英《籍海探珍——鲁迅整理祖国文化遗产撷华》,46~47页。顾农《读〈鲁迅辑校古籍手稿〉札记三则》,《聊城师范学院学报》1999年1期。赵英《鲁迅著作出版史的新突破》,《鲁迅研究月刊》2000年4期。岳伟《虞世南诗文研究》,上海师范大学硕士学位论文,2019年。另,岳伟综述虞世南诗文传世诸本的情况,可参阅。

南诗在《全唐诗》卷三六，而鲁迅标为抄自“全唐诗卷二”，乃因他使用的是光绪间上海同文书局石印本，同文书局本将原本九百卷合并为三十二卷，虞诗在该本中位于卷二。此件抄录于1912年9月22日，当天的鲁迅日记称：“下午自《全唐诗》录出虞南诗一卷。”[①]

手稿B用格纸甲抄写，1叶，全是鲁迅笔迹。首叶首行题“虞句”，版心未标叶码。此件抄录虞世南的散句零章6条。前5条录自《白孔六帖》，分别出自《咏日午诗》《奉和月夜观星应令》《燕宫臣诗》《白鹿赋》《师子赋》，依《六帖》卷次先后排列，明显是逐卷翻检抄录而成；第6条抄自“唐刻小字麻姑仙坛记阴”，即宋人缩临刻石的颜真卿《麻姑山仙坛记》碑阴附刻的虞世南书迹。

复检《六帖》，另有下引3条虞氏诗文散句，鲁迅未录。这些散句的原诗原文已被《全唐诗》《全唐文》收录。而手稿B从《六帖》抄录的5条散句，原诗原文亦被《全唐诗》《全唐文》收录。由此可见，鲁迅抄录佚文，并无所谓“回避”原则，未录的3条散句，应是偶尔失检。

> 褰轻绡之碧幔　虞世南秋赋（卷一四）
>
> 玉几奄及金縢遂愆　虞世南唐高祖哀策文（卷三八）
>
> 联翩入上林　虞世南雁诗（卷九四）

手稿C用格纸甲抄写，3叶，全是鲁迅笔迹。此件从《文馆词林》抄录虞世南《左武候将军庞某碑》（《全唐文》失载此文）。首叶首行题“左武候将军庞某碑序一首　虞南”，版心

---

①《日记》，《鲁迅全集》第15卷，21页。

未标叶码,篇末标记辑录出处“《文馆词林》卷四百五十三”。《文馆词林》是唐高宗朝许敬宗等奉敕编纂,因避太宗李世民讳,去“世”字,作“虞南”(唐代文献常有此例,下述《长短经》也是如此)。此书中国早佚,日本存有残卷。清嘉庆间,日人林衡所编《佚存丛书》传入中国,中含《文馆词林》残本四卷(卷四五三不在其中)。《粤雅堂丛书》据之翻刻,流传极广。光绪间,杨守敬在日本搜访古卷子本,得十四卷,影刻收入《古逸丛书》,中含卷四五三。之后,张钧衡《适园丛书》亦刻《文馆词林》,收录二十三卷。不过,适园丛书本刊刻于民国三年甲寅前后,鲁迅辑录时恐未及见,由此可以推断,鲁迅辑录所用,是古逸丛书本。

手稿D用格纸甲抄写,7叶,全是鲁迅笔迹。此件辑录《帝王略论》。首叶首行题“帝王略论　虞南”,版心标叶码“略论几”。前24条从唐人赵蕤《长短经》辑录,末条抄自《路史后纪》卷二三。覆核《长短经》,尚有以下2条虞世南佚文,从内容来看,也是《帝王略论》中语,鲁迅未录。

> 故虞南云:彼秦皇者弃仁义而用威力,此可以吞并而不可以守成。此任刑之弊也。
>
> 虞南曰:夫岷江初发其源,可以滥觞,及其远也,方舟而后能济。元帝之时,而任宏恭、石显,暨于桓灵,加以单超、张让,既斁彝伦,遂倾宗国。其所由来者渐矣。故曰:荧荧不灭,炎炎奈何。言慎其始也。呜呼,百代之后,其鉴之哉。古语曰:寒者易为衣,饥者易为食。晁错曰:夫国富强而邻国乱者,帝王之资。由此言之,是知昏

乱之君将以开圣德矣。[1]

关于此件的抄录时间，鲁迅日记1912年8月15日称："阅赵蕤《长短经》，内引虞世南史论，录之。"[2] 至于此件末条从《路史后纪》辑出的佚文，是否也是当天抄录，则无从知晓。

装订在"虞永兴文录第二册"中的，有以下7件。

手稿E用格纸乙抄写，4叶，全是鲁迅笔迹。此件是从《初学记》抄录《秋赋》《琵琶赋》《师子赋》《白鹿赋》四篇（均载于《全唐文》卷一三八）。每篇另叶单起，首行题篇名，版心亦题篇名，篇末注抄录出处；诸篇次序与在《初学记》所处卷次相符，是从前至后翻检《初学记》抄成的。

手稿F用格纸乙抄写，2叶，全是鲁迅笔迹。此件抄录虞世南《大龙泉寺碑》，首叶首行题"大龙泉寺碑"，版心标注叶码，作"大龙泉寺碑几"，篇末标辑录出处"《会稽掇英总集》十六"。《全唐文》亦载此文，归入"阙名"，在卷九八九；宋孔延之《会稽掇英总集》则标明作者是虞世南。

鲁迅日记有几处与《会稽掇英总集》相关的记载。1914年1月13日，鲁迅收到周作人寄来的《会稽掇英总集》，1915年4月8日，他将此书寄还给周作人。同年6月27日，他在琉璃厂又买一部，当是手头无书而又须利用之故。结合格纸乙的使用时段来看，手稿F最有可能写于1914年1月至次年4月这一时段内。

得二弟所寄书籍四包，计《初学记》四册，《笠泽丛

---

①赵蕤《长短经》卷二，清嘉庆间顾氏刻读画斋丛书本。

②《日记》，《鲁迅全集》第15卷，16页。

书》一册,《会稽掇英总集》四册,石印张皋文《墨经解》,蒋拙存书《续书谱》,竹垞抄《方泉诗》《傅青主诗》各一册,《李商隐诗》二册,八日付邮。(1914年1月13日)

上午寄二弟书籍一包,内《会稽掇英总集》四本,《金石契》四本,《石鼓文释存》一本。(1915年4月8日)

午后往留黎厂买《会稽掇英总集》一部四本,《魏稼孙全集》一部十四本,共八元。(同年6月27日)[①]

手稿G用格纸乙抄写,1叶,全是鲁迅笔迹。此件是从元陶宗仪《古刻丛钞》抄录虞世南《大唐故汝南公主墓志铭》。首行题“大唐故汝南公主墓志铭并序　古刻丛钞”,版心亦题“大唐故汝南公主墓志铭”。

值得注意的是,文中“壜酪无兹”一句,鲁迅加案语“审墨迹,当作‘塩酪无滋’”,案语下照摹了墨迹中此字的写法。所谓“墨迹”,指此铭上石前草稿的摹本,今藏上海博物馆。民国初,上海有正书局以珂罗版影印。1913年12月14日,鲁迅购买了有正书局本。由此来看,手稿G应抄于购买有正书局本之前;否则,他当依有正书局本录出,而非从《古刻丛钞》这样的二手文献转录。

又至有正书局,买《释迦谱》一部四册,七角;《虞世南汝南公主墓志铭》一册,七角。[②]

手稿H用格纸乙抄写,1叶。此件抄录《破邪论集序》。首行标题是鲁迅笔迹,其余是周作人笔迹。首行题“破邪论

①《日记》,《鲁迅全集》第15卷,101、167、177页。
②《日记》,《鲁迅全集》第15卷,91页。

集序”，版心未标篇名叶码，篇末不标辑录出处。此件应是据《全唐文》卷一三八录出，其说如下：此文被多种书籍收录，篇题不同，或作“破邪论序”（《全唐文》《金薤琳琅》《六艺之一录》），或作“襄阳法琳师集序”（《破邪论》）。手稿 H 的标题原写作“破邪论序”，“集”字系后补，可见非据《破邪论》抄录。“至理凝邈”句，《金薤琳琅》《六艺之一录》“邈”皆作空缺，唯《全唐文》不缺，与手稿 H 同。

日记 1914 年 8 月 9 日：“上午得二弟信并虞世南文一叶，五日发。”[1] 与之对应，周作人日记同年 8 月 5 日：“寄北京函。”[2] 鲁迅虽未明说周作人寄来的“虞世南文一叶”具体是何，但从叶数以及正文是周作人笔迹来看，应该便是手稿 H。周作人抄录此文，宜在来信前不久。

手稿 I 用格纸乙抄写，2 叶，全是鲁迅笔迹。此件抄录《书旨述》，来源是宋朱长文《墨池编》卷五。首叶首行题“书旨述　墨池编五”，版心标叶码“书旨述几”。《墨池编》有二十卷本、六卷本之分，《书旨述》在二十卷本中在卷五，在六卷本中在卷二。鲁迅使用的显然是二十卷本。

此件的抄录时间无明确记载，但有一个参照点。1913 年 2 月 8 日，鲁迅购买《墨池编》，日记称：“午后赴留黎厂买得朱长文《墨池编》一部六册，附朱象贤《印典》二册，十元。”[3] 在各种二十卷本中，附刻《印典》的是清雍正朱之劢就闲草堂刻本，今存鲁迅藏书恰有雍正刻本《墨池编》六册《印典》二

①《日记》，《鲁迅全集》第 15 卷，128 页。
②《周作人日记》，上册，513 页。
③《日记》，《鲁迅全集》第 15 卷，48 页。

册[1]。鲁迅利用《墨池编》录出《书旨述》,或是在购得《墨池编》后不久,即1913年春。

手稿J用格纸乙抄写,4叶,全是鲁迅笔迹。此件是从《墨薮》抄录的《笔髓论》,此文在《墨薮》中为第十三篇。首叶首行题"笔髓论　虞世南",篇名下有案语"朱长文《墨池编》二引无'论'字",版心标叶码"笔髓论几","契妙"章末尾注出处"墨薮"。此章后有据宋朱长文《墨池编》补入的"劝学"章,鲁迅加有案语,称"《墨薮》无此章,《墨池编》有之"。此件天头还有不少校语,皆是据《墨池编》所引对勘所得异文,作"某,朱作某"。显然,此件抄成后,鲁迅以《墨池编》与之对勘增补,他使用的自然便是前述雍正朱之劢就闲草堂刻二十卷本(《笔髓论》在二十卷本之卷二,六卷本之卷一)。然则,手稿J有可能抄写于他买得《墨池编》前,再考虑格纸乙的使用时段,此件的抄写时间很可能是1913年初,或稍前的1912年末。

手稿K用格纸乙抄写,1叶,全是鲁迅笔迹。首行题"虞世南文目",版心未标叶码。与上述诸件不同,此件只记文已不传的虞文篇目2条。

> 周黄罗刹碑　见《集古录目》及《金石录》
>
> 隋释慧觉法师碑　虞世基铭　见唐释道宣《续高僧传》十四

综上,诸件手稿中,有明确证据而抄录时间清楚的是手稿

---

①《鲁迅手迹和藏书目录》第2集,33页。韦力《鲁迅藏书志(古籍之部)》,408~410页。

A（1912年9月22日）、手稿D（1912年8月15日），能够分析出时间上限或下限的有手稿G（不晚于1913年12月14日）、手稿H（不晚于1914年8月5日）、手稿I（不早于1913年2月8日）。因此，“虞永兴文录第一册”、“虞永兴文录第二册”的装订次序，并非按各手稿的抄录先后。

另一方面，订入“虞永兴文录第一册”的4件手稿均用格纸甲，订入“虞永兴文录第二册”的7件手稿则用格纸乙。这恐非偶尔巧合。使用同一种格纸，暗示书写时段相近。使用格纸甲的手稿A/D均在1912年夏末秋初，处于格纸甲的使用高峰时段内（1910年末至1912年秋）。使用格纸乙的手稿G/H/I，抄录时间的上限或下限与手稿A/D有可见的间隔，又与序章所述格纸乙的使用时段（高峰在1913年春至1914年春夏之交，最晚用例在1915年7月19日），没有对立性冲突。换言之，“虞永兴文录第一册”、“虞永兴文录第二册”是不同时段抄稿的两个群组，大体是以1912年末为分界线。手稿B/C应与手稿A/D时间相邻，抄写于1912年秋或冬。手稿E/F/K，则与手稿G/H/I相同，上限在1912年末，下限不晚于1915年夏。

此外，还可进一步推论：手稿B大概率晚于手稿A。手稿A是照录《全唐诗》的虞世南部分，手稿B是从《六帖》抄录的散句，这些散句所在原诗均载于《全唐诗》。鲁迅抄录散句的目的，大概为是与《全唐诗》对勘，而手稿A恰好用《六帖》校过（详后）。从工作流程上考量，先抄录汇聚诸诗的《全唐诗》，再抄辑《六帖》散句，自然是更为合理的做法。

二、鲁迅的辑佚构思与手稿的“缺失”

《全唐诗》《全唐文》汇聚虞世南诗文，从情理上说，非常适宜用作辑录根底。在虞诗部分，鲁迅的工作思路明显是以《全唐诗》为辑录根底，因此照录《全唐诗》（手稿 A），又有抄录散句的手稿 B，再以手稿 B 校手稿 A。

在虞文部分，却能明显感觉到《全唐文》的缺位。《全唐文》卷一三八收录虞文 18 篇，被归入“阙名”部分的虞文有 2 篇。鲁迅各手稿所录虞文计 10 篇，其中 9 篇见于《全唐文》，仅《左武候将军庞某碑》，《全唐文》不载；而鲁迅以《全唐文》为辑录来源的，却只有《破邪论集序》（表 1）。

《全唐文》之外各书所载虞文，有的并非全篇，可以作为校勘材料使用，而不宜充当辑录的底本。如《琵琶赋》，《初学记》所载起“寻斯器之所始”，止“见西河之始绿”，前阙“若夫巢木为金门之始”至“臣以末学”199 字，后阙“少年有长命之词”至“悦大雅之神心者也”160 字；《师子赋》，《初学记》阙“其所居也”至“超积石而高骧”70 字、“是以名将假其容”至“仰元风之至淳”108 字。

鲁迅辑录虞世南诗文，自然应以全面收集现存篇目为追求，现存手稿距离这一理想状态有明显缺失。当然可以说，鲁迅的辑录工作中途辍废，尚未及全面抄录《全唐文》所载虞文，现存手稿即其全部。但还有一种可能性不宜忽略：他曾全抄《全唐文》卷一三八及“阙名”部分的虞文，用作辑录根底，同时又抄录《初学记》《文馆词林》所引，作为对勘的材料，所成即手稿 E/F/G/I/J。但其后手稿有遗失，《全唐文》抄件仅留存手稿 H《破邪论集序》一件。

表 8-1　虞世南文的辑录来源与《全唐文》[①]

虞文	鲁迅的辑录来源	全唐文
左武候将军庞某碑	文馆词林	未收
秋赋	初学记	卷一三八
琵琶赋	初学记	卷一三八
师子赋	初学记	卷一三八
白鹿赋	初学记	卷一三八
大龙泉寺碑	会稽掇英总集	卷九八九
大唐故汝南公主墓志铭	古刻丛钞	卷九九四
破邪论集序	全唐文	卷一三八
书旨述	墨池编	卷一三八
笔髓论	墨薮	卷一三八

原有而今阙的鲁迅手稿，很可能不止于此。《初学记》引虞世南诗赋甚多（诗 20 首、赋 4 篇），诸篇均载于《全唐文》《全唐诗》。如前述，鲁迅录出《初学记》所引虞赋，又以《初学记》引诗比勘《全唐诗》；依此来看，当时鲁迅翻检《初学记》，恐怕未必只抄录了虞赋，很可能将所引虞诗一并抄出，之后与《全唐诗》对勘，使用的便是抄件。但现存手稿中，却未见抄录《初学记》所引虞诗的抄件。

此外，虞世南另有一些书法作品，《全唐文》不载，如《淳化阁帖》所收《去月帖》《潘六帖》、《绛帖》所收《承示帖》、

①《帝王略论》本是一书，而非单篇的文，故不在《全唐文》收录范围内，此处不将其计入。

《汝帖》所收《诏书帖》等。以上诸篇，未见鲁迅有相应手稿，不知当时是否及此。

《虞永兴文录》是鲁迅辑录初稿的集合，而非最终定稿。但通过这些初稿，可推求鲁迅辑录虞集的整体构思。别集附载作者的论史论学及杂著之作，不乏其例。既然手稿 D 辑录《帝王略论》（此书是虞世南评论历代帝王政治得失之作，原书五卷），则可以说鲁迅拟将《帝王略论》作为《虞永兴文录》的一部分（或附录）。

搜罗零章散句，是诗文辑佚的重要一环。若原诗原文全篇留存，搜得的散句可用来校勘。若原诗原文不存，则将散句置于末尾，这也是别集辑本的常有之例。手稿 B 辑录《六帖》所载散句，可见鲁迅有将“散句”作为定稿附录的打算。

手稿 K 记录有目无文的虞文篇目，在辑佚工作过程中，它可以作为进一步追索的参考备忘。在辑佚完成后，若未能辑得原文，则将存目的篇目单独条列，作为附录，这也是别集辑本的成例。所以说，手稿 K 的存在，意味着鲁迅或许也拟如此处理。设使以上推测不谬，鲁迅计划中的《虞永兴文录》定稿，应由诗、文、散句、存目、《帝王略论》这五部分组成。

三、鲁迅的校勘来源与方式

在各件手稿中，多有鲁迅据别书比勘后留下的校语或曰案语，反映出鲁迅的校勘来源。综计诸手稿，鲁迅用于对勘之书，有《乐府诗集》《初学记》《艺文类聚》（手稿 A）、《六帖》（手稿 A/E）、《太平御览》（手稿 E）、《大唐故汝南公主墓志铭》

墨迹（手稿 G）、《墨池编》（手稿 J）。其中，《墨池编》既是手稿 I 抄录所本，又是与手稿 J（《墨薮》）对校的依据。这种在此为“底本”、在彼为“参校本”的“身份”变化，是辑本校勘的一个特点。

由于是初期手稿，鲁迅校语大多只标记异文，很少做正误判断。标记异文的方式有三：一是随文逐处加校语，说明异文情况；二是在篇题下或末尾处，加一总案语，说明某书某卷亦引此篇，何处有何异文，某句作“某某”云云；三是先标出“第二出处”，然后将该出处的异文，直接标记在原文旁。

第一种方式，在手稿 J 有集中体现。此件天头处有不少校语，标识《墨池编》所引的文句面貌，如“‘道’，朱作‘旨’”、“朱无‘也’字”等。

关于第二种方式，手稿 A 各诗题下多有案语，有些是《全唐诗》原有的小注，更多是鲁迅校勘时所加，以《全唐诗》覆核，不难区分。如首叶《从军行二首》：

> 从军行二首　一作拟古【以上为《全唐诗》原有】
>
> 《乐府诗集》三十三引《从军行二首》，弟一首全同本文，弟二首略同。“一作”惟“微”不作“岩”，“塞云”作“寒云”，“正飞”作“欲飞”。【以上为鲁迅所增案语】

第三种方式，在手稿 A 中也有不少。如《侍宴应诏赋韵得前字》，题下标“《初学记》十四”，指《初学记》卷一四亦引此诗；“滥陪终宴赏”句，“赏”字被划去，在“滥”下加入“得”，以反映《初学记》引文面貌（“滥得陪终宴”）。

从鲁迅辑校古籍的一般情况来看，他非常注重文献的层次与可信度，在客观条件允许的情况下，尽可能使用早期文献、一手文献。他辑录《虞永兴文录》,亦是如此。《左武候将军庞某碑》,《全唐文》未收,清陆心源《唐文拾遗》卷一三据《文馆词林》辑录。《唐文拾遗》在当时不难获见,鲁迅选择从《文馆词林》抄录。《大唐故汝南公主墓志铭》,鲁迅起初据《古刻丛钞》抄录,之后使用上石前草稿摹本校勘。

《笔髓论》被多书全文抄录,除去鲁迅所用的《全唐文》卷一三八、《墨薮》及《墨池编》,尚有宋陈思《书苑菁华》、明汪珂玉《珊瑚网》、刻本《说郛》(明抄本无)、清《佩文斋书画谱》、冯武《书法正传》、卞永誉《式古堂书画汇考》、倪涛《六艺之一录》。《墨池编》是北宋朱长文所编。《墨薮》旧题唐韦续纂,未必可信,但晁公武《郡斋读书志》、陈振孙《直斋书录解题》均有著录,则成书不晚于南北宋之交。在各书中,以上两书成书最早。鲁迅显然是有针对性地选择对勘材料;此类选择校勘来源的工作不见于诸手稿的字面,值得研究者注意。

附　表

	用纸	书写时间	手稿全集	辑校古籍
手稿 A	格纸甲	1912 年 9 月 22 日	31 册 172~184 页	第 5 函第 10 册之“虞永兴文录”3~16 页
手稿 B	格纸甲	1912 年秋冬	31 册 185~186 页	第 5 函第 10 册之“虞永兴文录”17~18 页
手稿 C	格纸甲	1912 年秋冬	31 册 187~192 页	第 5 函第 10 册之“虞永兴文录”19~24 页

续表

	用纸	书写时间	手稿全集	辑校古籍
手稿 D	格纸甲	1912 年 8 月 15 日	31 册 193~205 页	第 5 函第 10 册之“虞永兴文录” 25~38 页
手稿 E	格纸乙	1913 年初至 1915 年夏	31 册 207~212 页	第 5 函第 10 册之“虞永兴文录” 41~48 页
手稿 F	格纸乙	1914 年 1 月至 1915 年 4 月	31 册 213~216 页	第 5 函第 10 册之“虞永兴文录” 49~52
手稿 G	格纸乙	1912 年末至 1913 年末	31 册 217~218 页	第 5 函第 10 册之“虞永兴文录” 53~54 页
手稿 H	格纸乙	1914 年夏	31 册 219~220 页	第 5 函第 10 册之“虞永兴文录” 55~56 页
手稿 I	格纸乙	1913 年春	31 册 221~223 页	第 5 函第 10 册之“虞永兴文录” 57~60 页
手稿 J	格纸乙	1912 年末至 1913 年初	31 册 224~231 页	第 5 函第 10 册之“虞永兴文录” 61~68 页
手稿 K	格纸乙	1913 年初至 1915 年夏	31 册 232 页	第 5 函第 10 册之“虞永兴文录” 69~70 页

第九章　鲁迅抄校《沈下贤文集》考

沈亚之，字下贤，吴兴人，元和十年进士。沈氏是重要的唐传奇作家，鲁迅《唐宋传奇集》选收其《湘中怨词》《异梦录》《秦梦记》三篇。《中国小说史略》"第八篇唐之传奇文（上）"称："亚之有文名，自谓'能创窈窕之思'，今集中有传奇文三篇（《沈下贤集》卷二、卷四，亦见《广记》二百八十二及二百九十八），皆以华艳之笔，叙恍忽之情，而好言仙鬼复死，尤与同时文人异趣。"①

关于鲁迅校勘沈集，林辰、顾农、张杰先后有过研究。林辰最早撰文披露鲁迅手稿，简要考述鲁迅校勘过程。之后，顾农更为细致地考察鲁迅手稿，复原校勘始末，分析校勘处理原则。张杰对于鲁迅"对沈下贤创作小说的选编和评论"，着墨较多②。鲁迅校勘沈集的过程与手法等问题点，先行研究已有较好解答。以下针对已有研究的未尽之处，再加考索。

---

①《中国小说史略》，《鲁迅全集》第9卷，77页。

②林辰《鲁迅论唐代传奇作家沈亚之》，《鲁迅研究》1984年2期。顾农《关于鲁迅校本〈沈下贤文集〉》，《鲁迅研究月刊》1994年2期。张杰《鲁迅与〈沈下贤文集〉》，《上海鲁迅研究》2009年1期。

一、《沈下贤文集》的流传

沈亚之是中唐人，著述不可能见载于《旧唐书·经籍志》《新唐书·艺文志》的蓝本——唐玄宗时期修纂的官藏目录。《新唐志》载“《沈亚之集》九卷”，属于“不著录”书，是宋人据馆阁实藏书或史传材料所补。

反映宋代书籍状况的各种书目，大多著录沈集，但卷数有异。《崇文总目》：“《沈亚之集》九卷。”书名卷数与《新唐志》同。南宋初晁公武《郡斋读书志》有衢本、袁本之分，两本的沈集解题内容相同而卷数有异，衢本作“沈亚之集十卷”，袁本称“沈亚之集八卷”。尤袤《遂初堂书目》著录“《沈亚之集》”，未记卷数（尤目例不著卷数）。南宋后期的陈振孙《直斋书录解题》著录“《沈下贤集》十二卷”。马端临《文献通考·经籍考》是抄撮诸家书目而成，作“沈亚之集十卷”，其下抄引《郡斋读书志》解题，宜是抄录衢本[①]。以宋《国史艺文志》为蓝本的《宋史·艺文志》，著录“《沈亚之诗》十二卷”。要之，沈集在宋代有卷数不同的多个版本流传。

明代至清初，《沈下贤文集》见载于多种官私藏书目录，亦有八卷、九卷、十二卷本之分。明《文渊阁书目》日字号：“《沈

---

①钱东垣《崇文总目辑释》卷五，清嘉庆间刻汗筠斋丛书本。孙猛《郡斋读书志校证》，上海古籍出版社，1987年，901~902页。尤袤《遂初堂书目》，明湖东精舍抄本，上海图书馆藏。陈振孙《直斋书录解题》卷一六，上海古籍出版社，1987年，481页。马端临《文献通考·经籍考》卷二三三，影印元泰定元年西湖书院刻本，收入《中华再造善本》，北京图书馆出版社，2005年。

下贤文集》,一部一册。"[①] 这部"一册"的沈集,至万历后期,仍存内阁。张萱等《内阁藏书目录》:"《沈下贤文集》,一册全,唐吴兴沈亚之著。"[②] 焦竑曾传抄这部内阁藏本,焦氏传抄本至清初仍存,见于《征刻唐宋秘本书目》:"《唐沈亚之集》十二卷,抄自阁中,焦澹园家故物也。"[③] 乃知明内阁藏本是十二卷本。

在私家收藏方面,赵用贤《赵定宇书目》:"《沈下贤集》,两本。"[④] 祁承㸁《澹生堂藏书目》:"《沈下贤集》八卷,二册,沈亚之。"[⑤] 徐㶿《红雨楼书目》:"《沈亚之文集》十二卷。"值得一提的是,徐藏本系据前述焦竑传抄本传录,徐𤊹《红雨楼题跋》称:"此本借之焦太史,命工抄录。"[⑥]

清初,钱谦益《绛云楼书目》:"《沈亚之集》九卷,下贤亦尝游于韩门。"[⑦] 钱曾藏有两部沈集,一抄一刻。《述古堂书目》:"《沈亚之集》十一卷,一本,抄。"[⑧] 此前诸家书目著录,从无十一卷本,宜为十二卷的传写之误。钱氏《读书敏求记》则著录了一部宋刻:

《沈下贤文集》二十卷

①杨士奇等《文渊阁书目》,清抄本,中国国家图书馆藏(02838)。

②孙能传、张萱等《内阁藏书目录》卷三,清抄本,中国国家图书馆藏(18087)。

③黄虞稷、周在浚《征刻唐宋秘本书目》,清光绪间叶德辉刻本。

④赵用贤《赵定宇书目》,上海古籍出版社,2005年,109页。

⑤祁承㸁撰,郑诚整理《澹生堂读书记　澹生堂藏书目》,上海古籍出版社,2005年,662页。

⑥徐㶿《徐氏红雨楼书目》,上海古籍出版社,2005年,365页。《红雨楼题跋》卷下,清嘉庆三年郑杰刻本。

⑦钱谦益《绛云楼书目》卷三,清道光间南海伍氏刻粤雅堂丛书本。

⑧钱曾《述古堂书目》,清抄本,中国国家图书馆藏(02798)。

> 樊川、义山皆有拟下贤诗，则当时之声称甚盛，其诗必多，而集中止十八首，何欤。此刊于元祐丙申，不识流俗本有异同否，惜未一校对耳。[①]

此则解题有两处讹误，一是“二十卷”为“十二卷”之笔误，二是“丙申”应作“丙寅”（元祐共九年，无丙申，惟元年为丙寅）。黄丕烈批校《读书敏求记》，发觉此误，改“二十”为“十二”，“丙申”旁批注“本集序作‘丙寅’”[②]。

《敏求记》所载宋刻后来失传，其后清代藏书名家如黄丕烈、孙星衍、杨氏海源阁、瞿氏铁琴铜剑楼、丁氏八千卷楼、丁日昌、李盛铎、邓邦述、徐乃昌等人收藏的沈集多为抄本，具见各家书目，不赘。此外，沈集有明刻本一种（即《四部丛刊》影印底本，行款为九行二十字），存世极罕；又有清光绪间叶德辉刻本，收入叶氏《观古堂汇刻书》，该本有童光汉序，有时亦被称为童光汉刻本。无论抄刻，今传沈集诸本，全为十二卷本，它们有以下共同特征，宜与《敏求记》所载宋刻有源流上的关联：卷首有元祐丙寅十月一日佚名序；各卷首列子目，后接正文；卷一收诗十八首。

鲁迅着手抄校沈集时，明刻本尚未影印，各抄本亦不易得见，唯有叶德辉刻本相对易得。鲁迅《稗边小缀》称：“《沈下贤集》今有长沙叶氏观古堂刻本，及上海涵芬楼影印本。二十年前则甚希觏。”[③]

---

①钱曾《读书敏求记》卷四，清雍正六年濮梁延古堂刻本。

②钱曾《读书敏求记》卷四，清抄本，清叶名沣跋并录黄丕烈批校题识，中国国家图书馆藏（06563）。

③鲁迅《唐宋传奇集·稗边小缀》，《鲁迅辑录古籍丛编》第 2 卷，人民文学出版社，1999 年，325 页。

二、《沈下贤文集》的抄校手稿

鲁迅校勘《沈下贤文集》，先后形成2件完整的校本手稿，以及2件记录比勘所得的札记手稿；后两件附于前者之内一并存藏，长期被视为前者的一部分，有必要加以区分。

（一）手稿A

手稿A用素纸抄写，笔迹出自多人，装为两册，书衣题“沈下贤文集　上”、“沈下贤文集　下”，现藏中国国家图书馆[①]。此本十行二十字，前有元祐丙寅十月一日佚名序，次目录，各卷先列子目，后接正文。卷端题“沈下贤文集卷第几”，次行题“吴兴沈亚之下贤”。卷末录有《文献通考》卷二三三本书解题、万历丙午徐𤊹跋，节抄宋计有功《唐诗纪事》卷五一“沈亚之”条。

手稿A的底本是明谢肇淛小草斋抄本的影抄本。鲁迅《唐宋传奇集·稗边小缀》：“余所见者为影钞小草斋本，既录其传奇三篇，又以丁氏八千卷楼钞本校改数字。”[②]鲁迅抄录沈集在先，1920年代，他编选《唐宋传奇集》，沈氏诸篇系“据本集录之”。《稗边小缀》的这番话，实际反映了当年抄录沈集的情况，并非是说惟《唐宋传奇集》所收三篇据影钞小草斋本

①顾农认为卷四全部及卷五大部系鲁迅墨迹，其余是别人所抄，钞手不止一人，书中校文出于鲁迅手笔，有少量乃许寿裳所写（见《关于鲁迅校本〈沈下贤文集〉》）。张杰认为，抄录的笔迹共有四种，即鲁迅之外尚有三人（见《鲁迅与〈沈下贤文集〉》）。

②鲁迅《唐宋传奇集·稗边小缀》，《鲁迅辑录古籍丛编》第2卷，325页。

传录。小草斋本的影抄本，现藏南京图书馆。覆案可知，鲁迅抄录手稿A，保持影抄本行款不变。前述他辑校《嵇康集》，传录丛书堂本，亦保持行款不变，用意在于保持底本面貌。

关于“影钞小草斋本”，有必要略加考述。谢氏小草斋抄本，晚清时藏于杭州丁氏八千卷楼，丁丙《善本书室藏书志》著录，称此书清初为周亮工所得，钤有多方周氏藏印。此外，丁氏的藏书总目《八千卷楼书目》，在“小草斋抄本”之外，另著录有一部“抄本”①。

> 《沈下贤文集》十二卷　明谢氏小草斋钞本　周栎园藏书
>
> 吴兴沈亚之下贤
>
> 前有无名氏元佑丙寅十月一日序，云：“公讳亚之，字下贤，吴兴人。元和十年登进士第，历辟藩府，尝游韩愈门。李贺许其工为情语，其后杜牧、李商隐俱有拟沈下贤诗，则当时声称甚盛。而存于今者，舛错讹谬，脱文漏句，十有二三。顷得善本，再加校核，因命工刻镂”云云。自来藏书家皆属写本，惟见朱氏结一庐有一明刊者。此为小草斋钞本，必同时传录。目录外又有每卷之目，接于本文，犹存旧式。后录《文献通考》一则、万历丙午徐𤊹一跋，云钞自焦太史者。有“谢在杭家藏书”长印、“周亮工印”、“曾为大梁周氏所藏”、“梦庐借观”诸印。周亮工字符亮，号栎园，祥符人。崇祯庚寅进士，入

①《八千卷楼书目》卷一五，民国十二年杭州丁氏铅印本。

国朝,官户部侍郎。著有《赖古堂集》。[①]

光绪三十三年(1907),两江总督端方收购八千卷楼藏书,创办江南图书馆。建馆后不久编成的《江南图书馆善本书目》未著录小草斋原本,只记影抄本:"《沈下贤文集》十二卷　唐吴兴沈亚之　影明谢氏小草斋抄本　周栎园藏书。"[②]1930年代编纂的《江苏省立国学图书馆图书总目》,亦著录此影抄本,指出藏印是影摹而非钤盖,实际纠正了前目称影抄本为周氏藏书的错误。

沈下贤集十二卷　唐吴兴沈亚之　涵芬楼影印明刊本

又一部十二卷　同上　影明谢氏小草斋钞本　有"谢在杭家藏书"、"周印亮工"、"曾为大梁周氏所藏"三印,皆朱笔画成,亦无八千卷楼丁氏印记。善甲六九　二册。

又一部十二卷　同上　黑格钞本　丁书　善乙一一八[③]

手稿A序首叶天头校语称:"壬子三月,以八千卷楼钞本校。"所谓"八千卷楼钞本",便是上引文中的"黑格钞本　丁书　善乙一一八",亦即《八千卷楼书目》所载"钞本"。赵鸿谦《松轩书录》著录八千卷楼抄本,顺带提及小草斋原本入馆不久后被人调包,此影抄本便是窃书者为调包而传录的[④]。

---

①丁丙《善本书室藏书志》卷二五,清光绪二十七年杭州丁氏刻本。

②《江南图书馆善本书目》集部,清末江南图书馆铅印本。

③《江苏省立国学图书馆图书总目》卷三一,1933~1935年江苏省立国学图书馆排印本。

④《江南图书馆善本书目》已著录影抄本而无小草斋原本,则原本被调包一事发生于建馆后不久。小草斋原抄本后为王欣夫所得,现藏复旦大学图书馆。该本十行二十字,白口,左右双边,无鱼尾,黑格,版心上方刻"小草斋钞本",内钤谢氏、周氏及丁氏藏印,与《丁志》(转下页)

《沈下贤文集》十二卷。唐吴兴沈亚之撰。乌丝栏抄本，有夹签九则，均云钞本作某。按《丁志》载明谢氏小草斋钞本，疑即据谢钞本校也。**馆中掌书者言：谢钞本归馆，某岁，北京教育部来文调阅，逾时甚久，以别录副本寄还。原书藏印，均以朱笔影摹，现藏甲库。其原本不知归何所矣。**

附藏印　八千卷楼[①]

1912年2月13日，鲁迅辞去山会师范学堂的职务，赴教育部任职[②]。当时，影抄小草斋本与八千卷楼抄本，均藏江南图书馆[③]。所以，他据影抄小草斋本抄成手稿A后，随即便以八千卷楼抄本校手稿A。校勘之事，发生于是年3月，则手稿A必抄写于2月中旬至3月间。

手稿A抄成后，鲁迅用八千卷楼抄本、叶德辉刻本、姚铉《唐文粹》，与之比勘。手稿A有多处校语，称"甲，丁、叶本作乙"云云；顾农指出，此种行文反映出鲁迅是同时用叶本与丁本校勘手稿A，否则行文当作"丁本作某，叶本作某"。至于鲁迅用《唐文粹》比勘手稿A，时间要晚于前二者（详下），所以手稿A中据《唐文粹》的校语，明显是后补入的。此外，鲁

（接上页）所述相符。见：王欣夫《蛾术轩箧存善本书录·庚辛稿》卷四，上海古籍出版社，2002年，243~244页。另，谢肇淛的抄书格纸至少有两种，与《沈下贤文集》使用同种格纸的，还有南京图书馆藏谢氏抄本《意林》。

①赵鸿谦《松轩书录》，《江苏省立国学图书馆第四年刊》，1931年，135页。

②黄乔生《鲁迅年谱》，浙江大学出版社，2021年，84页。

③两本现藏南京图书馆，影抄小草斋本为索书号111059，八千卷楼黑格钞本为113335。此承韩超先生代为查证。

迅比勘丁本、叶本及《唐文粹》所得，有些是以校语形式写在被校文字对应行的天头处，也有些是在被校字旁直接标注异文。这似乎暗示，比勘或许不止一次，故而采取的形式不同。

须指出的是，小草斋抄本经前人校勘，卷中有朱笔、墨笔校字，包含着不同的文本层次。而影抄本与小草斋抄本之间也有一定差异，主要在于影抄本亦经人校勘，留下校字，其中有些校字，小草斋原抄本在此无校，显然别有来源。鲁迅传录手稿 A 时，影抄本有校字处，则依校字抄录，而不标影抄本原字作何（图 9-1、9-2、9-3）。换言之，手稿 A 体现的是影抄本经校改后的面貌，与小草斋原抄本之间，存在一定差异，不可等同视之。

（二）手稿 B

手稿 B 用格纸乙抄写，全是鲁迅笔迹，散叶，现藏中国国家图书馆。此本是校定后的誊清定本，前后序跋、目次等皆与手稿 A 同，版心题“沈几”（卷数），下标叶码；惟因使用半叶九行的格纸乙书写，行款变为九行二十字。

此件写于 1914 年 4 月 6 日至 5 月 24 日，日记逐一记录了各卷抄写情况。须说明的是，下引日记称“第十二卷并跋”，“跋”是指小草斋本卷末抄录的《文献通考》、徐𤊹跋、《唐诗纪事》条目，并非鲁迅另撰有跋文。

> （一九一四年四月）六日……夜坐无事，聊写《沈下贤文集》目录五纸。
>
> 七日……夜写《沈下贤集》一卷。
>
> 九日……夜写《沈下贤集》第二卷了。

十一日……夜写《沈下贤文集》第三卷毕。

十二日……写毕《沈集》卷第四。

十六日……傍晚写《沈下贤集》卷五毕。

十七日……写《沈下贤文集》卷第六毕。

十九日……写《沈下贤文集》卷七毕。

二十三日……夜写《沈下贤文集》卷第八毕。

二十七日……夜写《沈下贤文集》卷第九毕。

（五月）十七日　夜写《沈下贤文集》第十卷毕。

二十四日　写《沈下贤文集》第十一卷毕。……夜写《沈下贤文集》第十二卷并跋毕，全书成。[①]

顾农指出，作为鲁迅校勘的定稿，手稿 B 采取定本式做法，直接写定文句而不出校记或标明异文，文句主要依据小草斋本而不轻改。其说甚是。不过，如前述，手稿 A 是据影抄本校改后的面貌录出，与小草斋原本不尽一致。而在改与不改之间，鲁迅是择善而从，没有特殊的倾向性。与之相关，手稿 A 多有在原字或校字上加圈之处，比勘手稿 B 可知，这是鲁迅判断异文优劣所做标识，意指此字不可从；凡某处有异文，作甲作乙，而甲加圈，手稿 B 皆取乙。这也显示出手稿 A、手稿 B 两阶段工作的连贯性。

（三）手稿 C

此件用格纸甲书写，全是周作人笔迹，散叶 2 叶，现被置于手稿 A 之中。其内容性质及书写时间，与手稿 A 完全不

①《日记》，《鲁迅全集》第 15 卷，112~114、117~118 页。

同，是与之有关而非一物的另一手稿。

此件是比勘《唐文粹》及《唐文粹补遗》（清郭麐编）所收沈氏诗文与手稿A（影抄小草斋本）的异文记录。依次为卷一《村居》（在《文粹》卷一六）、卷七《上冢官书》《上李谏议书》（皆在《文粹》卷八八）、卷八《答学文僧请益书》（在《文粹》卷八九）、卷四《李绅传》（在《文粹》卷九九）、卷四《为人撰乞巧文》（在《补遗》卷五）、卷三《学解嘲对》（在《补遗》卷八）、卷九《别前岐山县令邹君序》（在《补遗》卷二四）、卷四《冯燕传》（在《补遗》卷廿六）。诸篇次序与《唐文粹》《唐文粹补遗》卷次先后一致，且《唐文粹》《唐文粹补遗》所收沈氏篇目，全部见于此，显然是从头至尾翻检对校的结果。

此件记录异文的方式是：先按手稿A写出文句，再标出《唐文粹》《唐文粹补遗》的异文作何。如，"亚之某亦蒙"，指手稿A作"亚之"，《唐文粹》作"某"；"对之曰"，手稿A作"之"，《唐文粹补遗》作"曰"。

此件末署"壬子八月八日"即1912年8月8日。1912年4月，鲁迅从南京返回绍兴，5月赴北京。显然，他赴京之际，将从南京带回的手稿A留在绍兴家中，周作人才能在此年8月以《唐文粹》校勘手稿A。

1913年3月30日，鲁迅在北京收到周作人寄来的手稿A，日记称："收二弟所寄《小学答问》五册、《沈下贤集》抄本二册、乌丝阑纸三帖，并二十四日付邮。"[①] 虽无明文，手稿C宜是随手稿A一并寄去的。

---

①《日记》，《鲁迅全集》第15卷，55页。

手稿C记录的一部分异文被迻录至手稿A,全是鲁迅笔迹,自然是在周作人寄来之后所为。鲁迅迻录时只择录他认为"有价值"的异文。标注的形式有两种:一是在天头处添加校语,作"某,《文粹》作某"云云;二是直接在正文行间对应处标出异文。

(四)手稿D

此件用格纸甲书写,是鲁迅笔迹,现存2枚断片,同样是一件被置于手稿A内的独立手稿。其内容与手稿C近似,是比勘《唐文粹》与叶本所得的异文记录,记录异文的方式亦与前者相同。此件现存部分包括卷七《上冢官书》《上李谏议书》(断片1)、卷四《李绅传》(断片2)(《唐文粹》共收沈氏诗文5篇)。顾农称此件是鲁迅增补周作人的疏失,恐未必。与手稿C对勘可知,二者所标出的异文,互有参差,颇多此有彼无之处;这或许是鲁迅与周作人所使用的《唐文粹》版本不同,乃造成出入。

手稿D的形成,宜与日记的以下两处记载有关。1912年6月9日:"午后,赴琉璃厂,购……善化童氏刻本《沈下贤集》一部二册,二元五角……"1913年6月29日:"上午书贾持旧书来,绝少佳本,拣得已蠹原刻《后甲集》二册,不全明晋藩刻《唐文粹》十八册,以金六圆六角买之。"[①]

依情理推测,鲁迅购得晋藩本后,用它与前一年买到的叶

---

①《日记》,《鲁迅全集》第15卷,5、70页。另,这部明晋藩刻本《唐文粹》,不见于现存的鲁迅藏书。

本对勘,由此形成手稿 D,时间应在买得晋藩本后不久。因晋藩本不全,故稍后又命周作人以《唐文粹》校手稿 A,形成手稿 C。然后,周作人将手稿 A 与手稿 C 寄往北京,鲁迅综理这三件手稿,最终在 1914 年春写定了自己的谢集校本。

结　语

如上文所述,鲁迅抄校《沈下贤文集》,只比勘了沈集丁本、叶德辉刻本以及《唐文粹》《唐文粹补遗》,加之采取定本式的方法,未写校记,工作显得较为简单而仓促。鲁迅未能利用沈集其他诸本,乃因原本不易得见,当时又无影印本所致。《文苑英华》《太平广记》等总集类书,收录沈氏诗文不少。鲁迅辑校其他古籍,多有使用,此次却未检及,则不免令人意外。

附　表

	用纸	书写时间	手稿全集卷次	辑校古籍卷次
手稿 A	素纸	1912 年 2 至 3 月	39 册 367~465 页、40 册 5~167 页	第 5 函第 8、9 册
手稿 B	格纸乙	1914 年 4 月 6 日至 5 月 24 日	40 册 174~464 页	第 5 函第 6、7 册
手稿 C	格纸甲	1913 年 8 月 18 日	40 册 168~171 页	第 5 函第 7 册 273~274、277~278 页
手稿 D	格纸甲	晚于 1913 年 6 月	40 册 172~173 页	第 5 函第 7 册 275~276 页

第十章　鲁迅辑录《会稽览古集》述略

《会稽览古集》，又名《会稽览古诗》，宋华镇撰，是一部题咏会稽古迹的诗集。华镇字安仁，会稽人，宋元丰二年进士，官朝奉大夫、知漳州军事。宋张淏《宝庆会稽续志》卷五有传，称其“好学博古，工于诗文”，又称“《会稽览古诗》，凡百余篇。山川人物，上自虞夏，至于五季，爰暨国朝，苟可传者，皆序而咏歌之。历按史策，旁考传记，以及稗官琐语之所载，咸见采摭。傅崧卿称其词格清丽，兴寄深婉，足以垂观来者”[①]。

此书是绍兴乡邦文献，鲁迅做了初步辑录而中止，辑录手稿长期未被公开，故无相应研究。《会稽览古集》及华镇其他著作，也存在一些值得考索的问题点。以下就此两方面，略加考索。

一、《会稽览古集》及华镇著作的流传与散佚

南宋初年，华镇著作由其子华初成整理编纂。绍兴十三年，初成筹划刊行父集，作跋称：“先君遗文有《云溪集》一百

---

①张淏《宝庆会稽续志》卷五，清嘉庆刻本。

卷、《杨子法言训解》一十卷、《书说》三卷、《会稽览古诗》一百三篇、《长短句》一卷、《会稽录》一卷,并附见者哀文一卷,定为一百一十有七卷。”跋中谈及《会稽览古诗》,以篇计数,以总卷数相减,知是一卷。翌年,初成表进于朝,称:“今有先臣《云溪集》一百卷、《杨子法言训解》一十卷、《书说》三卷、《会稽览古诗》一百三篇并目录,二十五册,谨缮写,随表上进。”① 较前少去《长短句》《会稽录》及哀文,应是进呈时出于体例内容的考虑而省去。

《云溪集》《杨子法言训解》《书说》,《郡斋读书志》《直斋书录解题》及《宋史·艺文志》均未著录,可见宋时少有流传。明《文渊阁书目》著录“华镇《云溪集》一部十册全”,在“日”字号第三厨②。万历后期,张萱等撰《内阁藏书目录》,卷三有:“《云溪居士文集》十册全宋绍兴间平原华镇著,凡一百卷。”③ 崇祯间,梁维枢再撰《内阁藏书目录》,卷二有:“《云溪居士文集》,宋绍兴间平原华镇著,一百卷。”④《文渊阁书目》及两种《内阁藏书目录》,都是明代内阁的实存书目,然则镇集百卷全本至崇祯时尚存宫中,《杨子法言训解》等当已早佚。见闻所及的明清其他实藏书目,再无百卷全本者,则华集

①华初成进书表与跋,并见清翰林院钞本《云溪居士集》,中国国家图书馆藏(05872)。

②《文渊阁书目》卷九,清嘉庆桐川顾氏刻读画斋丛书本。

③孙能传、张萱等《内阁藏书目录》卷三,清抄本,中国国家图书馆藏(18087)。

④梁维枢《内阁藏书目录》卷二,清抄本,上海图书馆藏。

至清初已佚[1]。此外,《文渊阁书目》题为“云溪集”,《内阁藏书目录》作“云溪居士集”,这可能与内阁另藏宋人郭印《云溪集》有关。在《文渊阁书目》中,华集与郭集之间有他书相隔;在《内阁藏书目录》中,两书相邻,乃有区分的必要。与之类似,《永乐大典》现存残卷,标华集为《云溪居士集》,郭集为《云溪集》,绝少相混。

从文献记录来看,《会稽览古诗》是集外别行,宋时流传较广。华镇曾缮录此书,干谒多方,事见《云溪居士集》卷二二《上侍从书》、卷二三《上道守曾大夫书》、同卷《上湖南运使程大卿书》。绍兴十三年,楼炤为华集作序,称:“始余得故朝奉大夫华君镇《会稽览古》一百三篇,知其为好古博雅之士也。……绍兴壬戌,来为是邦。君之子初成奉君文集一百卷,求余文冠其首。”[2] 则楼氏得读此书,是在绍兴十二年(壬戌)前,华初成跋亦称此书“近稍流布于士大夫”,可与楼氏所述相对应。彼时华镇集尚未付刊,“流布于士大夫”间的《会稽览古诗》自当是抄本。

此书屡见引于嘉泰以降的南宋诸书,如桑世昌《兰亭考》、施宿《嘉泰会稽志》、高似孙《剡录》、王象之《舆地纪胜》、

①黄虞稷《千顷堂书目》卷二九著录:“华镇《云溪居士文集》一百卷绍兴间人,称平原华镇。”《千顷堂书目》是据黄氏自藏与抄录他家书目而成的混合产物。具体到此条,从行文看,来源是《内阁藏书目录》,而非黄氏实藏。焦竑《国史经籍志》是抄撮诸目而成,卷五著录“华镇《云溪集》一百卷”,亦非实有。至于据《文渊阁书目》抄成的伪《菉竹堂书目》,更不能作为明人叶盛藏有此书的证据。

② 华镇《云溪居士集》卷首,清翰林院钞本。

王十朋《会稽三赋》周世则注与史铸增注、张淏《宝庆会稽续志》、祝穆《方舆胜览》。诸书所引,称“华镇会稽咏古诗”、“华镇览古”、“华镇会稽览古”、“华镇览古集”、“华镇会稽览古集”、“华安仁考古诗”、“华安仁考古”、“华安仁考古集”不一。各书又多有独出之诗(详表10-1),可见并非全是辗转引录,有相当一部分是据原书抄出。这也表现出《会稽览古集》在南宋颇有流布。

表10-1 南宋诸书引用《会稽览古诗》情况及《藜斋小集》所收诗[①]

诗(首句或诗题)	剡录	会稽志	会稽续志	兰亭考	会稽三赋	舆地纪胜	方舆胜览	藜斋小集
盐梅器业尚风尘	○	×	×	×	×	×	×	×
嵩高秀入洛川清	○	×	×	×	×	×	×	×
嘉树风生玉宇香	○	×	×	×	×	×	×	×
春日云崖晴杳杳	☆	×	△	×	×	×	×	×
月华雪彩照长川	○	×	×	×	×	×	×	×
墨妙风流亘古今	×	×	×	○	×	×	×	×
铁限僧房迹未移	×	×	×	○	×	×	×	☆
广平路	×	×	▽	×	×	×	×	×
邻里相欢起美谈	×	×	○	×	×	×	×	☆
君王旦暮方尝胆	×	×	□	×	×	×	×	×
兵家制胜旧多门	×	×	○	×	×	×	○	☆
山列翠屏围碧落	×	×	○	×	×	×	△	☆

①☆表示全诗及序并引,○表示引全诗,□表示引序及散句,△表示引散句,▽表示引序,×表示未引。各书所引仅序者,标诗题;引诗者,标全诗首句或现存首句。

②此诗见四库辑本卷一三,不在同卷《会稽览古诗》9首内。

续表

诗(首句或诗题)	剡录	会稽志	会稽续志	兰亭考	会稽三赋	舆地纪胜	方舆胜览	藜斋小集
春草茸茸涧水清	×	×	○	×	×	×	×	☆
竹箭黄芽欲老时	×	×	○	×	×	×	×	☆
一叶扁舟激浪花[②]	×	×	○	×	×	×	×	×
朱娥祠	×	×	▽	×	×	×	×	×
千尺相高卓翠岷	×	▽	☆	×	□	□	×	☆
南国使君归故里	×	△	×	×	×	×	×	×
谢夷吾墓	×	▽	×	×	×	×	×	×
箪醪河	×	▽	×	×	×	×	×	×
汪芒后至知何用	×	△	×	×	×	×	×	×
鹅池	×	▽	×	×	×	×	×	×
方干池	×	▽	×	×	×	×	×	×
谢公白首乘轩地	×	△	×	×	×	×	×	×
鳗井	×	▽	×	×	×	×	×	×
葛仙翁井	×	▽	×	×	×	×	×	×
闻说风流谢客儿	×	○	×	×	×	○	×	☆
秦皇酒瓮	×	▽	×	×	×	×	×	×
题扇桥	×	▽	×	×	×	×	×	×
溪上还珠太守家	×	△	×	×	×	×	×	☆
六龙未入雍州日	×	△	×	×	×	×	×	×
鸣玉锵金汉上公	×	×	×	×	×	×	×	☆
秦人两世尽东游	×	×	×	×	×	×	×	☆
万壑千岩秀气钟	×	×	×	×	×	×	×	☆
碧山重叠水溶溶	×	×	×	×	×	×	×	☆
溪上清泉玉色寒	×	×	×	×	×	×	×	☆
水风不动清光合	×	×	×	×	×	×	×	☆

在著录方面，尤袤《遂初堂书目》记“华镇《会稽览古诗》”，置于总集类之末。尤袤卒于绍熙年间，遂初堂藏书在宝庆初年毁于火，相去约三十年，《遂初堂书目》有他后人增补的成分[①]。此书入藏遂初堂，是在尤袤生前还是身后，已不可知。《宋史·艺文志》别集类，误作“叶镇《会稽览古诗》一卷”[②]。此后各家藏目未见著录。《四库全书总目》称《永乐大典》未引《会稽览古诗》，后人多据此推论此书明初已亡[③]。然而，明天顺《大明一统志》、明张元忭《云门志略》（万历二年成书）、黄宗羲《四明山志》（起撰于明末而成书于清初），皆有独出的咏吊会稽古迹的华镇诗作，旨趣与《会稽览古诗》近似，又不见于《云溪居士集》[④]。依此来看，《会稽览古诗》至明末可能仍有传本[⑤]。

此外，《两宋名贤小集》收录华镇《藜斋小集》，前有小传，收诗15首，全是题咏会稽古迹之作，每篇皆有序。这与《宝

---

①吴洪泽《尤袤著述考辨》，《四川大学学报》1999年4期。魏晓帅《尤袤卒年及〈遂初堂书目〉成书小考》，《古籍整理研究学刊》2017年2期。

②顾宏义已指出此误。参阅：顾宏义《〈宋史艺文志·别集类〉辨正》，《新宋学》第8集，复旦大学出版社，2019年。

③如，祝尚书《宋人别集叙录》：“《大典》未收《览古诗》，盖其本明初已佚。”（《宋人别集叙录（增订本）》，中华书局，2020年，571页）

④张元忭《云门志略》（明万历刻本）卷四有“云门八咏”，标明是华镇所作，其中7首与《藜斋小集》同，《云门事》一首不见于《藜斋小集》。张氏此书是以元人若允所编《云门集》为蓝本，增补而成。华镇诗是《云门集》旧有，抑或张元忭新增，无法确知。

⑤张焕玲对《会稽览古集》的流传与著录情况，也有论述。参阅：张焕玲《宋代咏史组诗研究》，陕西师范大学博士学位论文，2011年。

庆会稽志》所称《会稽览古诗》"山川人物，上自虞夏，至于五季，爰暨国朝，苟可传者，皆序而咏歌之"相符，其中多篇又与前述南宋诸书所引重合；似可认为，《藜斋小集》是选录《会稽览古诗》而成。

清雍正乾隆间，厉鹗编纂《宋诗纪事》，称从"会稽志"辑出"会稽览古诗"九首，置于卷二七；但诸诗不出《藜斋小集》范围，诗前小序文字及各诗排次先后，亦与《藜斋小集》同[①]。另一方面，这九首诗散见于嘉泰至雍正年间的各种会稽(绍兴)州府志及下属会稽、山阴、萧山诸县志，但各书所引，小序或有或无，文字又多歧异。设使果据诸志摘录，除非极端巧合，势难做到与《藜斋小集》高度吻合。缘此，厉鹗的取材来源宜为《藜斋小集》，至于他为何说是从"会稽志"辑录，则不可知。

乾隆时，四库馆臣从《永乐大典》辑录华镇诗文，编成《云溪居士集》三十卷，收入《四库全书》。馆臣注意到《大典》未收《会稽览古诗》，乃照录厉鹗《宋诗纪事》所载，置于卷一二。《两宋名贤小集》亦被收入《四库全书》，《藜斋小集》在卷七三。清末，陆心源编纂《宋诗纪事补遗》，未能增补华镇诗作。直至《全宋诗》，在四库本的基础上，据《永乐大典》《藜斋小集》《嘉泰会稽志》等书，增辑诗作及散句若干，但仍有遗漏[②]。

---

①《宋诗纪事》所收 9 首，是《藜斋小集》15 首的第 1、3、6、8、10、11、12、14、15 首。另，《宋诗纪事》的体例是选录而非全收，故只录 9 首。

②《云门志略》所载《云门事》一首、《大明一统志》卷四五所引散句"湖边一点翠光晞，人指齐家旧少微"、同卷"绿波照日情无奈"一首，《全宋诗》未收。

二、鲁迅辑录手稿的情况

鲁迅辑录《会稽览古集》手稿(以下称“手稿A”),仅有1件,现藏中国国家图书馆。此件用格纸乙抄写,全是鲁迅笔迹,共2叶。首行题作“会稽览古集”,下题“华镇”,版心不标书名及叶码。内容是从《舆地纪胜》《剡录》辑录的华镇诗7首,每诗末标辑佚来源。具体来说,《葛仙石》辑自《舆地纪胜》卷一〇,《杜鹃花》辑自同书卷一一,《龙宫寺》《金庭洞天》《桃源》《瀑布岭》《戴溪》五首,辑自《剡录》卷六下(《瀑布岭》之小序录自卷二);各诗次序与其在两书中的先后一致,因此手稿A的性质是“佚文长编”,未做重新排序。复检《舆地纪胜》《剡录》,所引华镇诗及小序已全部抄出,无一遗漏。

手稿A无时间标记,鲁迅日记等也没有辑录此书的直接记载。不过,1913年10月5日、1914年1月16日的鲁迅日记,分别有购买《剡录》、使用《舆地纪胜》的记载。换言之,1913年10月5日起,鲁迅手头有了《剡录》,1914年1月16日之前,他已有《舆地纪胜》。手头有书,是辑录的物质基础。再与格纸乙的使用高峰(1913年春至1914年春)参照,可以推测手稿A应写于1913年秋至1914年春之间。

往本立堂问所订书,大半成就。见《嵊县志》一部,附《剡录》,共十四册,以银二元买之,令换面叶重订。(1913年10月5日)

写《舆地纪胜》中《绍兴府碑目》四叶。(1914年1

月16日）[①]

道光同治间，嵊县两次修志，志成后刊刻（道光八年、同治九年），均附刻《剡录》。鲁迅所买是道光刻本，今存鲁迅藏书中有道光八年刻本《剡录》，为“二册”。而《道光嵊县志》与《舆地纪胜》，已不见[②]。

鲁迅辑录《会稽览古集》，只做了初步工作。既然起意辑录，却检《剡录》《舆地纪胜》辄止，这应与他掌握文献不齐备有关。1914年前后，《云溪居士集》四库辑本、《藜斋小集》及《永乐大典》，尚未影印，只有抄本传世[③]；《方舆胜览》与之类似，当时未有影印，仅有宋元刻本，自然很难获见。载有《会稽览古集》佚文较多的明清志书，如《大明一统志》《嘉靖浙江通志》《万历绍兴府志》《万历会稽县志》《康熙绍兴府志》《乾隆绍兴府志》《康熙山阴县志》《康熙会稽县志》《康熙上虞县志》《雍正浙江通志》等等，虽有刻本，但志书印数往往较少，时代晚近者尚未必容易获见，时代较早者（如《大明一统志》《嘉靖浙江通志》等）更是难得。

在鲁迅辑录当时，含有《会稽览古集》佚文、且有通行本而较易获得的是《兰亭考》《会稽三赋》《嘉泰会稽志》《宝

---

①《日记》，《鲁迅全集》第15卷，82、101页。

②鲁迅藏书多有散失，详见：许广平《鲁迅手迹和藏书的经过》，《鲁迅手迹和藏书目录》卷前，鲁迅博物馆内部印行，1959年。

③民国初年，《永乐大典》残卷星散各处，核检原书极不便利。1914年前后，藏于京师图书馆（当时鲁迅利用最便的图书馆）及教育部图书室的《永乐大典》仅有64册。参见：袁同礼《永乐大典考》，原载于《学衡》第26期，《袁同礼文集》，国家图书馆出版社，2010年，90~101页。

庆会稽续志》,后两种保存《会稽览古集》佚文最多。鲁迅辑录《会稽郡故书杂集》《云谷杂记》曾利用之,辑录《会稽览古集》却无,而他辑录三书的时间有重合。这看似所有扞格,须做一番解释。

《嘉泰会稽志》《宝庆会稽续志》,是周作人在绍兴买得。鲁迅日记"癸丑(1913)书帐":"嘉泰会稽志并续志十册 二〇.〇〇 二月二十一日起孟在越买得。"[①] 鲁迅使用这两种志书,是通信告知周作人代抄寄京,而非亲检[②]。《会稽郡故书杂集》是魏晋会稽古地志的辑本汇编,从现存最早的绍兴州府志《嘉泰会稽志》中搜求佚文,是毋庸多言的基本操作;《云谷杂记》《宝庆会稽续志》均是张淏所撰,也较易想到以后者覆核前者。《会稽览古集》的情况有所不同,只有实际翻检,才可确知二志是否含有佚文,鲁迅手头未有原书,便容易忽略。

结　语

客观物质条件对于辑录工作的影响与制约,真实存在,却又不容易直接观察与讨论。如所周知,鲁迅辑录古佚书,集中

---

①《日记》,《鲁迅全集》第15卷,95页。

②鲁迅使用《嘉泰会稽志》《宝庆会稽续志》辑录《会稽郡故书杂集》《云谷杂记》的情况,详本书各章。另,周作人在绍兴所购《嘉泰会稽志》《宝庆会稽续志》,是清嘉庆戊辰采鞠堂刻本。1926年4月5日,鲁迅日记有"紫佩来,托其代定石印《嘉泰会稽志及宝庆续志》一部,黄纸,计泉六元八角"的记载,此次所购为商务印书馆影印的采鞠堂本,今存鲁迅藏书中有。鲁迅重购此书,自是因为1923年兄弟失和,此前购买的采鞠堂本"失陷"在周作人手中,无从利用。

于汉魏六朝著作，他置备辑佚用书（如唐宋类书等），亦主要针对辑录六朝古书的需求。宋代佚书的情况与之差别很大，佚文散布更为零散，载有佚文的书籍完全不同，与辑佚六朝典籍所用书很少互通。鲁迅置备的此方面书籍明显不足，民初古籍影印远未齐备是要因之一，他个人的经济能力有限也是重要因素。

附 表

	用纸	书写时间	手稿全集卷次	辑校古籍卷次
手稿 A	格纸甲	1913 年秋至 1914 年春	27 册 269~271 页	未收

第十一章 《文士传》鲁迅辑本研究

《文士传》是产生于六朝时期的文人传记专书。作者或称张隐，或称张骘，文献记载不一。《三国志》裴松之注，卷九《诸夏侯曹传》注称“张隐《文士传》”，卷一〇《荀彧荀攸贾诩传》注称“张衡《文士传》”，卷二一《王卫二刘傅传》注又作“张骘”。钟嵘《诗品序》：“张骘《文士》，逢文即书。”《太平御览经史图书纲目》：“张骘《文士传》、张隐《文士传》、张鄢《文士传》。”究竟孰是孰非，存在争议，这里不做细究[①]。

裴松之虽屡屡引用《文士传》，但他批评此书记事多虚妄：“凡骘虚伪妄作，不可覆疏，如此类者，不可胜纪。”[②]尽管如此，作为最早的文人传记专书，《文士传》仍有较高的史料价值。

1910年代初，鲁迅辑录此书，有稿本传世。林辰、赵英、顾农先后对鲁迅辑本做了研究。林辰着重介绍鲁迅修改稿本

---

①林辰认为《文士传》作者即《晋书·陶侃传》所载庐江太守张夔之子张隐，曾为陶侃参军，参见林辰《鲁迅辑佚工作举隅——略谈鲁迅辑录的几种古籍》。鲁迅以张隐为是，周勋初认为是晋人张隐、南齐张骘先后编成，见周勋初《张骘〈文士传〉辑本·前言》，《周勋初文集》第2卷，江苏古籍出版社，2000年。

②《三国志》卷二一，影印宋衢州州学刻宋元明递修本，收入《中华再造善本》，北京图书馆出版社，2006年。

(即下述手稿B),列举其与说郛本的差异;赵英分述鲁迅的三件手稿,认为手稿C体现了鲁迅的分卷构想;顾农指出赵英的结论有误,手稿C是鲁迅依人物时代编次佚文所形成的清单,与手稿B有直接关系[①]。本章拟从现存鲁迅手稿的形态与文本细节切入,推拟鲁迅辑佚工作的步骤,分析诸手稿的形成与修改情况。

一、《文士传》的散佚与诸家辑本

《隋书·经籍志》:"《文士传》五十卷,张骘撰。"《旧唐书·经籍志》《新唐书·艺文志》并作:"《文士传》五十卷 张骘撰。"宋《崇文总目》:"《文士传》十卷 张隐撰。"[②]卷数与隋唐史志不同,朱迎平推测"这大约是经开元以来三百年间散佚后的重辑本"。王应麟《玉海》引《中兴馆阁书目》,称:"《文士传》五卷,载六国以来文士,起楚芈原,终魏阮瑀。《崇文目》十卷,终宋谢灵运,已疑其不全,今又缺其半。"[③]可见南

①林辰《鲁迅辑佚工作举隅——略谈鲁迅辑录的几种古籍》,原载《文学遗产》1981年3期,后收入《鲁迅述林》,人民文学出版社,1986年。赵英《籍海探珍——鲁迅整理祖国文化遗产撷华》,中国文史出版社,1991年,47~48页。顾农《中古文学的两部重要史料——鲁迅辑本〈众家文章记录〉与〈文士传〉》,《上海鲁迅研究》第12集,百家出版社,2001年。对于《文士传》本书的研究主要有:朱迎平《第一部文人传记〈文士传〉辑考》,《古籍整理研究学刊》1994年6期;周勋初《张骘〈文士传〉辑本·前言》,《周勋初文集》第2卷,江苏古籍出版社,2000年,3~5页。

②钱东垣《崇文总目辑释》卷二,清嘉庆间刻汗筠斋丛书本。

③王应麟《玉海》卷五八,元后至元六年庆元路儒学刻本。

宋时，宫廷尚藏有残本。《遂初堂书目》杂传类亦载，但不具卷数①。《郡斋读书志》《直斋书录解题》则不载。

此书的辑本有以下几种。明钞本《说郛》无《文士传》，刻本《说郛》有，署为“晋 张隐”，计 17 人 17 则。嘉道间，黄奭《汉学堂知足斋丛书》收录黄氏辑本，计 12 人 12 则，仅有写样本，上有批注称“此下原本欠一页”，则原不止 12 则②。不过，黄本其实是说郛本的传抄本，并非新辑，现存条目次序及内容与说郛本无异，且承袭了说郛本不注出处之弊。晚清时，杜文澜录得《文士传》佚文 2 则，系说郛本所无，收入其《古谣谚》。王仁俊过录杜氏所辑，收入其《经籍佚文》，有稿本③。清末吴曾祺辑得 2 人 2 则，收入吴氏《旧小说》，有商务印书馆排印本。今人辑本有 2 种，一是朱迎平辑本，辑得 58 人 82 则④；二是周勋初辑本，辑得 68 人 101 则，收入《周勋初文集》⑤。

二、鲁迅诸手稿及辑本的形成

（一）手稿 A：抄录说郛本

手稿 A 用格纸甲书写，全是鲁迅笔迹，计 5 叶（含封面 1

---

①尤袤《遂初堂书目》，明湖东精舍抄本，上海图书馆藏。

②黄奭《汉学堂知足斋丛书》，书目文献出版社，1992 年，1823 页。

③现已影印，收入王仁俊《玉函山房辑佚书续编三种》，上海古籍出版社，1989 年。

④朱本作为附录，置于前揭文《第一部文人传记〈文士传〉辑考》之后。

⑤周勋初《张骘〈文士传〉辑本》，《周勋初文集》第 2 卷，3~34 页。另，关于《文士传》诸家辑本的情况，可参：孙启治、陈建华《古佚书辑本目录》。

叶),现藏中国国家图书馆[①]。封面题“张隐文士传　说郛本”。每半叶九行,每行二十四字,版心不标书名及叶码。内有一处朱笔校字,桓驎条说郛本原作“伯父焉官人太尉”,鲁迅改“人”为“至”,无其他校改。

此件抄写时间不明,但款式面貌与鲁迅在1910~1911年间抄录的多种马国翰辑本、说郛本等一致,可以推定也是这一期间抄成的。鲁迅抄录说郛本,自然是为自己的辑录工作提供参考,或是存有以说郛本为根底的打算。但说郛本遗漏太甚,利用价值有限,所以手稿A上没有进一步工作的痕迹。鲁迅辑录古籍,每多抄录说郛本,却很少以之为工作基础,原因不外乎此。

(二)手稿B:鲁迅的修改稿本

此件用素纸书写,多是鲁迅笔迹,订为一册,现藏中国国家图书馆。书衣题“文士传集本”(周作人字迹),封面署“张隐文士传一卷　树人集”。前后无序跋,卷端亦不署书名作者。每半叶七行,每行二十余字不等,版心位置不标叶码。天头处间有案语及佚文,多是手稿B写成之后补入的,而后补入的案语及佚文集中于《后汉书》注、《文选》注、《事类赋注》《水经注》。

手稿B的性质与前述《故书杂集》手稿G相同,是依据更早手稿而成的修改稿本,已做了一定程度的整合,但又非最

---

①此件与鲁迅抄录的《范子计然》茆泮林辑本、《魏朗子》马国翰辑本、《会稽典录》说郛本等若干种书合订为一册,书衣题“越人所著书集本一”。

终定稿，是“中间状态”的产物。手稿B中的以下现象，可以证实此点。

（1）《文士传》是人物列传，手稿B以一人为一条（或者说是一篇传记），按人物时代先后编次[①]。各条无论长短，皆另叶起，这是为增补而预留空间，所以各叶多有大片空白。

（2）手稿B同一条目下的各则佚文之间，未有夹行挤写的现象，明显是顺连写成。其中，不少佚文是“共引佚文”，案语须交代各出处的文本面貌差异。如刘桢条有6则佚文，其中第4则辑自《书钞》卷一六〇、《御览》卷四六四、八〇五、《类聚》卷八三、《世说·言语篇》注，各出处的差异较大，此则佚文末尾有一长段案语（图11-1）：

> 《书钞》一百六十　《御览》四百六十四，“文帝”上有“刘桢字公幹。年八岁，能论及赋数万言。性辨捷”十八字，“武帝”下有“使人观之，见桢”六字，“收之”下有“主者按桢大不恭，应减死一等”十二字，“轮”作“输”，“磨”下有“石”字，“性”作“珍”，“行”作“纡绕”，“即日”下有“还宫”二字。又八百五引，多所删节，“内含卞氏”句作“内有含和之性”，“增文”作“增美”，“独”作“犹”。《类聚》八十三亦多删节，“内含”句作“内含和氏之珍”，“独”亦作“犹”。《世说新语·言语第二》注，“内含”句作“内含卞氏之珍”，“兹”作“之”，“顾”下有“其”字，“行独”作“纡绕而”。

这段案语一气写成，综述五处所引的面貌。从实际工作

①其中，陆机、陆云佚文被合为“二陆”条。

流程及效率的角度考虑，鲁迅不可能在《书钞》卷一六〇检得此则佚文后，就遍检群书，寻找他处有无引用，然后写成这条案语；而应是先编制“佚文长编”，尽录各书所载佚文后，再做比对与整合，写出这样的案语。另一方面，鲁迅处理“共引佚文”，最终是要综合各出处所引，取长补短，整合拼接出文本的“最大值”，此点已详之前各章。此则佚文尚未做拼接处理，只是在案语中记录文本差异，显然处于“中间状态”。

在手稿 B 中，还有很多“共引佚文”完全未经整合。如赵壹条有 2 则佚文，所述为一事，一详一略，明显是“共引佚文”。依鲁迅处理“共引佚文”的一般做法，若是最终稿本，必会选取叙事更详的《御览》卷五四三录出，然后在案语中交代《书钞》卷八五的异文。手稿 B 却只是原样录出，状态较前揭刘桢条第 4 则更为原始。

袁逢闻赵壹名，特迎请之。壹揖而不拜。逢曰：“小郡下吏见三公不礼，但举手一揖。”壹曰：“高阳白衣，而入揖汉王。今壹揖三公，何不可者也？”《书钞》八十五

赵壹，郡举计吏至京辇。是时袁阳为司徒，宿闻其名，时延请之。壹入阁，揖而不拜。阳问曰：“尝闻下郡计吏见汉三公，不为礼者乎？”壹曰：“昔郦食其，高阳白衣也，而揖高祖。今壹，关西男子，其揖汉三公，不亦可乎？”阳壮其言，接之甚厚。《御览》五百四十三

关于手稿 B 的书写时间，没有明确记载。1913 年 11 月 4 日的鲁迅日记称：

下午得二弟所寄书一束，内《急就篇》一册，写本《岭表录异》及校勘各一册，又《文士传》及《诸家文章记

录》辑稿共二册,十月三十一日付邮。[1]

既称“辑稿”,所指当为手稿B,而非传抄说郛本的手稿A。此件从绍兴寄来,则是鲁迅居于绍兴期间写成,赴北京时未随身携带。林辰认为,手稿B寄到北京后,鲁迅“大约没有继续进行整理”,其实未必[2]。手稿B朱异条的前2则佚文是鲁迅所抄,后3则是周作人笔迹。周作人所写的3则,必是1911年9月归国后所为,但具体写于何时,则无从辨析,不能排除是鲁迅离开绍兴后周作人所写。值得注意的是,第4则佚文末尾标署出处“《御览》三百八十五,又七百九引较略(以上周作人笔迹),《初学记》二十五节引纯赋席(鲁迅笔迹)”。假设这3则佚文是周作人在1912年2月鲁迅赴京之后写下,那么“《初学记》二十五节引纯赋席”,便只能是鲁迅1913年11月收到手稿B后添加的。此外,手稿B天头处的案语及佚文,从形态上来看,多是写成后补入的。这些内容完全可能写在1913年11月之后。

要之,手稿B是层累积成的,从开始编写至鲁迅停止增补之间,可能存在较大的时间跨度。此外,手稿B的现有次序是周作人寄来之后排成的(详后),所以手稿B寄京后,鲁迅肯定做了一些工作。当然,他没有在手稿B的基础上完成《文士传》的最终定稿,则是事实。

---

①《日记》,《鲁迅全集》第15卷,86页。

②林辰《鲁迅辑佚工作举隅——略谈鲁迅辑录的几种古籍》。

（三）手稿 C：为佚文排次而作的提纲

此件用格纸乙或丙书写，全是鲁迅笔迹，只有半叶，现在是手稿 B 内的夹签。手稿 C 是一份人名（传记篇目）清单，列出 57 人，与手稿 B 完全对应。其中，35 人标有“a/b/c+ 数字”的标号。这些标号表示人物时代及先后，凡“a×”皆东汉人，“b×”是三国人，“c×”则为晋人；数字指人物年代先后，如应劭（153~196）为 a7，孔融（153~208）为 a8。

如表 11-1 所示，手稿 C 已加标号者，手稿 B 的条目排次与完全相符；未标号者，在手稿 B 中，一部分依时代先后插入相应位置，如陈琳、王粲、杨修，各自在阮瑀、刘桢、丁廙之间，张温、陆景置于嵇康后，成公绥前；另一部分，即张缵至贾谧 12 人，在手稿 B 中被置于最后，单独按时代排次，未像王粲等人那样依时代插入前文的相应位置。

鲁迅编号时有一些错漏。如桓驎为 a1，张衡为 a 首，盖鲁迅最初漏过张衡，以桓驎居首，后发现此点，但 a1 已被“占用”，只能将张衡标为“a 首”，以示在桓驎前。又如，郭象、顾荣同标 c16，张华、枣据均标作 c3，也是一时不慎。这些问题在手稿 B 中，都得到了修正调整。

要之，手稿 C 是为佚文编次而作的提纲，手稿 B 是按照手稿 C 的标号，排列佚文条目次序[①]。手稿 C 使用的是格纸乙或丙，格纸乙多用于 1913 年春至 1914 年春，格纸丙接续其后。而周作人寄来手稿 B，是在 1913 年 11 月。综合这几点来看，手稿 C 应写于手稿 B 寄京后，约是 1913 年冬或次年

①顾农已指出此点。

春。既然手稿 B 是按手稿 C 标号排次,则周作人寄来时手稿 B 尚未经排次。

表 11-1 手稿 B 条目次序与手稿 C 标号对照①

手稿 B	手稿 C 标号	手稿 B	手稿 C 标号	手稿 B	手稿 C 标号
1 张衡	a 首	20 阮籍	b2	39 张载	○
2 桓驎	a1	21 嵇康	b3	40 束皙	c13
3 朱穆	a2	22 张温	○	41 曹摅	c14
4 延笃	a3	23 陆景	○	42 江统	c15
5 赵壹	a4	24 成公绥	c1	43 郭象	c16
6 侯瑾	a5	25 何桢	c2	44 顾荣	c16
7 蔡邕	a6	26 张华	c3	45 华谭	c17
8 应劭	a7	27 王济	○	46 张缵	○
9 孔融	a8	28 枣据	c3	47 张叔序	○
10 祢衡	a9	29 孙楚	c4	48 高岱	○
11 阮瑀	a10	30 夏侯湛	c5	49 边让	○
12 陈琳	○	31 潘尼	c6	50 华融	○
13 刘桢	a11	32 郑曹	○	51 妫览	○
14 杨修	○	33 杜育	c7	52 郑胄	○
15 王粲	○	34 挚虞	c8	53 陆绩	○
16 丁廙	a12	35 左思	c9	54 朱异	○
17 丁翼	○	36 张翰	c10	55 孔炜	○
18 李康	b1	37 二陆	c11	56 张秉	○
19 王弼	○	38 孙丞	c12	57 贾谧	○

①手稿 B 一栏所标数字,是手稿 B 的条目次序。手稿 C 标号一栏,○指手稿 C 未加标号,a 首、b1 之类,依手稿 C 原样写出。

三、手稿 C 的原始次序与《文士传》的辑录初期手稿

手稿 C 不仅与手稿 B 的条目编次紧密相关，同时也是反映辑录更早阶段情况的史料①。此处的关键，是手稿 C 的原始次序，即 1 曹摅、2 何桢，直至 57 孙丞。这一原始次序不按时代先后，看似杂乱无章，使人无法理解其逻辑原则与内在结构；但将它与对应条目的佚文出处合观，便有奇妙发现。

表 11-2　手稿 C 原始次序与佚文出处对照②

手稿 C 次序		对应条目的佚文出处
A 段	1 曹摅	❶魏志 9 书钞 69
	2 何桢	❶魏志 11 ❷类聚 56 御览 587
	3 祢衡	❶魏志 10 ❷世说 2 御览 409 六帖 34 初学记 18 ❸御览 924
	4 丁廙	❶魏志 19
	5 王粲	❶魏志 21
	6 阮瑀	❶魏志 21 御览 571 文选注 ❷书钞 106 ❸御览 385 ❹事类赋注 15
	7 刘桢	❶魏志 21 ❷书钞 102 御览 600 ❸书钞 160 御览 464 805 类聚 83 世说 2 ❹御览 385 ❺御览 51 水经注 16 ❻御览 485
	8 郑胄	❶吴志 2
	9 朱异	❶吴志 11 ❷书钞 102 ❸初学记 17 ❹御览 385 同 709 初学记 25 ❺初学记 1

①顾农指出，“我们可以由此推测鲁迅工作过程中的某些情形”，但他未就此展开，推拟更早手稿的情况。

②❶表示为该条首则佚文，❷表示第二则佚文，以此类推。书名后的数字，指卷数及篇目次第，如“书钞 69”指《北堂书钞》卷六九，“世说 2”指《世说新语》的第二篇“言语”。

续表

<table>
<tr><th colspan="2">手稿 C 次序</th><th>对应条目的佚文出处</th></tr>
<tr><td rowspan="3"></td><td>10 张温</td><td>❶吴志 12</td></tr>
<tr><td>11 陆景</td><td>❶吴志 13 ❷御览 459</td></tr>
<tr><td>12 华融</td><td>❶吴志 19</td></tr>
<tr><td rowspan="4">B 段</td><td>13 边让</td><td>❶世说 2</td></tr>
<tr><td>14 孙楚</td><td>❶世说 2</td></tr>
<tr><td>15 潘尼</td><td>❶世说 3 ❷书钞 102 类聚 56 御览 600 同 760 ❸文选注</td></tr>
<tr><td>16 郭象</td><td>❶世说 4 ❷世说 4 ❸书钞 69</td></tr>
<tr><td rowspan="4">B 段</td><td>17 夏侯湛</td><td>❶世说 4</td></tr>
<tr><td>18 张翰</td><td>❶世说 7 御览 489 ❷世说 23</td></tr>
<tr><td>19 陆绩</td><td>❶世说 9 ❷御览 7</td></tr>
<tr><td>20 张华</td><td>❶世说 25 ❷书钞 101 御览 612</td></tr>
<tr><td rowspan="8">C 段</td><td>21 高岱</td><td>❶书钞 79 同 32（整合）</td></tr>
<tr><td>22 陈琳</td><td>❶书钞 100</td></tr>
<tr><td>23 蔡邕</td><td>❶书钞 101 类聚 89 御览 962 同 580</td></tr>
<tr><td>24 张衡</td><td>❶书钞 55 ❷书钞 58 初学记 13 类聚 48 御览 219 ❸御览 94 同 752</td></tr>
<tr><td>25 王济</td><td>❶书钞 57</td></tr>
<tr><td>26 侯瑾</td><td>❶书钞 97</td></tr>
<tr><td>27 李康</td><td>❶书钞 97 御览 614 ❷御览 392 类聚 19</td></tr>
<tr><td>28 郑曹</td><td>❶书钞 98</td></tr>
<tr><td rowspan="6">D 段</td><td>29 阮籍</td><td>❶世说 23 类聚 94 御览 259 同 298</td></tr>
<tr><td>30 嵇康</td><td>❶世说 24 类聚 89 御览 389 同 833 ❷世说 6 御览 577 文选注 ❸御览 358</td></tr>
<tr><td>31 顾荣</td><td>❶世说 1 ❷书钞 32 ❸初学记 20 御览 634</td></tr>
<tr><td>32 束皙</td><td>❶世说 6 御览 363 ❷书钞 57 初学记 12 御览 234 六帖 74 ❸书钞 97 御览 606 书钞 104 ❹类聚 19 ❺汗简 7 文选注（此则为夹签）</td></tr>
<tr><td>33 成公绥</td><td>❶书钞 33 ❷御览 632 ❸文房四谱 1</td></tr>
<tr><td>34 赵壹</td><td>❶书钞 85 ❷御览 543</td></tr>
</table>

续表

手稿 C 次序		对应条目的佚文出处
	35 杨修	❶世说 11 类聚 58 书钞 104 ❷书钞 122 御览 343 类聚 60 ❸书钞 19 ❹书钞 19
E 段	36 江统	❶御览 246 ❷御览 496
	37 贾谧	❶御览 148
	38 张载	❶御览 234
	39 挚虞	❶御览 351
	40 桓驎	❶御览 512 同 385 类聚 31
E 段	41 王弼	❶御览 385
	42 杜育	❶御览 387
	43 二陆	❶世说 8 ❷御览 438
	44 张缵	❶御览 496
	45 华谭	❶御览 464
	46 张叔序	❶御览 488
	47 孔炜	❶御览 583 ❷御览 583
	48 张秉	❶御览 586
	49 左思	❶御览 884
	50 孔融	❶御览 969 类聚 86 事类赋注 27
	51 朱穆	❶御览 981
	52 延笃	❶御览 988
F 段	53 枣据	❶类聚 25 ❷姓解 3 元和姓纂 10 ❸魏志 16 ❹御览 587
	54 妫览	❶姓解 1
	55 丁翼	❶文选注
	56 应劭	❶后汉书应奉传注
	57 孙丞	❶吴志 6

如表 11-2 所示，手稿 C 的 1~12，对应条目的首则佚文的第一出处，均是《三国志》，且次序与《三国志》卷次先后大体

吻合。如1曹摅辑自《三国志·魏志》卷九,2何桢辑自《魏志》卷一一,3祢衡辑自《魏志》卷一〇,4丁廙辑自《魏志》卷一九,7刘桢辑自《魏志》卷二一,8郑胄辑自《三国志·吴志》卷二,12华融辑自《吴志》卷一九。手稿C的13~20,对应条目的首则佚文的第一出处,皆为《世说新语》,且次序与《世说》篇目次第完全吻合。21~28条,首则佚文的第一出处均为《北堂书钞》,虽条目次序与《书钞》卷次不尽吻合,但以2~3条佚文为一个单位,则亦是按卷次先后正序排列。手稿C的36~52,首则佚文的第一出处多为《太平御览》,且次序与《御览》卷次大体吻合。手稿C的53~57,对应条目的首则佚文的第一出处,非一书。较为特殊的是29~35,首则佚文的第一出处或《书钞》或《世说》不定,排序与卷次先后的吻合程度也较低。

要之,手稿C的原始次序与对应条目的佚文出处的卷次先后,虽有一定程度的参差,但存在关联的大体轮廓仍在。**以若干条目为一分段,各段内部的各条目的首则佚文辑自同一书籍;条目次序与首则佚文的出处卷次,大体呈正相关,即辑录出处卷次在前者居前,卷数在后者居后**。

对此的唯一解释是:**手稿C的原始次序并非悬空形成,而是源自现已不存的更为原始的辑录手稿**。如之前各章所述,在辑录初始阶段,依次翻检各书,录出所得佚文,编制"佚文长编",是鲁迅的惯常做法。手稿C是根据《文士传》的"佚文长编",依后者的佚文次序,从中逐个"提取"传记篇名而成。因此,**手稿C的原始次序,是"佚文长编"佚文次序的折射,亦即鲁迅翻检各书次序的折射**。之所以手稿C以曹摅居首，是因为“佚文长编”的第一条佚文便是曹摅；之所以曹摅是“佚文长编”的首条佚文，是因为鲁迅辑录《文士传》，首先翻检《三国志》，而在《三国志》裴松之注引用的《文士传》佚文中，曹摅这一条所在卷次最靠前。

除去少数“佚文长编”无而后补的佚文，手稿 B 的大部分内容，无疑源自“佚文长编”。具体来说，鲁迅先将“佚文长编”阶段辑得的佚文，按人物分属，分别抄入各人条目（传记）之下，再按时代先后编次条目，乃形成手稿 B 的现有面貌。如前述，手稿 B 是经过一定程度整合的修改稿本，而整合就意味着更动，会或多或少抹去“佚文长编”的原始面貌。手稿 C 的原始次序与对应条目的佚文出处的卷次先后，并非严丝合缝地呈正相关，即与手稿 B 的这番整合有一定关系。而以上论述所据“对应条目的佚文出处的卷次先后”，是依照手稿 B 的案语面貌，而非现已不存的“佚文长编”的原样。

这里可以举桓麟条为例。桓麟在手稿 C 的原始次序中为 40，手稿 B 标佚文出处为《御览》卷五一二、三八五及《类聚》卷三一。在手稿 C 的原始次序中，与之相邻的是 39 挚虞，辑自《御览》卷三五一，以及 41 王弼，辑自《御览》卷三八五。而手稿 B 桓麟条案语称：“**《御览》卷五百十二，又三百八十五、《类聚》卷三一均略**。”按照“佚文长编”循次检索录出佚文的做法，鲁迅一定是先看到并录出《御览》卷三八五所引文字较略的这条佚文，然后再在卷五一二检得文字较详者。但在手稿 B 中，鲁迅整合这条“共引佚文”，选用文字较详的卷五一二引文，故将卷三八五改为第二出处，遂造成表面上的参差。不难想象，假使桓麟条是《类聚》卷三一所引最详，整合时便会改以《类聚》卷三一为第一出处。再检《御览》卷三八五，王弼条恰在桓驎条之后，可见39挚虞、40桓驎、41王弼的手稿C原始次序，正体现了“佚文长编”循次检录佚文的结果。

当然，导致参差的原因也不仅是手稿B的整合，编制“佚文长编”时，亦难免有失检而后补等意外情况。明晰这些“扰动”因素之后，就可以认定：手稿C的原始次序，基本折射出“佚文长编”的佚文次序。

四、检录诸书的次序

既然手稿C的原始次序基本体现了辑录初期编制“佚文长编”的样态，而“佚文长编”是循序翻检诸书而成，那么就可以利用手稿C，推拟鲁迅翻检各种文献的先后。当然，如前述，《文士传》的大多数佚文是在“佚文长编”阶段辑得的，而手稿B经过整合，可能会调整同条之下各则佚文的次序，以及同一则佚文下标署辑录出处的次序。因此，推拟未必尽合鲁迅翻检诸书的原貌，但整体上不会与之相差过大。

兹以束皙条为例，此条有5则佚文，出处分别是：❶《世说·雅量》注、《御览》卷三六三，❷《书钞》卷五七、《初学记》卷一二、《御览》卷二三四、《六帖》卷七四，❸《书钞》卷七九、《御览》卷六〇六、《书钞》卷一〇四，❹《类聚》卷一九，❺《汗简》卷七、《文选》注。

推拟鲁迅辑录的过程，应是：先检《世说》，辑出❶。再检《书钞》，从卷五七辑出❷；从卷七九辑出❸，然后在卷一〇四再次检得❸。再检《初学记》，于卷一二再次辑得❷。再检《类聚》，于卷一九辑出❹。再检《御览》，于卷二三四再次检得❷，于卷六〇六再次检得❸。最后，检录《汗简》与《文选》注，发现❺；《六帖》卷七四，再次检得❷。

又如表11-2所示，A段各佚文首则的第一出处是《三国志》，B段皆为《世说》，C段均为《书钞》，佚文条目次序与各书卷次的对应关系整齐而清晰。可以认定，这是鲁迅最先翻检的一组文献，《三国志》最先，《世说》其次，《书钞》再次。

接续在《书钞》之后的，是《太平御览》；而《初学记》《艺文类聚》又与《御览》相先后，它们共同构成了鲁迅翻检的第二组文献。不过，鲁迅翻检以上三书的具体次序，难以论定。先看《类聚》与《御览》的先后关系。36江统条至52延笃条，全从《御览》辑出，基本是按卷次先后顺序，辑自《类聚》的53枣据条紧随其后，依此而论，似乎鲁迅是先检《御览》，后检《类聚》。然而，枣据条首则辑自《类聚》卷二五，第4则辑自《御览》卷五八七，依此而论，则鲁迅先披览《类聚》，后翻检《御览》。《初学记》相对于《类聚》的先后关系，同样不易判断。困难在于可供分析推演的材料过少，只有张衡条次则一处，手稿B标辑自《书钞》卷五八、《初学记》卷一三、《类聚》卷四八；就字面而论，可以指向《初学记》先《类聚》后的结论，但毕竟只是孤证。《初学记》相对《御览》的先后关系，亦不十分清晰。如祢衡条次则的出处，《初学记》在《御览》后；顾荣条第三则的出处，《初学记》在《御览》前，截然相反。不过总体来看，同一则佚文标署出处，《初学记》在《御览》前的实例更多，不妨"三占从二"。

《事类赋注》《姓解》《元和姓纂》《汗简》《白孔六帖》《水经注》《文房四谱》以及《文选》注、《后汉书》注，提供佚文的较少，它们是鲁迅检录的第三组文献。其中，《后汉书》注、《文选》注、《事类赋注》《水经注》的部分佚文，写在手稿B的天头处；束晳条第5则辑自《汗简》和《文选》注，是一枚夹签；从这些形态来看，明显是后补入的，与之前两组文献形成落差。第三组文献诸书的具体先后，难以完全推导出来。从F段各条佚文标注出处的情况来看，《姓解》在《文选》注前，《文选》注在《后汉书》注前，《姓解》又在《元和姓纂》前。

在鲁迅搜检的这三组文献中，前两组是《文士传》佚文的主要来源。这不是偶然巧合，而是鲁迅在之前的读书生活及他书的辑录工作中，已注意到《三国志》《世说》《书钞》《御览》诸书，保存《文士传》佚文较多，故而首先翻检这些书籍。另一方面，《三国志》裴松之注撰于刘宋，《世说》刘孝标注撰于萧梁，《书钞》在隋时，《类聚》在初唐，《初学记》在盛唐，《御览》问世于宋初。鲁迅翻检诸书的次序，与书籍时代大体吻合，若非是意外巧合，那么就可以说，搜检书籍孰先孰后，隐含显露出鲁迅对于史料可信度的关注，以及史料批判的自觉。

第三组文献提供的佚文数量虽然有限，但它们进一步提高了鲁迅辑本的完备程度。佚文完备与否，是衡量辑本高下的首要标准。裴注、《御览》等书向为佚文渊薮，从事辑佚者皆知从中搜检，只要细心检录，各家辑本在此方面的所得不会相差过大。真正体现高下的，恰是从他人不措意的书籍中搜得佚文，第三组文献多属此类。

结　语

《文士传》鲁迅辑本是未完稿。即便如此，就现有面貌来看，鲁迅辑本共 57 人 103 则，远超前人辑本，毋庸多言。以下与后出的周勋初辑本[①]略作比较。

先看搜检文献的广度。周本卷末有“引书所用版本”，标明佚文来源为《后汉书》《三国志》《世说》《文选》《水经注》《汗简》《元和姓纂》《书钞》《初学记》《类聚》《白氏六帖事类集》《御览》《事类赋注》《说郛》《天中记》。两相比较，鲁迅未检及《天中记》，周氏未检及《文房四谱》《姓解》，总体相当。

由于搜检的文献基本相同，是以二者的佚文数量相近。周本 68 人 101 则，相比鲁迅辑本，人数（条数）多而则数少。这主要是佚文的分合归属不同所致。因是未完稿，鲁迅辑本的很多“共引佚文”尚未归并，周本则做了归并，如鲁迅辑本束皙条有 5 则佚文，其中 1、3、5 是一组“共引佚文”，周氏将此 3 则归并，故而周本此条只有 3 则佚文。当然，也有鲁迅辑本归并而周本未归并的情况，如蔡邕条，周本此条有 2 则佚文，鲁迅辑本归并为一。两家辑本佚文归属有差异处也不少，如周本刘梁条，即鲁迅辑本的刘桢条次则；丁廙、丁翼条，鲁迅辑本分列，周本合为一条，等等。

排除上述情况后，鲁迅辑本有而周本无的佚文有 2 处，即鲁迅辑本成公绥条次则、潘尼条第三则。周本有而鲁迅辑

---

①周勋初《张骘〈文士传〉辑本》，《周勋初文集》第 2 卷，33~34 页。

本无的佚文共12处，分别是：周本朱穆条次则（出《后汉书》注）、赵壹条首则（出《御览》）、任绩条（《书钞》）、王肃条（《说郛》）、孙登条（《世说》注）、殷基条（《三国志》注）、张华条第四则（《白氏六帖事类集》）、左思条首则（《太平御览》）、孙丞条次则（《初学记》）、孙盛条（《说郛》）、萧介条（《说郛》）。

在这12处佚文中，王肃、孙盛、萧介三条，见于说郛本，他书未引。鲁迅曾传抄说郛本（手稿A），这三条佚文他必曾寓目。与之相对，说郛本的其余14条佚文，又见他书征引，鲁迅辑本皆有。乃知王肃等三条不见于鲁迅辑本，并非鲁迅失漏，而是这几条不见于他书，说郛本又不标出处，鲁迅怀疑佚文的可靠性。

要之，虽未最终完稿，但现存稿本在搜检文献的广度、所得佚文的完备度上，远超清人诸本，与晚出数十年的周勋初辑本相比，亦不逊色多少，足见鲁迅辑录工作的细密。

附　表

	用纸	书写时间	手稿全集卷次	辑校古籍卷次
手稿A	格纸甲	1910至1911年间	24册234~241页	第2函第6册之“张隐文士传”77~85页
手稿B	素纸	1912年2月前	31册303~310、321~388页	第2函第6册之“张隐文士传”1~76页
手稿C	格纸乙或丙	1913年冬或稍后	31册311页	第2函第6册之“张隐文士传”86页

第十二章　鲁迅辑录《众家文章记录》考

《众家文章记录》是鲁迅辑录的古籍丛编，收录荀勖《文章叙录》、挚虞《文章志》、傅亮《续文章志》、顾恺之《晋文章记》、宋明帝《晋江左文章志》、丘渊之《文章叙》《文章录》《新集录》、佚名《文章传》等九种“文章志”。

所谓“文章志”，出现于魏晋六朝时代，是专记文人事迹的一类著作。其书后世散佚殆尽，长期未受到辑佚学者的关注。鲁迅辑录《众家文章记录》，是对文章志诸书的首次系统辑佚；无论从辑佚学角度，还是文学史角度来说，都是一项很具贡献的开创性工作。

然而，针对此书的先行研究数量不多，林辰、顾农重点介绍《众家文章记录》所收书的情况、鲁迅辑本的基本面貌；林辰又比较了傅亮《续文章志》鲁迅辑本与傅以礼辑本的差异；任桂萍叙述鲁迅辑本与诸家辑本的差异更详，特别是补入了晚出的朱迎平、邓国光、吴光兴辑本的情况[①]。以下，在先行研

①林辰《鲁迅辑佚工作举隅——略谈鲁迅辑录的几种古籍》，原载《文学遗产》1981年3期，后收入《鲁迅述林》，人民文学出版社，1986年。顾农《读鲁迅辑本〈众家文章记录〉》，《书品》2003年2期。任桂萍《六朝“文章志”研究》，四川师范大学硕士学位论文，2021年。另，朱迎平辑本包括挚虞书、傅亮书、顾恺之书、宋明帝书及丘渊之（转下页）

究的基础上,进一步分析鲁迅辑录的具体过程、辑佚水准等问题点。

一、文章志诸书概要

文章志诸书以荀勖《新撰文章家集叙》为最早,其后是挚虞《文章志》,傅亮、宋明帝、沈约等人之后续作,皆仿效挚氏,以“文章志”为名。《隋书·经籍志》史部簿录类著录文章志5部,《旧唐书·经籍志》《新唐书·艺文志》所载不出《隋志》范围,只是书名卷数略有出入。宋《崇文总目》《秘书省续编到四库阙书目》《郡斋读书志》《遂初堂书目》《直斋书录解题》,皆未著录,则彼时已无传本。

【隋书·经籍志】

《杂撰文章家集叙》十卷　荀勖撰。

《文章志》四卷　挚虞撰。

《续文章志》二卷　傅亮撰。

《晋江左文章志》三卷　宋明帝撰。

《宋世文章志》二卷　沈约撰。

【旧唐书·经籍志】

《文章志》四卷　挚虞撰。

《新撰文章家集》五卷　荀勖撰。

《续文章志》二卷　傅亮撰。

(接上页)《晋义熙以来新集目录》,邓国光只辑挚虞书,吴光兴辑录挚虞书、傅亮书、宋明帝书及丘渊之《晋义熙以来新集目录》。

【新唐书·艺文志】

（荀勖）又《新撰文章家集叙》五卷

挚虞《文章志》四卷

宋明帝《晋江左文章志》二卷

沈约《宋世文章志》二卷

傅亮《续文章志》二卷

《隋志》史部簿录类共著录29种书[①]。1~19为《七略别录》至《隋大业正御书目录》等总括群书的历代官私目录，依时代顺次排列；其后则是专门性的"簿录"，20为《法书目录》，21为《杂仪注目录》，22至26即文章志诸书，27~29《书品》《名手画录》《正流论》。两《唐志》同样是将文章志诸书聚拢，置于总括群书的目录之后[②]。

文章志诸书被集中排列，构成一个群组，可见当时人认为"文章志"是有别于其他目录的一类著述。南朝梁钟嵘《诗品序》："挚虞《文志》，详而博赡，颇曰知言。观斯数家，皆就谈文体，而不显优劣。……诸英志录，并义在文，曾无品第。"[③]指出挚虞书的宗旨"义在文"，即关注文学创作。傅亮等人仿效挚氏的续作，自然与之相类。

---

①《隋志》簿录类后的统计为"右三十部，二百一十四卷"，现有的29部合计为210卷，较《隋志》的统计少4卷，应是文字脱损，少去了一部书（四卷）。

②惟《新唐志》将荀勖《新撰文章家集叙》前置，跟随在荀勖《晋中经簿》之后，这是采取以人相从的处理方式。其他文章志仍作为一个群组，集中排列。

③钟嵘《诗品》，收入何文焕辑《历代诗话》，中华书局，1981年，4页。

对于文章志诸书的性质,后世也有讨论,意见不一。姚名达认为挚虞《文章志》是“文学创作目录”。王重民、朱迎平认为文章志诸书是“文学作品的专科目录”。谢灼华、王子舟根据挚书现存佚文“对作者姓氏名字、里贯先考、生平事迹、所著篇章等多有介绍”,认为它是兼具传记功用的“传录体目录”。吴光兴认为文章志诸书是“文集图书的专科目录”,其中荀勖书为“叙录体”,挚虞书及其续作为“传录体”[①]。而杨明照、傅刚提出,文章志诸书现存佚文大多是记述文人事迹,当属人物传记[②]。

今案,文章志诸书的现存佚文确以记载文人事迹为主,兼及著述篇目情况,内容近于传记。然而,介绍书籍作者的事迹行谊,却也是解题目录的一般体例。另一方面,《隋志》与两《唐志》以官修书目为蓝本,这些官修书目是隋唐宫廷的实藏书目,编纂时依据原书,编者将文章志诸书归入目录类,自有理据。今日既已无从获见原书,亦无有力反证,则仍以信从旧说为妥。

文章志诸书散佚后,长期未有辑本问世。清代辑佚学大

---

①姚名达《中国目录学史》,上海古籍出版社,2005 年,256 页。王重民《中国目录学史论丛》,中华书局,1984 年,69~70 页。朱迎平《六朝文学专科目录辑考》,《古籍整理研究学刊》1993 年 2 期。吴光兴《荀勖〈文章叙录〉、诸家“文章志”考》,收入莫砺锋编《周勋初先生八十寿辰纪念文集》,中华书局,2008 年,174~203 页。谢灼华、王子舟《古代文学目录〈文章志〉探微》,《图书情报知识》1995 年 4 期。

②杨明照《从〈文心雕龙〉看中国古代文论史、论、评结合的民族特色》,《古代文学理论研究》第 10 辑,上海古籍出版社,1985 年。傅刚《汉魏六朝文体辨析的学术渊源》,《中国社会科学》2000 年 2 期。

兴，出现了几种大规模的辑佚专书，如马国翰《玉函山房辑佚书》、黄奭《汉学堂丛书》等，但均未涉及文章志。同治光绪之交，傅以礼辑录傅亮《傅光禄集》，将《续文章志》作为“卷末”附后，计搜得佚文 14 则，收入所辑《傅氏家书》，光绪二十年在福州刊刻。民国时期，张鹏一辑录挚虞佚文，编为《挚太常遗书》三卷，张氏采得挚虞《文章志》佚文 13 则，作为附录，置于卷三之末。张本被收入《关中丛书》第四集，排印出版[①]。《傅氏家书》是一部氏族丛书，专收汉魏六朝傅氏名人著作之辑本；《关中丛书》则是郡邑丛书，收录历代关中人士著作（挚虞为京兆长安人，正属关中人物），以及记载当地风土人情之书，如地志、名胜题咏等。编刻氏族丛书与郡邑丛书，是晚清民国时期相当兴盛的文献活动。傅氏的着眼点是家族前贤著述，张氏的出发点是乡邦人物著述，与鲁迅意在系统辑录“文章志”这一类型著作，用意判然有别。

隋唐史志著录的 5 种文章志，除沈约《宋世文章志》未有佚文之外，其他 4 种在《众家文章记录》中皆有辑本。此外，《众家文章记录》还收录了未见史志著录的顾恺之《晋文章记》、丘渊之《文章叙》《文章录》、佚名《文章传》。

表 12-1

	鲁迅辑本佚文数量	他家辑本	他家辑本佚文数量
文章叙录	10 条 12 则	×	×
文章志	11 条 12 则	张鹏一辑本	13 则

①张鹏一《挚太常遗书》，收入《关中丛书》，民国二十四年（1935）陕西通志馆排印本。

续表

	鲁迅辑本佚文数量	他家辑本	他家辑本佚文数量
续文章志	5 条 5 则	傅以礼辑本	14 则
晋文章记	1 条 1 则	×	×
晋江左文章志	14 条 18 则	×	×
文章叙	2 条 2 则	×	×
文章录	4 条 4 则	×	×
新集录	1 条 1 则	×	×
文章传	1 条 1 则	×	×

丘渊之《文章叙》《文章录》《新集录》，须加以辨析。鲁迅将《文章叙》《文章录》作为两书分列，是根据辑佚来源标称的书名。古书引文，常有变易文字之处，乃造成表面歧异。而在古典目录的语境下，叙、录皆指条序篇目、撮述大要的书籍解题；可以认为，《文章叙》《文章录》实为一书。清章宗源《隋书经籍志考证》即持此观点[①]。此书未见史志著录，无法确知实际书名，但顾名思义，它与挚虞书、傅亮书同属“文章志”，则无疑问。

《新集录》现存佚文 1 条，辑自《世说新语 · 言语》注。既然《众家文章记录》收录此书，显然鲁迅认为它也是“文章志”之一。今案，《新集录》应是《晋义熙以来新集目录》的省称。《隋志》史部簿录类作“《晋义熙已来新集目录》三卷”，未题撰人，列在荀勖《晋中经》与王俭《宋元徽元年四部书目录》之间。《旧唐志》作“《义熙已来杂集目录》三卷　丘深之撰”，列在傅亮《续文章志》之后。《新唐志》作“丘深之《晋义

①章宗源《隋书经籍志考证》，清华大学出版社，2012 年，181 页。

熙以来新集目录》三卷”,列荀勖《晋中经簿》与王俭《宋元徽元年四部书目录》之间。“丘深之”即丘渊之,避唐高祖讳而改字。《旧唐志》所称“杂集”,应是“新集”之讹。阮孝绪《七录序》末的《古今书最》,记有《晋义熙四年秘阁四部目录》,该目与徐广校理秘阁藏书有关;而《众家文章记录·新集录》佚文叙谢灵运事,称“以罪伏诛”,则丘渊之《晋义熙以来新集目录》之纂,不能早于刘宋元嘉十年[①]。所谓“晋义熙以来新集目录”,意指接续《晋义熙四年秘阁四部目录》,将东晋末年以来新得(新集)之书编目,非指专就晚近人物文集(新集)编目。《隋志》史部簿录类将丘氏此目置于荀勖《晋中经簿》与王俭《宋元徽元年四部书目录》之间,而未归入后面的文章志诸书;可见它与荀勖目、王俭目一样,是总括群书的目录,而非“义在文”的文章志。正因著录范围限于晋末宋初的秘阁新得书,数量不会很多,所以《晋义熙以来新集目录》虽然只有三卷的篇幅,却仍可以容纳解题。鲁迅辑录的佚文,便是解题中语。

二、由现存手稿所见的《众家文章记录》的辑录流程

《众家文章记录》现存手稿 2 件,一为全稿(以下称“手稿

---

①马楠讨论了《晋义熙四年秘阁四部目录》与徐广校书的关系,指出丘渊之是在刘宋时期编纂《晋义熙以来新集目录》,辩驳了余嘉锡认为《晋义熙四年秘阁四部目录》与《晋义熙以来新集目录》为一书、丘氏是《晋义熙四年秘阁四部目录》编者的说法。见:马楠《唐宋官私目录研究》,中西书局,2020 年,40~41 页。

A”),一为断片(以下称“手稿B”)。

手稿A用无栏格的素纸书写[①],内叶全是鲁迅笔迹,装成1册,现藏中国国家图书馆。书衣题“众家文章记录”,是周作人所写。扉叶又题“众家文章记录九种”,则是鲁迅字迹。卷前有总目,无序跋。子目各书均有封面,题书名卷数,如“荀勖文章叙录一卷”等,下署“树人集”、“树人集存”、“树辑”、“树集”不一。每半叶九行,每行二十余字不等,版心位置不标书名及叶码。各书以人物为条目名称,归属佚文。每人(条)皆另叶起,为进一步增补预留空间,是以卷中多有大片空白。此外,书中天头处偶有补写的案语及佚文,但整体书写较为齐整。

此件的形态与《文士传》手稿B近似,性质也应与后者类似,是经过一定程度整合的修改稿本。手稿A卷前总目,大略依时代排次诸书,将佚名《文章传》置于最后,明显是有意编排的结果。手稿A的诸书排次与之相符,可见总书名“众家文章记录”、收录书籍的范围及编排框架,在此阶段已经确立。

众家文章记录目次

荀勖文章叙录

挚虞文章志

傅亮续文章志

顾恺之晋文章记

---

①挚虞《文章志》周不疑条,用蓝色格纸书写。另,周不疑条前的桓驎条,在《鲁迅辑校古籍手稿》中被错误地套色印成用同一种蓝色格纸。

宋明帝晋江左文章志

丘渊之文章叙

丘渊之文章录

丘渊之新集录

失名文章传

关于手稿A非最终定稿,比较明显的例证是"共引佚文"未归并干净,这与之前各章所述鲁迅对于"共引佚文"的处理相违。例如,《文章叙录》荀纬条有2则佚文,分别辑自《三国志·魏志》卷二一注、《书钞》卷六六,一详一略,前者完全涵盖后者,鲁迅只是照录,而未归并:

【手稿A】纬字公高,少喜文学。建安中,召署军谋掾、魏太子庶子,稍迁至散骑常侍,越骑校尉。年四十二,黄初四年卒。《魏志》二十一《王粲传》注

荀纬字公高,少喜文学,为太子庶子。《书钞》六十六

此外,各书的条目次序,也多未经编排。以佚文条目较多的《文章叙录》来说,1夏侯惠至7裴秀的首则第一出处,均是《三国志》注,依裴注引文先后排列,8嵇康至10何晏的首则第一出处,均是《世说》注,依刘孝标注引文次序排列。若论人物时代,何晏不应列于嵇康之后,嵇康亦不应在裴秀之后。《晋江左文章志》亦是如此,各条的首则佚文出处均是《世说》注,大体是按刘孝标注引文次序排列。若以人物时代论,2顾恺之不当在13谢尚、7谢安、12桓温、4王羲之、5王献之等人之前。

不过,手稿A也非循次检索诸书各卷、录出佚文的"佚文长编"。仍以《晋江左文章志》为例,7谢安的首则佚文出自

《世说・雅量》注，居该条之前的4王羲之、6王胡之，辑自《世说・赏誉》注，5王献之的首则佚文辑自《世说・品藻》注；《雅量》《赏誉》《品藻》分别是《世说》第六、八、九篇。若是循次录出，次序当为谢安→王羲之→王胡之→王献之。与之类似，王献之条下有2则佚文，首则出《世说・品藻》注，次则出《世说・方正》注。《方正篇》为《世说》第五篇，《品藻篇》为第九。若按篇次先后，王献之条的首则与次则应对调。

手稿A编写于1912年2月鲁迅赴北京前，这一点可以从1913年11月4日的日记称周作人寄来此书"辑稿"看出。

> 下午得二弟所寄书一束，内《急就篇》一册，写本《岭表录异》及校勘各一册，又《文士传》及《诸家文章记录》辑稿共二册，十月三十一日付邮。[①]

手稿B用格纸甲书写（图12-2、12-3），全是鲁迅笔迹，现存4枚断片，被夹入手稿A，放置在挚虞书与傅亮书之间[②]。其上有7条佚文（应璩、缪袭、潘勖、徐幹、繁钦、陈琳、史岑），均辑自《文选》注。各条佚文不加标题，之间不留空白，前条写毕，次行接写后条。佚文末尾标注辑录出处，仅作"某人某篇注"，如"应璩《百一诗》注引《文章志》"。

手稿B是鲁迅辑录《众家文章记录》的"佚文长编"，此件的特征反映出这一性质。首先，"佚文长编"是循次检录佚文而成，从同一书辑出的佚文按卷次先后自然集中在一起，所

---

①《日记》，《鲁迅全集》第15卷，86页。

②《鲁迅辑校古籍手稿》将手稿B置于挚虞书后，傅亮书前；《鲁迅手稿全集》将它置于傅亮书封面后，正文前，未知谁是。

以鲁迅只在辑自某书的首条佚文下标注书名,以下各条只标卷数或篇名,他辑录各书的“佚文长编”无不如此。《文选》注所载文章志诸书佚文,以卷一二引傅亮《续文章志》居首。手稿 B 现存断片上的佚文在《文选》中位于之后各卷,便只写篇名。其次,其中 1 枚断片上有应璩、缪袭、潘勖 3 条佚文,辑自《文选》卷二一、二八、三五。覆案《文选》原书,卷二一至三五有 4 条佚文,鲁迅未录出卷二四所引潘尼一条,其他 3 条则按《文选》次序录出。第三,“佚文长编”所抄录的佚文有待进一步处理,自然没有设立条目名称的必要。此外,从“佚文长编”至最终的辑本定稿,须确定佚文的编次原则,并据以排序。手稿 B 之所以被裁成断片,便是为了便于排比;同样的操作,又见于前述《故书杂集》手稿 B/C。

就工作流程而论,佚文长编(手稿 B)须先于修改稿本(手稿 A)完成。手稿 B 的某些内容,体现于手稿 A,与上述逻辑关系相符。如,手稿 B 从《文选》注辑出缪袭条,仅有“缪袭字熙伯”一句;《三国志》注亦引此条,但内容远远多出。手稿 A 缪袭条取《三国志》注所引录出,将《文选》注作为第二出处,案语称:“《魏志》二十一《刘劭传》注　《文选》缪熙伯《挽歌诗》注引首四字。”

手稿 B 的这 4 枚断片,全是《文选》注所引。那么,手稿 B 是只录《文选》注所引佚文的佚文长编,还是遍及他书?值得注意是,手稿 A 关涉《文选》注引文的各处,往往存在事后添入的迹象;如前揭手稿 A 挚虞书缪袭条,案语“《文选》缪熙伯《挽歌诗》注引首四字”,字迹明显与其他不同,书写时间当有一段间隔。倘若手稿 B 包含多书所引佚文,就情理而言，鲁迅编制手稿A时，应一同迻录，一次书写成型。准此，手稿B很可能只含《文选》注所引佚文，他书所引佚文另有对应的“佚文长编”。鲁迅根据多个“佚文长编”，编制手稿A，时间上有所间隔，乃形成事后添入的面貌。当然，在辑录工作的实际过程中，可能有旁人难以意料的各种情况，以上所述只是推测。但无论如何，鲁迅编制手稿B，必定在他最后一次添补手稿A之前；再结合考量此件所用的格纸甲的使用时段，手稿B的编写不应晚于1912年初。

断片上的这些佚文，《文选》注仅称出自“文章志”而未署作者。古人称引傅亮《续文章志》及宋明帝《晋江左文章志》，有时亦略作“文章志”。缘此，未署作者的“文章志”是挚虞书、傅亮书，抑或宋明帝书，须考量甄别。史岑、应璩、陈琳、徐幹、缪袭、潘勖、繁钦，是东汉三国人物，不合于宋明帝《晋江左文章志》的断限，则是西晋挚虞书或东晋傅亮书。手稿B其他部分不存，唯独这些断片被保留下来，放置在挚虞书与傅亮书之间，这些断片上的佚文又未抄入手稿A，这些迹象都显露出“存此俟考”的意味[①]。

文章志诸书记述汉魏六朝文人事迹，佚文主要载于《世说新语》注、《文选》注、《三国志》注，另有少量佚文见于《艺文类聚》《北堂书钞》等。综合手稿A与手稿B来看，鲁迅搜检佚文，利用了《世说新语》注、《文选》注、《三国志》注、《蒙求》注、《后汉书》注、《北堂书钞》《艺文类聚》《剡录》诸书。

①与之相对，被写入手稿A的挚虞书、傅亮书、宋明帝书佚文，大多是辑录来源标署作者书名清晰明确的。

覆核原书,可知诸书所载文章志佚文,鲁迅基本检尽,少有遗漏。

此外,顾农称可从唐钞本《文选集注》补辑一则傅亮书佚文,推测鲁迅未见该书[①]。唐钞本《文选集注》有1918年罗振玉影印本,鲁迅校勘《嵇康集》,曾利用该本校勘,不能谓之"未见",但他未用该书增补《众家文章记录》,则是事实。

三、《众家文集记录》的辑佚水准

衡量辑佚水准,不外乎以下四点:佚文搜集是否完备、判断佚文属于何书是否准确、佚文校勘是否合理、标注佚文来源是否详细准确。以下选取时代相近的傅以礼、张鹏一辑本,与鲁迅辑本比较。

先看傅亮《续文章志》的傅以礼辑本。傅以礼认为挚虞书记"周秦两汉人物",傅亮书"续以三国西晋",所以题"文章志"而记载魏晋文士事迹者,皆是傅亮书佚文。依照这一甄别与归属原则,傅本共有佚文14条。

> 其中亦间署撰人名氏,而但题"文章志"者较夥,致某文为某志,漫无区别。今就见存之文,反复寻绎,大抵挚虞所纪,乃周秦两汉人物,此志续以三国西晋,至明帝之志东晋、沈约之志刘宋,则命名固显著已。爰准此采摭,凡志文载魏晋间事迹,逐条写出,省并重复,联系奇零,共得一十四人,子孙可考者亦附及焉。中惟陆云、木华

①顾农《读鲁迅辑本〈众家文章记录〉》。

二则,《北堂书钞》《文选注》各题傅亮《文章志》。潘岳一则,《世说新语注》题《续文章志》。此外十一则,诸书但题《文章志》,不署撰人名氏。①

如表12-2所示,傅本的佚文数量之所以多出鲁迅辑本,并非有独到发现,而是对于书籍断限的认识不同,导致佚文归属上的差异。傅本的部分条目,在鲁迅辑本中,分别被归入挚虞书、荀勖书,以及“存疑俟考”的手稿B。鲁迅辑本傅亮书只收5条佚文,其中陆云条辑自《北堂书钞》卷六六、木华条辑自《文选·海赋》注,称引自“傅亮《文章志》”;潘岳、左思、石崇条出自《世说新语》注,称引自“《续文章志》”。各条皆是辑录来源明称作者为傅亮,或书名为“续文章志”者,可见这是鲁迅判别归属傅亮书佚文的原则。

傅亮书赓续挚虞书而作,依著述体例,其断限宜与挚虞书相关而有所回避。挚虞是西晋人,其书断限晚至曹魏的可能性无法排除。关于二者断限,有一个现象值得注意。明称出自傅亮书的佚文如陆云、木华、潘岳、左思、石崇条,记述对象全是晋人。与之相对,傅本收录的缪袭、王粲、阮瑀、徐幹、陈琳、繁钦、应璩、潘勖(鲁迅归入手稿B),辑录来源均仅称出自“文章志”而未署作者;以上诸人都是汉末三国人物,最晚的缪袭卒于魏正始六年。鲁迅辑本将缪袭、王粲、阮瑀三条归入挚虞书,依此来看,鲁迅似乎倾向于认为挚虞书断限在曹魏。准此,徐幹、陈琳、繁钦、应璩、潘勖诸条,亦当归入挚虞书,但

①傅以礼辑《傅光禄集》卷末,清光绪二十年傅氏刻本。此跋又收入傅以礼《华延年室题跋》,上海古籍出版社,2009年,205~206页。

它们却被置于手稿 B 而未抄入手稿 A，当与《众家文章记录》是未完稿本有关①。

表 12-2 傅以礼辑本与鲁迅辑本对照

	傅以礼辑本	鲁迅辑本
1	王粲	挚虞书
2	徐幹	手稿 B
3	陈琳	手稿 B
4	阮瑀	挚虞书
5	繁钦	手稿 B
6	应璩	手稿 B
7	缪袭	挚虞书
8	潘勖	手稿 B
9	应贞	荀勖书
10	陆云	傅亮书
11	潘岳	傅亮书
12	左思	傅亮书
13	木华	傅亮书
14	石崇	傅亮书

再看挚虞书的张鹏一辑本。鲁迅辑本(含手稿 B 所载)与张本，佚文数量基本相当。鲁迅辑本有周不疑、史岑，张本无，张本有潘尼、刘玄，鲁迅辑本无。刘玄、潘尼两条，《文选》注称引自“文章志”。刘玄是东汉人，此“文章志”是挚虞书的

①吴光兴《荀勖〈文章叙录〉、诸家“文章志”考》认为挚虞书的记述范围上接《汉书艺文志》，即东汉初至西晋初，傅亮书则收挚虞书未及的西晋人。

可能性很大。潘尼是西晋人，卒于挚虞后，挚虞书记述潘尼的可能性不大[①]；但《众家文章记录》的傅亮书、宋明帝书亦未收此条，则属失辑。

至于标注佚文出处，鲁迅辑本较张本细致。如刘修条，张本仅注《文选》注，鲁迅辑本则指出《三国志》裴注亦引此条。此外，张本大体是按人物时代排次佚文，鲁迅辑本是未完稿，佚文尚未加排次。

对于佚文归属的判断，鲁迅辑本更为精审。如阮瑀条，张本、鲁迅辑本分别作：

> 【张本】阮瑀字元瑜，陈留人也。《文选·与孙权书》注。建安初，辞疾避役，不为曹洪屈。太祖召，即投杖而起。不得有逃入山中，焚之乃出之事也。《魏志·阮瑀传》注。
>
> 【鲁迅辑本】瑀建安初辞疾避役，不为曹洪屈。太祖召，即投杖而起。《魏志》二十一《王粲传》注。
>
> （阮瑀）陈留人也。《文选·阮元瑜为曹公作书与孙权》注

覆案《三国志》裴注，此条前先引《文士传》，称“太祖雅闻瑀名，辟之，不应，连见偪促，乃逃入山中。太祖使人焚山，得瑀。”《文士传》所述，明显与挚虞书有很大差别。“不得有逃入山中，焚之乃出之事也”一句，是裴松之根据《文章志》认定《文士传》记述不实而下的断语，并非挚书佚文，张氏未能分辨，将其阑入挚书，是不正确的。

---

①吴光兴认为潘尼条不当属挚虞书。

表 12-3　鲁迅辑本与张鹏一辑本条目对照①

鲁迅辑本		张鹏一辑本	
	佚文出处		佚文出处
1 刘修	魏志十九陈思王植传注 文选曹子建与杨德祖书注	1 刘玄	文选马融长笛赋注
2 王粲	魏志二十一王粲传注	2 桓驎	后汉书桓彬传注
3 阮瑀	首则：魏志二十一王粲传注 次则：文选阮元瑜为曹公作书与孙权注	3 崔烈	世说新语文学四注
4 缪袭	魏志二十一刘劭传注 文选缪熙伯挽歌诗注	4 刘修	文选曹子建与杨德祖书注
5 崔烈	世说新语文学第四注	5 潘勖	魏志卫觊传注
6 桓麟	范书桓荣传注	6 阮瑀	文选与孙权书注 魏志阮瑀传注
7 周不疑	魏志六刘表传注	7 徐幹	文选与吴质书注
8 应璩	文选应璩百一诗注	8 陈琳	文选答东阿王笺注
9 徐幹	文选魏文帝与吴质书注	9 应璩	文选百一诗注
10 繁钦	文选繁休伯与魏文帝笺注	10 繁钦	文选与魏文帝笺注
11 陈琳	文选陈孔璋答东阿王笺注	11 缪袭	文选挽歌诗注 魏志袭传注
12 史岑	文选史孝山出师颂注	12 潘尼	文选正叔赠陆机诗注
13 潘勖	文选册魏公九锡文注	13 王粲	魏志王粲传注

要之，鲁迅辑本与他家辑本，搜检佚文范围大致相当，因此所得佚文相差无几。至于辑录偶有遗漏，少数佚文此失彼有，各家皆所难免。而各家判断佚文归属的标准不尽一

①此表包含手稿 A 及放入手稿 A 的手稿 B 断片，8 应璩以下为手稿 B，手稿 B 有缪袭条，与手稿 A 的缪袭条合，表中不再列出。

致，乃造成同一佚文鲁迅辑本入甲书，他家辑本入乙书。至于“共引佚文”，鲁迅重视逐一标注所有出处，则是一个明显优点。

四、《众家文章记录》的学术史意蕴

文章志诸书的现存佚文，记述汉魏六朝文人事迹，这些史料或不见于他书，或可与他书相参稽，具有重要的史料价值。从文学史的视野来说，“文章志”这一著作类型的出现与不断续作，体现了魏晋六朝时期文学自觉的突起。同样是在这一时期，还出现了文人传记书（如《文士传》），纪传体正史亦创设“文苑传”这一专门类传，可与文章志诸书的涌现，互为表里。

若说文章志的出现有赖于魏晋时期的文学自觉的成立，那么对其展开辑佚则有赖于辑佚学者的文学史自觉。清代辑佚之风盛行，重点首在经学，旁及诸子、史书、地志，对于文学典籍的辑佚，关注点集中于具体的诗文集，几乎无人从事文章志诸书的辑佚。挚虞书、傅亮书虽有他家辑本，但辑佚者的目的并非发掘文学史史料，而是从搜集整理乡邦文献、氏族文献的角度出发。

鲁迅以“众家文章记录”之名，钩沉久佚于世的诸家文章志，则是在明确的文学史意识的引领下，关注这一独特专门的著作类型，系统清理“文章记录”的遗产，发掘其文学史料价值与文学史意蕴，其间“文学史家鲁迅”的学术自觉显然起到重要作用。这项具有开创性的辑佚工作，使长期隐沦不显的诸家文章志得到清理，为研究文章志这一著作类型提供了基本史料；对于研究魏晋六朝士人对“文章”、“文学”的认识，也具有重要价值。

如果说《中国小说史略》《古小说钩沉》互为表里，代表了鲁迅小说史研究的基本叙述与小说史料的整理研究；那么在逻辑上，他辑录《众家文章记录》及《文士传》这一史料工作，就应与《汉文学史纲要》对位，共同构成鲁迅在小说史研究之外的文学史研究的基本框架。而对于后一方面的研究，目前远不及前者充分，此为研究者所宜深究。

《众家文章记录》的辑录在1912年初之前。这一时间点意味着鲁迅以文学史的眼光，发掘整理古代文学史料，仅稍晚于林传甲、黄人等撰著的最早一批的中国文学史。1919年，刘师培发表《搜集文章志材料方法》一文，称提出应仿效挚虞，“编纂《文章志》《文章流别》二书，以为全国文学史刻本，兼为通史文学传之资”，就此他提出四点方法，其中第二项便是“就既亡各书钩沉被逸也”，“其首应搜辑者，为晋人、宋人、齐梁人所撰各文章志”[①]。刘师培不知道数年前鲁迅已着先鞭，二人可以说是闭门造车，出门合辙。对于探索鲁迅的文学史意识与文学史观的成立而言，《众家文章记录》无疑是重要且值得玩味的节点。

---

①刘师培《搜集文章志材料方法》，《国故》3期，1919年5月。

附 表

	用纸	书写时间	手稿全集卷次	辑校古籍卷次
手稿 A	素纸	1912 年 2 月前	31 册 236~266、268~302 页	第 2 函第 4 册之“众家文章记录”1~34、37~81 页
手稿 B	格纸甲	不晚于 1912 年初	31 册 267 页	第 2 函第 4 册之“众家文章记录”35~36 页

下编　鲁迅辑录的博物杂考书

第十三章　鲁迅辑校《岭表录异》考

唐末五代刘恂所撰《岭表录异》，记录岭南地区的风土方物与传说逸闻，保存社会文化史料颇丰，具有重要价值，可惜后来全本失传。鲁迅据四库辑本重加校订补辑，形成自己的辑本。

1980 年，鲁迅辑本以标点整理的形式公布，同时吕福堂、王得后撰文介绍手稿情况，引发学界关注。之后，陈华新也对鲁迅手稿的情况做了简介；赵英、顾农分析鲁迅诸手稿的性质与彼此关系，顾农又详述鲁迅如何增补订正四库辑本疏失，并指出鲁迅辑本的一些问题；李春桃的重点是鲁迅辑本与商璧、潘博校本的差异；秦硕讨论了鲁迅诸手稿的性质，详勘诸手稿之异同，并覆案诸书，纠正鲁迅辑本及整理本之失谬[①]。

---

①吕福堂、王得后《关于鲁迅校本〈岭表录异〉》，《鲁迅研究资料》第 4 辑，天津人民出版社，1980 年，92~96 页。顾农《鲁迅校本〈岭表录异〉的成就及其遗留问题》，《扬州师院学报》1981 年 3 期。顾农《关于鲁迅校本〈岭表录异〉手稿》，《鲁迅研究月刊》1995 年 7 期。赵英《籍海探珍——鲁迅整理祖国文化遗产撷华》，中国文史出版社，1991 年。陈华新《鲁迅校勘〈岭表录异〉》，《岭南文史》1983 年 1 期。李春桃《〈岭表录异〉及其校本》，《社会科学家》2004 年 3 期。秦硕《鲁迅辑校之〈岭表录异〉（概述及〈卷上〉）》，《鲁迅研究月刊》2015 年 12 期。秦硕《鲁迅〈岭表录异补遗〉校考》，《鲁迅研究月刊》2016 年 7 期。此外，1983 年，广东人民出版社将鲁迅辑本收入《广东地方文献丛书》，以标点整理的形式出版。

但仍有一些问题点特别是辑校的若干细节，有待辨析，兹考述如下。

一、《岭表录异》及其辑本

刘氏生活于唐末五代之交，《四库全书总目》推断《岭表录异》成书于五代："宋僧赞宁《笋谱》称，恂于唐昭宗朝出为广州司马。官满，上京扰攘，遂居南海，作《岭表录》。陈振孙《书录解题》亦云昭宗时人。然考书中云唐乾符四年，又云唐昭宗即位。唐之臣子宜有内词，不应直称其国号，且昭宗时人不应预称谥号。殆书成于五代时欤。"[①] 所言宜是。

此书在宋代有相当程度的流传，官府私家皆有收藏，见载于《新唐书·艺文志》《崇文总目》《遂初堂书目》《直斋书录解题》《宋史·艺文志》[②]。《崇文总目》将此书列在子部小说类，他目皆归入史部地理类。各书目著录的卷数有所不同，或作三卷，或作一卷；究系文字讹误，抑或当时三卷本、一卷本并行，以及一卷本为节本，抑或只是将三卷合并为一卷，无从得知。此外，宋代编纂的类书与地志，如《太平御览》《太平广记》《太平寰宇记》《舆地纪胜》等，多引此书。

明初，《永乐大典》征引此书颇多，似当时原书尚存。之后流传渐少，惟朱睦㮮《万卷堂书目》载有"《岭表录异记》四

①《四库全书总目》卷七〇，623 页。

②《新唐志》史部地理类"不著录"即宋人增补部分载此书。今本《直斋书录解题》未著录《岭表录异》，《文献通考》卷二〇五引《书录》则有。今本《书录》是从《永乐大典》辑出，《文献通考》所引当可信。

卷　刘恂”,卷数异于他家所载[1]。陈第《世善堂藏书目录》有“《岭表录异》三卷　唐末刘恂”[2],但陈目有据他书抄撮空添之处,并非完全的实藏目录,陈氏是否实际收藏三卷本,疑不能明。明代其他各家书目,未载此书。

《岭表录异》今本分为两个系统:《说郛》一卷本、四库所辑三卷本。《说郛》有明抄本、宛委山堂本之分,二者差别很大。《岭表录异》在明抄本卷三四、宛委山堂本卷六七,均题作“岭表录异记”。宛委山堂本为20条,明抄本少“石距”、“瘴”两条,两本共有诸条的文字面貌亦间或有异。从说郛本派生而出的版本有:《五朝小说》《五朝小说大观》本,均题“岭表录异记一卷”;《唐人说荟》《唐代丛书》《说库》本,均题“岭表录异一卷”。乾隆时,编纂《四库全书》,馆臣从《永乐大典》辑录此书,依史志所载,仍分三卷。四库馆辑本被抄入《四库全书》,又以活字印行,收入《武英殿聚珍版丛书》,武英殿本有浙江、福建、江西等地的多个翻刻本(即所谓“外聚珍本”);由武英殿本派生而出的版本,还有清张丙炎《榕园丛书》本、李光廷《反约篇》本,民国时,商务印书馆据武英殿本排印,收入《丛书集成初编》。

《四库全书总目》称:“宋代《太平寰宇记》《太平广记》《太平御览》诸书征引颇夥,然尚多挂漏。惟散见《永乐大典》者,条理较详,尚可编次。谨逐卷裒辑,而佐以旁见诸书者,

①朱睦㮮《万卷堂书目》卷三,清光绪间叶德辉刻观古堂书目丛刊本。
②陈第《世善堂藏书目录》卷上,清抄本,中国国家图书馆藏(02786)。

排比其文。”[①] 据此，四库本是以《永乐大典》为主要辑录来源。不过，四库全书本与武英殿本存在差异，秦硕称：

> 两种版本的编辑分卷原则不同。“库本”的分卷原则是以文本各条出处分卷……卷上 38 条，应辑录自《永乐大典》；卷中 56 条，其中 54 条“出《太平御览》”，2 条“出《太平寰宇记》”；卷下 29 条，其中 13 条“出《太平广记》”，3 条“出《政和本草》”，3 条“出《海录碎事》”，1 条“出曾慥《类说》”，1 条“出《埤雅》”，1 条“出《尔雅翼》”，2 条“出宋僧赞宁《笋谱》”，5 条“出《说郛》”。“殿本”的分卷原则是“排比其文，使各以类聚”……[②]

换言之，武英殿本更贴近《四库全书总目》所述，是以《永乐大典》所载为主，校以《御览》诸书所引。四库全书本的面貌更接近自《大典》《太平御览》《太平广记》等书分别辑录，将同一辑录来源的佚文归拢排列。不过，四库全书本与武英殿本收录的佚文条目，并无实质差别。

在说郛本与四库辑本之外，另有清王仁俊辑本、吴曾祺辑本。前者仅从《御览》卷九〇〇辑得“自琼至振多溪涧”一条，收入王氏《经籍佚文》。后者辑得“不乃羹”、“温媪”、“周遇”三条，收入吴氏《旧小说·乙集》[③]。两家所辑佚文，均见于武英殿本。鲁迅之后，有商璧、潘博《岭表录异校补》，该本以

①《四库全书总目》卷七〇，623 页。

②秦硕《鲁迅辑校之〈岭表录异〉（概述及〈卷上〉）》。

③王仁俊《经籍佚文》，收入《玉函山房辑佚书续编三种》，上海古籍出版社，1989 年，478 页。吴曾祺《旧小说·乙集》，商务印书馆，1925 年，175~176 页。

从书集成初编本为底本，用《御览》《广记》参校，增辑佚文15条①。

要之，《岭表录异》辑本虽多，但不外乎说郛本、四库辑本两大系统；王仁俊、吴曾祺辑本独立于这两个系统，但荒漏过甚，可存而不论。四库辑本收录的条目远多于说郛本，该系统下的武英殿本（及其翻刻）又相当常见，鲁迅选择它作为辑录基础，自在情理之中②。

二、鲁迅辑录《岭表录异》的诸手稿

《岭表录异》辑录手稿，现全部藏于中国国家图书馆。其中产生于辑录前期的手稿，共有6件（以下分别称为“手稿A/B/C/D/E/F”），另有一件是修改稿本（以下称“手稿G”）③。以下逐一分述。

手稿A使用格纸甲，全为鲁迅笔迹，装为一册。此件是抄录武英殿本，内封前半叶题“岭表录异三卷 / 唐刘恂撰 / 武英殿聚珍版本　庚戌十二月录”，后半叶题“绿𫐐野屋藏书”。庚戌即清宣统二年，是年旧历十二月为1911年1月1~29日。此件末尾另写有“今本说郛所录岭表录异记次第　第六十七

①商壁、潘博《岭表录异校补》，广西民族出版社，1988年。

②此外，《四库全书总目》称《百川学海》收录《岭表录异》则不足信，今存宋刻本及明弘治重刻本皆无《岭表录异》，馆臣撰写提要时，恐是凭印象而言，未覆案原书。研究者往往误信此说，特在此辨明。

③秦硕《鲁迅辑校之〈岭表录异〉（概述及〈卷上〉）》将所有7件手稿分为五类：“正文”、“补遗”、“校记”、“抄录相关古籍材料”、“夹页”。

卷”三行，内容是抄录刻本《说郛》所收《岭表录异》的条目名称。

手稿A抄成后，鲁迅用刻本《说郛》以及《御览》《广记》《寰宇记》《纪胜》《事类赋注》《宾退录》《竹谱》《文房四谱》《绀珠集》《六帖》《埤雅》等书，与之对勘，在手稿A上标注异同。如，首条佚文及标注为：

> 【正文】南海秋夏，间或云物惨然，则其晕如虹，长六七尺。比候，则飓风必发，故呼为飓母。忽见有震雷，则飓风不能作矣。舟人常以为候，豫为备之。
>
> 【天头处标注】亦见《广记》三百九十四，“其晕”上有“见”字，“比”作“此”，“不能作”作“不作”。

手稿B用格纸甲抄写，全是鲁迅笔迹，现为散叶（3叶）。首行题作“岭表录异”，内容是《埤雅》《六帖》《寰宇记》《纪胜》《竹谱》《事类赋注》所引《岭表录异》，共21条。其中部分条目是“共引佚文”，被不同书或同书的不同卷多次引用，文本面貌互有差异。凡此类，鲁迅逐一注明出处，在行间标记各出处的文字异同。此外，各条佚文上还标有“丶”、“o”两种符号，这是鲁迅用手稿A（武英殿本）与此件对勘时的标记；加“丶”者（18条），意指武英殿本有，加“o”者（3条），指武英殿本无。

手稿C用格纸乙抄写，全是鲁迅笔迹，现为散叶（1叶），内容是抄录《绀珠集》《侯鲭录》所引《岭表录异》，共7条。手稿C现与手稿B合为一件，但两者用纸与佚文来源均不同，原是不同时间抄录、彼此独立的两件手稿。

手稿D是一枚经裁割的断片，现与手稿C、手稿B合为一件,内容是自《海录碎事》录出的佚文2条,为周作人笔迹;天头处有标注"《海录碎事》二十二上引《岭表异录》,与大典本绝异",是鲁迅笔迹。

手稿E用格纸甲抄写,全是鲁迅笔迹,现与手稿F合装成一册。首行题作"岭表录异拾遗"。此件专录武英殿本不载的佚文19则,来源是《南海百咏》《御览》《广记》《竹谱》《寰宇记》《纪胜》《说郛》《事类赋注》。与手稿B同,凡"共引佚文",逐一标明出处,在行间标记文字异同。

手稿F用格纸甲抄写,鲁迅与周作人的笔迹夹杂出现。首行题"岭表录异校记",内容是用《御览》《广记》《宾退录》所引与武英殿本对校的记录。若某条佚文武英殿本有,则记录异文,如"野葛 又九百九十 著叶'著'下有'于生'二字",小字表示《御览》卷九九〇引文的面貌;若引文与武英殿本完全相同,则只标此条引文出处,如"容管廉白州产秦秦吉了《御览》九百二十四引同"。若引文不见于武英殿本,则全文照录。与手稿B类似,手稿F的各条上亦有"﹅"、"o"符号,这当然也是比勘时留下的标记。

总之,手稿B/C/D/E是鲁迅逐卷翻检各书、随手记录而形成的"佚文长编"。它们具有以下共同点:一书引文录毕,再接另一书引文;所录某书各条引文(或针对各则引文的校记)的次序,与引文在书中的位置先后相合。原书中卷次在前的佚文,在手稿B中亦列在前;若多条引文出自同卷,排列次序亦与各条目在原书该卷的先后相同。

"佚文长编"的这一形式特点,折射出鲁迅翻检诸书的先后次序。以手稿B为例,如表1所示,鲁迅最先翻检《埤雅》,故此书的3条引文列于首，然后再翻检《六帖》《寰宇记》《竹谱》《事类赋注》,《舆地纪胜》必晚于《寰宇记》,又因《纪胜》所引不出《寰宇记》所引范围，所以《纪胜》只以“第二出处”的形式出现，这也造成无法指明它与《竹谱》《事类赋注》孰先孰后。

表13-1 手稿B各条佚文出处

条目次序	出处
1	埤雅二
2	埤雅七
3	埤雅七
4	六帖九十四
5	寰宇记百五十八　舆地纪胜一百
6	又百五十八　舆地纪胜九十八
7	又一百六十二　纪胜一百三
8	又一百六十三
9	又一百六十四
10	又一百六十五　纪胜一百五
11	又一百六十七　纪胜百二十一
12	又一百六十七　纪胜百二十一
13	又一百六十九
14	又一百七十一
15	李衎竹谱四
16	同上
17	竹谱五
18	事类赋注二十
19	同上
20	又二十九
21	又三十

手稿G用格纸丙书写，全为鲁迅笔迹。此件各叶面貌划一，书写齐整，勾划涂改添补之处较少，接近于定稿状态。此本正文沿袭武英殿本的框架，分为三卷，条目与之相同，惟少数条目的排次先后有调整，文句有所校改而已。正文后为《岭表录异补遗》，专录武英殿本未载佚文。末为《岭表录异校勘记》。此部分是在手稿F《岭表录异校记》基础上修订而成，二者的最大不同是：手稿F是依引文卷次先后的"自然排序"，此则改为依正文条目次序。校记的形式是：先写条目名称，再标何书何卷引此条，然后交代异文与校改情况。如卷上"火山"条，亦见引于《御览》卷四九、《寰宇记》卷一六四、《纪胜》卷一〇八，手稿G据这三处引文改正武英殿本原文多处，校勘记如下：

火山《御览》四十九　《寰宇记》一百六十四　《舆地纪胜》一百八　山形至独秀山二句据《寰宇记》补　有澄《御览》《寰宇记》"有"作"水"　水深《御览》无"水"字，《寰宇记》作"其深"　其火《寰宇记》作"火光"　野烧原讹"野花"　食顷原作"少顷"　水中二字原夺　故谓原作"故为"　山也《寰宇记》此下尚有"核大而味酸，其高新州与南海产者最佳，五月六月方熟。沈佺期诗云：'身经火山热，颜入瘴乡消。'即此山也"七句，前四句见中卷。

手稿G内还有两枚夹签，一枚是从《政和本草》卷二二录出的佚文，天头标注"此与大典本绝异"，另一枚是从《乾隆马平县志》卷三录出的佚文，鲁迅对其可信度颇有怀疑，佚文后有如下案语：

案，《马平志》，乾隆二十九年知县长白舒启修。前有王锦序，言邑故无志，其志草二册乃康熙六年上谷阎侯所作。案其时《岭表录异》之佚久矣，其文亦未见他书引之，未审其何所本也，俟考。

三、辑校所用文献的先后次序与诸手稿的形成时段

鲁迅辑录《岭表录异》，是以武英殿本为基础，再加订补充实。武英殿本辑自《永乐大典》，所以鲁迅的工作重心自然落在了探明别的辑录来源与武英殿本有何差异。依《岭表录异》的实际情况，所谓“别的辑录来源”有二：说郛本、他书所引《岭表录异》片段。说郛本的条目远少于武英殿本，校勘作用有限，所以他书引文才是搜检的重点。这也是围绕《御览》《广记》《寰宇记》等书出现了多件“佚文长编”的缘由所在。

虽然缺乏直接证据，但系联诸手稿的各项内证，仍可推知鲁迅寻检诸书的次序。首先，在诸书中，《御览》《广记》引用《岭表录异》最多。在手稿A中，标记《御览》《广记》异文的校语，从书写的位置关系来看，先于据他书所作校语，可见它们是鲁迅最先翻检的对象，即第一组文献[①]。如，卷中“鹧鸪”条有三处校语，按书写位置顺序，依次为：

【手稿A批注】《御览》九百二十四引“臆前”至“对啼”，“背上”作“上背”，“野鸡”上有“小”字。

《埤雅》七引“肉白”八字。

①顾农《关于鲁迅校本〈岭表录异〉手稿》，亦指出“鲁迅大约先取《太平御览》《太平广记》二书为对勘的重点资料……再取他书对勘”。

《绀珠集》四引“鹧鸪虽东”至末。“李”上有“故”字，无“山行闻鹧鸪”五字，末有“其好诞如此”字。

案，《埤雅》所引“肉白”八字在此条首行，《御览》所引在次行；若依文句先后，则据《埤雅》的校语应在前（图 13-1）。但由于鲁迅先翻检《御览》，后翻检《埤雅》，校语的次序乃与文句先后相反。

又如，卷下“全义岭”条，据《御览》《广记》的批注，在《寰宇记》《纪胜》之前，可见鲁迅翻检《寰宇记》《纪胜》，也晚于《御览》《广记》。

【手稿 A 批注】亦见《御览》九百四十，“全”字不误。《广记》四百六十四，“全”误“金”。《寰宇记》一百六十二、《纪胜》百三，“全”字不误。

依照此理，又可知鲁迅是先检《御览》，后检《广记》，故校语皆先言《御览》如何，再说《广记》如何。如卷上“铜鼓”条校语：“《御览》‘以外’作‘以来’，《广记》同。”又如，卷中“南中草菜”条校语：“亦见《御览》九百七十七，‘园’作‘圃’，又《广记》四百十一同，又‘二三’作‘三二’。”

除了手稿 A 校语，手稿 F 也记录了《御览》《广记》所引的异文情况。从情理上考虑，手稿 A 校语与手稿 F，应是同一次翻检对勘而分别留下的两份记录，时间或许相距较近[①]。此外，手稿 F 末尾录《宾退录》卷三引文 1 条，可能是后补，鲁迅

①手稿 A 的校语与手稿 F，均记录了诸书引文与武英殿本之间的差异。前者可以更为直观地反映异文情况，后者在形式与功能上与最终稿本手稿 G 的《校勘记》相似，是其前身。

搜检此书未必与《御览》《广记》时间相邻。

鲁迅翻检的第二组文献，是《埤雅》《白孔六帖》《寰宇记》《纪胜》《竹谱》《事类赋注》。这几种书所引《岭表录异》，被编制为"佚文长编"手稿B，鲁迅检录它们的时间相邻，遂构成一个群组。以上诸书引文的异文又见于手稿A校语，从校语的书写位置关系来看，可以确认它们晚于《御览》《广记》。

鲁迅检录《南海百咏》《文房四谱》及说郛本，不晚于第二组文献。《南海百咏》引《岭表录异》，皆不见于武英殿本，是以被抄入专录武英殿本失载佚文的手稿E。手稿E的采录范围是上述第一组（《御览》《广记》）、第二组（《竹谱》《寰宇记》《纪胜》《事类赋注》）；《南海百咏》所引佚文居于此件之首，可见鲁迅检录《南海百咏》甚早。说郛本有一条佚文不见于武英殿本，被抄入手稿E，手稿A校语又记录说郛本其他各条佚文有何异文，可见鲁迅检录说郛本至少与第二组文献接近。手稿A卷中"广管罗州多栈香树"条校语，提及《文房四谱》所引有何异文，从书写位置关系来看，晚于同条的据《御览》校语，可认为它与第二组文献时间接近。

在修订稿本手稿G中，出现了一些手稿A/B/E/F所未及的文献。鲁迅检录这些文献的时间，自然晚于前两组。其中，与《尔雅翼》《政和本草》《海录碎事》《绀珠集》相关的校语或案语，大多是随文写入手稿G正文；与《资治通鉴胡注》《北户录》《离骚草木疏》《猗觉寮杂记》相关的校语或案语，则批注于天头，或挤写于行间。根据这一形态，推知鲁迅检索前四种文献（第三组），是在手稿G写成前，故能随文写入，后四种（第四组）则是手稿 G 写定后增补的。

在第三、四组文献中，《海录碎事》《绀珠集》被多次搜检。先看《海录碎事》。卷上“瘴母”、“岭表所重之节腊”、“獠市”三条，均见引于《海录碎事》，手稿 A 此三条的校语未及《海录碎事》引文，手稿 G《校勘记》正文则有。卷中“龙眼子树”、卷下“瓦屋子”、“海镜”条，《海录碎事》亦引，手稿 G 在天头补写据《海录碎事》的校语，其他诸手稿均未提及。手稿 D 为抄录《海录碎事》卷二二引文，对应卷中“鸺鹠”、“鬼车”条，其他诸手稿亦未提及。综上可见，鲁迅至少两次翻检《海录碎事》。首次翻检所得，直接写入手稿 G；二次翻检在手稿 G 写成后，遂以批注形式补充。

又如前述，手稿 C 专录《绀珠集》《侯鲭录》引文，可见鲁迅翻检二书，时间相邻，故将所得抄录在同一件手稿上。《绀珠集》的异文情况，在手稿 A 的校语中只有少量记录，尚多遗漏；手稿 G《校勘记》则做了不少增补，增补之处与手稿 C 抄录的《绀珠集》佚文若合符节。由此来看，此书鲁迅也曾翻检两次。

另一方面，第一组文献（《御览》《广记》）引用《岭表录异》最多，第二组文献（《寰宇记》《纪胜》等）次之，后两组文献只有零星引文。鲁迅搜检的先后次序，与诸书所含《岭表录异》引文之多寡明显相关。可见在开始辑校前，鲁迅对于诸书引用《岭表录异》的情况，已有清楚掌握。

接下来，推论诸手稿的书写时段与先后关系。手稿 A 内封有明确证据，写于为庚戌十二月（1911 年 1 月 1~29 日）。鲁迅辑录《岭表录异》，是以武英殿本为根底，过录武英殿本的手稿A抄写时间最早，理所宜然。

在手稿F中，鲁迅与周作人的笔迹夹杂交替出现。如首叶前三行是鲁迅所写，第四行起是周作人所写，后半叶首行起，又是鲁迅笔迹；第二叶后半叶第六行至第八行是周作人笔迹，末行起又是鲁迅笔迹。由此现象可知，此件必是在二人共同生活时写成。考虑《岭表录异》诸手稿的先后关系及时间，这个共同生活的阶段只能是1911年9月至1912年2月兄弟同在绍兴期间。

手稿B、手稿E与手稿F同质，均是依据第一组与第二组文献，针对武英殿本（手稿A）做出补充，三者又使用同一种格纸，所以手稿B、手稿E必晚于手稿A，而与手稿F的书写时间接近。另外，手稿B、手稿E全是鲁迅笔迹，由此推论，它们有可能写于手稿A抄成至周作人回国之前（1911年2月至9月）。

手稿G是最终稿本，在以上诸件手稿的基础上形成，书写时间自然晚于上述诸件。此件用格纸丙书写，在鲁迅辑校古籍与金石手稿中，格纸丙的最早用例是在1914年2月，最晚实例则是1918年10月。鲁迅日记1913年11月4日称：

> 下午得二弟所寄书一束，内《急就篇》一册，写本《岭表录异》及校勘各一册……[①]

从诸手稿的形态来看，所谓"写本《岭表录异》"的一册，应指手稿A，"校勘"应指手稿E"岭表录异拾遗"与手稿F"岭表录异校记"合装的一册。从情理上考虑，鲁迅在收到

①《日记》，《鲁迅全集》第15卷，86页。

初稿的稍后一段时间内(1913 年末或 1914 年初),写成手稿 G 的可能性较大,这与格纸丙的使用时段不构成冲突性对立。

至于手稿 C 与手稿 D,二者皆是鲁迅翻检第三组、第四组文献而成,与手稿 G 在内容上有联系,且亦使用格纸丙,可以推测书写时间与之邻近而稍早。

四、异文处理、文句缀合与校勘记的整合:鲁迅的辑校体例

最终稿本(手稿 G)采用正文附校勘记与补遗的形式。凡有讹误,径改原文,在校勘记中说明武英殿本面貌("原作某某");若此处文字两通而未改,则在校勘记中交代异文"某书作某"。据他书辑出的武英殿本所无的佚文,全部抄入《补遗》,不写入正文[①]。在辑校初期,已有专记《御览》《广记》异文的手稿 F"岭表录异校记"、抄录武英殿本不载的佚文的手稿 E"岭表录异拾遗",手稿 G 的结构形式,以前者为基础演化而来,可见这一结构是鲁迅既定的校勘方针。

在辑校初期,无论是手稿 A 的批注、名为"校记"的手稿 F,还是抄录各书所引《岭表录异》的手稿 B/C/D/E,在性质上都是客观记录不同来源文本的"资料",很少做是非正误的判断。至最终稿本阶段,必须判断孰正孰误,是否或如何改动原

---

①顾农《关于鲁迅校本〈岭表录异〉手稿》,谓之"定本附校勘记"。此外,顾农《鲁迅校本〈岭表录异〉的成就及其遗留问题》,对于鲁迅辑本修正武英殿本的失漏欠妥之处,做了较为充分的考察。

文,将“资料”转化为具有明确指向的“校勘记”。先看以下实例:

【武英殿本】康州悦城县北百余里,山中有樵石穴。每岁,乡人琢为烧食器。但烧令热彻,以物衬阁置之盘中。旋下生鱼肉及葱韭畜葅醃之类,顷刻即熟,而终席煎沸。南中有亲朋聚会,多用之。频食亦极壅热,疑石中有火毒。(卷上“焦石”条)

【手稿A批注】亦见《御览》八百四十九。“樵石”作“焦石”,“烧食器”下有注云“虔州亦有,乃食牢也”,“及”作“乃”,“醃”作“鮠”。“亲朋”,《御览》作“亲友”。“多用之”作“多再”。“壅热”作“瘫热”。

【手稿F】康州悦城县北《御览》八百四十九　樵焦石穴　烧食器此下有注曰:“虔州亦有,乃食牢也。”　及乃葱韭畜葅醃鮠之类　亲朋亲友　多用之多再　壅瘫热

【手稿G正文】康州悦城县北百余里,山中有焦石穴。每岁,乡人琢为烧食器。虔州亦有,乃食牢也。但烧令热彻,以物衬阁置之盘中。旋下生鱼肉及葱韭畜葅醃之类,顷刻即熟,而终席煎沸。南中有亲朋聚会,多用之。频食亦极壅热,疑石中有火毒。

【手稿G校勘记】焦石《御览》八百四十九　焦石原讹“樵石”　【注】原阙　亲朋《御览》作“友”

武英殿本与《御览》引文之间,存在7处异文,手稿A批注、手稿F逐一记录。其中,“樵石”于文义不通,显系“焦石”之误,“虔州亦有,乃食牢也”为脱文;这两处是明显错误,手稿G据《御览》改动正文,在校记中交代武英殿本原文。“亲

朋”，《御览》作“亲友”，两通，手稿 G 未改正文，只出校记交代异文。“及”作“乃”、“多用之”作“多再”、“壅热”作“瘫热”，这三处皆是武英殿本不误而《御览》误，手稿 G 的处理是不出校记。

由此例可知，鲁迅处理异文的总体思路是：既保持谨慎态度，又勇于改正讹误，以利于阅读的流畅与正确理解，同时追求简练有效，不为“无效异文”所扰。以下再举一例：

【武英殿本】黄腊鱼，即江湖之横鱼。头嘴长而鳞皆金色。南人脔为炙，虽美而毒。或煎爊或干，夜即有光如烛。北人有寓南海者，市此鱼食之，弃其头于粪筐。中夜后，忽有光明，近视之，益恐惧，以烛照之，但鱼头耳。去烛复明，以为不祥。及取食奁，窥其余脔，亦如萤光。……（卷下“黄腊鱼条”）

【手稿 A 批注】亦见《御览》九百四十，“腊”作“蜡”，无“北人以下”云云。亦见《广记》四百六十四，“鳞”上无“而”字，无“南人”二字，“干”上无“或”字，“烛”下有“笼”字。《广记》“及取”作“各启”。

【手稿 F】黄腊蜡鱼又(指《御览》九百四十)　而鳞无“而”字　南人二字无　或干无“或”字　如烛“如”下有“笼”字　及取各启

【手稿 G 正文】黄蜡鱼，即江湖之横鱼。头觜长而鳞皆金色。南人脔为炙，虽美而毒。或煎爊干，夜即有光如烛笼。北人有寓南海者，市此鱼食之，弃其头于粪筐。中夜后，忽有光明，近视之，益恐惧，以烛照之，但鱼头耳。去烛复明，以为不祥。及取食奁，窥其余脔，亦如萤光。……

【手稿G校勘记】黄蜡鱼《御览》九百四十　《广记》四百六十四　〇“蜡”，原误“腊”　而鳞《广记》无“而”字　南人《广记》无　焨干原“干”上有“或”字，据《广记》删　烛笼原夺“笼”字　及取《广记》各启

此例与上例处理异文的原则相同。所不同者：首先，手稿F分开记录《御览》《广记》的异文情况，这是鲁迅先检《御览》再检《广记》所自然形成的结果，手稿G校勘记则将它们捏合在一起，这是最终稿本应有的整合处理。其次，《御览》《广记》所引此条，文句起讫不一。手稿A批注详细交代诸文本之间的差异，称《御览》引文“无‘北人以下’云云”，作为反映《御览》引文情况的“资料”，这一描述是必需的，但手稿G不再记录此事。盖因最终成书的校勘记是以“正确面貌”为导向，只须交代校改依据与关键性差异，毋庸全面记录各文本之间的所有异同；作为参校对象的他书引文的明显错讹，无须再加笔墨。

手稿G在结构与佚文编次上基本沿袭武英殿本的面貌，但也有一些调整条目次序、合并条目之处。如武英殿本卷上有以下两条，鲁迅据《御览》引文校改，并根据在《御览》中此两条相连，且文义顺承，将它们缀合为一条。缀连拼合异文，以照顾阅读感受，是鲁迅辑录古佚书的偏好之一，已见之前各章[①]。

【武英殿本】五岭内，富州、宾州、澄州江溪间皆产

①顾农《关于鲁迅校本〈岭表录异〉手稿》，谓之“拼补法”。

金。侧近居人以淘金为业，自旦及莫，有不获一星者。

澄州金最良。某顷年使上国，亲友附澄金二十两，讶其单鲜。友曰："金虽少，贵其夜明，有异于常金耳。"留宿验之，信然。

【手稿A批注】亦见《御览》八百十一，"以"下有"木箕"二字。《御览》引此下有注云："郑玘《伤陶者诗》云，披沙辛苦见伤怀，往往分毫望亦乖，力尽半年深水里，难全为一凤凰钗。"《御览》引接前条，不提行。"最良"下作"就中澄州者最为良金"，"某顷"作"余顷"，"使"下有"于"字，"亲友"下有注云"不欲书其姓字"，"澄金"作"澄州金"。"两"下有"与宫灼权臣"六字，"友"下有"人"字，"留"上有"遂"字，末有"也"字。

【手稿G】五岭内，富州、宾州、澄州江溪间皆产金。侧近居人以木箕淘金为业，自旦及莫，有不获一星者。郑玘《伤陶者诗》云，披沙辛苦见伤怀，往往分毫望亦乖，力尽半年深水里，难全为一凤凰钗。就中澄州者最为良金。某顷年使于上国，亲友不欲书其姓字附澄州金二十两，与宫灼权臣，讶其单鲜。友人曰："金虽少，贵其夜明，有异于常金耳。"遂留宿验之，信然也。

四库馆臣辑录《岭表录异》，以他书参核《大典》引文，将重要异文与考订意见等写成案语。案语提及之书，有《御览》《广记》《太平寰宇记》《政和本草》《说郛》《海录碎事》《游宦记闻》《玉篇》《广韵》《酉阳杂俎》《类篇》《尔雅》《字林》《北户录》《类说》《埤雅》等。鲁迅辑本删去大多数案语，改在校记中交代，称"旧校如何"，现作何处理；保留下来的少量案语,也有修改。

【武英殿本】海虾,皮壳嫩红色,就中脑壳与前双脚有钳者,其色如朱。余尝登海舸,忽见窗版悬二巨虾壳,头尾钳足俱全,各七八尺。首占其一分,嘴尖如锋刃,嘴上有须,如红箸,各长二三尺,前双脚有钳,云以此捉食,钳粗如人大指,长三尺余,上有芒刺如蔷薇枝,赤而铦硬,手不可触。脑壳烘透,弯环尺余,何止于杯盂也。案,《太平广记》引此书一条,有曰"《北户录》云:滕恂为广州刺史,有客语恂曰:'虾须有一丈者,堪为拄杖。'恂不信,客去东海,取须四尺以示恂,方服其异。"凡九句,为此书所无。又案:《海录碎事》引此书云:"海中有大虾,须可为杖,长丈余。"与此条所云"须如红箸,各长二三尺"二语不同,附识于此。(卷下)

【手稿G正文及校勘记】海虾,皮壳嫩红色,就中脑壳与前双脚有钳者,其色如朱。余尝登海舸,入舵楼,忽见窗版悬二巨虾壳,头尾钳足俱全,各七八尺。首占其一分,嘴尖利如锋刃,嘴上有须,如红箸,各长二三尺,前双脚有钳云以此捉食,钳粗如人大指,长三尺余,上有芒刺,如蔷薇枝,赤而铦硬,手不足触。脑壳烘透,弯环尺余,何止于杯盂也。《北户录》云:"滕循为广州刺史,有客语循曰:'虾须有一丈者,堪为拄杖。'循不信之,客去东海,取须四尺以示循,方服其异。"

海虾《御览》九百四十二、《广记》四百六十五　海舸《广记》海船　入舵楼三字据《广记》补　嘴尖利《御览》"嘴"作"刺",下同。又有"利"字,据补。【注】云以此句原作正文,据《御览》改,《广记》无。【注】北户已下原阙,《广记》引之,今定为注。

【武英殿本】嘉鱼,形如鳟,出梧州戎城县江水口。甚肥美,众鱼莫可与比,最宜为鮏。每炙,以芭蕉叶隔火,盖虑脂滴火灭耳。渔阳有鮇鱼,亦此类也。案,原本脱“渔阳有鮇鱼”五字,今据《太平御览》增入。(武英殿本卷下)

【手稿G正文及校勘记】嘉鱼,形如鳟,出梧州戎城县江水口。甚肥美,众鱼莫可与比,最宜为鮏他顶切。每炙,以芭蕉叶隔火,盖虑脂滴火灭耳。渔阳有鮇鱼,亦此类也。

嘉鱼《御览》九百三十七　【注】他顶切。原阙。　【注】渔阳有鮇鱼旧校云五字原夺,据《御览》增。今案,注二句原作正文,据《御览》改。

佚文末尾标注辑录出处,是清代以来辑佚的通行做法。四库本依《永乐大典》辑出正文,故未注出处。手稿G沿袭此点,佚文末尾不注出处,改在《校勘记》中标注各条佚文见于《大典》之外的何书何卷。因此,手稿G的校勘记与校勘记的一般样态不同,在标记异文、说明校改理由之外,还要标注佚文出处,即便此条无任何校改,如:

岭表节日《海录碎事》二

獠市《海录碎事》十五

结　语

以前人辑本为基础,修订增补,最终形成自己的辑本,是鲁迅辑录古佚书的惯常做法。他辑录《岭表录异》同样是循此路径展开，但情况与他书有所不同。充当辑录根底的武英殿本，是单一佚文来源(《永乐大典》)的产物。虽然四库馆臣参酌他书文献，订正增补《大典》引文，但他们的辑校策略是以《大典》所引为主，他书引文为次，除非必要，不据他书改《大典》所引；覆案诸书，又可知馆臣未全面检录各书所引《岭表录异》，逐一比勘《大典》。

鲁迅全面搜检诸书所引《岭表录异》佚文，实质是将单一佚文来源(或者说至少是核心来源)，拓展为多个不分主次的佚文来源。但与此同时，他又力求保持武英殿本的基本结构形式。在某种程度上，这两点是有所扞格的。鲁迅辑本采取了一些有针对性的处理，以因应这一问题，而与他辑录的其他古佚书有所不同。如佚文末尾不注出处而在校勘记中交代，正文三卷的条目几乎与武英殿本保持一致，专门设置"补遗"收纳武英殿本失辑佚文，乃造成鲁迅辑本的现有面貌。

附　表

	用纸	书写时间	手稿全集卷次	辑校古籍卷次
手稿 A	格纸甲	1911 年 1 月 1 日至 29 日	43 册 66~127 页	第 6 函第 2 册之"岭表录异" 1~62 页
手稿 B	格纸甲	1911 年 2 月至 9 月	43 册 128~132 页	第 6 函第 2 册之"岭表录异" 63~68 页
手稿 C	格纸乙	1913 年末至 1914 年初	43 册 133~134 页	第 6 函第 2 册之"岭表录异" 69~70 页
手稿 D	格纸乙或丙	1913 年末至 1914 年初	43 册 135 页	第 6 函第 2 册之"岭表录异" 71 页

续表

	用纸	书写时间	手稿全集卷次	辑校古籍卷次
手稿 E	格纸甲	1911 年 2 月至 9 月	43 册 136~142 页	第 6 函第 2 册之“岭表录异拾遗”
手稿 F	格纸甲	1911 年 9 月至 1912 年 2 月	43 册 143~164 页	第 6 函第 2 册之“岭表录异校记”
手稿 G	格纸丙	1913 年末至 1914 年初	43 册 166~276 页	第 6 函第 1 册全册

第十四章　鲁迅校录《云谷杂记》考

《云谷杂记》是南宋张淏所撰笔记，内容多考证辨讹，《四库全书总目》称“折中精审，厘订详明，于诸家著述，皆能析其疑而纠其谬”，“其厘正是非，确有依据，颇足为稽古之资”，列入子部杂家类杂考之属（《四库全书总目》子部杂家类小序称“辨证者谓之杂考”）①。

陈振孙《直斋书录解题》与《宋史·艺文志》皆未著录此书，故原书情况不详。元陶宗仪《说郛》收录一卷本，但《说郛》明抄本与清初宛委山堂刻本所收《云谷杂记》，有较大差异。明《文渊阁书目》著录“张淏《云谷杂记》一部四册”，属“子杂”，在“荒字第一厨”②。四册的篇幅明显不止一卷，或是原书全本。晚明藏书家祁承㸁《澹生堂藏书目》子部小说家

①《四库全书总目》卷一一八，1019页。

②《文渊阁书目》，清抄本，中国国家图书馆藏（02838）。《文渊阁书目》另有清宋氏漫堂抄本，著录的橱架号与之有异，作“《云谷杂记》四册黄三百十二”，在“第一橱子书”（此据国图藏本，索书号15851，南京图书馆亦藏一部清宋氏漫堂抄本）。关于《文渊阁书目》诸版本的关系与差异，可参：刘仁《〈文渊阁书目〉版本系统考论》，《文献》2019年4期。

杂笔，载“《云谷杂记》一卷　张淏”，是说郛本[①]。乾隆间，四库馆臣从《永乐大典》辑录，正文厘为四卷（另有卷首、卷末），条目多于说郛本，又互有参差。四库辑本抄入《四库全书》，又被收入《武英殿聚珍版丛书》，活字印行，遂与说郛本并行于世。

1913~1914 年，鲁迅据明钞本《说郛》抄录《云谷杂记》，然后以诸书校勘，留下 3 件手稿。对于鲁迅校录此书的研究，以林辰为最早，他介绍鲁迅手稿情况，辨析校勘过程的经纬。1980 年，《鲁迅研究资料》第 5 辑标点整理鲁迅定稿本，后附王得后、吕福堂《鲁迅校本〈云谷杂记〉说明》，介绍鲁迅校本的情况，指出张宗祥校本与此本的近似之处，认为张本的补编部分是以鲁迅校本为底本。其后，赵英考述鲁迅研究利用《说郛》的情况，提及传录明抄说郛本《云谷杂记》之事，并概括鲁迅校录此书的脉络。近年，秦硕详列大典本、《说郛》明抄本及刻本、鲁迅校本、张宗祥校辑本的异同，进一步确证张宗祥校本与鲁迅校本的关联[②]。以下在先行研究

①祁承㸁撰，郑诚整理《澹生堂读书记　澹生堂藏书目》，上海古籍出版社，2015 年，460 页。案，祁目所载为一卷，与说郛本卷数相合。其次，祁目在《洛阳缙绅旧闻略》一书下注“以下十种俱载《说郛》”，《云谷杂记》正为其下第九种。祁目对于丛书的著录方式是，既将丛书作为整体著录，又将所收各书分散著录于各部类之下，于书名下注“载某某丛书”。关于澹生堂收藏的《说郛》，祁目著录称“《说郛》一百卷　六十册　六套　抄本　元陶九成编”。

②林辰《鲁迅〈云谷杂记〉辑本及所作序跋二篇的发现》，原载《南开大学学报》1977 年 3 期，后收入《鲁迅述林》，人民文学出版社，1986 年。王得后、吕福堂《鲁迅校本〈云谷杂记〉说明》，《鲁迅研究资料》第 5 辑，天津人民出版社，1980 年。赵英《鲁迅与中国古籍〈说郛〉》，（转下页）

的基础上，考述鲁迅手稿的形态细节，探究鲁迅的校勘思路及具体操作。

一、校录诸手稿的性质与特征

现存鲁迅校录此书手稿，共有3件（以下分别称手稿A、手稿C、手稿B），均用格纸乙抄写，它们的性质各有不同。

（一）手稿A

此件是传录明抄本《说郛》之《云谷杂记》，全是鲁迅笔迹，装成一册（正文22叶），现藏中国国家图书馆。书衣题“云谷杂记一卷　说郛本”。卷端首行题“云谷杂记”，次行不题撰者姓名，径接以正文。每半叶九行，每行二十二字，版心题书名及叶码。各条佚文的标题，题写方式比较特殊——写在佚文首行上方。天头另有不少校语，行间亦有校字，并施加校改符号，如圈去、乙改等。

手稿A并非全文抄录，而是以大典本为参照有选择性抄录。凡不见于大典本的条目，全文照录；见于大典本的条目，

（接上页）《鲁迅研究动态》1989年8期。赵英《籍海探珍——鲁迅整理祖国文化遗产撷华》，中国文史出版社，1991年。顾农《读〈鲁迅辑校古籍手稿〉札记二则》，《上海鲁迅研究》第13集，上海人民美术出版社，2002年。顾农《鲁迅与会稽文献》，《山东社会科学》2013年6期。秦硕《鲁迅辑校之〈云谷杂记〉》，《鲁迅研究月刊》2020年7期。另，关于《云谷杂记》的文献价值及张淏生平情况，可参阅：黄启方《〈云谷杂记〉与其作者张淏》，《中国典籍与文化论丛》第12辑，2010年。

若与大典本无差异，只录首句或首几字，下注“见大典本卷几”；若与大典本文字有异，则标注异同。显然，鲁迅抄录时，案头上不仅放置了抄录对象（说郛本），同时也放置了参照对象（大典本），一边比对，一边摘抄并标记。

藏金石刻 秦汉以前字画多见于钟鼎彝器间见大典本卷三 《隶释》复录其刻文大典本作“《隶释》复刻其文”因得概见于方册间此尤可贵也大典本“册”作“策”，无“此”字。

神道 《能改斋漫录》葬者墓路称神道大典本卷四

此件末有鲁迅跋语，称从京师图书馆借出，“以二夕写毕”，鲁迅日记也有借书抄书的相应记载。从跋语与日记来看，鲁迅从图书馆借出明抄本《说郛》后，马上开始抄录，又似乎出于某种原因，颇为紧迫，要尽快抄毕。明抄本说郛《云谷杂记》约有一万两三千字，难以在两夜之内录完，所以鲁迅是选择性抄录，乃形成手稿 A 的特殊面貌①。

【手稿 A 卷末跋语】右单父张淏清源撰《云谷杂记》一卷，从《说郛》写出。证以《大典》本，重见者廿五条，然小有殊异，余皆《大典》本所无。**《说郛》残本五册，为明人旧钞，假自京师图书馆**，与见行本绝异，疑是南村原书也。**《云谷杂记》在第三十卷。以二夕写毕，唯讹夺甚多，不敢轻改，当于暇日细心校之**。癸丑六月一日夜半记。

①鲁迅日记称《云谷杂记》正文约一万四千字，他是按照手稿 B 行款（半叶九行二十字，41 叶）略算得出的版面字数，考虑行间总有空白，不会完全写满，实际字数会稍少。

【日记】午后同齐寿〔山〕、戴芦舲往图书馆，借得《绀珠集》四册、钞本残《说郛》五册归。……夜阅《说郛》，与刻本大异。（1913年5月29日）

昨今两夜从《说郛》写出《云谷杂记》一卷，多为聚珍版本所无，惜颇有讹夺耳，内有辨上虞五夫村一则甚确。（1913年6月1日）[1]

（二）手稿B

此件现藏中国国家图书馆，装成一册，通篇为鲁迅手迹。书写齐整干净，极少涂改，明显是定稿状态。封面题“云谷杂记一卷”，书前有序，署名为周作人。

《云谷杂记》，宋张淏撰。《宋史·艺文志》《文献通考》《直斋书录解题》皆不载。明《文渊阁书目》有之，云一册，然亦不传。清乾隆中，从《永乐大典》缉成四卷，见行于世。此本一卷，总四十九条，传自明钞《说郛》第三十卷，与陶珽所刻绝异。刻本析为三种，曰《云谷杂记》，曰《艮岳记》，曰《东斋纪事》，阙失七条，文句又多臆改，不足据。大典本百二十余条，此卷重出大半，然具有题目，详略亦颇不同，各有意谊，殊不类转写讹异。盖当时不止一刻，曾有所订定，故《说郛》及《大典》所据非一本也。淏字清源，其先开封人，自其祖寓婺之武义，遂为金华人。举绍兴二十七年进士，补将仕郎，主管吏部架阁文字，举备顾问。绍定元年，以奉议郎致仕。又尝侨

①《日记》，《鲁迅全集》第15卷，64、66页。

居会稽，撰《会稽续志》八卷，越中故实往往赖以考见。今此卷虽残阙，而厓略故在，传之世间，当亦越人之责邪！原钞讹夺甚多，校补百余字，始可通读，间有异同，辄疏其要于末。其与《大典》本重出者，亦不删汰，以略见原书次第云。甲寅三月十一日，会稽周作人记。

次接正文（41叶），卷端首行题“云谷杂记”，次行题“单父张淏清源”，以下为正文，各条标题单列一行。每半叶九行，每行二十字，版心题书名及叶码。末有《札记》，记录大典本、刻本《说郛》及他书文献（如《东都事略》《唐会要》等）相对于明抄本《说郛》的文本差异。此件内还有一枚夹签：

《三国志·西域传》作“景庐”，《魏书·释老志》及《隋志》并作“秦景宪”。

此夹签现已移位，未在与正文对应的位置上。核检《三国志》等书可知，它指向的是“佛书”条之“博士弟子景庐”句。再检《札记》，无“佛书”条，则这枚夹签晚于《札记》的写成。

如下引文，鲁迅日记只记载正文（41叶）的书写时间，则《札记》与前者非一时写成，就撰著的一般情形来看，应稍晚于正文。

晚录《云谷杂记》起。（1914年3月16日）

夜写张清源《云谷杂记》毕，总四十一叶，约一万四千余字。（3月22日）[1]

[1]《日记》，《鲁迅全集》第15卷，109、110页。

（三）手稿 C

此件只有 2 张散叶，全为鲁迅笔迹，现藏北京鲁迅博物馆。首行题“云谷杂记”，次行起为正文。抄录宋王象之《舆地纪胜》引《云谷杂记》4 条，依《纪胜》卷次排列，佚文末注辑自何卷。这 4 条不见于说郛本，首条又不见于大典本，后 3 条天头标注“见大典本卷几”。

《纪胜》另有 2 条《云谷杂记》引文，手稿 C 未录：一在卷二六，与说郛本“二洪崖先生”条对应，不见于大典本；一在卷三二，与大典本卷三“虎头城”条对应，不见于说郛本。依前述各条是否见于说郛本与大典本的情况来分析，手稿 C 似非有意回避说郛本或大典本已载条目，而不录这两条引文；另一方面，这两条引文不及说郛本、大典本的对应条目详尽，但手稿 C 抄录的“徐珌”、“蒖芝”两条亦较大典本为简，可见文字繁简也不是取舍标准。这两条很可能只是失检而未录。

手稿 C 的书写时间，无明确证据。与前两件手稿相同，它也是用格纸乙书写。格纸乙的使用高峰是 1913 年春至次年春（手稿 A、手稿 B 的书写时间恰落在这一区间），时间明确可知的最晚用例，则是在 1915 年 7 月。综合上述情况，手稿 C 的书写时间，宜与前两件手稿接近，很可能也是在 1913~1914 年间写成。

二、鲁迅的校录底本

如前述，手稿 A 是据京师图书馆藏明抄本《说郛》抄录。

鲁迅使用的那部明抄本，一直保存在馆，即今国图 A00487；它也是国图现藏的多部明抄本《说郛》中入馆最早的一部。A00487 存卷三至四、二三至三二，共十二卷(明抄本《说郛》全书为一百卷)，现为 12 册，即一卷一册。此本原藏内阁大库，清末创办学部图书馆(后更名为京师图书馆)，划拨内阁大库藏书作为馆藏，此本正在其中。《清内阁旧藏书目》有载，著录为“旧抄本　存五本”，与鲁迅所云“《说郛》残本五册”正相符合(12 册是之后改装所致)。该本卷三、二三、二五、二八、三〇首叶，钤有“京师图书馆收藏之印”。这是五册分装时的起讫痕迹，即卷三至四为首册，卷二三至二四为第二册，卷二五至二七为第三册，卷二八至二九为第四册，卷三〇至三二为第五册。1930 年代初编成的《北平图书馆善本书目》亦载该本，但改作“明抄本”，更为明晰；此时册数已变为 12 册，是重新装帧所致。

> 《说郛》一百二十卷　明陶宗仪编　旧钞本　存五本
>
> 存卷三卷四，卷二十三至卷三十二
>
> 谨案，此书世俗刻本都不完备。此旧钞本所存，持校现行汇刻目录，多未刻者。虽系残帙，亦属可贵。(《清内阁旧藏书目》)[1]

---

①《清内阁旧藏书目》，民国七年京师图书馆抄本，收入《明清以来公藏书目汇刊》第 7 册，北京图书馆出版社，2008 年。此目系“赵次原先生由部中携来，悉照原订六册，计分四种(库存书目三册)(库存残书目一册)(残复书目一册)(碑图总目一册)，缮录一通，庋藏书库。虽与馆中所藏间有不同，存此一编，尚得略见秘阁藏书之名，亦考古者所不废也。中华民国七年五月八日京师图书馆目录课识”。内阁大库(转下页)

《说郛》一百卷　元陶宗仪编　明抄本

存十二卷三至四　二十三至三十二(《北平图书馆善本书目》)[①]

A00487有一些独特之处,被手稿A沿袭。如第8条,手稿A无标题,手稿B拟题作"宰予之枉",《札记》称"**原钞失题,以意补**";A00487此条恰好"失题"(其他各部明钞本《说郛》如国图02408、07557,此条标题存,作"阚止宰予同字子我")。另一方面,A00487有6条无标题,手稿A除1条以外皆有标题(表1)。这一表面上的歧异,并不能反证A00487不是鲁迅传录的底本。手稿A的这5条标题,是鲁迅据刻本《说郛》补写,故与后者一致,而与其他明抄本有出入(如"寿山艮岳"条,07557作"艮岳")。唯"宰予之枉"条,刻本《说郛》不载此条,鲁迅无从补起,手稿A只能空缺。前述手稿A的条目标题写在条目首行上方天头,也是抄录时模拟A00487的形态所致(图14-1、图14-2)[②]。

(接上页)藏书并非全部入藏京师图书馆,故此目所载"与馆中所藏间有不同"。另,此目编纂者似不知《说郛》明抄本与刻本卷数不同,而依刻本《说郛》著录全书卷数为一百二十卷,误。

①《北平图书馆善本书目》卷三,民国二十二年刻本。

②案,其他各部明抄本说郛,有的亦是标题写于条目上方,有的则是标题单占一行,情况不一。

表 14-1①

	A00487	手稿 A	手稿 B
1	胪传句	胪句传	胪句传
2	紫盖黄旗	紫盖黄旗	紫盖黄旗
3	玉帐	玉帐	玉帐
4	月令字误	月令字误	月令字误
5	书后押字	书后押字	书后押字
6	×	太祖达生知命	太祖达生知命
7	×	上祭于毕	上祭于毕
8	×	无	宰予之枉
9	藏金石刻	藏金石刻	藏金石刻
10	×	神道	神道
11	饮茶盛于唐	饮茶盛于唐	饮茶盛于唐
12	门下	门下	门下
13	婴桃	婴桃	鷪桃
14	木剑	木剑	木剑
15	温公得人心	温公得人心	温公得人心
16	登文鼓	登闻鼓	登闻鼓
17	×	寿山艮岳	寿山艮岳
18	联句所始	联句所始	联句所始
19	人事物	人事物	人事物
20	×	蒜发	蒜发
21	关羽印	关羽印	关羽印
22	无置雏地	无置锥地	无置锥地
23	称臣呼卿	称臣呼卿	称臣呼卿
24	称万岁	称万岁	称万岁

①表中 A00487“×”之条目,指此本原无标题。

续表

	A00487	手稿 A	手稿 B
25	崔豹	崔豹	崔豹
26	断屠	断屠	断屠
27	刘歆颜游秦有功于《汉书》	刘歆颜游秦有功于《汉书》	刘歆颜游秦有功于《汉书》
28	檄书露布所始	檄书露布所始	檄书露布所始
29	鱼歷传书	鱼雁传书	鱼雁传书
30	黄庭经	黄庭经	黄庭经
31	又	又	又
32	竹之异品	竹之异品	竹之异品
33	佛书	佛书	佛书
34	刀耕火种	刀耕火种	刀耕火种
35	钟鸣漏尽	钟鸣漏尽	钟鸣漏尽
36	燕脂	燕脂	燕脂
37	孝宗圣德	孝宗圣德	孝宗圣德
38	干姓	干姓	干姓
39	二赤松	二赤松子	二赤松子
40	谥号	谥号	谥号
41	五大夫	五大夫	五大夫
42	礼部韵	礼部韵	礼部韵
43	尧九男	尧九男	尧九男
44	三洪崔先生	二洪崖先生	二洪崖先生
45	阿堵	阿堵	阿堵
46	后汉人亦有二字名	后汉人亦有二字名	后汉人亦有二字名
47	酒名齐物论	酒名齐物论	酒名齐物论
48	蔗字	蔗字	蔗字
49	避忌讳字	避忌讳字	避忌讳字

如鲁迅所说，A00487讹误不少，如第22条标题“无置雖地”、第29条标题“鱼歷传书”，都是一望可知的明显错谬。鲁迅抄录时随手改正明显误字。最典型的例子是第44条的标题，A00487作“三洪崔先生”，与正文“洪崖先生有二”云云不符；手稿A作“二洪崖先生”，“二”字明显是由“三”涂改而来。

三、鲁迅的校勘操作与思路

手稿A抄成后，鲁迅用各书与之对勘，在其上标记异文，或施加校改符号。标记异文的形式有二：一是在天头写校语，二是直接在正文行间写出异文。

直接写在正文行间的校字及校改符号，只有少数标明来源（如“《事略》作某”）。核验可知，不标来源的行间校字，主要来自刻本《说郛》（鲁迅谓之“今本《说郛》”）。另有少数是据他书比勘所得，可以辨识出的有《隋书·刑法志》（第16条“登闻鼓”之“省”字）、《史记索隐》（第7条“上祭于毕”之“案，文云：上祭于毕，则毕天星之名。”）

写在天头的校语，均标注校勘来源，如“悠，今本《南史》作攸”之类。其中提及的文献计有：清缪曰芑刻本《李太白文集》、《崇文总目》（校语谓之“崇文目”）、张淏《会稽续志》（“续志”）、《吕氏春秋》、《后汉书》、《南史》、《太平御览》、《文昌杂录》、《东都事略》、《续吹剑录》、《抱朴子》、《事物纪原》、《唐会要》、《古今注》、《北户录》、《东观余论》。《云谷杂记》多涉考证，征引他书之处颇多，以上诸书多被张淏引用，因此大部分校语的实质是覆核张淏引书之原文。如第48条“蔗字”，首句“《东观余论》跋右军甘蔗似竹”，眉批作“甘下六字原夺，据《东观余论》补”，与之对应，正文行间补入“蔗帖后摹本云”。

当然，也有一些校语，无关覆核引文。第41条“五大夫”有“予尝过其处，见道旁有古石塔，有刻字尚可读，乃会昌三年余球所记”一句，眉批作“《续志》作球”，指《宝庆会稽续志》（此书亦是张淏所撰）提及此事，但记载有所不同，“余球”作“余球”。

还有一些校语是说明性、提示性的。刻本《说郛》将《云谷杂记》割裂，分为《云谷杂记》《艮岳记》《东斋记事》三书。与之对应，手稿A有三处校语，说明分割起讫：“今本《说郛》所有，自首至‘登闻鼓’为一卷，在卷二十八。”（首条“胪句传”）“今本《说郛》析出，作一种，在卷六十八。”（第17条“寿山艮岳”）“自此至‘酒名齐物论’，《说郛》作《东斋记事》，题宋许观撰。”（第18条“联句所始”）此外，刻本较明抄本少去7条，对应处均有眉批，如“说郛本失此后三事”（第27条“鱼雁传书”）。

鲁迅以各种文献校勘手稿A（明抄本《说郛》）的先后次序，可大致辨识。其中，刻本《说郛》居于最前。第7条“上祭于毕”，“司马贞《索隐》曰：案上文‘有事’当作‘毕星’”句，鲁迅在行间（右侧）标出刻本异文，在左侧录出《史记索隐》原文：“案，文云：上祭于毕，则毕天星之名。”从书写的位置关系来看，据《索隐》录出原文在后。第17条“寿山艮岳”，“所费动以亿巨万计”句，刻本无“巨”字，鲁迅在“巨”字上加框(表示刻本无此字),天头眉批作:“当有巨字。《东都事略》有之。”、“《东都事略》有之”的笔迹,与“当有巨字”有所不同,明显是后来添加的。先刻本后《东都事略》的次序,宛然可见。

手稿 A 中的有些校语,后来被抹去,被抹去校语未被手稿 B “采纳”,即未按其面貌改动正文文句,亦不采入《札记》。换言之,手稿 A 不只是纯粹的客观记录校勘所得,其间也有甄别与识断,去除“无意义”的异文。

在手稿 B 中,经筛选而保留下来的手稿 A 校语,被加以整合。鲁迅的具体操作是:对于正文,他采用“定本”式的做法,直接写下校定后的文本;《札记》不逐一交代各处校改情形(如“甲,原作乙,据某书改”),而是择要写出他认为有必要交代的文本差异及校改依据。如,第 48 条“蔗字”,手稿 A 有眉批及校字,手稿 B 采纳手稿 A 校语,径改原文,并在《札记》中说明校改依据:

> **【手稿 B 正文】**《东观余论》“跋右军甘蔗帖后摹本”云:“蔗似竹,于文从焉,俗从草,非是。”予按《说文》,蔗字在艸部,注云藷蔗也。……
>
> **【手稿 B《札记》】**蔗字　《东观余论》跋右军甘蔗帖后摹本云原钞夺下六字,据本书补。

既然是择要写入,便存在着取舍问题。《云谷杂记》引用他书,文句往与原书有异,鲁迅称“**清源引书往往不依本文,后不具出**”(《札记》“上祭于毕”条),所以往往不据原书改正张淏书。如,第 3 条“玉帐”之“又袁卓《遁甲专征赋》云”句,手稿 A 眉批“《崇文目》云:《遁甲专征赋》一卷,员卓撰”,

手稿B未依《崇文总目》改字,《札记》亦不标注《崇文总目》作何。

与之类似,鲁迅用刻本《说郛》对勘明抄本,所得异文甚多,在手稿A中标记甚详。但手稿B未全数采纳,有的不改原文,亦不在《札记》注明;有的径改原文,而不在《札记》注明。如第1条"胪句传",手稿A标注两处刻本《说郛》之异文,手稿B皆依此改动正文,《札记》未加说明。

综上,就现存手稿来看,《云谷杂记》虽是佚书,但鲁迅的工作重点是校勘,而未全面翻检诸书,搜寻佚文。手稿C抄录《舆地纪胜》所引佚文,但此件录出的佚文未写入定稿。另一方面,鲁迅校本实质是明抄说郛本的校订本,而未将大典本有而说郛本无的近百条佚文,纳入校勘范围。换言之,他只校勘了《云谷杂记》现存内容的一部分。

鲁迅校录此书之际,刻本《说郛》与大典本都不难得到,大典本所收条目更多,故而更受重视。明抄本《说郛》虽然存世,但因是抄本,当时得见此书者不多。鲁迅意识到明抄本《说郛》相较于二者的特异性,故在手稿B序文中说:"盖当时不止一刻,曾有所订定,故《说郛》及《大典》所据非一本也。"这一认识,便是他专校说郛本的根源所在。他校录《云谷杂记》,也是对明抄本《说郛》价值的重新发现,而他的这种认识又影响了他人。

余论　鲁迅辑本与张宗祥

张宗祥(阆声)亦曾辑校《云谷杂记》,其校本自序撰于

1918年,称起意校理此书乃因鲁迅的提示:

> 一九一六年冬,周君预材语予:"京师图书馆藏明初抄《说郛》残书数册,其中第三十卷内,有《云谷杂记》数十条。子曷借钞校雠,为之整理。"予即从之。[①]

王得后、吕福堂与秦硕均指出,张本与鲁迅辑本近似,特别是有多处与他本不同而独与鲁迅辑本相合,以及札记的行文近乎一致,认为"张宗祥将其文本(正文及汇校《札记》)录下,稍作几处校改,列为《补编卷一》《补编卷二》及《札记》,并其从'大典本'校录出的《卷一》至《卷四》,合编为一册"[②]。

张宗祥另著有《铁如意馆随笔》,此书是以考述版刻源流为主要内容的札记。卷一"云谷杂记"条,与手稿B序文面目仿佛,似乎写作时有所参考,惟列举说郛本与大典本条目歧异更为详细。这是张宗祥参考鲁迅校本的又一个旁证。

> 《云谷杂记》,宋张淏清源撰。《宋艺文志》《文献通考》《直斋书录解题》皆不著录。明《文渊阁书目》载一册,不详卷数。今世所传四卷本,乃乾隆时自《大典》本辑出,都一百二十四条,似最详矣。后得明钞本《说郛》,第三十卷亦载是书,计共四十九条,与《大典》本同者二十九条,而"寿山艮岳"一条首尾完善,较《大典》本为胜。其余"胪句传"、"玉帐"、"《月令》字误"、"太祖达生知命"、《大典》本亦有此条,略而不详。"上祭于毕"、"登闻

①张淏撰,张宗祥校点《云谷杂记》,中华书局,1958年。

②王得后、吕福堂《鲁迅校本〈云谷杂记〉说明》、秦硕《鲁迅辑校之〈云谷杂记〉》。

> 鼓”、“无置锥地”、“刘歆颜游秦有功于《汉书》”、“檄书露布所始”、“鱼雁传书”、“《黄庭经》第二条”、“竹之异品”、“佛书”、“燕脂”、“五大夫”、“二洪崖先生”、“阿堵”、“酒名齐物论”、“蔗字”、“避忌讳字”二十条,《大典》本中皆未见。不知《大典》所录为别本,抑辑《大典》本时遗之也。既无《大典》本可证,《说郛》所收又非全书,更无可考,真恨事也。然《说郛》在《大典》之前,则所据之本自较《大典》为古,此可断言。至陶珽所刻《说郛》,以“寿山艮岳”一条别列一书,标名“艮岳记”,已觉不合,然尚署为张氏撰也。其他“联句所始”、“人事物”、“蒜发”、“关羽印”、“无置锥地”、“称臣呼卿”、“称万岁”、“崔豹”、“断屠”、“有功《汉书》”、“露布所始”、“竹之异品”、“佛书”、“刀耕火种”、“钟鸣漏尽”、“孝宗圣德”、“二赤松”、“谥号”、“五大夫”、“礼部韵”、“尧九男”、“二洪崖先生”、“阿堵”、“后汉人亦有二字名”、“酒名齐物论”二十五条,竟别标书名曰《东斋记事》,撰人曰许观,妄人妄事,此为极矣。据《大典》本张氏原跋“秋树雨声”云云,今各本皆未见,则知此书尚有逸文也。[①]

张宗祥与鲁迅相识甚早。1909 年,鲁迅回国,任职于杭州的浙江官立两级师范学堂,当时二人即为同事(张氏早鲁迅一年在该校任教);1914 年,张氏赴北京,在教育部任职,再度与鲁迅共事,直至 1922 年张氏返浙为止。在两次共事期间,

---

①张宗祥《铁如意馆随笔》卷一,《张宗祥文集》第 1 册,上海古籍出版社,2013 年,23~24 页。

他们交往颇多，张氏《冷僧自编年谱》称：

（1908 年）复兼两浙师范学堂史地科教课，与周豫材、许季茀、沈衡山、经子渊、夏丏尊、王孚川诸人过从甚密。

（1914 年）政余，乃得从事钞校。同志者，周君豫材，时任社会教育司第一科长，赵君慰苍，贵州同年也。而不厂、蓬仙、子庚亦相继入京，任教职。旧友云集，有书相假，有疑相质，为乐殊甚。①

鲁迅日记中亦有多处彼此馈赠出借书籍与金石拓片的记录，可与张氏所云“有书相假，有疑相质”相印证，如：

赠张阆声《永明造象》拓片一枚。（1915 年 4 月 10 日）

送张阆声《往生碑》拓本一枚。（1915 年 9 月 30 日）

午后往张阆声寓，借《说郛》两本。（1920 年 12 月 13 日）②

张氏提到的“赵君慰苍，贵州同年”，即赵桢。此人喜藏书，当时也在教育部任职，张宗祥被教育部派往京师图书馆任职，他随之赴任。赵桢与鲁迅亦有交往。1921 年 3 月，鲁迅借赵氏校本《嵇康集》，将赵氏校字过录在自己 1913 年据明吴宽丛书堂钞本传录的本子上，并在末尾撰一短跋：“贵阳赵味沧桢又就原抄校一过，以朱笔迻录之。十年三月廿一日。”③

1961 年，张宗祥发表《我所知道的鲁迅》，用不小篇幅记述他赴任京师图书馆之际，鲁迅向他讲述明抄《说郛》与明吴

①张宗祥《冷僧自编年谱》，《张宗祥文集》第 3 册，465、467 页。

②《日记》，《鲁迅全集》第 15 卷，167、189、416 页。

③详本书第五章。

宽从书堂抄本《嵇康集》之可贵；受此影响，他起意校勘《云谷杂记》，进而校理《说郛》明抄本全书。

> 隔了两天，傅增湘召我去见，说明要我去办京师图书馆，一切人事可以商量调动，尤须将善本书目编好。……鲁迅笑道："……馆中有十二卷本白棉纸《说郛》，我看是明初抄本，可惜内容不详，你是'打字机'（这是当时朋友中送我的徽号，因我一日能写小楷万五六千字），何妨录出大家来研究研究。从书堂抄本《嵇康集》，我曾经翻阅过，里边涂去原文另加校改处，大抵根据刻本，反失本真，你能够仔仔细细的照原书抄一下，也是我所急需的。"我说："二个月缴卷，丛书堂《嵇康集》涂改处用墨极浓，不能辨认者只好将来抄后再参详。"这就是后来印出来的《嵇康集》和鲁迅喜欢研究魏晋文学的初步。关于《嵇康集》当时我也写了一本，觉得有了他一本，我的定本不必再重视，所以一直没有和鲁迅对过，不知与鲁迅印出来的定本有无不同？……我后来抄了《说郛》残本，对出陶珽刻本种种误处，又发现《云谷杂记》连武英殿本也少了好几小则，就发心访求各种明抄《说郛》来完成一百卷的原书，后来涵芬楼印过两次，其实是从鲁迅一段闲话中发生出来的。[①]

1982 年，为纪念鲁迅诞辰 100 周年，此文在《图书馆学通讯》（即《中国图书馆学报》前身）重新发表，后被多篇文章引

---

①张宗祥《我所知道的鲁迅》，原载《图书馆》杂志 1961 年 4 期，《图书馆学通讯》1982 年 1 期重刊。

用[①]。但文中所述有实有虚，有必要辨析。

张宗祥的确在《嵇康集》上下了一番功夫，他用丛书堂抄本对勘明嘉靖黄省曾刊本，撰有校记，收入《铁如意馆随笔》[②]。但是，他奉傅增湘（时任教育总长）委派，前去京师图书馆，是1918年末或1919年初[③]。这与《云谷杂记》校本1918年张氏自序，称1916年冬听鲁迅介绍明抄《说郛》之《云谷札记》大异于俗本云云相矛盾。相距一两年的回忆，自然比数十载之后的记忆清晰准确。张氏起手校理《云谷杂记》，当以自序为准，是在他赴任图书馆之前；《我所知道的鲁迅》记述的时间，有明显错位。

不过，张宗祥称鲁迅举《云谷杂记》，称赞明抄《说郛》之佳，引发自己的整理兴趣，则可以从信。之后，张氏校理《说郛》全书，在校本自序以及《铁如意馆手钞书目》"《说郛》"条中，说到据明抄本可以订正刻本割裂妄改之弊，都是举《云谷杂记》为例。《说郛》所收之书，刻本与明抄本存在较大差异者并非少数，何以每每举《云谷杂记》为例？可见鲁迅当时的谈话，给张宗祥留下很深印象。张氏由校理《云谷杂记》而拓展至《说郛》全书，的确"是从鲁迅一段闲话中发生出来的"。

---

①李希泌《鲁迅与图书馆（1912—1919）》，《北图通讯》1979年1期。王丽《图书馆学视阈中的鲁迅》，《鲁迅研究月刊》2014年10期。高丽平《国学大师张宗祥与图书馆》，《兰台世界》2013年7期。

②张宗祥《铁如意馆随笔》，《张宗祥文集》第1册，32—34页。

③《冷僧自编年谱》将赴任京师图书馆系于1919年。1918年12月之说，见：焦树安《国立北平图书馆学者传略：张宗祥　徐森玉》，《国家图书馆学刊》2002年1期。

附　表

	用纸	书写时间	手稿全集卷次	辑校古籍卷次
手稿 A	格纸乙	1913 年 5 月 31 日至 6 月 1 日	43 册 280~323 页	第 6 函第 3 册之“云谷杂记”(后一种)1~46 页
手稿 B	格纸乙	1914 年 3 月 11 日(序)、3 月 16 至 22 日(正文)	43 册 324~414 页	第 6 函第 3 册之“云谷杂记”(前一种)1~92 页
手稿 C	格纸乙	1913 年 5 月至 1914 年间	43 册 277~279 页	第 6 函第 3 册之“云谷杂记”(后一种)47~50 页

第十五章　鲁迅抄校《说郛录要》及其他博物书述略

鲁迅辑校古籍，具有鲜明的个人色彩，存在多个兴趣点，如乡邦文献、六朝文集、古小说等。本章所述他抄校的若干种古籍，以花草鱼虫谱为主。此类书多是畸零小种，在传统文献中地位不高。鲁迅从小喜爱动植物，少年时便抄录了不少花草鱼虫谱之书，周作人、许寿裳分别回忆说：

> 其次是就《唐诗叩弹集》中抄录百花诗，如梅花、桃花，分别录出，也搞了不少日子……鲁迅抄得更多，记得的有陆羽《茶经》三卷、陆龟蒙的《耒耜经》与《五木经》等。这些抄本是没有了，但现存的还有两大册《说郛录要》，所录都是花木类的谱录……那些谱录的抄写，全是在做这辑录工作时候的副产物，而其线路则是与最初《茶经》有关联的，这些东西之中他想校刊《南方草木状》和《岭表录异》，有过若干准备，却可惜也终于未曾做成。[1]

> 鲁迅从小爱好植物，幼年时喜欢看陈淏子的《花镜》等书，常常到那爱种花木的远房叔祖的家，赏玩稀见的植物……他在弘文学院时代，已经买了三好学的《植物

①周作人《鲁迅的故家》，上海出版公司，1953 年，142~143 页。

学》两厚册。[①]

> 他在杭州时，星期日喜欢和同事出去采集植物标本……每次看他满载而归，接着做整理，压平，张贴，标名等等工作，乐此不疲……[②]

鲁迅受过近代科学教育，自然知道谱录类书并非严格意义上的自然科学书，而是混杂“格物”与“异闻”两种旨趣，且后者的成分或许更重。他反复抄录校勘此类书籍，实与“科学”无关，只是纯粹的阅读趣味使然。

一、《说郛录要》

《说郛录要》是鲁迅从刻本《说郛》及《续说郛》选录的26种书，后来用明抄本《说郛》校勘其中数种。先行研究或是阐发鲁迅对“杂书”以及有别于现代科学的传统“博物学”抱有特殊喜好，将此书作为典型案例；或是从辑录古籍的话题出发，讨论鲁迅重视利用《说郛》，进而谈及《说郛录要》[③]。

---

①许寿裳《亡友鲁迅印象记》，人民文学出版社，1953年，27页。

②许寿裳《我所认识的鲁迅》，人民文学出版社，1978年，49页。此外，许寿裳提及的《花镜》，现存鲁迅藏书中有一部经鲁迅批校的《秘传花镜》。

③刘润涛《鲁迅知识结构探源——围绕其“年少读书”的考察》，《中国现代文学研究丛刊》2018年5期。王芳《周氏兄弟开蒙经验中的博物杂学和“多识”趣味》，《中国现代文学研究丛刊》2019年1期。赵英《鲁迅与中国古籍〈说郛〉》，《鲁迅研究动态》1989年8期。赵英《滴滴汗水　殷殷苦心——鲁迅所藏丛书丛谈》，《鲁迅研究月刊》1994年9期。秦硕《鲁迅辑录之博物类古籍》，《鲁迅研究月刊》2018年12期。

《说郛录要》只有 1 件手稿(以下称“手稿 A”),用格纸甲抄写,现为 3 册,藏北京鲁迅博物馆。首册封面题“说郛录要二册 / 辛亥三月写成”,上下册前各有本册目次。全书抄写格式统一:各书前有封面,题作者书名卷数,如“赵时庚金彰兰谱一卷”。每半叶九行,每行二十四字,版心不标叶码与书名。各书有鲁迅抄写者,有周建人抄写者,以后者居多(二人笔迹有明显差别,不难区分),其中数种有鲁迅朱笔校字(详下)[①]。最后一种《蟹谱》,现在单为一册,乃周作人拆出赠送给高炎所致,卷末有周作人题记,是他送给高炎时所写:

> 右为鲁迅在民国初年所抄书之一,说郛本傅肱《蟹谱》二卷,共十七叶,首一叶为建人所书。

《鲁迅手稿全集》第 6 函“编辑说明”指出,“《蟹谱》二卷,周作人曾拆出赠人,读其题识,可知原委。后由北京鲁迅博物馆征集收回”[②]。据鲁迅博物馆所编目录,1959 年,此件仍在高氏处[③]。

《说郛》刻本与明抄本差异不小,尤其是所收书此有彼无的现象非常突出。《说郛录要》中的多种书,是刻本专有或陶珽《续说郛》(附刻于《说郛》刻本之后)所收之书,系据刻本录出无疑。

---

①周建人对抄书一事也有回忆,说:“他也很喜欢看讲草木虫鱼的书……抄的也就是这一类……他自己抄不及,我曾经替他抄过几种,但名称现在都忘记了。”见:乔峰(周建人)《略讲关于鲁迅的事情》,人民文学出版社,1954 年,4~5 页。

②“编辑说明”,《鲁迅辑校古籍手稿》第 6 函,上海古籍出版社,1991 年。

③《鲁迅手稿和藏书目录》第 1 集,北京鲁迅博物馆,1959 年,54 页。

《说郛录要》选目的倾向性与专门性非常明显,所收均是动植物的谱录书,若依《四库全书总目》的分类,属谱录类下的"草木鸟兽虫鱼之属"[①]。刻本《说郛》(及《续说郛》)的编排,大致是将同类书聚拢(明抄本的排列则较为随意),《说郛录要》所抄各书集中于刻本卷一〇三至一〇七。这五卷内基本都是草木鱼虫谱之书,鲁迅未全录(如卷一〇三之宋陈思《海棠谱》、卷一〇四之宋张功甫《梅品》、卷一〇五之元刘美之《续竹谱》等),不知鲁迅当时取舍标准如何。另一方面,如表15-1所示,《说郛录要》的各书排次,不按作者时代,也不依诸书在刻本《说郛》中的卷次先后,主题分类的面貌亦不明晰;不知鲁迅当时有无编排原则,又或者是按何种原则排列。

表15-1 《说郛录要》子目[②]

	书名	作者	刻本所在卷次	明抄本所在卷次
1	魏王花木志	撰人不详	卷一〇四 /12	×
2	园林草木疏	唐·王方庆	卷一〇四 /15	×
3	楚辞芳草谱 *	宋·谢翱	卷一〇四 /13	×
4	洛阳花木记 *	宋·周师厚	卷一〇四 /14	卷二六
5	何首乌录	唐·李翱	卷一〇六 /5	×
6	彰明附子记	宋·杨天惠	卷一〇六 /6	×
7	金漳兰谱 *	宋·赵时庚	卷一〇三 /1	卷六三

①《四库全书总目》谱录类,下分"器物之属"、"食谱之属"、"草木鸟兽虫鱼之属"。

②卷次后的数字,表示此书是刻本此卷的第几种书。范成大《菊谱》与刘蒙《菊谱》,在明抄本与刻本中署名互倒,当以明抄本为正。周师厚《洛阳牡丹记》,在明抄本中是《洛阳花木记》内的一篇,刻本则单独拆出。此表仍按刻本,以体现鲁迅抄录的面貌。

续表

	书名	作者	刻本所在卷次	明抄本所在卷次
8	王氏兰谱	宋·王贵学	卷一〇三 /2	卷六二
9	范村菊谱	宋·范成大	卷一〇三 /3	卷七〇
10	菊谱	宋·刘蒙	卷一〇三 /4	卷七〇
11	菊谱	宋·史正志	卷一〇三 /5	卷七〇
12	洛阳牡丹记	宋·欧阳修	卷一〇四 /1	×
13	洛阳牡丹记 *	宋·周师厚	卷一〇四 /2	卷二六
14	陈州牡丹记	宋·张邦基	卷一〇四 /3	×
15	天彭牡丹谱	宋·陆游	卷一〇四 /4	×
16	扬州芍药谱	宋·王观	卷一〇四 /6	卷七〇
17	梅谱	宋·范成大	卷一〇四 /7	卷七〇
18	桐谱 *	宋·陈翥	卷一〇五 /1	卷二五
19	荔枝谱	宋·蔡襄	卷一〇五 /5	卷七七
20	橘录	宋·韩彦直	卷一〇五 /6	卷七五
21	竹谱 *	晋·戴凯之	卷一〇五 /2	卷六六
22	笋谱 *	宋·释赞宁	卷一〇五 /4	卷七〇
23	菌谱	宋·陈仁玉	卷一〇六 /1	卷七〇
24	广菌谱	明·潘之恒	续卷四一 /6	×
25	野菜谱	明·滑浩	续卷四一 /10	×
26	蟹谱 *	宋·傅肱	卷一〇七 /10	×

《说郛录要》中经鲁迅朱笔校改的，共有 8 种(即表 1 中书名后加 * 者)。须注意的是，鲁迅的校勘来源不止明抄本《说郛》。如《楚辞芳草谱》《蟹谱》，鲁迅未说明校勘依据，明抄《说郛》无此二书，固不可能以明抄校之。二书的校改之处很少，且皆是明显脱讹或语义滞碍难通者，如“《楚词》，兰每及蕙”，朱笔改“词”为“辞”（《楚辞芳草谱》）；“谓之蜝蛬，毒

不可晋”,朱笔改“晋”为“食”(《蟹谱》)。推测鲁迅是以意改之,而非据某书某本对勘。

《洛阳花木记》《洛阳牡丹记》《金漳兰谱》《桐谱》《竹谱》,鲁迅申明是用“明抄原本”校,有的还标明所在卷次,如“见明抄《说郛》原本卷廿五”(《桐谱》)。不过,《说郛》有多部明抄本存世,各本互有不小差异,在鲁迅生活的年代,这些明抄本分散各处,不易获见。与此点相关,鲁迅在不同时段使用的“明抄本”,其实是不同个体。他最先利用的是京师图书馆藏残本(今国图 A00487),该本存卷三至四、二三至三二(详第十四章)。《金漳兰谱》《竹谱》不在此本的存卷范围内,鲁迅绝不可能用它校勘;《洛阳花木记》《洛阳牡丹记》《桐谱》虽在存卷内,但将鲁迅朱笔改字与 A00487 核验,多有差异,可排除是据 A00487 校勘的可能性。如《洛阳花木记》卷首有朱笔校语:“以明抄《说郛》原本校,此在第廿六卷,注云‘一卷全抄,宋周叙’。”检 A00487,题下小注作“一卷全抄,周靳江人”。

1910 年代后半,张宗祥受鲁迅启发,着手汇校《说郛》明抄诸本;1927 年,张氏汇校本由商务印书馆出版。汇校过程中,张氏利用了以下几部明抄:京师图书馆藏残本(国图 A00487)、涵芬楼旧藏九十一卷本(国图 07557)、丛书堂抄本残卷(卷一至二五)、弘农杨氏抄本残卷(卷二六至三〇、九六至一〇〇)、明抄残本(卷三一至六七、七一至九五)、明抄残本(卷六八至七〇,以上四部明抄残本被拼合为一套,1915 年归傅增湘收藏)、孙氏玉海楼藏明抄残本。他无疑是当时掌握《说郛》明抄诸本文本情况最全面的人。

那么,鲁迅会不会是从张宗祥处获见某一明抄,用它比勘《说郛录要》呢? 在张氏校理《说郛》期间,鲁迅确曾向他借阅《说郛》,日记 1920 年 12 月 13 日:"午后往张阆声寓借《说郛》两本。"[①] 然而,核验张氏所用诸本,或文本面貌与鲁迅朱笔校改有差异,或因阙卷而不存此种;与商务印书馆排印本相较,朱笔校改亦与之不尽合。然则,所谓"明抄原本",非指具体的某部明抄本,而是张宗祥汇校过程中产生的初稿或记录诸本异文的笔记,它实质体现了多部明抄混杂而又经筛选后的文本面貌。

《说郛录要》的封面题"辛亥三月写成",则此书的抄写不能晚于 1911 年 4 月 28 日,《蟹谱》的周作人题记说是"鲁迅在民国初年所抄书",并不准确。另,鲁迅的朱笔校改,未标署日期。1910 年代,张宗祥在北京教育部供职,与鲁迅为同事,1922 年,他离平返浙。此后鲁迅向他借书,极不便利。另一方面,《说郛》部帙可观,张宗祥汇校须花去不少时间。综合上述情事来看,鲁迅朱笔校字,最可能发生于 1910 年代末至 1920 年代初。

附　表

	用纸	书写时间	手稿全集卷次	辑校古籍卷次
手稿 A	格纸甲	不晚于 1911 年 4 月 28 日	44 册全册、45 册 4~129 页	第 6 函第 6~9 册

①《日记》,《鲁迅全集》第 15 卷,416 页。

二、《南方草物状》《南方草木状》

《南方草物状》，晋徐衷撰。《南方草木状》三卷，题晋嵇含撰。徐书被《齐民要术》《初学记》《艺文类聚》《太平御览》等引用，原书已佚。嵇书今有传本，以宋左圭《百川学海》为最早，其后元陶宗仪《说郛》、明胡文焕《格致丛书》、清王谟《增订汉魏丛书》、马骏良《龙威秘书》等丛书，皆收载此书。关于二书的真伪及彼此关系，长期存在争论，主流意见是今本《南方草木状》是后起伪书，与徐衷《南方草物状》非一书①。

鲁迅抄录今本《南方草木状》，并辑录徐衷《南方草物状》。顾农、秦硕对此皆有讨论，顾农的论述重点是今本之真

---

①关于《南方草木状》与《南方草物状》的成书时代及彼此关系，可参：辛树帜《关于嵇含南方草木状一书的时代问题》，《我国果树历史的研究》，农业出版社，1962年；彭世奖《〈南方草木状〉撰者撰期的若干问题》，《农史研究》第1辑，农业出版社，1980年；陈连庆《今本〈南方草木状〉研究》，《文史》第18辑，中华书局，1983年；刘昌芝《试论〈南方草木状〉的著者和著作年代》，《自然科学史研究》1984年1期；苟萃华《也谈〈南方草木状〉一书的作者和年代问题》，《自然科学史研究》1984年2期；缪启愉《〈南方草木状〉的诸伪迹》，《中国农史》1984年3期；胡道静《今本〈南方草木状〉的几个问题》，《农书农史论集》，农业出版社，1985年；梁家勉《对〈南方草木状〉著者及若干有关问题的探索》，《自然科学史研究》1989年3期；张宗子《对〈南方草木状〉作伪于南宋时期之质疑》，《中国科技史料》1990年4期。1980年代，《南方草物状》《南方草木状》一度成为热门议题，1983年，华南农业大学举办“《南方草木状》国际学术讨论会”，后出版论文集（《〈南方草木状〉国际学术讨论会论文集》，农业出版社，1990年），中有多篇论文讨论成书时代问题。此外，农学史家石声汉辑录此书，石声汉《辑徐衷南方草物状》，农业出版社，1990年。2021年，中华书局又有重印本。

伪，秦硕侧重于描述手稿面貌，并比较鲁迅辑录手稿与石声汉辑本的条目异同[①]。

鲁迅抄录的今本《南方草木状》（以下称“手稿 A”），全是鲁迅笔迹，用格纸甲抄写，装成一册，现藏中国国家图书馆。卷前封面前半叶题“南方草木状三卷 / 汉魏丛书本”，后半叶题“辛亥正月录”。明清有几部丛书名为“汉魏丛书”，或是“广汉魏丛书”等类似命名；顾农指出，此“汉魏丛书本”指清乾隆间王谟编刻的《增订汉魏丛书》，其论甚确。

手稿 A 的行款格式与《说郛录要》同：每行二十四字，版心未标书名及叶码。内有少量校字，做法是在被校字旁加圈，在对应的天头处写下校字，其中有几处称“《说郛》作某”。《说郛》明抄本卷八七、刻本卷一〇四，各收《南方草木状》；比勘可知，手稿 A 校字与刻本合，而与明抄本异，则鲁迅是用刻本校勘。鲁迅抄录《南方草木状》之后不久，他又抄成《说郛录要》，显然传录《说郛录要》所据之刻本《说郛》，便是他校勘《南方草木状》时所用；根据两者的这一层关联，可以推测鲁迅校勘手稿 A，是在抄成后不久，即 1911 年春。

鲁迅辑录《南方草物状》手稿（以下称“手稿 B”），用素纸抄写，装成一册，现藏绍兴鲁迅纪念馆。此件正文是鲁迅笔迹，书衣题“徐衷南方草物状”，则是周作人笔迹。卷端题“南方草物状”，其下不题撰人。每叶九行，每行二十二字左右，版

---

①顾农《早年鲁迅与草木虫鱼——关于几种植物学古籍的周氏兄弟手抄本》，《上海鲁迅研究》2008 年 3 期。秦硕《鲁迅辑录之博物类古籍》，《鲁迅研究月刊》2018 年 12 期。

心位置不标书名及叶码。卷内有周作人题记一则：

> 此系鲁迅民国以前在绍兴中学堂时手抄所辑录古代名物书之一种。唯书名题字乃是我所写的。
>
> 一九六一年八月廿六日　启明(下钤“周作人”朱文圆印)[①]

手稿B共有佚文43条,从《北堂书钞》《初学记》《太平御览》《北户录》《艺文类聚》录出[②]。《书钞》《御览》诸书,标署书名,作“南方草木记”、“南方草物状”、“南方草木状”等等不一,手稿B在佚文末尾注明书名作何,如首条“采珠人”,标“《书钞》百四十六引《南方草木记》”。若是“共引佚文”,则逐一注明所有出处,交代异文情况,如“《类聚》八十九引《南方草木状》,《御览》九百五十七引同上,唯‘鸭’作‘鸟’,‘实’作‘子’”(第24条“枫香树”)。

手稿B的佚文次序,并非先列甲书佚文,后列乙书佚文,出自同书的佚文,卷次在前者居先,在后者居后,所以它不是循卷录出的“佚文长编”,而是经过一番调整。具体来说,鲁迅是按事物类别大体归类,以物产(珠、铁)—香(薰陆香、藿香、栈香、栟香)—兽(猩猩等)—鸟(番鸠等)—鱼(水猪鱼等)—树(枫香树等)—藤蔓(黄屑)为序。这一排次,动物类与植物类交叉夹杂,颇嫌凌乱。由此来看,手稿B也非定稿。至于辑录时间,别无证据,只能凭信50年后的周作人回忆。

---

①周作人题记在书册内,而非题写在书衣上,《鲁迅辑校古籍手稿》错误地将二者拼合。

②秦硕称是39条。有些条目,手稿B分列为两条,石声汉辑本归并为一条。秦硕比对两者异同,以石声汉辑本为基准,遂造成统计差异。

鲁迅辑录《南方草物状》,还有2件零散手稿(以下称“手稿C”、“手稿D”)。它们用格纸乙或丙书写,全是鲁迅笔迹,各为2张散叶。手稿C现藏中国国家图书馆,内容是辑自《法苑珠林》的佚文5条、辑自《香谱》(题宋洪刍撰)的佚文1条。手稿D现藏北京鲁迅博物馆,内容是《经史证类大观本草》所载佚文;《大观本草》所引标署书名不一,鲁迅一一注出。这两件手稿的辑录时间不明,从它们使用格纸乙或丙来看,当不早于1913年春,亦即晚于手稿B。

鲁迅辑本未最终定稿,相比石声汉辑本,主要差别(或者说缺失)是未录贾思勰《齐民要术》所载佚文。此点略嫌违和。鲁迅辑录《范子计然》,时间与此书邻近,其中利用了《齐民要术》。即便辑录《南方草物状》在先,彼时尚不知《齐民要术》有此书佚文,那么辑录《范子计然》时,也应发觉此点,事后增补亦非难事。此事未详所由,又或许实际曾检录,而该部分手稿损亡?

附　表

	用纸	书写时间	手稿全集卷次	辑校古籍卷次
手稿A	格纸甲	1911年1月30日至2月28日	43册19~65页	第6函第5册之“南方草木状”1~50页
手稿B	素纸	1910年8月至1911年10月	43册7~18页	第6函第5册之“南方草物状”1~12页
手稿C	格纸乙或丙	不早于1913年春	43册3~4页	未收
手稿D	格纸乙或丙	不早于1913年春	43册5~6页	未收

三、《桂海虞衡志》

《桂海虞衡志》，宋范成大撰。成大字至能，号石湖，吴郡人，绍兴二十四年进士，官中书舍人、吏部尚书、参知政事等，绍熙四年卒。《宋史》有传。成大是中兴四大诗人之一，撰有《石湖集》《吴郡志》《揽辔录》《桂海虞衡志》等。

此书记述南宋初桂林地区（静江府）风土民情，分志岩洞、志金石、志香、志酒、志器、志禽、志兽、志虫鱼、志花、志果、志草木、杂志、志蛮十三篇，每篇前有小序。据淳熙二年（1175）冬至日范氏自序，他于乾道八年（1172）知静江府，任官两年有余，然后转任四川制置使。入蜀后，"时念昔游，因追记其登临之处与物产土宜"，撰成此书。由于范氏着意记述"方志所未载者"，故而此书史料价值突出，为人所重。

此书在宋时颇有流传，周去非《岭外代答》、祝穆《方舆胜览》、赵与旹《宾退录》、陈防《颍川语小》、黄震《黄氏日抄》、周密《齐东野语》皆有引用或节抄。其中《岭外代答》成于淳熙五年，晚范书仅三年，周去非自序称"晚得范石湖《桂海虞衡志》"，参考模仿，乃成已书，则范书成书后不久便已流传开来。

反映宋代藏书状况的诸家书目，往往著录此书，而卷数有异。赵希弁《读书附志》及《宋史·艺文志》史部地理类，均作三卷；陈振孙《直斋书录解题》称是二卷；《宋史·艺文志》史部传记类著录为"《虞衡志》一卷"①。宋时的一卷本是否为

①此外，王应麟《玉海》卷一四"地理"亦称"范成大《桂海虞衡志》三卷"，周必大《资政殿大学士赠银青光禄大夫范公成大神道碑》（《文忠集》卷六一），称是一卷。

节本，与今传一卷本是何关系，已不可知。

明代诸家藏书目未见著录三卷本，陈第《世善堂藏书目录》著录为二卷，但此目可信度有限，未必是实藏，已详前文。明时流行的是一卷本，有些可以确知为丛书本。朱睦㮮《万卷堂书目》"《桂海虞衡志》一卷　范成大"[①]；祁承㸁《澹生堂藏书目》"《桂海虞衡志》一卷　范成大　载《古今逸史》，又载《古今说海》"[②]；赵用贤《赵定宇书目》在"《稗统》第七册"下著录《桂海虞衡志》；钱曾《述古堂书目》"《桂海虞衡志》一卷，一本，抄"[③]。其后清代诸家藏目只见一卷本，不赘。

收录一卷本的丛书，有《说郛》（明抄本与刻本皆有之）、明陆楫《古今说海》、明人重辑本《百川学海》、吴琯《古今逸史》、清汪士汉《秘书二十一种》、曹溶《学海类编》、鲍廷博《知不足斋丛书》，等等。诸本大同小异，说郛本为其源头。另，明末钟人杰、张遂辰编《唐宋丛书》收录所谓十三卷本，只是以本书十三篇各为一卷，实际仍是一卷本。

可以确定的是，今传一卷本，较宋时原本，缺去不少内容。《四库全书总目》称："然检《文献通考·四裔考》，中引《桂海虞衡志》几盈一卷，皆志蛮之文，而此本悉不载。其余诸门，检《永乐大典》所引，亦多在此本之外。"[④]《黄氏日抄》所引，亦有不见于今本者[⑤]。

---

①朱睦㮮《万卷堂书目》卷三，清光绪间叶德辉刻观古堂书目丛刊本。
②祁承㸁撰，郑诚整理《澹生堂读书记　澹生堂藏书目》，381 页。
③钱曾《述古堂书目》，清抄本，中国国家图书馆藏（02798）。
④《四库全书总目》卷七〇，625 页。
⑤严沛《桂海虞衡志校注·前言》，广西人民出版社，1986 年。

鲁迅抄校此书手稿只有 1 件(以下称“手稿 A”),全是鲁迅笔迹,用格纸甲抄写,装成一册,现藏中国国家图书馆。卷前封面题“汪士汉本 / 桂海虞衡志一卷 / 辛亥十月录”,系据清康熙间汪士汉编刻之《秘书二十一种》录出。每半叶九行,每行二十四字,版心不标叶码与书名,行款格式与《说郛录要》同。卷中有鲁迅朱笔校字,直接写在行间,卷端题“明弘治间所抄原本《说郛》中有此书,因取校一过,颇有佳胜者”;校改的做法面貌与鲁迅校改《说郛录要》近似,宜与之约略同时。

值得注意的是,《说郛录要》朱笔校语只称用“明抄《说郛》原本”校,此书校语则指实为“明弘治间所抄原本《说郛》”。从当时《说郛》明抄本的收藏状态及鲁迅周边的人事来看,他主要是通过张宗祥获见明抄诸本面貌,惟京师图书馆藏十二卷残本(国图 A00487),鲁迅曾直接借阅。在张氏利用的诸本中,能确指为弘治间抄写者,只有傅增湘藏明抄残卷四种拼合本中的明抄残本(卷三一至六七、七一至九五),该本卷六二末有“弘治十八年三月录毕”题字[①]。《桂海虞衡志》载明抄本《说郛》卷五〇,恰好在弘治十八年抄本的存卷范围内。缘此可以断定,鲁迅所称“明弘治间所抄原本《说郛》”,即该本。至于鲁迅是在张宗祥从傅增湘处借来原本的期间转借,抑或是张宗祥记录该本文本面貌后,鲁迅借阅张氏笔记而未获见原本,则不能明。

---

①傅增湘《藏园群书经眼录》卷一一,中华书局,2009 年,777~783 页。

附　表

	用纸	书写时间	手稿全集卷次	辑校古籍卷次
手稿 A	格纸甲	1911 年 11 月 21 日至 12 月 19 日	45 册 62~129 页	第 6 函第 5 册之“桂海虞衡志”1~70 页

四、《释虫小记》

《释虫小记》，清程瑶田撰。程瑶田字易田，一字易畴，号让堂，歙县人。与戴震、金榜为同学，师事江永。乾隆三十五年举人，官嘉定县教谕。程氏是乾嘉时期的重要学者，治学兼采汉宋，深研训诂音韵，尤精《三礼》，旁及名物、数学、天文、地理，造诣精深。撰有《通艺录》《周礼札记》《果赢转语记》《莲饮集》等。《清史稿》有传，今人罗继祖撰有《程易畴先生年谱》。

考证草木鱼虫，是名物研究的一支，而名物研究向为经学附庸。程氏所撰《释虫小记》《释草小记》《九谷考》，旁征博引，经学色彩鲜明，但又注重结合实际目验，故为人称道。《续修四库全书总目提要》本书解题称："瑶田于一名一物无不旁征博引，考之古义而合，证之目验而亦合，可谓苦心孤诣。"①程氏论学著作随写随刻，再汇编入《通艺录》，《释虫小记》亦

①《续修四库全书总目提要》，中华书局，1993 年。另，此篇提要是柯劭忞所撰。

在其中[①]。《通艺录》汇印于嘉庆年间，1933 年，又被影印收入《安徽丛书》第二期。

《释虫小记》只有一件抄稿（以下称“手稿 A”），全是鲁迅笔迹，用格纸甲抄写，装成一册，现藏中国国家图书馆。卷前封面前半叶题“释虫小记一卷 / 学海堂经解本”，后半叶题“辛亥四月写毕”。每半叶九行，每行二十四字，版心不标叶码与书名，行款格式与《说郛录要》同。

“学海堂经解”，指清道光间阮元编刊的《皇清经解》。当时，阮元在广州开办学海堂书院，组织师生编纂《经解》，故有此别名。经解本《释虫小记》不全，仅有《螟蛉蜾蠃异闻记》《蛞蝓蜗牛本草正讹记》《改正尔雅羭羖牝牡转写互讹记》三篇，通艺录本多出《蜜蜂纪略》《鸬鹚吐雏辨》《马齿记》三篇。但《皇清经解》刷印数量巨大，远较《通艺录》通行易得；鲁迅据之传录，是非常自然之事。《安徽丛书》印行后，1934 年 10 月 4 日，鲁迅购买了该丛书第三期；但他未购买收入《通艺录》的第二期，所以未能补抄经解本缺失的三篇。

此外，手稿 A 有三处朱笔校字，鲁迅未说明校勘来源。这三处是明显脱讹，朱笔校字与经解本同，应是鲁迅抄成后据经解本核对时所改。

①陈冠明《〈通艺录〉刊刻流传考述》，《古籍研究》1995 年 1 期。

附　表

	用纸	书写时间	手稿全集卷次	辑校古籍卷次
手稿 A	格纸甲	1911 年 4 月 29 日至 5 月 27 日	45 册 229~265 页	第 6 函第 5 册之“释虫小记”1~38 页

五、《蜂衙小记》《燕子春秋》《记海错》《梦书》

《蜂衙小记》《燕子春秋》《记海错》,清郝懿行撰。《梦书》,清王照圆辑。郝懿行字恂九,号兰皋,栖霞人。嘉庆四年进士,官户部主事。精研训诂考据之学,肆力著述,于《尔雅》用力尤深,《清史稿》称“懿行之于尔雅用力最久,稿凡数易,垂殁而后成,于古训同异、名物疑似,必详加辨论,疏通证明”。撰有《尔雅义疏》《山海经笺疏》《郑氏礼记笺》《易说》《书说》《诗说》《春秋说略》《荀子补注》《竹书纪年校正》《汲冢周书辑要》《补宋书刑法志》《晒书堂集》等。王照圆字瑞玉,福山人,郝懿行妻。博涉经史,与懿行切磋研讨,《尔雅义疏》时引其说,撰有《列女传补注》《列仙传校正本》《婉佺诗草》。同光间,其孙郝联薇编刻《郝氏遗书》,收录二人著作。郝氏夫妇,《清史稿》并有传,今人许维遹撰有《郝兰皋夫妇年谱》。

《蜂衙小记》一卷,记述蜜蜂的习性、种类及采蜜方法等,分识君臣、坐衙、分族、课蜜、试花、割蜜、相阴阳、知天时、择地利、恶螫人、祝子、逐妇、野蜂、草蜂、杂蜂 15 条。鲁迅抄稿仅有一件(以下称“手稿 A”),全是鲁迅笔迹,用格纸甲抄写,装成一册,现藏中国国家图书馆。卷前封面前半叶题“蜂衙小记一卷 / 郝氏遗书本”,后半叶题“庚戌十一月录”,抄写格式行款与《说郛录要》同。

《燕子春秋》一卷，模拟《礼记·月令》，按月编次，自撰自注，记录燕子随季节变化的生活习性。鲁迅抄稿仅有一件（以下称“手稿 A”），全是鲁迅笔迹，用格纸甲抄写，装成一册，现藏中国国家图书馆。卷前封面前半叶题“燕子春秋组一卷 / 郝氏遗书本”，后半叶题“庚戌十一月写”，抄写格式行款与上同。

《记海错》一卷，此书共 48 条，专记山东登莱一带的海产，记录名称、形态特征，引述文献记载。鲁迅抄稿仅有一件（以下称“手稿 A”），全是鲁迅笔迹，用格纸甲抄写，装成一册，现藏中国国家图书馆。卷前封面前半叶题“记海错一卷 / 郝氏遗书本”，后半叶题“庚戌十二月录”，抄写格式行款与上同。

《梦书》一卷，此书是从《太平御览》《初学记》《北堂书钞》《艺文类聚》辑录古梦书佚文。鲁迅抄稿仅有一件（以下称“手稿 A”），全是鲁迅笔迹，用格纸甲抄写，装成一册，现藏中国国家图书馆。卷前封面前半叶题“梦书一卷 / 王照圆辑　在郝氏遗书中”，后半叶题“庚戌十二月录”，抄写格式行款与上同。

附　表

	用纸	书写时间	手稿全集卷次	辑校古籍卷次
蜂衙小记手稿 A	格纸甲	1910 年 12 月 2 至 31 日	45 册 266~278 页	第 6 函 第 4 册 之“蜂衙小记” 1~14 页
燕子春秋手稿 A	格纸甲	1910 年 12 月 2 至 31 日	45 册 279~301 页	第 6 函 第 4 册 之“燕子春秋” 1~24 页
记海错手稿 A	格纸甲	1911 年 1 月 1 至 29 日	45 册 302~349 页	第 6 函 第 4 册 之“记海错” 1~50 页
梦书手稿 A	格纸甲	1911 年 1 月 1 至 29 日	45 册 350~367 页	未收

六、《墨经正文》

《墨经正文》，本名《墨经正文解义》，清邓云昭撰。云昭，内江人，光绪间任冕宁县学教谕。《墨经》，又称“墨辩”，即今本《墨子》的《经上》《经下》《经说上》《经说下》《大取》《小取》六篇，向称难读，又多讹乱；因内容蕴含逻辑学、科学成分，近代以来颇受重视。

邓氏此书考定校正《墨经》文本，推求篇章次第，解说宗旨义理。书前有光绪二十二年邓氏自序，成书约在此时。全书共四卷，卷一为《凡例》《鲁胜墨辩注叙》《孙星衍经说记》《照录原本经说上下四篇》《照录大取篇小取篇》《照录三辩篇》六篇，卷二为《经说上篇正解》《考定经说上篇记》《经上旁行双排式》《经上异同表》四篇，卷三为《经说下篇正解》《考定经说下篇记》《经下异同表》三篇，卷四为《改题大取篇小取篇正解》《改题三辩篇正解》《考定全书篇目次第记》《经上经下体例记》《讹字记》《方言记》《叙一篇》《杂说八则》《墨子考》《别墨考》十篇（《别墨考》有目无文）①。

此书流传不广，所见仅中国国家图书馆藏清抄本一部，据称尚有民国二年刻本，未见。1915 年，鲁迅借钞此书。据日记，始末如下：1 月 17 日，“午后季自求来，以《南通方言疏证》《墨经正文解义》相假”；22 日，“夜最写邓氏《墨经解》，殊不

①邓云昭《墨经正文解义》，清抄本，中国国家图书馆藏（04574）。关于邓氏之书的思想学术特点，可参阅：王继学《墨学对晚清民国社会发展的影响》，山东大学博士学位论文，2010 年。

佳”;2 月 21 日,“午后至季自求寓还《墨经正义》及《南通方言疏证》”[①]。值得一提的是,此前鲁迅已有清代学者张惠言(皋文)所撰《墨经解》,此次又抄邓书,足见他对《墨经》抱有相当兴趣[②]。

鲁迅抄稿仅有一件(以下称“手稿 A”),全是鲁迅笔迹,用格纸丙抄写,装成一册,现藏中国国家图书馆。卷端题“墨经正文上　内江邓云昭”,按每行二十字的行款抄写,版心标“墨上”(卷数)及叶码。卷末有鲁迅题记。

此件未收入《鲁迅辑校古籍手稿》,但卷末鲁迅题记被拟题为“《墨经正文》重阅后记”,收入《集外集拾遗补编》[③]。惟题记称抄写于民国六年,与日记不合。对此,《未发表过的鲁迅文稿整理说明》认为鲁迅 1915 年从季自求处借得书后,抄录了一次,而现存手稿是 1917 年重抄的。日记是随时记录,可信度当更高;另一方面,鲁迅在日记中说邓氏此书不佳,则似无重抄一遍的必要。因此,关于手稿 A 的抄写时间,宜采信日记所载。

---

①《日记》,《鲁迅全集》第 15 卷,157、161 页。

②日记 1914 年 1 月 13 日:“得二弟所寄书籍四包,计《初学记》四册、《笠泽丛书》一册、《会稽掇英总集》四册、石印张皋文《墨经解》……各一册。”

③1979 年,《鲁迅研究资料》第 3 辑刊发了一组“未发表过的鲁迅文稿”,中有此篇题记,“《墨经正文》重阅后记”的拟题就是当时所为。这些文稿后,附有《未发表过的鲁迅文稿整理说明》。见:《鲁迅研究资料》第 3 辑,文物出版社,1979 年。此外,《鲁迅辑校古籍手稿》原拟编印第七函,收录此书,因故中辍。详见:徐小蛮《〈鲁迅辑校古籍手稿〉成书过程与思考》,《上海鲁迅研究》第 6 集,百家出版社,1995 年。

邓氏殁于清光绪末年，不详其仕履。此《墨经正文》三卷，在南通州季自求天复处见之，本有注，然无甚异，故不复录。唯重行更定之文，虽不尽确，而用心甚至，因录之，以备省览。六年写出，七年八月三日重阅记之。（下钤“周”朱文小方印）

如日记与题记所示，鲁迅认为邓氏注文不佳，校正排比正文，尚有可观之处，故而手稿 A 是选录而非全抄。与邓氏原书核验，可知原书卷一，鲁迅一字未抄，故手稿 A 仅有三卷。具体来说，手稿 A 卷上选录原本卷二之《经说上篇正解》《经上旁行双排式》，卷中选录原本卷三之《经说下篇正解》，卷下选录原本卷四之《改题大取篇小取篇正解》。三篇《正解》原有大量双行小注（邓氏所撰），手稿 A 将其大部删去，小部分保留或简化。小注既已不在，沿用原名“墨经正文解义”，便显不伦，手稿 A 遂改题作“墨经正文”。

附　表

	用纸	书写时间	手稿全集卷次	辑校古籍卷次
手稿 A	格纸丙	1915 年 1 月 22 日及稍后	45 册 368~439 页	未收

第十六章　鲁迅辑录越人子书考述

乡邦文献是鲁迅辑录古籍工作的重点。清中期以降，汇集乡邦文献，编成郡邑丛书，成为突出现象。所谓乡邦文献，又可从内容与著者身份两个维度，细分为记述乡邦之书、乡邦人士撰著之书两类[①]。在编刻郡邑丛书的历史实践中，也体现出以上分流，丁丙《武林掌故丛编》、陶骏保《京口掌故丛编》等专收记述乡邦之书，王灏《畿辅丛书》、盛宣怀《常州先哲遗书》等专收乡邦人士撰著之书；也有一些郡邑丛书统收二类，如张澍《二酉堂丛书》、金毓黻《辽海丛书》等。其中，《二酉堂丛书》是鲁迅辑录古佚书所效法的对象，《故书杂集》序称："尝见武威张澍所辑书，于凉土文献，撰集甚众。笃恭乡里，尚此之谓。"

鲁迅同样是从这两个维度，展开乡邦文献的辑佚工作。专收记述乡邦之书的《会稽郡故书杂集》，广为人知，已见前述。除此之外，他还辑录了若干种越人著述，各书的完成度有深有浅，其中部分辑录手稿被冠以"越人所著书集本"与"会

①当然，记述某地之书多由当地人士撰著，但也有甲地人撰著记述乙地之书的情况，后者既可按"内容"被归入甲地的乡邦文献，又可依"著者身份"被视为乙地的乡邦文献。

稽先贤著述辑存”的名目,归置在一起。《鲁迅辑校古籍手稿》影印时,未保持《越人所著书集本》《会稽先贤著述辑存》的整体面貌,而是将这些辑本打散,按各书子目分别编排。

对于《故书杂集》之外的鲁迅辑录的越人著述,赵英、顾农分别介绍了鲁迅诸手稿的情况与性质,以及与马国翰辑本的关系①。本章以先行研究为基础,从手稿的原始状态出发,观察鲁迅辑录越人著述的整体面貌、架构及先后变化,进而讨论鲁迅辑录各书的具体操作与工作思路。由于《越人所著书集本》中的部分书籍,后被收入《故书杂集》,而《会稽先贤著述辑存》中的部分书籍,只是抄录马国翰辑本;本章将重点置于《范子计然》《魏子》《任子》《志林新书》《广林》这五部子书上。

一、鲁迅辑录越人著述的诸手稿

鲁迅辑录或起意辑录的越人著述,前后约有 10 余种,形成了多件手稿,其中大部分被分别装订为三册,彼此独立,书写时间存在一定间隔,可以视为不同阶段的在三个群组。此外,还有一些零散手稿,各与三个群组的其中之一相关,以下一并讨论。

---

①赵英《籍海探珍——鲁迅整理祖国文化遗产撷华》,中国文史出版社,1991 年。顾农《关于〈会稽先贤著述辑存〉》,《中国典籍与文化》2000 年 4 期。顾农《关于鲁迅辑本〈范子计然〉等五种》,《文献》2000 年 4 期。

（一）《越人所著书集本》

在三个群组中，整体而言，时间最早的是《越人所著书集本》。此件使用格纸甲书写，书衣题“越人所著书集本 一”（鲁迅字迹），订成一册，现藏中国国家图书馆。内容是鲁迅传录的各书清人辑本与说郛本，包括《范子计然》茆泮林辑本、《魏朗子》《志林新书》马国翰辑本、《会稽记》《会稽先贤传》《会稽典录》说郛本（即《故书杂集》手稿 F）以及《文士传》说郛本（即《文士传》手稿 A）。每书卷前各有封面，题书名及抄录的版本，如“范子计然　改写茆鲁山辑本”等。每半叶九行，每行二十四字，版心不题书名及叶码。其中《范子计然》《魏子》《志林新书》三种，鲁迅做了校改，其性质与前述《谢承后汉书》手稿 B 等相同，是以清人辑本作为自己辑本的根底。

《越人所著书集本》与 1910~1911 年间鲁迅抄录的其他多种清人辑本与说郛本面貌一致，应抄写于同一时段。至于《范子计然》《魏子》《志林新书》的校改，自然晚于抄写；其中有几处是鲁迅与周作人的笔迹夹杂出现，应是 1912 年 2 月前兄弟二人同在绍兴期间所为；另有一些校改，时间稍晚。

还有两件零散手稿，现在也在《越人所著书集本》中，它们都是鲁迅辑录的佚文。一是从《御览》等书辑录的《志林》佚文，全是鲁迅笔迹，用绍兴中学堂蓝色格纸书写，应是 1910 年 8 月至 1912 年 2 月鲁迅在该校任职期间所写，现在作为夹签，放入《越人所著书集本》。二是从《文选》注等书辑录的《任子》佚文。前半部分写在《魏朗子》马国翰辑本末叶的后半叶上，后半部分写在一张格纸乙或格纸丙的后半叶上，全部是鲁迅笔迹，现在同样是放入《越人所著书集本》的夹签[①]。1912年10月12日的鲁迅日记称，收到周作人寄来的“越人所著书草稿”，应即指《越人所著书集本》。

> 晚得二弟所寄小包二，内《古小说拘沈》草稿、越人所著书草稿等十册……[②]

可以推测，《任子》佚文写于周作人寄来之后，鲁迅先利用原先空白的《魏朗子》末叶的后半叶书写，此叶写满后，再用别纸书写剩余佚文。此时，鲁迅已弃用格纸甲，所以《任子》佚文的后半部分是用另一种格纸书写。再从时间关系来看，1913年春，鲁迅开始较多使用格纸乙，他较多使用格纸丙则始于1914年春，假设鲁迅是在收到《越人所著书集本》之后不久辑录《任子》，那么《任子》佚文后半部分使用的是格纸乙的可能性，就大于格纸丙。

（二）《会稽先贤著述辑存》

《会稽先贤著述辑存》手稿，现被订为一册，藏中国国家图书馆。此件书衣题“会稽先贤著述辑存一”（鲁迅字迹），内有《丧服谱》等九种书，由两个部分合成。第一部分是《丧服谱》至《五经钩沉》六种，都是抄录马国翰辑本，用格纸丙书写，全是鲁迅笔迹。书写格式面貌一致，均是每半叶九行，每

---

①如序章所述，格纸乙与格纸丙实际是同一种格纸的初印与后印，区别在于格纸丙的右侧版框中部有明显的断损（断版），格纸乙无。而《任子》佚文后半部分使用的是格纸的后半叶，无法观察位于前半叶的右侧版框情况。

②《日记》，《鲁迅全集》第15卷，24页。

行二十余字,版心上方题书名及叶码。这几种的具体书写时间不明,从使用格纸乙这一点来看,或是在 1913 年春至 1914 年春之间所写。

第二部分即《范子》《魏子》《任子》三种,是周作人抄录的清周广业《意林注》所载佚文,用格纸甲书写,共四叶。这部分抄写于 1913 年 3 月末,周作人据刘世珩《聚学轩丛书》所收《意林注》抄出,周作人、鲁迅日记有记载。

> 【周作人日记】晚阅《意林》,聚学轩五卷本也。(1913 年 3 月 28 日)
>
> 上午抄《意林》中《范子计然》《魏子》《任子》三种了。(3 月 29 日)
>
> 寄北京函,附《范子》等抄本四纸。(3 月 31 日)[①]
>
> 【鲁迅日记】下午得二弟信,附所抄《意林》四叶,三十一日发。(4 月 6 日)[②]

与《会稽先贤著述辑存》的零散手稿有一件,是鲁迅抄录的《范子计然》马国翰辑本序文,为散叶一叶,用格纸乙抄写,现藏中国国家图书馆。此件未放入《会稽先贤著述辑存》内,但内容及面貌与上述《丧服谱》等六种相近,抄录时间可能较之稍早。此外,单抄序文而不抄正文,略显奇怪,或许如《越人所著书集本》中抄录《魏朗子》《志林新书》马国翰辑本那样,鲁迅当时曾抄录全书,但正文部分后来散佚,现在仅留下序文。

---

①《周作人日记》,上册,442 页。

②《日记》,《鲁迅全集》第 15 卷,57 页。

《会稽先贤著述辑存》各书序首或正文之首，有鲁迅铅笔所写数字编号[1]。此件的实际次序与编号一致，次序是先经后子，各类内部再依时代。这个编号显然是在各种书全部抄成（及收到周作人抄件）之后，统编成帙时所加，反映出鲁迅对《会稽先贤著述辑存》编次的构想。

（三）第三组手稿

第三组手稿是《范子计然》《魏朗子》《任奕子》《志林》《广林》附《释滞》《释疑》《通疑》鲁迅辑本的定稿，合订一册，而无总名，用格纸乙书写，全是鲁迅笔迹，现藏中国国家图书馆。诸书前有封面，题书名卷数，如“范子计然上下卷”、“广林一卷”。每书前各有一篇小序。每半叶九行，每行二十二字，版心题书名及叶码。首行题书名，次行题原撰人及“会稽周树人校录”。

此件内的各手稿使用的格纸相同，书写的行款格式又相一致，应写于同一时段。格纸乙的使用高峰是1913年春至1914年春。而此件为定稿本，必然写于《越人所著书集本》与《会稽先贤著述辑存》之后。鲁迅收到《会稽先贤著述辑存》手稿的周作人抄件部分是在1913年4月，这是此件的时间上限，依此而论，第三组手稿的书写或在1913年4月至次年春之间[2]。

如上述，鲁迅辑录越人著述，选目前后有一定出入。时间

①惟谢徽《丧服要记注》未有编号，此书是贺循《丧服要记》的注释，所以鲁迅将它附于贺循本书后，不视为独立的一种。

②顾农《关于鲁迅辑本〈范子计然〉等五种》，认为“大约写成于1914年”。

居前的《越人所著书集本》,包含后来被收入《故书杂集》的《会稽记》《会稽记》《会稽先贤传》《会稽典录》《文士传》,这五种书不见于较晚的《会稽先贤著述辑存》,亦不见于更晚的第三组手稿。《会稽先贤著述辑存》加入了《越人所著书集本》所无的贺循《丧服谱》等经部书,而这些经部书又不见于更晚的第三组手稿。虽然不能完全排除鲁迅辑录越人著述手稿有阙损、现存手稿非其全部的可能性,但仍大体可以观察到辑录之书的选目前后存在变化,其中前后始终是以"越人著述"的身份而被辑录的只有《范子计然》等几部子书[①]。

表 16-1

第一组(越人所著书集本)	第二组(会稽先贤著述辑存)	第三组
范子计然	1 丧服谱(贺循)	范子计然
魏子(魏朗)	2 丧服要记(贺循)	魏朗子
任子(任奕)	丧服要记注(谢徽)	任奕子
志林新书(虞喜)	3 葬礼(贺循)	志林
会稽记(孔晔)	4 论语赞注(虞喜)	广林附释滞释疑通疑
会稽先贤传(谢承)	5 五经钩沉(杨方)	
会稽典录(虞预)	6 范子(范蠡、计然)	
文士传(张隐)	7 魏子(魏朗)	
	8 任子(任奕)	

这个变化,与鲁迅其他的辑录工作相关联。《会稽郡故书杂集》与《会稽先贤著述辑存》、《越人所著书辑本》,在逻辑上

①前两组手稿,书衣分别题为"越人所著书集本　一"、"会稽先贤著述辑存　一",既然有一,则或许原先曾有"二"。

构成对位,在辑录工作的时间上重合。而《会稽记》《会稽记》《会稽先贤录》《会稽典录》四种,既是越人著述,又是记述会稽乡邦之书;在逻辑上可以入此,亦可以入彼。随着鲁迅确定《故书杂集》的选目,这几种书以记述会稽乡邦之书的属性,被纳入《故书杂集》,便不能再属于《会稽先贤著述辑存》。

二、《范子计然》

此书最早见于《旧唐书·经籍志》著录,题"范蠡问,计然答",《汉书·艺文志》《隋书·经籍志》不载。现存佚文依内容可分为两类,一是记各地物产及价格,二是论天地阴阳事理。北魏贾思勰《齐民要术》引此书,现存佚文多语及汉时地名,如玄菟、乐浪等,应是汉魏时人托名所作。关于此书及计然其人,存在多种说法,鲁迅辑本《范子计然序》对此做了梳理。

> 《唐书·艺文志》:《范子计然》十五卷,范蠡问,计然答。列农家。马总《意林》:《范子》十二卷,注云"并是阴阳历数也"。《汉书·艺文志》有《范蠡》二篇,在兵权家,非一书。《隋志》亦不载计然。然贾思勰《齐民要术》已引其说,则出于后魏以前,虽非蠡作,要为秦汉时故书,《隋志》盖偶失之。计然者,徐广《史记音义》云:范蠡师也,名研。颜师古《汉书注》云:一号计研,其书有《万物录》,著五方所出,皆直述之,事见《皇览》及《中经簿》。又《吴越春秋》及《越绝》并作计倪。此则倪、研及然声皆相近,实一人耳。案,本书言计然以越王鸟喙,不

可同利，未尝仕越。而《越绝》记计倪官卑年少，其居在后，《吴越春秋》又在八大夫之列，出处画然不同。意计然、计倪自为两人，未可以音近合之。又郑樵《通志·氏族略》引《范蠡传》：蠡师事计然。姓宰氏，字文子。章宗源以辛为宰氏之误。《汉志》农家有《宰氏》十七篇，或即此，然不能详。审谛逸文，有论“天道”及“九宫”、“九田”，亦时著蠡问者，与马总所载《范子》合。又有言庶物所出及价直者，与师古所谓《万物录》合。盖《唐志》著录合此二分，故有十五篇，而马总、颜籀各举一分，所述遂见殊异，实为一书。今别其论阴阳、记方物者为上下卷。计倪《内经》亦先阴阳后货物，殆计然之书例本如此。而二人相棝，亦自汉已然，故《越绝》即以计然为计倪之说矣。①

在鲁迅之前，此书有清人洪颐煊、茆泮林、马国翰、黄奭、顾观光辑本。洪本最早，辑得的佚文略少于茆本与马本，收入洪氏《经典集林》，有嘉庆间刻问经堂丛书本。茆本收入茆氏《十种古佚书》，有道光间茆氏梅瑞轩刻本。马本收入《玉函山房辑佚书》。顾本仅有稿本。黄本承袭茆本，仅末条（从《御览》卷三六〇辑出）为茆本所无。在诸家辑本中，茆本与马本最为通行。它们的主要差异是：马本分三卷，上卷为《越绝书》《吴越春秋》所载计倪与越王勾践之问对，中卷为论天地阴阳事理之佚文，下卷为记各地方物及物价之佚文。茆本

①《范子计然》手稿D卷首。此文后被标点收入《古籍序跋集》，《鲁迅全集》第10卷，29~30页。

不收计倪问对，在内容上相当于马本的后两卷。此外，茆本依颜师古《汉书注》，将书名题为“计然万物录”；马本则作“范子计然”。

鲁迅辑录《范子计然》，是以茆泮林辑本为根底，修改而成[①]。《越人所著书集本》中的《范子计然》（以下称“手稿A”），封面标署“改写茆鲁山辑本”，清楚说明了此点。不过，鲁迅抄录时有所改动，而非原样照录。比较醒目的差异有：茆本书名作“计然万物录”，手稿 A 作“范子计然”。茆本各条佚文加有标题，手稿 A 未抄。茆本末有补遗，有 2 条佚文，手稿 A 将这 2 则佚文改列在正文最前。卷末的茆氏识语、宋洪迈《范子计然跋》，手稿 A 舍去未录[②]。

抄成后，鲁迅覆检诸书，比勘茆氏所辑，在手稿 A 上标注异同及茆本疏失。依茆本各条目后标署的佚文出处，鲁迅搜检文献的范围大于茆氏，如《后汉书》《史记》《续博物志》《开元占经》等，皆茆本所未及。缘此，鲁迅不仅覆核茆本已有佚文，补充茆本失注的佚文出处，标注茆本所未详的异文情况，还增补了一些茆本失漏的佚文，这些佚文大多被置于手稿 A 末尾的“补遗”（图 16-1）。

---

①1927 年 2 月 10 日，鲁迅收到周建人代购的洪颐煊《经典集林》民国十五年陈氏慎初堂影印本，事见日记。该本今存，见《鲁迅手迹和藏书目录》第 2 集，67 页。《鲁迅藏书志（古籍之部）》，970~971 页。

②茆本居首的佚文，标题为“范子计然叙”，案语称“《容斋题跋》所引，亦微有不同，惟跋语云马总只载其叙及他三事。此当是叙，予故依其文，录于卷首”。这是茆氏误解洪迈的文意。《容斋题跋》此处原文作“马总只载其叙计然及他三事，云余并阴阳历数”，指此段佚文叙述计然事迹，全无指此为序文之意。

手稿A的增补校改，分为墨笔、朱笔两种，显然是经过多次添加，而非一次写成。墨笔全为鲁迅笔迹，朱笔有鲁迅所写，也有周作人所写，而周作人所写皆与《御览》相关（图16-2）。换言之，周作人的工作是翻检《御览》，与茆本比勘。前述周作人抄录周广业《意林注》中的《范子计然》（手稿C），对鲁迅的辑录也起到了作用；手稿A的对应佚文，明显根据手稿C，做了增补标注（图16-4、图16-5），这些增补必是1913年4月收到周作人抄件后所为。

鲁迅针对茆本的增补校改，经过整合，大都被吸收入最终定稿的手稿D。例如，手稿A增补的茆本所无的佚文，基本都被写入手稿D。又如图16-2、图16-3所示，"白蜜出陇西天水"条，茆本只标注一个出处"《御览》八百五十七"，手稿A朱笔增补"《书钞》百四十七云：'陇西天水出白蜜，价直四百以百五千下七下'"，而《书钞》所引显有讹误。在手稿D中，鲁迅将这两个出处的佚文整合，参照《范子计然》他条佚文述物产价格的格式，改动了《书钞》引文。

白蜜出陇西天水《御览》八百五十七，价直四百"四"上疑夺"上"字，中百五十，下七十。《书钞》一百四十七

又如前述，鲁迅抄录了马国翰辑本序文（以下称"手稿B"），显然他至少翻阅过马本，知晓马本卷上所载计倪与越王勾践之问对，是茆本所无。但他未将这些内容补入自己的辑本，则是反映出他对《范子计然》一书的认识。如前揭序文所示，鲁迅推论"计然、计倪自为两人，未可以音近合之"，因此马本卷上的计倪问对不属于《范子计然》，此书的内容限于"论阴阳、记方物"两类。基于这一认识，鲁迅将论天地阴阳

的佚文归为上卷,记物产及价格的佚文归为下卷(茆本亦是如此)。此外,鲁迅还重新编次卷下各条佚文,次序与茆本、马本皆不同。

附　表

	用纸	书写时间	手稿全集卷次	辑校古籍卷次
范子计然手稿 A	格纸甲	1910 年至 1912 年 2 月	24 册 173~191 页	第 2 函第 5 册之“范子计然”27~46 页
范子计然手稿 B	格纸乙	约 1913 年	24 册 282~283 页	未收
范子计然手稿 C	格纸甲	1913 年 3 月 29 日	24 册 275~276 页	未收
范子计然手稿 D	格纸乙	1913 年 4 月至 1914 年春	24 册 284~307 页	第 2 函第 5 册之“范子计然”1~26 页

三、《魏子》

《魏子》又名《魏朗子》,东汉魏朗撰。朗为会稽人,传见《后汉书·党锢传》。《隋书·经籍志》子部儒家类:“《魏子》三卷　后汉会稽人魏朗撰。”两《唐志》并同,宋《崇文总目》等未见著录。在鲁迅之前,此书唯有马国翰辑本。

鲁迅辑录《魏子》的手稿有三。一是抄录马国翰辑本,作为辑录根底,在前述《越人所著书集本》中(以下称“手稿A”)。二是《会稽先贤著述辑存》中的周作人所抄《意林注》的《魏子》部分(以下称“手稿 B”)。三是鲁迅辑本的定稿本(以下称“手稿 C”)。

《魏子》手稿A先是原样照录马国翰辑本，抄毕后，鲁迅覆检诸书，以检录所得比勘马本，在手稿A上标注异同及马本失漏之处。《魏子》佚文多载《意林》，这些佚文的核验，当然是依靠周作人抄写的手稿B。由于马本辑录细致，手稿A的增补校改之处不多。正文末有鲁迅墨笔增补的“昔者许由之立身也”一条（辑自《文选》注），马本已有此条，鲁迅一时未察，误以为马本失漏，之后发觉马本已有，乃将此条抹去。此外，鲁迅还将范晔《后汉书·党锢列传》的魏朗部分，抄在马国翰序后（马本无此）。

与《范子计然》相似，这些增补分别用朱笔、墨笔写成，朱笔间有周作人笔迹，墨笔则全是鲁迅所写。如“居危殆之国”条，是“共引佚文”，马本综合《意林》卷五、《艺文类聚》卷九所引，拼合而成，在案语中交代《意林》《类聚》引文面貌；手稿A补注了《御览》卷六八、《事类赋注》卷八的引文面貌，前者为朱笔，周作人所写，后者为墨笔，鲁迅所写（图16-7）。

手稿A的增补校改，绝大多数被手稿C吸纳，惟手稿A所录《后汉书》魏朗传，手稿C未录。手稿C的条目次序，亦沿袭马本，未作改动。手稿C相对于马本的变动，有以下几点：一是自撰小序，替去马国翰序。二是删去马本的“附考”（该部分是从陶潜《圣贤群辅录》及《御览》所引《会稽典录》录出的魏朗事迹）。三是改动交代“共引佚文”不同出处之异文的案语的形式。马本是在佚文末的案语中统述各出处的文本差异，鲁迅则多在相应文句下插入案语，如“以上亦见某书卷几”，“某书引作何”，指向性更强。

手稿C写成之后，鲁迅又据宋罗泌《路史》所载《魏子》佚文，做了两处补充。一是“昔者许由之立身也”条，天头补写有：“《路史·余论》三引，‘洗耳’上有‘于是’二字，‘让’作‘逊’，‘谦’上有‘此’字，‘高’作‘至’。”二是从《路史·发挥》卷四录出以下一句，“角里先生，在《孔安国秘记》及《汉纪仙传》作‘甪蠡’（‘甪’，手稿原作‘角’——引者按），而《魏子》作‘禄里’，是特音相假耳”，写在一枚夹签上[①]。

附　表

	用纸	书写时间	手稿全集卷次	辑校古籍卷次
魏子手稿 A	格纸甲	1910 年至 1912 年 2 月	24 册 192~199 页	第 2 函第 5 册之“魏朗子”9~18 页
魏子手稿 B	格纸甲	1913 年 3 月 29 日	24 册 277~278 页	未收
魏子手稿 C	格纸乙	1913 年 4 月至 1914 年春	24 册 308~314 页	第 2 函第 5 册之“魏朗子”1~8 页

四、《任子》

《任子》，三国吴任奕撰。此书隋唐史志及后世书目不载，仅唐马总《意林》称“《任子》十卷　名奕”，摘录 17 条。清末王仁俊《玉函山房辑佚书续编》，从《书钞》辑录 1 条。民国间，张寿镛取《意林》所引辑录此书，收入《四明丛书》[②]。

---

①《鲁迅辑校古籍手稿》将此枚夹签置于手稿 A 中，《鲁迅手稿全集》则依原件状态，置于手稿 C 内，自当以《手稿全集》为正。

②该本张氏序跋，皆署民国二十一年（1932）。

三国魏有任嘏，又名任昭，乐安博昌人，著有《任子道论》。《三国志》卷二七有传，裴注引《别传》，叙任嘏事迹甚详。任嘏书见《隋书·经籍志》子部道家类著录，称："《任子道论》十卷　魏河东太守任嘏撰。"两《唐志》并同。

任嘏、任奕名氏近似，任嘏书史志有著录，任奕书则否，乃造成后世学者对于任奕书与任嘏书之关系的认识不同。严可均、马国翰辑录《任子道论》，均将《意林》《御览》诸书所引"任子"、"任子道论"及"任子道德论"，一律视为任嘏书[①]。其中，马本《任子道论》小序提出任奕为任嘏之讹，盖马氏未注意到《会稽典录》记述任奕的材料（《御览》及《三国志》注引），乃将会稽人任奕与乐安人任嘏视为一人。

> 【马本《任子道论》小序】马总《意林》亦载《任子》十卷于《人物志》三卷后，注云"名奕"。考诸史志无任奕著书之目，"奕"盖"嘏"之讹也。今其书佚。《意林》载十七节，又从《北堂书钞》《初学记》《太平御览》辑得九节，参互考订，并附《别传》为卷。《初学记》引作"任嘏道德论"，他皆作"任子"。兹依隋唐《志》，题"任子道论"，既订名奕之讹，因改题魏任嘏焉。

鲁迅据《御览》引《会稽典录》，辨析任奕与任嘏非一人，进而提出自己辑本只录辑佚来源标署书名为"任子"者，以此为与任嘏书区分的界限。

---

①严可均《全上古三代秦汉三国六朝文·全三国文》卷三五，从《书钞》《初学记》《御览》辑录任嘏《道论》11 条。马国翰从《意林》《书钞》《初学记》《御览》《文选注》辑录 26 条。

> 马总《意林》:“《任子》十二卷。”注云:“名奕。”《御览》引《会稽典录》:“任奕,字安和,句章人。”又《吴志》注引《典录》:“朱育对王朗云,近者文章之士,立言粲盛则御史中丞句章任奕、鄱阳太守章安虞翔,名驰文檄,晔若春荣。”罗濬《四明志》亦有奕传,云“今有《任子》十卷”。奕书宋时已失,《志》云今有者,盖第据《意林》言之。隋唐志又未著录,故名氏转晦。胡元瑞疑即任嘏《道论》,徐象梅复以为临海任旭。今审诸书所引,有任嘏《道德论》,有《任子》,其为两书两人甚明。惟《初学记》引任嘏《论》云:“夫贤人者,积礼义于朝,播仁风于野,使天下欣欣然歌舞其德。”与《御览》四百三引《任子》相类,为偶合或误题,已不可考。今撰写直题《任子》者为一卷,以存其书。[①]

鲁迅辑录《任子》的手稿有三。一是他翻检《文选》注、《书钞》《御览》《初学记》所得的佚文(以下称“手稿 A”),如前述,此件补写在《越人所著书集本》的《魏子》之后。二是周作人所抄《意林注》的《任子》部分(以下称“手稿 B”)。三是鲁迅辑本的定稿本(以下称“手稿 C”)。

手稿 A、手稿 B 皆是“佚文长编”。鲁迅曾对勘二者,以比对《文选注》《御览》《书钞》《初学记》所引“任子”,与《意林》所引《任子》的差异。这次对勘在这两件手稿中各自留下痕迹,手稿 A 有 4 条佚文加圈或“¬”状符号,意指此为“共

---

①《任子》手稿 C 卷首。此文后被标点收入《古籍序跋集》,《鲁迅全集》第 10 卷,29~30 页。

引佚文”，其中三条《意林》亦引，另一条佚文是《御览》与《初学记》所共引。与之对应，手稿 B 的 2 条佚文下有鲁迅标记的“《御览》卷几”，指此条亦见于《御览》。

作为定稿本，手稿 C 整合了手稿 A、手稿 B。这首先表现于前二者的所有佚文，均见于手稿 C，《意林》所引在前，《文选注》《御览》《书钞》《初学记》所引在后。此外，手稿 C 的小序，与周广业《意林注》“任子”题下注，行文考证多有相似之处，写作时似乎有所参考。

【周广业《意林注》题下注】案，胡元瑞云：“《任奕子》未得。考《隋志》道家，有魏河东太守任嘏《道论》十二卷，或字之讹也。”今考《御览》载《会稽典录》有云：“任奕，字安和，句章人也。为人貌寝，无威仪。”则字与籍显著，非乐安任昭先，明甚。《书钞》《初学记》及《御览》引任嘏《道论》，或作“任嘏道德论”，别引《任子》，则直称“任子”，其为两书判然。惜行事失传，书名并见佚于《隋志》耳。又汲古本《吴志·虞翻传》注引《会稽典录》：“山阴朱育对王府君曰，近者文章之事，立言粲盛，则御史中丞句章任爽、鄱阳太守章安虞翔，名驰文檄，晔若春华。”颇疑“任爽”为“任奕”之讹。句章，秦置，属会稽郡，今宁波府慈溪县也。南监本作“奕”，汲古误作“爽”。[①]

如前述，马国翰认为任奕为任嘏之讹，“任子”佚文皆属任嘏书，鲁迅则区分任奕、任嘏，以诸书所引“直题《任子》者”为任奕书佚文。但有趣的是，马本任嘏书与鲁迅辑本任奕书，

①周广业《意林注》卷五，清光绪间刘世珩刻聚学轩丛书本。

所收佚文却完全一致[①]。覆案诸书，可知鲁迅判断异文归属的实际做法是：某条佚文，但凡甲书标署引自“任子”，即视为任奕书，无论他书标署作何。

古人标署书名常做简化。缘此，将任嘏《任子道论》略称为“任子”，并不存在必不可行的逻辑障碍。《意林》所载《任子》佚文，明称撰者是任奕，固可认为是任奕书无疑；对于《御览》诸书所引佚文，以书名署“任子”作为区分基点，则只是受困于史料不足的折中处理，而非完善妥帖。职是之故，将甲书题作“任子”、乙书题作仁嘏书的佚文，一律视为任奕书，而以“偶合或误题”弥合冲突，存在风险。例如，鲁迅小序用来举例的“夫贤人者”条佚文，《御览》卷四〇二所引更详，作“任子”，《初学记》卷一七所引较略，作“任嘏道德论”，是非常典型的“共引佚文”。既然不能排除“任子”是任嘏书的可能性，《初学记》所引又明称是任嘏书，自当以归属任嘏书为是[②]。

【《初学记》卷一七】任嘏《道德论》曰：夫贤人者，积礼义于朝，播仁风于野，使天下欣欣然歌舞其德。[③]

【《御览》卷四〇二】《任子》曰：夫贤人者，至德以为己心，行道以为己任。处则不求私名，仕则不求私宠，不为其身，不阿其君。积礼义于朝，播仁风于民，使天下之

---

①马本佚文同样是先《意林》所引，后他书所引，但具体条目的先后次序与鲁迅辑本不同。

②同样的例子还有“丹泉之珠”条，《御览》卷八〇三引作“任子”，《初学记》卷二七引作“任嘏道论”，鲁迅亦辑入任奕书。

③徐坚等《初学记》卷一七，中华书局，1962年，411页。

人翼翼焉向戴其君之尊，欣欣焉歌舞其君之德。[1]

可为对比的是，张寿镛亦认为任奕、任嘏是两人，但张氏判断佚文是否为任奕书，十分谨慎，只取《意林》所载。张寿镛跋称：

> 洎定海黄儆季作《子叙》，始辨《任子》与《任子道论》为二书。《任子道论》，任嘏作，其言出道家。《任子》，任奕作，其言出儒术。……凡马氏从《北堂书钞》《初学记》《太平御览》辑得者，皆删之，而录其存于《意林》者。盖碎玉断圭，与其赝而多，毋宁真而少也。[2]

古书引文标引书名不定，又常不标出作者，故而判定佚文归属，不可避免地存在推断构拟的成分。各家辑本的判断基点不同，宽严不一，这是常有之事。任奕书与任嘏书是很好的一组例子。

附　表

	用纸	书写时间	手稿全集卷次	辑校古籍卷次
任子手稿 A	格纸甲 / 格纸乙或丙	1912 年 10 月 12 日至 1913 年间	24 册 200~201 页	第 2 函 第 5 册 “任奕子” 11~12 页
任子手稿 B	格纸甲	1913 年 3 月 29 日	24 册 279~281 页	未收
任子手稿 C	格纸乙	1913 年 4 月至 1914 年春	24 册 315~324 页	第 2 函 第 5 册 “任奕子” 1~10 页

---

①李昉等《太平御览》卷四〇二，四部丛刊影印宋刻本，商务印书馆，1935 年。

②张寿镛辑《任子》卷末，民国张氏约园刻四明丛书本。

五、《志林》《广林》附《释滞》《释疑》《通疑》

《志林》（又作《志林新书》），晋虞喜撰。虞喜字仲宁，余姚人，传见唐修《晋书·儒林传》。虞喜以博学知名，著述甚多，《晋书》称“凡所注述数十万言，行于世”。《隋书·经籍志》子部儒家类：“《志林新书》三十卷　虞喜撰。”《旧唐书·经籍志》子部儒家类著录，但卷数不同：“《志林新书》二十卷，虞喜撰。”《新唐志》与《旧唐志》同。宋《崇文总目》以下诸书目，则未著录。

刻本《说郛》收录此书一卷，计13条，明抄本无。清马国翰辑录此书，将说郛本所载全部采入，再检录《史记》三家注、《三国志》裴注诸书，共计佚文49条。严可均《全上古三代秦汉三国六朝文·全晋文》卷八二，虞喜部分之《志林》收录佚文5条，均见于马本。晚清王仁俊《玉函山房辑佚书续编》与《经籍佚文》，各有一份此书辑本，均只1条[①]。

鲁迅辑录此书手稿有三件：一是抄录马国翰辑本，作为辑录根底（以下称“手稿A”），在《越人所著书集本》中；二是鲁迅检录《御览》《舆地纪胜》及《史记》三家注所形成的“佚文长编”（以下称“手稿B”），即前述放入《越人所著书集本》的夹签。《史记》三家注所引佚文，录于此件之末，仅有2条，

①马本小序称“明陶宗仪辑十三节入《说郛》，兹据校订，更采《三国志》注、《文选》注、《史记索隐》《正义》、《太平御览》等书，补录三十七节，合为一卷”。另，孙启治、陈建华《古佚书辑本目录》称，马本“凡得六十余节”，“严可均所辑……中唯‘吴之创基，邵为首相’为马所无”（中华书局，1997年，254页），不确。

三家注所载虞喜书佚文远不止此，怀疑手稿B原不止2叶，未见的《史记》三家注所载佚文在现已损去的叶面上。三是鲁迅辑本的定稿本（以下称“手稿C”）。

抄成马本后，鲁迅覆检诸书，以检录所得比勘马本，在手稿A上标注异同及马本失漏之处。如，马本从《史记索隐·齐敬仲世家》辑出“齐有稷山，立馆其下，以待游士”；鲁迅从《书钞》检得叙述更详的同条佚文，乃在手稿A此条天头处加批注，“《书钞》八十三引《志林》云：齐有稷山，立馆其下，以待周游学士，因以为名。《齐都赋》云‘济济稷下’”。与《范子计然》等书的手稿A类似，手稿A的增补有墨笔、朱笔两种，墨笔全是鲁迅笔迹，朱笔则是有鲁迅所写、周作人所写两种情况。此外，手稿A、手稿B的佚文条目，多加圈或加点，这些也是对勘后留下的记号。

经重新检录，鲁迅增补了马本失辑的2条佚文，并补充了相当数量的马本漏注的佚文出处及异文。手稿A、手稿B的这些增补改订，被手稿C所吸收。另一方面，鲁迅对于虞喜书的认识，也与马国翰有明显差异。鲁迅辑本序提出，他书所引《志林》佚文“于韦昭《史记音义》《吴书》、虞溥《江表传》多所辨正”，说郛本《志林》“甚类小说”，是后人伪作而不可信；所以鲁迅辑本弃去说郛本所载，只保留了又见《御览》引用的“建武二十四年”、“东海之鱼”两条[1]。

《晋书·儒林·虞喜传》，喜为《志林》三十篇。《隋

①《志林》仅刻本《说郛》有，而明抄本无，这也是鲁迅说“盖出陶珽妄作”的原因。

志》作三十卷，《唐志》二十卷，并题《志林新书》。今《史记索隐》《正义》、《三国志》注所引，有二十余事，于韦昭《史记音义》《吴书》、虞溥《江表传》多所辨正。其见于《文选》李善注、《书钞》、《御览》者，皆阙略，不可次第。《说郛》亦引十三事，二事已见《御览》，余甚类小说，盖出陶珽妄作，并不录。

与《志林》对诸书"多所辨正"这一认识相关，鲁迅辑本不只依照辑录出处誊写佚文，还补出《志林》所考辨的各书原文，以明晰佚文的语境[①]。如"总言吴别言荆者"条，辑自《史记索隐·高祖本纪》，《索隐》、马本、鲁迅分别作：

【史记】高祖曰：将军刘贾数有功，以为荆王，《索隐》：乃王吴地，在淮东也。姚察按：虞喜云："总言吴别言荆者，以山命国也。今西南有荆山，在阳羡界。贾封吴地而号荆王，指取此义。"《太康地理志》：阳羡县，本名荆溪。[②]

【马本】总言吴别言荆者，以山命国也。今西南有荆山，在阳羡界。贾封吴地而号荆王，指取此义。《史记·荆燕世家》引姚察按虞喜云

【鲁迅辑本】《史记·高祖本纪》："将军刘贾数有功，以为荆王。"虞喜曰："总言吴别言荆者，以山命国也。今西南有荆山，在阳羡界。贾封吴地而号荆王，指取此义。"《索隐》

①鲁迅在手稿 A 部分条目的天头处标有"江表"，意指此条佚文是针对晋虞溥《江表传》而发。

②《史记》卷八，影印宋建安黄善夫刻本，收入《中华再造善本》，北京图书馆出版社，2003 年。

鲁迅还辑录虞喜《广林》,后附《释滞》《释疑》《通疑》,现存手稿是辑录定稿(以下称“《广林》手稿A”)。《广林》的基本情况,以及鲁迅对此书的认识,反映于鲁迅辑本小序:

> 《隋志》:梁有《广林》二十四卷,《后林》十卷,虞喜撰,亡。《唐志》,《后林》复出,无《广林》。杜佑《通典》引一节,书实尚存。又多引虞喜说,大抵杂论礼服,或驳难郑玄、谯周、贺循,与所谓《广林》相类。又有称《释滞》《释疑》《通疑》者,殆即《广林》篇目,《通疑》以难刘智《释疑》,余不可考。今并写出,次《广林》之后。①

尽管未见有相应抄件,但鲁迅辑录《广林》,应是参考了马国翰辑本,故而二者的某些处理如出一辙。如,鲁迅虽怀疑《释滞》《通疑》等是《广林》篇目,但又将它们作为一书单列,马本亦如之②。对此,马国翰称:

> 【马本《广林》小序】杜佑《通典》引虞喜说,凡二十节,除标题“释滞”、“通疑”八节,明标“广林”者一节,他皆称“虞喜曰”。其文义皆杂论礼服,知为一书语。引者举一例,余不标“广林”者,省文也。兹据辑录。《释滞》《通疑》二书,别为编次,附著《广林》后焉。
>
> 【马本《释滞》小序】《释滞》一卷,晋虞喜撰。隋唐《志》载喜所著书,无此书之目。杜佑《通典》引三节,题

---

①此据《广林》手稿A。此文后被标点收入《古籍序跋集》,《鲁迅全集》第10卷,27~28页。

②所不同者,《通典》卷一〇三引“虞喜《释疑》”一条,马国翰视为“疑为滞字之疑”,将此条归入《释滞》;鲁迅则依《通典》所题,设《释疑》以容纳之。

曰虞喜《释滞》。喜别撰此而史志佚之耶，抑其为《志林》《广林》《后林》篇目之一耶？疑不能明。仍依《通典》原题，录存一种。

覆核《御览》诸书可知，《广林》《志林》的很多佚文，原书仅称引“虞喜曰”。鲁迅辑本的归属，与马本基本一致，这也暗示了上述参考关系的存在。

附　表

	用纸	书写时间	手稿全集卷次	辑校古籍卷次
志林手稿 A	格纸甲	1910 年至 1912 年 2 月	24 册 202~218 页	第 2 函第 5 册之“志林”25~44 页
志林手稿 B	绍兴中学堂蓝色格纸	1910 年 8 月至 1912 年 2 月	24 册 219~222 页	第 2 函第 5 册之“志林”45~48 页
志林手稿 C	格纸乙	1913 年 4 月至 1914 年春	24 册 325~347 页	第 2 函第 5 册之“志林”1~24 页
广林手稿 A	格纸乙	1913 年 4 月至 1914 年春	24 册 348~369 页	第 2 函第 5 册之“广林”1~26 页

附　录

谈新版《鲁迅手稿全集》"辑校古籍编"与"金石编"

2021 年是鲁迅诞辰 140 周年。新版《鲁迅手稿全集》(国家图书馆出版社、文物出版社联合出版),在 9 月底鲁迅生日之际问世发布,无疑是可喜可贺之事。关于新版手稿全集的总体情况与特色优长,王锡荣、黄乔生诸先生已有发言,或撰文介绍。这里拟专就"辑校古籍编"与"金石编",略做评介。

鲁迅辑校古籍手稿与金石手稿,未被收入 20 世纪 80 年代的旧版《鲁迅手稿全集》(文物出版社),而是以《鲁迅辑校古籍手稿》(上海古籍出版社,1986~1993 年)、《鲁迅辑校石刻手稿》(上海书画出版社,1987 年)的名义单独出版。《鲁迅辑校古籍手稿》6 函 49 册,收录手稿 7712 页,《鲁迅辑校石刻手稿》3 函 18 册,收录手稿 3280 页;新版全集"辑校古籍编"收录手稿 11249 页,"金石编"收录手稿 6058 页(以上按国图社统计数据)。相较前次影印,"辑校古籍编"的手稿数量增加了近 50%,"金石编"则近乎翻倍。

无论是已知的现存手稿,还是未知但实际存世的手稿,鲁迅手稿的存世总量必然是有上限的。近年来,虽有一些辑校古籍手稿与金石手稿重现于世(如西泠 2016 年秋拍的《齐谐记》、嘉德2013年春拍的《许氏志怪》),但为数有限。新版全集增收手稿数量如此之多,一是延续了前次影印的未完工作,二是编纂思路的转变所致。

关于前一点,当年曾有继续出版《鲁迅辑校古籍手稿》第七函的计划,拟收《出三藏记集》《易林》《易林丁晏释文》《墨经正文》4种,因故未能实现[1]。此外未刊辑校古籍手稿,也还有一些,以零散手稿居多。新版全集以全面收录、无有遗漏为思路,将之前未刊的零散手稿尽数收入。这些零散手稿篇幅有限,但同样是反映鲁迅辑校工作环节与具体操作的珍贵材料。比如,《古小说钩沉》中的《甄异传》,除最终稿本之外,《鲁迅辑校古籍手稿》只收北京鲁迅博物馆所藏的一件初稿(末有1964年周作人题记),内容是自《北堂书钞》《太平御览》抄录的佚文。此次增入中国国家博物馆所藏另一初稿(末有1956年周作人题记),内容是自《太平广记》抄录的佚文,并以《太平御览》所载佚文对校。此件初稿的公布,不仅与最终稿本中的《甄异传》兼有《北堂书钞》《太平御览》《太平广记》佚文相吻合,而且使我们得知:在初稿阶段,鲁迅的工作顺序是先检索《北堂书钞》《太平御览》,抄出佚文,后从《太平广记》抄出佚文,再以前者与后者对校。

新增手稿中也有体量较大者,此类手稿的价值相对更高。其中最典型的是《幽明录》初稿(现藏北京鲁博),大多被裁成断片(入藏时已如此,应是鲁迅所为),有近300枚之多。《鲁

①徐小蛮《〈鲁迅辑校古籍手稿〉成书过程与思考》,《上海鲁迅研究》第6集,百家出版社,1995年。

迅辑校古籍手稿》只印该件的最后一叶(此叶完整,末有周作人题字“右鲁迅手写古小说钩沉稿一叶”),新版全集则整件印出。笔者初步分析的结果,这些断片来自至少 4 件彼此独立的初期手稿,足见鲁迅辑校过程之繁复;更重要的是,这些初稿是珍贵的过程性材料,对它们进行分析,可以复原初稿阶段鲁迅工作的具体步骤以及工作思路的演变。若单看《古小说钩沉》最终稿本中的《幽明录》,固然也能明了鲁迅搜检佚文范围之广,并约略体会到辑录过程之繁复。但最终稿本是经过“整齐化”后形成的,绝大多数的过程性痕迹已然消失,研究者难以从中探究鲁迅工作的具体历程,在这方面的价值转不及初期手稿。

特别需要指出的是,在这组《幽明录》断片手稿所含的 4 件手稿中,可以分辨出其中一件属于《小说备校》。提及《小说备校》,一般是指鲁迅从《北堂书钞》《初学记》《酉阳杂俎》抄辑的《神异经》《十洲记》《洞冥记》《搜神记》《搜神后记》《王子年拾遗记》《异苑》7 种书,这部分手稿现存国图。1952 年,唐弢编纂《鲁迅全集补遗续编》,按上述顺序,将这 7 种标点整理,由此形成了现今人们一般认知中的模样。从鲁迅辑校古小说的全局视野来看,《小说备校》实际是《古小说钩沉》初期手稿群组中的一件,并非独立著述。《小说备校》手稿的特征明显,有别于其他初期稿本:使用“绍兴府中学堂试卷”蓝色格纸,各书首页左上贴有小签,标记编号与书名,作“一　拾遗记”、“二　搜神记”、“三　搜神后记”、“五　十洲记”、“六　神异经”、“八　异苑”(均为鲁迅题字);《洞冥记》的小签未标数字,仅题书名(周作人题字),其他特征则与以上

6种相同。唐弢整理时未按鲁迅编号次序排列,且缺少“四”、“七”。这两件其实并未丢失,现藏北京鲁博,此前未曾影印公布。一为《述异记》,仍保持最初的整叶状态,首页左上小签作“四　述异记”,另一便是已被裁成断片的《幽明录》,所幸小签仍存,作“七　幽明录”;这两件所用格纸与前述7种相同。换言之,《小说备校》至少有9种书,这是新版全集增入未刊手稿所带来的一个重要发现。

至于编纂思路的转变,新版全集最显著的特点是扩大了“手稿”的界定范围,将鲁迅抄写的古籍、在古籍原书上的批校、补抄的原书缺页、所题写的拓片签条,亦纳入影印范围。这里的“手稿”实际包含了鲁迅的一切手迹。或许会有人从“原创性”角度提出异议,认为如此界定“手稿”,过于宽泛。其实,筹划编印《鲁迅辑校古籍手稿》之初,对于收录“宽窄”,就有分歧。方行等人主张“一网打尽”,谢辰生、启功、顾廷龙、林辰等主张有所选择,最终议定:对于单纯的抄录,仅收完整成部且抄写精美者[①]。

新版全集的编纂,可以说是方行思路的延续。至少就古籍与金石部分而言,“一网打尽”更利于展现鲁迅的古籍与金石学研究的全貌与个中细节。鲁迅辑佚古籍,往往先抄写前人辑本,再翻检各种文献,对其修订增补,最终形成自己的辑本。所以说,鲁迅抄写古籍,未必是为抄而抄,恐怕是存有增

①叶淑穗《几部鲁迅手稿影印出版的缘起及其历程》,《上海鲁迅研究》2019年1期;现又收入叶淑穗《鲁迅手稿经眼录》,国家图书馆出版社,2021年。

补辑佚的念头，只不过有些付诸实施，有些止于初步。至于鲁迅批校之书，典型实例是《会稽郡故书杂集》，此书刻成后，鲁迅在一部刻本上做了校改修订（现藏国图，此次影印了有鲁迅批改的页面）。上海图书馆的陈先行先生研究古籍稿抄本，主张此类有作者校改的刻本实质是著述创作的延续，应视为修改稿本。至于鲁迅题写的拓片签条，数量众多，其上不仅标记石刻名称，还记录石刻年代、原石所在地（或现藏何处）、前人著录与考订意见，等等。这些内容反映了鲁迅对于该石刻的认识判断，以及在研究过程中对于前人成果的参考利用，同样颇具价值。

新版全集编纂思路的另一特点，是注意交代鲁迅手稿的物质形态特征与现存状态，尤其强调“件”的概念。以页边注的方式，标记每件手稿的册数、页数、原件尺寸、现藏地等物质形态信息。这些信息之于手稿研究的重要性，不言而喻。《鲁迅辑校古籍手稿》各函虽有《编辑说明》，但仅作简单介绍，上述信息往往付之阙如。研究者利用起来，多有不便，容易引发误判。新版全集在此方面的努力，可以说是一个不小的进步。

此外，新版全集采用全彩原大影印（个别手稿尺寸巨大，无法原大印成，稍有缩小），不加修润，只做色彩校准，遂能准确清晰地呈现鲁迅手稿的原貌。《鲁迅辑校古籍手稿》《鲁迅辑校石刻手稿》是去底色的黑白印刷，有朱笔批校处，再加套色。新版全集的阅读体验更为良好，还规避了旧影印本的某些失误，呈现出旧本未能体现的细节。例如，《玄中记》的初期手稿，有2件被装订在一起（现藏国图），前后相邻，其一写于素纸（1叶），其二写于“绍兴中学堂”蓝色格纸（6叶），被印入《鲁迅辑校古籍手稿》第3函第10册。但或许是因为这两件前后相邻，用素纸书写的那件也被错误地加上套色，印成用“绍兴中学堂”蓝色格纸书写。新版全集为彩印，无须后期套色，自然不会出现此类讹误。又如，个别手稿上有被火烧灼的圆形破洞，显然是鲁迅吸烟时烟头掉落所造成的。《鲁迅辑校古籍手稿》以去底色方式印刷，无法体现出这种痕迹；新版全集原色印出，便将鲁迅工作时的鲜活细节呈现出来。这也是新版全集所带来的饶有趣味的一点。

新文学手稿存量巨大，有待深入开掘。高质量的、成系统的影印，自然是第一步。不同人物的手稿面目各异，不可能有通用的影印实施方案。而鲁迅手稿的类型丰富，涵盖了创作、编译、学术研究等多种著述样态，从这一角度而言，新版《鲁迅手稿全集》至少可以为今后的手稿影印工作，提供某种程度的参考。笔者有幸参加“辑校古籍编”的审稿工作，又获读“金石编”校样，收获良多，谨撰此文，作为点滴纪念。

（《藏书报》2021年11月1日）

新发现的与鲁迅相关的谭正璧书信

因受托承担新版《鲁迅手稿全集》"辑校古籍编"(国家图书馆出版社、文物出版社联合出版)的审稿工作,笔者接触了鲁迅手稿的部分原始扫描件,在其中见到了2页无落款亦未署时间的书信。

此件现藏中国国家图书馆,被置于索书号290"亲笔杂件"下的"小说资料"(国图所拟编目名),用"上海四马路棋盘街艺学社制"红色竖行文稿格纸书写。以下先将此信录出(标点符号悉照原件,斜线表示此处换行)。

说岳全传,尝见一木刻本,题仁和徐彩锦文编次。内/容与普通石印本同。

陈忱水浒后传,石印本名三续水浒,或更名混江龙开/国传。但三续水浒只二十回(目录中亦只二十回),不见续出。

海上有所谓真本老残游记者,较通行本多二十章,始/于老残回籍,终于老残在高丽。文笔与前二十章不类。

现通行本之孽海花只有一二两集(钉二册),近见小说林/书社出版(十多年前之版本)之某小说后,有小说林杂志广告一/则,首篇即为孽海花第三集,下亦署东亚病夫著。夫孽海/花之出版者本为小说林书社(近已改有正书局)则必为真本可/知,惜现不能购得此项杂志,以证质之也。鄙意以为原书/或全,因杂志中止,为书社所散失耳。(但我未见单本孽海花,未知序上如/何说法。)

近于坊间买得石印续隋唐演义(此名疑改付石印者所改)四/本。全书四十回,一至十回,为薛丁山征西事,然与通/行之征西传不同,而亦有神怪之处。十一至四十回,与/今本隋唐演义七十一回至百回同,惟回目不整饬,与说唐,/此三十回是否全同,待再细校。/粉妆楼之回目相类。(窃意此书当名说唐后传,因该书实续说唐前/传「包含说唐小英雄传即扫北征东三书」而作)正璧疑此书为褚人获/所未改之本。但书前宣统二年独醒之叙,则似专为征西传而/作,专崇扬薛家,而不及其他。十回之末,论及唐宫闱之/乱,有云:「若说开国之君,闺门之正,自古到今,莫过于/我明矣。太祖开基,传十六朝帝王,宫闱之严,莫与为/比也……」据此,则作者非为遗老,即为清初人。然由/此或可断为褚人获所未改之本。

此书如 周先生要阅,示知当以奉赠。

嗣后有知当再奉告。

此件是许广平捐赠,1950年代入藏当时的北京图书馆,绝无伪造可能,函尾所称“周先生”,是指鲁迅无疑。同时,这一称谓又透露出此函不是直接致信鲁迅;否则,行文宜称“先生”或“先生您”,称“周先生”,有悖语言习惯。至于此件真正的收信人,虽不能确指,但必与鲁迅有较为密切的关系。写信人亦知晓此节,他的目的(或者说预期)便是收信人会将这两页转呈鲁迅，所以写信时特意使这两页相对独立，不与其他内容混杂，以便转交。反之，若与其他内容混杂在一起，牵扯他事，转交鲁迅，则有不便。原信当然有抬头落款，但写在另页之上，或曰写信人与收信人的“真实通信”的那一部分上。

这两页转至鲁迅处后，或许因为内容是谈论小说版本，遂与他小说研究的散叶稿件放置在一起，后随鲁迅手稿捐赠入北京图书馆。因其无头无尾，编目者一时不查，误以为这也是“亲笔杂件”，又或者已察觉此非鲁迅手稿，但单独抽出，却又难以安排，便按照内容，归入“小说资料”中保存。

写信人自称“正璧”，谙熟小说版本，且能说出“海上”书店出现的“《真本老残游记》”的具体情况，显然实际翻阅过，则他极可能居于上海。综合上述情况来看，此人应是谭正璧（1901~1991）。

谭正璧字圭仲，上海嘉定黄渡人。先后供职于上海神州女校、民立女中、齐鲁大学、棠棣出版社、华东师范大学。一生致力于文学史研究，尤以俗文学文献的整理与考证见长，著述丰硕，主要有《中国文学史大纲》《中国文学进化史》《中国女性文学史》《中国小说发达史》《话本与古剧》《古本稀见小说汇考》《三言两拍源流考》《木鱼歌潮州歌叙录》等。他在民国时期还创作有相当数量的文学作品，如历史小说集《长恨歌》、戏剧《梅花梦》、散文集《夜珠集》等[①]。

---

①关于谭氏生平，可参阅：谭正璧《谭正璧自传——谭寻笔录》，《晋阳学刊》1982 年 3 期；谭篪《谭正璧传》，北京出版社，2016 年。《疁城文博》（嘉定博物馆主办）2020 年第 2 辑，刊发组稿《煮字一生，著作三身：纪念谭正璧诞辰 120 周年》，有多篇谭氏后人的回忆与学者的研究文章。

国图藏信写于何时呢？与称“周先生”则非直接致信鲁迅同理，“海上”一语反证鲁迅当时居于外地；否则，双方同处一城，信中当称在“汉口路”、“四马路”之类的地方见到某书，才符合事理。则此函应写于1927年10月鲁迅移居上海之前。另一方面，此函由他人转呈，这种形式最可能发生在双方通信伊始。盖因素无往来，鲁迅又是年长20岁的前辈，直接致信，或显冒昧。那么，双方信函往来始于何时呢？

关于谭氏与鲁迅的交往，双方各有文字记录留存。先看鲁迅方面，写于1925年9月10日的《〈中国小说史略〉再版附识》称：“钝拙及谭正璧两先生未尝一面，亦皆贻书匡正，高情雅意，尤感于心。谭先生并以吴瞿安先生《顾曲麈谈》语见示云，‘《幽闺记》为施君美作。君美，名惠，即作《水浒传》之耐庵居士也。’”[①] 鲁迅日记关于双方书信往来的记载则有：

> 午得有麟信，附刘梦苇、谭正璧信。（1925年7月8日）
>
> 寄谭正璧信。（7月13日）
>
> 寄锡琛、西谛、谭正璧以《小说史》各一本。（10月9日）
>
> 得谭正璧信并《中国文学史大纲》一本。（10月14日）
>
> 得谭正璧信。（1934年10月13日）[②]

谭氏晚年写有《回忆我和鲁迅先生的一段往事》、《漫谈

①鲁迅《〈中国小说史略〉再版附识》，《鲁迅全集》第8卷，173页。
②《日记》，《鲁迅全集》第15卷，572、587页，第16卷，478页。

修订本〈中国小说史略〉——为鲁迅先生百年诞辰纪念作》，前者写于1978年5月4日，后者稍晚，但不迟于1981年7月。在文中，谭氏亦称1925年有2次通信，1934年有1次通信。

> 一九二四年，我购得《史略》初稿本上、下二册，细加阅读，爱不忍释。一九二五年夏天，在吴瞿安《顾曲麈谈》里，偶然发现“《幽闺记》为施君美作，君美名惠，即作《水浒传》之耐庵居士也”一段话，不觉欣然有得。……立即写信告诉鲁迅先生。他在七月八日得信后，即在同月十三日复我一信，表示“此说甚新，但不知何据，他日当向吴先生一问”，并向我致谢（原信已失，大意如此）。……在同年十月又收到鲁迅先生送我再版合订本《史略》一册，见在原序后，增加《附识》一段……[①]
>
> 至一九三四年十月，为了当时拙编《中国文学家大辞典》即将排竣，去信拟请鲁迅先生题写书名，并待清样排好后再送他指正。……而且书局方面已另请前北大校长蔡元培先生题了字，所以就没有再去麻烦他了。[②]

按照双方记述，列在最前的是谭正璧引述吴梅《顾曲麈谈》称施惠（君美）是《水浒》作者之信（以下简称“水浒作者信”），鲁迅收到该信是在1925年7月8日。此函原件可

---

①谭正璧《漫谈修订本〈中国小说史略〉——为鲁迅先生百年诞辰纪念作》，鲁迅博物馆鲁迅研究室编《鲁迅诞辰百年纪念集》，湖南人民出版社，1981年，540~546页。

②谭正璧《回忆我和鲁迅先生的一段往事》，上海文艺出版社编《鲁迅回忆录二集》，上海文艺出版社，1979年，217~221页。

能至今尚存。2016 年浙江鸿嘉拍卖公司春季拍卖有谭正璧致鲁迅信札一件，共 3 页，署“七月五日”，第 2 页有标题“关于施耐庵是谁的话”，内容与上引《再版附识》及谭正璧文所述相符。原信封亦存，上面所写收发双方是“北京锦什坊街九十六号《莽原》通信处鲁迅先生台收　江苏南翔谭寄”。此件现不知归于何处，与其他谭氏手迹（包括国图藏信）比对，字迹同出一人。基本可以认定，这便是 7 月 8 日鲁迅收到的“水浒作者信”。

值得注意的是，“水浒作者信”是随荆有麟来信转寄而来（当时荆氏参与《莽原》的编辑事务，谭信寄至“《莽原》通信处”，乃由他转来）。这与前文推测的国图藏信系由第三人转呈，情形相仿，可见二函时间相去不远，皆在谭氏与鲁迅通信之初。7 月 13 日，鲁迅回信给谭正璧，这可以视为双方建立了直接通信联系，此后若非特殊情况，谭氏致信鲁迅，便无须由他人转呈。10 月 14 日，谭氏致信鲁迅并寄赠书，从鲁迅日记看，便是直接寄来，可作为以上推断的注脚。

不过，在鲁迅与谭正璧的记述中，看不出有国图藏信的痕迹，这该做何解释呢？鲁迅日记的收发信记录，诚然是可靠而重要的研究依据，凡日记有载，则必有通信；日记未载，却不能一律等同于没有通信。例如，刘弄潮致鲁迅信，署“五月四日”，鲁迅日记便无对应记载[①]。

至于谭氏的回忆文章，有一点值得玩味：他清楚知晓鲁

---

①周海婴编、北京鲁迅博物馆注释《鲁迅许广平所藏书信选》，湖南文艺出版社，1987 年，37 页。

迅的收信时间,与此同时,却未讲出自己致信鲁迅或收到鲁迅来信的日期,这与常理相悖。与鲁迅日记对读,乃知凡日记有载,谭文便能举出日期;若不载,谭文则阙。所以,谭氏回忆文章中的书信日期及其内容的系联,并非他的自然回忆,而是翻览鲁迅日记,与自身回忆"重合"或曰"印证"后的产物。谭氏暮年写作回忆文章,写给鲁迅的书信原件早已不在手边,他在1924年之后又不记日记①,借助鲁迅日记,回想数十年前的旧事,无可深怪。但警惕并辨析回忆文字中的"自然"部分与"加工"部分,则是研究者所宜留心之处。

接下来,再来看国图藏信的内容。信中讲述5种小说的版本见闻,这些小说的成书时代、品类不尽相同,很难说有何关联。表面上看,似乎是随意拉杂而谈;若与《中国小说史略》对看,则会发现二者存在密切对应。

这五种小说,《小说史略》均有论及,或与之相关。《说岳全传》《水浒后传》(即《后水浒传》),见《小说史略》"第十五篇　元明传来之讲史(下)";《老残游记》《孽海花》,见"第二十八篇　清末之谴责小说";所谓"石印续隋唐演义",则对应《隋唐演义》,见"第十四篇　元明传来之讲史(上)"②。

更为重要的是,信中各段明显针对《小说史略》而发,有与之对应的"对话点"。比如,陈忱《水浒后传》,谭信说"石印本名三续水浒,或更名混江龙开国传。但三续水浒只二十

①谭篪《父亲谭正璧二三事》,《嘉定报》2011年12月19日8版。

②鲁迅《中国小说史略》,《鲁迅全集》第9卷,155、153~154、297~299、299~301、138~140页。

回(目录中亦只二十回),不见续出”。此话针对《小说史略》所云“《后水浒传》四十回”而发,谭氏所见与鲁迅所述回目不同。

《老残游记》,《小说史略》称全书“二十章”,谭氏见到的“真本老残游记”则有四十章。不过,谭氏认为此本不可信,后二十章当是他人冒名续作,“文笔与前二十章不类”。

《孽海花》的成书经过比较复杂,至1925年,此书已写成并出版了二十五回。但鲁迅、谭正璧均只读到前二十回,是以《小说史略》称“旋合辑为书十卷,仅二十回”,谭信称“现通行本之孽海花只有一二两集(钉二册)”。他们所读应该都是小说林书社出版的前二十回印本(初集、二集,每集五卷,每卷二回),或是该本的翻版。谭氏注意到有“孽海花第三集”的广告,乃告知鲁迅。

《续隋唐演义》,《小说史略》未直接提及。谭氏依据第十回末尾行文,推测“作者非为遗老,即为清初人”,进而猜测此为“褚人获所未改之本”。这是针对《小说史略》的以下文字而发:“《隋唐志传》原本未见,清康熙十四年(一六七五)长洲褚人获有改订本,易名《隋唐演义》。”他觉得这可能是鲁迅未见的“原本”,故而表示“如周先生要阅,示知当以奉赠”。

国图藏信所反映的谭氏在小说版本方面的所见所得,也被融入他本人的研究。谭氏的文学史研究著作很多,与此信时间相隔4年的《中国文学进化史》(光明书局1929年初版),讨论小说版本之处不少。将国图藏信与该书对照,可以看出,随着时间推移,谭氏学力日充,见闻日博,识断不断精进。

写国图藏信时，谭氏尚未读到《孽海花》第二十一至二十五回。四年后，他显然已经读过，对于该书经纬变迁，了解更深，《中国文学进化史》称："《孽海花》旧本只二十回，初载于《小说林》杂志，目录已定，凡六十回，载至二十五回时，忽中辍。……二十回本出世后，有陆士谔依作者所定回目为之续完，但为作者否认。"[1]

陈忱《水浒后传》，书中称"普通本因欲别于《征四寇》之续《水浒》，故题为《三续水浒》，又有题为《混江龙开国传》的"[2]，与信中所述相同；但"《三续水浒》只二十回"云云，就不再提出。可见谭氏认识到二十回本系据残本印出，不值得特别介绍。至于《老残游记》，书中称"今又有续书二十章，则为他人所托名"[3]，明显是信中"文笔与前二十章不类"的延续，但态度更为坚定。

所谓《续隋唐演义》，是国图藏信的重点，谭氏自信这书具有价值，故而花费最多笔墨介绍。但从信中所称"十一至四十回，与今本《隋唐演义》七十一回至百回同，惟回目不整饬，与《说唐》，《粉妆楼》之回目相类"来看，谭氏主张此为原本，未免过于牵强。至撰写《中国文学进化史》时，他显然已仔细对勘文本，认识到原先立论错误，遂有 180 度的反转，指出它是晚近拼凑割裂之物："续此书的有二种：……一为《续隋唐演义》，凡四十回，始于丁山征西，余和今本《隋唐演义》

---

①谭正璧《中国文学进化史》，《谭正璧学术著作集》第 1 卷，上海古籍出版社，2012 年，165 页。
②谭正璧《中国文学进化史》，146 页。
③谭正璧《中国文学进化史》，165 页。

后数十回的回目文字都相同,它的出世较晚,当为妄人割裂上列诸书而编成。”[①]

综言之,国图藏信是谭正璧与鲁迅进行学术交往的一次尝试,发生于双方书信来往之初。它面向《小说史略》而作,是谭正璧细读该书之后,抱着欲为鲁迅诤友的心态,有针对性而作;凡自己所见所知,而疑鲁迅未知者,便不嫌琐屑地提供出来,与“水浒作者信”的旨趣完全一致。由此亦可见,谭氏回忆文章称“我购得《史略》初稿本上、下二册,细加阅读,爱不忍释”,是真切的“自然回忆”,绝非为在鲁迅诞辰百年之际写回忆文章,故作深情缅怀之语。

此信阴差阳错地长期隐于鲁迅手稿之中,不为人知。它既反映了双方围绕《中国小说史略》所展开的学术交往的更多细节,与谭氏本人的小说史研究也存在密切关联,具有多层面的史料价值。笔者无意间获见此函,实为快事,遂急加披露,以供同仁参考批评。

(《鲁迅研究月刊》2022 年第 4 期)

①谭正璧《中国文学进化史》,149 页。

参考文献

鲁迅及周作人著述、回忆录等

《鲁迅全集》,人民文学出版社,2005 年。
《鲁迅手稿全集》,国家图书馆出版社、文物出版社,2021 年。
《鲁迅辑校古籍手稿》,上海古籍出版社,1986~1993 年。
《鲁迅辑录古籍丛编》,人民文学出版社,1999 年。
《周作人日记》,大象出版社,1996 年。
周吉宜《1949 年周作人日记》,《中国现代文学研究丛刊》2017 年 7 期。
周作人《鲁迅的故家》,上海出版公司,1953 年。
周作人《知堂回想录》,安徽教育出版社,2008 年。
乔峰(周建人)《略讲关于鲁迅的事情》,人民文学出版社,1954 年。
许寿裳《亡友鲁迅印象记》,人民文学出版社,1953 年。
许寿裳《我所认识的鲁迅》,人民文学出版社,1978 年。
鲁迅研究室编《鲁迅研究资料》第 3 辑,文物出版社,1979 年。
鲁迅研究室编《鲁迅研究资料》第 5 辑,天津人民出版社,1980 年。
周海婴编、北京鲁迅博物馆注释《鲁迅许广平所藏书信选》,

湖南文艺出版社，1987年。
《鲁迅手迹和藏书目录》，北京鲁迅博物馆，1959年。
韦力《鲁迅藏书志（古籍之部）》，中华书局，2016年。
周国伟《鲁迅著译版本研究编目》，上海文艺出版社，1996年。

古籍文献

《史记》，影印宋建安黄善夫刻本，收入《中华再造善本》，北京图书馆出版社，2003年。
《后汉书》，影印宋建安黄善夫刻本，收入《中华再造善本》，北京图书馆出版社，2005年。
《三国志》，影印宋衢州州学刻宋元明递修本，收入《中华再造善本》，北京图书馆出版社，2006年。
《晋书》，影印宋刻本，收入《中华再造善本》，北京图书馆出版社，2003年。
《隋书》，元大德饶州路儒学刻元明递修本，日本静嘉堂文库藏。
《旧唐书》，明嘉靖间闻人诠刻本，日本国立公文书馆藏。
《新唐书》，宋绍兴刻递修本，日本静嘉堂文库藏。
姚之骃《后汉书补逸》，清康熙五十三年露涤斋刻本。
孙志祖《谢氏后汉书补逸》，清抄本，浙江图书馆藏。
孙志祖《谢氏后汉书补逸》，南京国学图书馆影印清抄本，1931年。
汪文台《七家后汉书》，清光绪间刻本。
周天游《八家后汉书辑注》，上海古籍出版社，1986年。

汤球《虞预晋书》,民国间张寿镛刻四明丛书本。
马端临《文献通考》,影印元泰定元年西湖书院刻本,收入《中华再造善本》,北京图书馆出版社,2005年。
王象之《舆地纪胜》,影印清道光间惧盈斋刻本,江苏广陵古籍刻印社,1991年。
祝穆《方舆胜览》,影印宋咸淳三年吴坚刘震孙刻本,收入《中华再造善本》,北京图书馆出版社,2005年。
高似孙《剡录》,清同治九年嵊县县署刻本。
施宿《嘉泰会稽志》,清嘉庆戊辰采鞠堂刻本。
张淏《宝庆会稽续志》,清嘉庆戊辰采鞠堂刻本。
罗濬《宝庆四明志》,影印宋刻本,收入《中华再造善本》,北京图书馆出版社,2003年。
袁桷《延祐四明志》,清咸丰间徐时栋刻宋元四明六志本。
张元忭《云门志略》,影印明万历二年刻本,收入《四库存目丛书》史部第230册,齐鲁书社,1996年。
黄宗羲《四明山志》,《黄宗羲全集》,浙江古籍出版社,2012年。
石声汉《辑徐衷南方草物状》,农业出版社,1990年。
商壁、潘博《岭表录异校补》,广西民族出版社,1988年。
严沛《桂海虞衡志校注》,广西人民出版社,1986年。
王十朋《会稽三赋》,影印宋刻元修本,收入《中华再造善本》,北京图书馆出版社,2004年。
钱东垣《崇文总目辑释》,清嘉庆间刻汗筠斋丛书本。
《秘书省续编到四库阙书》,清抄本,中国国家图书馆藏(06801)。

孙猛《郡斋读书志校证》,上海古籍出版社,1987年。
尤袤《遂初堂书目》,明湖东精舍抄本,上海图书馆藏。
高似孙《史略》,清光绪间杨守敬刻古逸丛书本。
陈振孙《直斋书录解题》,徐小蛮、顾美华整理,上海古籍出版社,1987年。
杨士奇等《文渊阁书目》,清抄本,中国国家图书馆藏(02838)。
杨士奇等《文渊阁书目》,清宋氏漫堂抄本,中国国家图书馆藏(15851)。
杨士奇等《文渊阁书目》,清嘉庆桐川顾氏刻读画斋丛书本。
孙能传、张萱等《内阁藏书目录》,清抄本,中国国家图书馆藏(18087)。
梁维枢《内阁藏书目录》,清抄本,上海图书馆藏。
赵用贤《赵定宇书目》,上海古籍出版社,2005年。
朱睦㮮《万卷堂书目》,清光绪间叶德辉刻观古堂书目丛刊本。
焦竑《国史经籍志》,明徐象橒刻本,中国国家图书馆藏。
陈第《世善堂藏书目录》,清抄本,中国国家图书馆藏(02786)。
祁承㸁《澹生堂藏书目　澹生堂藏书记》,郑诚整理,上海古籍出版社,2005年。
徐𤊹《徐氏红雨楼书目》,上海古籍出版社,2005年。
徐𤊹《红雨楼题跋》,清嘉庆三年郑杰刻本。
钱谦益《绛云楼书目》,清道光间南海伍氏刻粤雅堂丛书本。
钱曾《述古堂书目》,清抄本,中国国家图书馆藏(02798)。
钱曾《读书敏求记》,清雍正六年濮梁延古堂刻本。

钱曾《读书敏求记》，清抄本，清叶名沣跋并录黄丕烈批校题识，中国国家图书馆藏(06563)。

黄虞稷《千顷堂书目》，上海古籍出版社，1990 年。

黄虞稷、周在浚《征刻唐宋秘本书目》，清光绪间叶德辉刻本。

《四库全书总目》，影印清乾隆浙江刻本，中华书局，1965 年。

章宗源《隋书经籍志考证》，项永琴、陈锦春、郑民令点校，收入《二十五史艺文志经籍志考补萃编》，清华大学出版社，2012 年。

傅以礼《华延年室题跋》，上海古籍出版社，2009 年。

丁丙《善本书室藏书志》，清光绪二十七年杭州丁氏刻本。

《八千卷楼书目》，民国十二年杭州丁氏铅印本。

傅增湘《藏园群书经眼录》，中华书局，2009 年。

《续修四库全书总目提要》，中华书局，1993 年。

《清内阁旧藏书目》，民国七年京师图书馆抄本，收入《明清以来公藏书目汇刊》第 7 册，北京图书馆出版社，2008 年。

《北平图书馆善本书目》，民国二十二年刻本。

《江南图书馆善本书目》，清末江南图书馆铅印本。

《江苏省立国学图书馆图书总目》，1933~1935 年江苏省立国学图书馆排印本。

《浙江图书馆古籍善本书目》，浙江教育出版社，2002 年。

赵鸿谦《松轩书录》，《江苏省立国学图书馆第四年刊》，1931 年。

王欣夫《蛾术轩箧存善本书录》，上海古籍出版社，2002 年。

张寿镛辑《任子》，民国张氏约园刻四明丛书本。

邓云昭《墨经正文解义》，清抄本，中国国家图书馆藏(04574)。

赵蕤《长短经》,清嘉庆间顾氏刻读画斋丛书本。
周广业《意林注》,清光绪间刘世珩刻聚学轩丛书本。
欧阳询《艺文类聚》,上海古籍出版社,1999年。
虞世南《北堂书钞》,清光绪十四年孔广陶刻本。
徐坚等《初学记》,中华书局,1962年。
吴淑《事类赋》,影印宋绍兴十六年两浙东路茶盐司刻本,收入《中华再造善本》,北京图书馆出版社,2006年。
李昉等《太平御览》,四部丛刊影印宋刻本,商务印书馆,1935年。
李昉等《太平广记》,中华书局,2013年。
王应麟《玉海》,元后至元六年庆元路儒学刻本,日本静嘉堂文库藏。
王朋寿《类林杂说》,民国九年刘承幹刻本。
刘义庆《世说新语》,影印明嘉靖间嘉趣堂刻本,收入《四部丛刊》,商务印书馆。
《文选》,影印宋刻本,收入《四部丛刊》,商务印书馆。
《增补六臣注文选》,明嘉靖二十八年钱塘洪楩刊本。
《文选》,清嘉庆间胡克家刻本。
徐陵《玉台新咏》,影印明崇祯赵氏小宛堂刻本,收入《国学基本典籍丛刊》,国家图书馆出版社,2018年。
《古文苑》,清嘉庆间张海鹏刻墨海金壶本。
姚铉《唐文粹》,影印宋绍兴九年临安府刻本,收入《中华再造善本》,北京图书馆出版社,2006年。
孔延之《会稽掇英总集》,清道光元年杜氏浣花宗塾刻本。
郭茂倩《乐府诗集》,影印宋刻本,收入《中华再造善本》,北京图书馆出版社,2004 年。
冯惟讷《古诗纪》,明万历刻聚锦堂印本。
《六朝诗集》,影印明刻本,广西师范大学出版社,2021 年。
汪士贤《汉魏六朝二十一名家集》,明万历天启间汪士贤刻本。
张燮《七十二家集》,明天启崇祯间刻本。
张溥《汉魏六朝百三名家集》,明崇祯间张氏刻本。
彭定求等《全唐诗》,清康熙间扬州诗局刻本。
董诰等《全唐文》,影印清嘉庆间武英殿刻本,中华书局,1983 年。
顾沅、潘世恩等《乾坤正气集》,清道光二十八年泾县潘氏刻同治五年修补印本。
严可均《全上古三代秦汉三国六朝文》,中华书局,1958 年。
杨逢辰《建安七子集》,清光绪十六年长沙坦园刻本。
逯钦立《先秦汉魏晋南北朝诗》,中华书局,1983 年。
俞绍初《建安七子集》,中华书局,2005 年。
北京大学古文献研究所编《全宋诗》,北京大学出版社,1998 年。
曾枣庄、刘琳主编《全宋文》,上海辞书出版社、安徽教育出版社,2006 年。
周绍良《全唐文新编》,吉林文史出版社,2000 年。
《嵇康集》,明吴宽丛书堂抄本,北平图书馆原藏。
《嵇中散集》,影印明嘉靖间黄省曾南星精舍刻本,收入《四部丛刊》,商务印书馆。
《嵇康集》,文学古籍刊行社,1956 年。

张鹏一《挚太常遗书》,收入《关中丛书》,民国二十四年陕西通志馆排印本。
傅以礼辑《傅光禄集》,清光绪二十年傅氏刻本。
谢灵运《谢康乐集》,明万历十一年沈启原刻本。
谢灵运《谢康乐集》,明万历南城翁少麓刻本。
顾绍柏《谢灵运集校注》,中州古籍出版社,1987 年。
《虞世南诗文集》,胡洪军、胡遐整理,浙江古籍出版社,2012 年。
沈亚之《沈下贤文集》,影印明谢肇淛小草斋抄本,复旦大学图书馆,2014 年。
沈亚之《沈下贤文集》,清光绪间叶德辉刻观古堂汇刻书本。
华镇《云溪居士集》,清翰林院钞本,中国国家图书馆藏(05872)。
洪迈《容斋题跋》,明崇祯间毛氏汲古阁刻津逮秘书本。
顾廷龙校阅《艺风堂友朋书札》,上海古籍出版社,1981 年。
钟嵘《诗品》,收入何文焕辑《历代诗话》,中华书局,1981 年。
厉鹗《宋诗纪事》,清乾隆十一年刻本。
《说郛》,明抄本,中国国家图书馆藏(A00487)。
《说郛》,商务印书馆,1927 年。
《说郛》,清顺治间宛委山堂刻本。
洪颐煊《经典集林》,民国十五年陈氏慎初堂影印本。
茆泮林《十种古佚书》,清道光间梅瑞轩刻本。
黄奭《黄氏逸书考》,民国间补刻本。
黄奭《汉学堂知足斋丛书》,书目文献出版社,1992 年。
马国翰《玉函山房辑佚书》,影印清光绪十年楚南湘远堂刻本,广陵书社,2004 年。

王仁俊《玉函山房辑佚书续编三种》,上海古籍出版社,1989年。
吴曾祺《旧小说·乙集》,商务印书馆,1925年。
唐鸿学《怡兰堂丛书》,民国十一年唐氏刻本。

研究论著

林辰《鲁迅述林》,人民文学出版社,1986年。
赵英《籍海探珍——鲁迅整理祖国文化遗产撷华》,中国文史出版社,1991年。
张梦阳《中国鲁迅学史》,江苏凤凰文艺出版社,2021年。
叶淑穗《鲁迅手稿经眼录》,国家图书馆出版社,2021年。
黄乔生《鲁迅年谱》,浙江大学出版社,2021年。
《张元济古籍书目序跋汇编》,商务印书馆,2003年。
余嘉锡《余嘉锡论学杂著》,中华书局,2007年。
祝尚书《宋人别集叙录(增订本)》,中华书局,2020年。
姚名达《中国目录学史》,上海古籍出版社,2005年。
王重民《中国目录学史论丛》,中华书局,1984年。
孙启治、陈建华《古佚书辑本目录》,中华书局,1997年。
陈先行、石菲《明清稿抄校本鉴定》,上海古籍出版社,2009年。
马楠《唐宋官私目录研究》,中西书局,2020年。

论　文

林辰《鲁迅先生的古籍整理工作—— 1977年5月13日在福

建师范大学“鲁迅著作注释审稿会”上的讲话》,《鲁迅研究月刊》2020 年 7 期。

王士让《鲁迅古籍整理研究概述》,《古籍整理研究学刊》1986 年 4 期。

赵英《鲁迅在整理祖国文化遗产中的非凡贡献》,《鲁迅研究动态》1987 年 4 期。

徐小蛮《鲁迅辑校古籍手稿及其研究价值》,《鲁迅研究动态》1987 年 8 期。

周维培《鲁迅在古代小说文献学上的贡献》,《学术界》1990 年 4 期。

叶树声《鲁迅辑佚小说探微》,《津图学刊》1994 年 4 期。

王纯《鲁迅先生对文献学的贡献》,《图书情报工作》2001 年 3 期。

李峰《鲁迅的文献学成就》,《史学史研究》2004 年 4 期。

李亮《论鲁迅与乡邦文献——关于鲁迅治学起点的探究》,青岛大学硕士学位论文,2006 年。

王涛《略论鲁迅整理魏晋古籍的成就及影响》,《黑龙江史志》2009 年 14 期。

李雨《鲁迅的古籍文献辑校及其意义》,《绍兴文理学院学报》2013 年 4 期。

余乐《自成一派,俨然大家——浅析鲁迅致力于古籍整理工作的原因》,《许昌学院学报》2014 年 1 期。

许智银《论鲁迅整理古籍的动因及方法》,《烟台师范学院学报》2001 年 4 期。

肖振宇《苦闷的精神标记——鲁迅辑校古籍、抄古碑原因新探》,《吉林师范大学学报》2005年3期。
叶菁《激进洪流下的文化空间选择——浅谈鲁迅古籍藏书辑录的血脉承续与发展》,《东南大学学报》2015年增刊。
黄凯《“取今复古,别立新宗”:鲁迅古籍辑校再审视》,《东岳论丛》2020年1期。
黄乔生《鲁迅抄校〈法显传〉与其学术研究和思想发展之关系》,《东岳论丛》2022年4期。
孙昌熙《鲁迅整理研究我国古籍的科学方法》,《古籍整理研究学刊》1985年2期。
顾农《鲁迅与版本目录之学》,《贵州大学学报》1987年1期。
曹之《鲁迅与古籍版本学》,《中国图书馆学报》1995年1期。
曹之《鲁迅与目录》,《图书情报论坛》1994年2期。
邱永山《鲁迅与乡邦文献及乡贤故书》,《鲁迅研究月刊》1995年10期。
杨一琼、吴萱《鲁迅的版本意识和版本实践》,《图书馆理论与实践》2007年5期。
王继武《鲁迅与校勘学》,《河南图书馆学刊》2007年5期。
臧其猛《鲁迅辑佚古籍特点》,《山东图书馆季刊》2008年3期。
韩中英《鲁迅古典文献研究初探》,黑龙江大学硕士学位论文,2010年。
鲍国华《鲁迅辑校古籍系年》,《国际中国文学研究丛刊》第3集,2015年。
宋声泉《近二十年“学者鲁迅”构建的既有与尚无》,《文艺理论与批评》2021年2期。

王锡荣《鲁迅手稿影印本出版现状及其对策》,《上海鲁迅研究》2017 年 1 期。

萧振鸣《鲁迅用笺考》,《上海鲁迅研究》2015 年 4 期。

冯雪峰《〈鲁迅日记〉影印出版说明》,《鲁迅日记》,上海出版公司,1951 年。

刘哲民《〈鲁迅日记〉的影印工作》,《出版史料》第 2 辑,1983 年。

林辰《关于〈古小说钩沉〉的辑录年代》,《人民文学》3 卷 2 期(1950 年 12 月)。

林辰《〈古小说钩沉〉所收各书及其作者考略》,《光明日报·文学遗产》1956 年 10 月 21 日、10 月 28 日。

林辰《鲁迅计划中〈古小说钩沉〉的原貌》,《光明日报·文学遗产》1960 年 10 月 30 日。

顾农《〈古小说钩沉〉的成书过程》,《东北师大学报》1985 年 1 期。

赵英《未曾发表过的鲁迅撰〈说目〉》,《鲁迅研究月刊》1991 年 2 期。

林辰《〈会稽郡故书杂集〉是怎样的一部书》,《鲁迅述林》,人民文学出版社,1986 年。

赵英《从〈会稽郡故书杂集〉手稿看鲁迅的治学精神》,《鲁迅研究动态》1986 年 2 期。

孟文镛《鲁迅和〈会稽郡故书杂集〉》,《绍兴师专学报》1991 年 3 期。

吕福堂《鲁迅与方志》,《鲁迅研究资料》第 19 辑,中国文联出版公司,1998 年。

顾农《读〈会稽郡故书杂集〉手稿》,《上海鲁迅研究》第11集,百家出版社,2000年。

刘思源《关于〈会稽郡故书杂集〉》,《鲁迅研究月刊》2000年1期。

李亮《鲁迅与〈会稽郡故书杂集〉》,《鲁迅研究月刊》2006年1期。

秦硕《鲁迅辑校〈会稽郡故书杂集〉手稿》,《鲁迅研究月刊》2019年12期。

顾农《读〈鲁迅辑校古籍手稿〉札记二则》,《上海鲁迅研究》第13集,上海人民美术出版社,2002年。

顾农《鲁迅与会稽文献》,《山东社会科学》2013年6期。

谢政伟《鲁迅辑校谢承〈后汉书〉琐议》,《嘉兴学院学报》2017年2期。

卢芳、汤颖仪《没有被忘却了的工作——以鲁迅先生辑校的谢承〈后汉书〉为限》,《鲁迅研究月刊》2007年9期。

林辰《鲁迅辑佚工作举隅——略谈鲁迅辑录的几种古籍》,《文学遗产》1981年3期。

顾农《读〈鲁迅辑校古籍手稿〉札记》,《鲁迅研究月刊》2001年8期。

谢政伟《鲁迅辑录虞预〈晋书〉勘误六则》,《鲁迅研究月刊》2017年1期。

谢政伟《鲁迅校录虞预〈晋书〉勘误四则》,《绥化学院学报》2019年11期。

陈虎、杨朝明《试论汤球的〈九家旧晋书辑本〉》,《安徽史学》1992年2期。

顾农《读1981年版〈鲁迅全集〉中关于古籍整理文章的札记（六则）》,《古籍整理研究学刊》1985年4期。

汪和（王冶秋）《关于鲁迅先生手稿“嵇康集考”》,《历史研究》1954年2期。

陈梦韶《关于鲁迅遗著“嵇康集考”》,《历史研究》1955年3期。

时萌《鲁迅与〈嵇康集〉》,《镇江师专学报》1985年1期。

徐文玉《〈嵇康集考〉发现记》,《鲁迅研究动态》1989年4期。

文先国《鲁迅与许广平同钞〈嵇康集〉墨迹的分辨》,《鲁迅研究月刊》2008年1期。

赵英《鲁迅校录〈嵇康集〉》,《鲁迅研究月刊》1990年7期。

顾农《关于鲁迅校本〈嵇康集〉手稿》,《鲁迅研究月刊》1994年8期。

叶当前《鲁迅辑校〈嵇康集〉的整理与校勘》,《鲁迅研究月刊》2012年9期。

叶当前《论戴明扬〈嵇康集校注〉——兼及戴明扬对鲁迅〈嵇康集〉的校正》,《江淮论坛》2012年5期。

葛涛《新发现的鲁迅佚文：鲁迅校对〈嵇康集〉的手稿》,《东岳论丛》2014年1期。

符杰祥《鲁迅文学创作手稿与稿本问题辨考》,《中国现代作家手稿及文献国际学术研讨会论文集》,2014年。

李浩《刘岘与鲁迅及〈怒吼吧中国之图〉》,《上海鲁迅研究》2015年3期。

李浩《上海鲁迅纪念馆藏鲁迅文章手稿略述》,《上海鲁迅研究》2017年1期。

顾农《谢灵运新研三题》,《山东师范大学学报》2003年3期。
刘明《谢灵运集成书及版本考论》,《天中学刊》2018年2期。
王重民《中国目录学史料(四)》,《吉林省图书馆学会会刊》1981年5期。
李丹《明代私家书目伪书考》,《古籍研究》第51集,2007年。
吴冠文《谢灵运诗歌研究》,复旦大学博士学位论文,2006年。
易兰《孔融别集流传与版本考论》,《四川图书馆学报》2021年5期。
高炎《再谈周作人的几件史实》,《文教资料》1986年4期。
顾农《读〈鲁迅辑校古籍手稿〉札记三则》,《聊城师范学院学报》1999年1期。
赵英《鲁迅著作出版史的新突破》,《鲁迅研究月刊》2000年4期。
岳伟《虞世南诗文研究》,上海师范大学硕士学位论文,2019年。
林辰《鲁迅论唐代传奇作家沈亚之》,《鲁迅研究》1984年2期。
顾农《关于鲁迅校本〈沈下贤文集〉》,《鲁迅研究月刊》1994年2期。
张杰《鲁迅与〈沈下贤文集〉》,《上海鲁迅研究》2009年1期。
吴洪泽《尤袤著述考辨》,《四川大学学报》1999年4期。
魏晓帅《尤袤卒年及〈遂初堂书目〉成书小考》,《古籍整理研究学刊》2017年2期。
顾宏义《〈宋史艺文志·别集类〉辨正》,《新宋学》第8集,复旦大学出版社,2019年。

张焕玲《宋代咏史组诗研究》,陕西师范大学博士学位论文,2011年。

许广平《鲁迅手迹和藏书的经过》,《鲁迅手迹和藏书目录》卷前,鲁迅博物馆内部印行,1959年。

袁同礼《永乐大典考》,《袁同礼文集》,国家图书馆出版社,2010年。

顾农《中古文学的两部重要史料——鲁迅辑本〈众家文章记录〉与〈文士传〉》,《上海鲁迅研究》第12集,百家出版社,2001年。

顾农《读鲁迅辑本〈众家文章记录〉》,《书品》2003年2期。

杨明照《从〈文心雕龙〉看中国古代文论史、论、评结合的民族特色》,《古代文学理论研究》第10辑,上海古籍出版社,1985年。

朱迎平《六朝文学专科目录辑考》,《古籍整理研究学刊》1993年2期。

朱迎平《第一部文人传记〈文士传〉辑考》,《古籍整理研究学刊》1994年6期。

谢灼华、王子舟《古代文学目录〈文章志〉探微》,《图书情报知识》1995年4期。

周勋初《张骘〈文士传〉辑本》,《周勋初文集》第2卷,江苏古籍出版社,2000年。

傅刚《汉魏六朝文体辨析的学术渊源》,《中国社会科学》2000年2期。

吴光兴《荀勖〈文章叙录〉、诸家"文章志"考》,莫砺锋编《周勋初先生八十寿辰纪念文集》,中华书局,2008年。

任桂萍《六朝“文章志”研究》,四川师范大学硕士学位论文,2021年。

刘师培《搜集文章志材料方法》,《国故》第3期,1919年5月。

吕福堂、王得后《关于鲁迅校本〈岭表录异〉》,《鲁迅研究资料》第4辑,天津人民出版社,1980年。

顾农《鲁迅校本〈岭表录异〉的成就及其遗留问题》,《扬州师院学报》1981年3期。

顾农《关于鲁迅校本〈岭表录异〉手稿》,《鲁迅研究月刊》1995年7期。

陈华新《鲁迅校勘〈岭表录异〉》,《岭南文史》1983年1期。

李春桃《〈岭表录异〉及其校本》,《社会科学家》2004年3期。

秦硕《鲁迅辑校之〈岭表录异〉(概述及〈卷上〉)》,《鲁迅研究月刊》2015年12期。

秦硕《鲁迅〈岭表录异补遗〉校考》,《鲁迅研究月刊》2016年7期。

林辰《鲁迅〈云谷杂记〉辑本及所作序跋二篇的发现》,原载《南开大学学报》1977年第3期,后收入《鲁迅述林》,人民文学出版社,1986年。

刘仁《〈文渊阁书目〉版本系统考论》,《文献》2019年4期。

赵英《鲁迅与中国古籍〈说郛〉》,《鲁迅研究动态》1989年8期。

王得后、吕福堂《鲁迅校本〈云谷杂记〉说明》,《鲁迅研究资料》第5辑,天津人民出版社,1980年。

秦硕《鲁迅辑校之〈云谷杂记〉》,《鲁迅研究月刊》2020年

7期。
黄启方《〈云谷杂记〉与其作者张淏》,《中国典籍与文化论丛》第12辑,2010年。
张淏撰,张宗祥校点《云谷杂记》,中华书局,1958年。
张宗祥《铁如意馆随笔》,《张宗祥文集》第1册,上海古籍出版社,2013年。
张宗祥《冷僧自编年谱》,《张宗祥文集》第3册,上海古籍出版社,2013年。
张宗祥《我所知道的鲁迅》,原载《图书馆》杂志1961年4期,《图书馆学通讯》1982年1期重刊。
李希泌《鲁迅与图书馆(1912—1919)》,《北图通讯》1979年1期。
王丽《图书馆学视阈中的鲁迅》,《鲁迅研究月刊》2014年10期。
高丽平《国学大师张宗祥与图书馆》,《兰台世界》2013年7期。
焦树安《国立北平图书馆学者传略:张宗祥　徐森玉》,《国家图书馆学刊》2002年1期。
刘润涛《鲁迅知识结构探源——围绕其“年少读书”的考察》,《中国现代文学研究丛刊》2018年5期。
王芳《周氏兄弟开蒙经验中的博物杂学和“多识”趣味》,《中国现代文学研究丛刊》2019年1期。
赵英《滴滴汗水　殷殷苦心——鲁迅所藏丛书丛谈》,《鲁迅研究月刊》1994年9期。
秦硕《鲁迅辑录之博物类古籍》,《鲁迅研究月刊》2018年

12 期。
辛树帜《关于嵇含南方草木状一书的时代问题》,《我国果树历史的研究》,农业出版社,1962 年。
彭世奖《〈南方草木状〉撰者撰期的若干问题》,《农史研究》第 1 辑,农业出版社,1980 年。
陈连庆《今本〈南方草木状〉研究》,《文史》第 18 辑,中华书局,1983 年。
刘昌芝《试论〈南方草木状〉的著者和著作年代》,《自然科学史研究》1984 年 1 期。
苟萃华《也谈〈南方草木状〉一书的作者和年代问题》,《自然科学史研究》1984 年 2 期。
缪启愉《〈南方草木状〉的诸伪迹》,《中国农史》1984 年 3 期。
胡道静《今本〈南方草木状〉的几个问题》,《农书农史论集》,农业出版社,1985 年。
梁家勉《对〈南方草木状〉著者及若干有关问题的探索》,《自然科学史研究》1989 年 3 期。
张宗子《对〈南方草木状〉作伪于南宋时期之质疑》,《中国科技史料》1990 年 4 期。
《〈南方草木状〉国际学术讨论会论文集》,农业出版社,1990 年。
顾农《早年鲁迅与草木虫鱼——关于几种植物学古籍的周氏兄弟手抄本》,《上海鲁迅研究》2008 年 3 期。
陈冠明《〈通艺录〉刊刻流传考述》,《古籍研究》1995 年 1 期。
王继学《墨学对晚清民国社会发展的影响》,山东大学博士学位论文,2010 年。
徐小蛮《〈鲁迅辑校古籍手稿〉成书过程与思考》,《上海鲁迅研究》第 6 集，百家出版社，1995 年。
顾农《关于〈会稽先贤著述辑存〉》，《中国典籍与文化》2000 年 4 期。
顾农《关于鲁迅辑本〈范子计然〉等五种》，《文献》2000 年 4 期。
叶淑穗《几部鲁迅手稿影印出版的缘起及其历程》，《上海鲁迅研究》2019 年 1 期。
谭正璧《谭正璧自传——谭寻笔录》，《晋阳学刊》1982 年 3 期。
谭篪《父亲谭正璧二三事》，《嘉定报》2011 年 12 月 19 日 8 版。
谭篪《谭正璧传》，北京出版社，2016 年。
《煮字一生，著作三身：纪念谭正璧诞辰 120 周年》，《疁城文博》2020 年 2 辑。
谭正璧《漫谈修订本〈中国小说史略〉——为鲁迅先生百年诞辰纪念作》，鲁迅博物馆鲁迅研究室编《鲁迅诞辰百年纪念集》，湖南人民出版社，1981 年。
谭正璧《回忆我和鲁迅先生的一段往事》，上海文艺出版社编《鲁迅回忆录二集》，上海文艺出版社，1979 年。
谭正璧《中国文学进化史》，《谭正璧学术著作集》第 1 卷，上海古籍出版社，2012 年。

后 记

本稿源自教育部人文社科青年项目“鲁迅辑校古籍研究”的结项书稿,后来又得到天津市高校中青年骨干创新人才培养计划的资助。开展该课题研究的契机,则是2010年前后的一次闲谈。

当时,我在天津师范大学文学院工作。有一次,与现代文学专业的几位老师餐叙。王国绶老师说,你和鲍国华老师不妨考虑合作搞一个古今结合的研究。我立刻想到了这个题目,之后便与国华兄合作,申报了教育部项目。本稿得以写成,自然首先要感谢王老师与国华兄。

本稿的部分章节,最初以单篇论文的形式,在《鲁迅研究月刊》《中国典籍与文化》《现代中文学刊》等刊物上发表。在此谨感谢各家刊物的提携,以及陈子善、黄乔生、刘玉才、罗岗、姜异新、葛涛、张春田、吴密、袁媛等师友在写作、修改、发表等各环节上的帮助。

本次最终成稿,对教育部结项书稿的原有章节做了大规模的修改补正乃至重写,又补写了若干章节。这些修改补充,得益于参加新版《鲁迅手稿全集·辑校古籍编》的审校工作。在工作中,承陈红彦、夏晓静、孙俊老师帮助甚多。其中要特别感谢孙俊老师。当时,她负责承担“辑校古籍编”的编纂,我们就各手稿的撰写时间、诸手稿的分类、编排处理等细节问题,反复讨论,沟通联络尤多。她还编制了非常详细的鲁迅手稿现存状况的工作表格，慨然传示给我，极便查询。在反复讨论中，我对鲁迅手稿的认识逐步加深，开始认真思索很多此前未曾细想的问题点。此外，中国书店的刘易臣先生提供了清光绪二十年傅氏刻本《傅光禄集》(此本甚不易得)的全部书影。董婧宸、董岑仕女士提出了诸多修改意见。张宏钊、王丹旎、唐寅、郑凌峰同学，细致校对检查了文稿及校样。

当然，我还要感谢责任编辑张玉亮先生、胡雪儿女士的细致工作，以及原定的责任编辑郭时羽女士。由于懒惰与拖沓，直至郭时羽女士从中华书局离职，我都没有交稿，很感歉疚，希望以后能有弥补的机会。

如所周知，鲁迅对美术有持续热爱与追求，对书籍装帧设计的艺术性极为讲求，他也是中国新兴木刻版画运动的倡导者。本书外封版画，以湖南博物馆藏东晋校书陶俑(承胡劼辰先生告知，四川大学姜生先生提出此为道教“太阴炼形”信仰下的“司命司录俑”之说)为主要素材，模仿《彷徨》原版封面的构图，委托青年版画家田绘楠先生创作。

据说，在研究中，不能对研究对象倾注偏向性的情感，否则难免有失客观。所以，我只能采取“盗版”封面的伎俩，用申对鲁迅先生(这是本稿唯一对他冠以“先生”尊称之处)、《彷徨》封面画作者陶元庆先生的景仰之情。

石祥于复旦大学中国古代文学研究中心

2023 年 4 月 23 日

又及：承复旦大学上海医学院高翔教授题署封面，特此感谢。

2024 年 4 月 11 日

“经籍志”书系

清代刻工
与版刻字体
郑幸 著

《清代刻工与版刻字体》
郑幸　著
2023 年 11 月第 2 版第 1 次印刷
2024 年 2 月第 2 版第 2 次印刷
ISBN 978-7-101-16356-8
定价 88.00 元

古籍刻工一直是传统文献学所关注的重要对象。本书在广泛搜集与整理数千条清代刻工题名的基础上，通过宏观与微观两种视角，将刻工群体置于出版、文化、艺术等更为广阔的社会领域中加以考察，并对清代书籍史中的一些重要问题进行了深入探讨。

中国雕板
源流考
汇刊

《中国雕板源流考汇刊》
孙毓修　撰
叶新、郑凌峰、樊颖　整理
2023 年 7 月第 1 版第 1 次印刷
2024 年 3 月第 1 版第 2 次印刷
ISBN 978-7-101-16213-4
定价 68.00 元

本书是以现代眼光系统研究版本学的开山之作，至今仍有重要的参考价值。此次除通行本外收录新近发现的稿本与连载本，尽现作者结撰之精思。商务印书馆之涵芬楼名重书林，本书即为其创建者之学术精粹，可称“涵芬楼密码”。

《明代图书官修史》

霍艳芳　著

2023年6月第1版第1次印刷

ISBN 978-7-101-16212-7

定价88.00元

本书探讨明代官修图书的组织机构、预修人员、成就及代表性成果的成书经过，总结明代官修图书的特点，揭示其在中国图书编撰史上的地位和影响。有明一代，图书出版进入高速发展时期，私刻坊刻备受关注，本书聚焦官修图书，是对相关研究的有益补充。

《清末白话报刊与文学革命》

张向东　著

2022年12月第1版第1次印刷

ISBN 978-7-101-15976-9

定价88.00元

清末的白话报刊，是五四文学革命的先驱。本书全面分析清末白话报刊与文学革命之间的联系，重新认识五四文学革命在清末的萌芽和演进过程。

烽火遗篇
抗战时期作家
佚作与版本
凌孟华 著

《烽火遗篇：抗战时期作家佚作与版本》

凌孟华　著

2022 年 9 月第 1 版第 1 次印刷

ISBN 978-7-101-15819-9

定价 78.00 元

本书明确提出抗战文学研究的“非文学期刊”视野问题，通过对茅盾、夏衍、张爱玲等名家佚作的搜集、校勘与考辨，拓展抗战文学史料发掘的边界，还原抗战文学的历史现场与原始形态，以期推动抗战文学研究的发展与突围。

高凤池
日记
叶新 整理

《高凤池日记》

叶新　整理

2022 年 8 月第 1 版第 1 次印刷

2023 年 3 月第 1 版第 2 次印刷

2023 年 8 月第 1 版第 3 次印刷

ISBN 978-7-101-15769-7

定价 65.00 元

在近现代出版史上，高凤池是一个被遮蔽的重要人物。本书整理其仅存的日记文献，呈现高氏的平生志业与人格情操，是商务印书馆研究不可忽视的重要史料，亦展现了近代上海的社会图景。

《中华书局的企业制度（1912—1949）》

欧阳敏　著

2022 年 4 月第 1 版第 1 次印刷

ISBN 978-7-101-15596-9

定价 48.00 元

中华书局作为一家有着百余年历史的现代出版机构，拥有丰厚的底蕴与光荣的传统。本书还原民国时期中华书局的企业经营面貌，从产权制度、组织制度、管理制度三个方面，探寻这家百年文化企业的成功奥秘。

中国出版史研究

出版史书目

《生活书店会议记录1933—1937》，2018年11月第1版第1次印刷，ISBN 978-7-101-13499-5，定价298.00元

《生活书店会议记录1938—1939》，2019年7月第1版第1次印刷，ISBN 978-7-101-13921-1，定价298.00元

《生活书店会议记录1939—1940》，2020年10月第1版第1次印刷，ISBN 978-7-101-14727-8，定价358.00元

《生活书店会议记录1940—1945》，2021年8月第1版第1次印刷，ISBN 978-7-101-15287-6，定价298.00元

《生活书店会议记录1933—1945》（整理本），2022年11月第1版第1次印刷，ISBN 978-7-101-15962-2，定价99.00元

《铸以代刻：十九世纪中文印刷变局》，苏精著，2018年5月第1版第1次印刷，ISBN 978-7-101-11959-6，定价78.00元

《唐大郎纪念集》，张伟、祝淳翔编，2019年10月第1版第1次印刷，ISBN 978-7-101-14112-2，定价68.00元

《中国印刷史新论》，艾俊川著，2022年1月第1版第1次印刷，ISBN 978-7-101-15422-1，定价66.00元

《启蒙·生意·政治：开明书店史论（1926—1953）》，邱雪松著，2022年8月第1版第1次印刷，ISBN 978-7-101-15646-1，定价65.00元

《近现代出版与新知识传播》，复旦大学历史学系、中国近现代新闻出版博物馆编，2023年12月第1版第1次印刷，ISBN 978-7-101-16331-5，定价128.00元

《家园与天下——明代书文化与寻常阅读》，何予明著／译，2019年9月第1版第1次印刷，ISBN 978-7-101-13997-6，定价78.00元

《古籍之为文物》，李开升著，2019年12月第1版第1次印刷，ISBN 978-7-101-14245-7，定价98.00元

《福建历代刻书家考略》（上、下册），方彦寿著，2020年5月第1版第1次印刷，ISBN 978-7-101-14379-9，定价178.00元

《赵昌平文存》（上、下册），2021年5月第1版第1次印刷，ISBN 978-7-101-15164-0，定价260.00元

《古籍书名考》，黄威著，2021年7月第1版第1次印刷，ISBN 978-7-101-15241-8，定价76.00元

《翠微却顾集》，徐俊著，2021年12月第1版第1次印刷，ISBN 978-7-101-15463-4，定价88.00元

《陶庵回想录》，陶亢德著，2022年6月第1版第1次印刷，ISBN 978-7-101-15720-8，定价88.00元

《世界想象：西学东渐与明清汉文地理文献》，邹振环著，2022年11月第1版第1次印刷，ISBN 978-7-101-15843-4，定价78.00元

《整齐世传——前四史人物列传编纂研究》，曲柄睿著，2022年12月第1版第1次印刷，ISBN 978-7-101-16001-7，定价98.00元

《晚清小说戏曲禁毁问题研究》，张天星著，2024年1月第1版第1次印刷，ISBN 978-7-101-16351-3，定价175.00元